國家稅收

主編 ◎ 朱明熙、劉蓉

前　言

　　完善和發展中國特色社會主義制度，推進國家治理體系和治理能力的現代化，是黨的十八屆三中全會確立的中國今後一個時期全面深化改革的總目標。同時，全會明確提出財政是國家治理的基礎和重要支柱的論斷。既然財政如此重要，那麼財政這一基礎的基礎又是什麼呢？顯然就是稅收。眾所周知，一個家庭要想開支衣食住行和支付其他消費，首先必須要有收入。一個國家也如同一個家庭一樣，要想支付國防、治安、行政、教育、醫療、基礎建設等的費用，首先就必須要有稅收。當然，在一定條件下，也可以通過發行債券，甚至發行鈔票來籌資，但那畢竟不是長久之計。正因為如此，所以，馬克思講，賦稅是國家存在的經濟基礎。美國哲人霍爾姆斯大法官講，稅收是我們為文明社會所支付的代價。美國人甚至認為，徵稅權力是一個國家最大的權力，是整個國家建築之根基。它對一個國家的存在和繁榮的重要性，就像我們呼吸的空氣一樣。它不僅僅是毀滅國力的力量，也是保持國力活力的力量。

　　那麼，應當如何認識稅收，如何合理地徵收稅收，如何確保它成為促進國家繁榮與人民幸福的保持活力的力量，而不致淪為少數精英剝奪老百姓，甚至毀滅社會的敲骨吸髓的工具呢？這就是學習本書的目的之所在。當然，我們並沒有企圖一下子就給同學們一個包羅萬象的「十全大補丸」，似乎通過本書的學習，就可以統統解決上述的一切問題。實際上，我們最多就是給同學們提供一些關於稅收和如何合理徵收稅收，以及具體怎樣徵收稅收的基本框架和基本思路。運用之妙，還在於同學們在今後的實踐中不斷地學習、研究和感悟。

　　其實，我們本來不打算編寫此書的。一是因為2008年我們曾經出版過一本《國家稅收》的教材，二是因為近年來這一類的教材市面上已經出版了不少，如果因為我們以前出版的教材不適應稅制變革後的現在的情況，直接找一本現成的教材不就行了嗎，何必再浪費資源和精力呢。但遺憾的是，現在市面上出版的眾多教材，不論是《國家稅收》，還是《中國稅制》，基本上都是現行稅制的集合，而恰恰缺乏稅收理論部分。為什麼會這樣呢？可能這些作者們認為，稅收理論已經在財政學中講了，如果再在這裡講，就顯得重複。因此，沒有必要再講了。但如果有同學沒有學習財政學，而直接學習稅收呢？這是很可能的事情。加之財政學因為涉及面廣，因此，關於稅收理論部分往往講得比較概括，不夠深入和全面。這樣一來，如果《國家稅收》或《中國稅制》只講稅收具體怎麼徵收，而不講稅收為什麼要這樣徵收，

现行的稅收還存在什麼問題等，豈不是讓同學們學了，結果卻是只知其然，不知其所以然嗎？所以，我們最后還是決定編寫一本既包括稅收理論又包括稅收實踐的稅收基礎教材。

這本教材是在2008年我們出版的《國家稅收》的基礎上修改而成的，但相對於那本教材，已經根據近年來的變化和我們的思考，作了重大修改。其修改主要是在兩個方面。一個是理論部分，如第一章 稅收概論、第二章 稅制要素、結構和來源、第三章 稅收原則、第四章 稅收負擔與稅負轉嫁、第六章 國際稅收，都根據近年來的思考和變化作了大的修改，並增加了第五章 稅收效應。另一個是實踐部分，我們根據近年來的稅制變革情況，即對增值稅、消費稅、關稅、企業所得稅、個人所得稅和其他稅種，以及稅收徵管，作了最新的調整與修改，力求適應新的變化。

全書由朱明熙、劉蓉負責大綱擬定、修改和定稿，朱明熙具體負責理論部分的最后修改和定稿，劉蓉具體負責稅制部分的最后修改和定稿。各章的具體分工是：第一章 稅收概論，劉蓉；第二章 稅制要素、結構和來源，劉元生；第三章 稅收原則、第四章 稅收負擔與稅負轉嫁，朱明熙；第五章 稅收效應，李建軍；第六章 國際稅收，張倫倫；第七章 增值稅、第八章 消費稅，呂敏；第九章 關稅，劉楠楠；第十章 企業所得稅，郝曉薇；第十一章 個人所得稅，張慧英；第十二章 財產行為稅類、第十三章 資源稅目的稅等稅類、第十四章 稅收徵納管理，費茂清。

由於我們的水平和能力有限，儘管我們想盡力寫得好一點，但事情常常是取乎其上，實得其下，因此，書中缺點和錯誤在所難免，敬請同仁、專家、學者、同學和廣大讀者批評指正。

編者

目　錄

理論部分

第一章　稅收概論 …………………………………………………（3）

　　第一節　什麼是稅收 ……………………………………………（3）
　　第二節　稅收的特徵 ……………………………………………（10）
　　第三節　稅收的職能 ……………………………………………（14）

第二章　稅制要素、結構和來源 …………………………………（18）

　　第一節　稅制要素 ………………………………………………（18）
　　第二節　稅收分類 ………………………………………………（22）
　　第三節　稅制結構 ………………………………………………（24）
　　第四節　稅收的來源 ……………………………………………（26）

第三章　稅收原則 …………………………………………………（29）

　　第一節　西方的稅收原則及其局限性 …………………………（29）
　　第二節　中國的稅收原則及其演變 ……………………………（34）
　　第三節　稅制優化理論 …………………………………………（39）

第四章　稅收負擔與稅負轉嫁 ……………………………………（45）

　　第一節　稅收負擔 ………………………………………………（45）
　　第二節　稅負轉嫁 ………………………………………………（51）
　　第三節　避稅與逃稅 ……………………………………………（55）

第五章 税收效應 ……………………………………………………（58）

第一節 稅收的微觀經濟效應 ……………………………………（58）
第二節 稅收的宏觀經濟效應 ……………………………………（69）
第三節 稅收的社會效應 …………………………………………（77）
第四節 稅收的生態效應 …………………………………………（79）

第六章 國際稅收 ……………………………………………………（85）

第一節 國際稅收概述 ……………………………………………（85）
第二節 跨國所得徵稅規則 ………………………………………（88）
第三節 外延擴大國際重複徵稅的消除方法 ……………………（97）
第四節 國際避稅與反避稅 ………………………………………（99）

實踐部分

第七章 增值稅 ………………………………………………………（111）

第一節 納稅義務人和徵稅範圍 …………………………………（111）
第二節 稅率 ………………………………………………………（117）
第三節 應納稅額的計算 …………………………………………（119）
第四節 出口貨物退（免）稅 ……………………………………（126）
第五節 稅收優惠 …………………………………………………（132）
第六節 申報與繳納 ………………………………………………（135）

第八章 消費稅 ………………………………………………………（138）

第一節 納稅義務人和徵稅範圍 …………………………………（138）
第二節 稅目與稅率 ………………………………………………（140）
第三節 計稅依據和應納稅額的計算 ……………………………（145）
第四節 出口退稅 …………………………………………………（154）
第五節 申報與繳納 ………………………………………………（155）

目　錄

第九章　關稅 （158）

第一節　基本原理 （158）

第二節　稅收規定 （160）

第三節　申報與繳納 （166）

第十章　企業所得稅 （169）

第一節　納稅義務人、徵稅範圍與稅率 （169）

第二節　應納稅所得額的確定 （171）

第三節　應納稅額的計算 （181）

第四節　稅收優惠 （182）

第五節　特別納稅調整 （188）

第六節　申報與繳納 （191）

第十一章　個人所得稅 （194）

第一節　納稅義務人和徵稅範圍 （194）

第二節　稅率 （197）

第三節　應納稅所得額的規定 （199）

第四節　應納稅額的計算 （201）

第五節　稅收優惠 （211）

第六節　申報與繳納 （214）

第十二章　財產行為稅類 （220）

第一節　土地增值稅 （220）

第二節　房產稅 （225）

第三節　城鎮土地使用稅 （229）

第四節　契稅 （232）

第五節　車船使用稅 （235）

第六節　印花稅 （239）

第七節　耕地占用稅 （250）

第八節　車輛購置稅 （252）

第十三章　資源稅目的稅等稅類 ………………………………………（257）

　　第一節　資源稅 ………………………………………………………（257）

　　第二節　城市維護建設稅 ……………………………………………（263）

　　第三節　教育費附加和地方教育費附加 ……………………………（266）

　　第四節　菸葉稅 ………………………………………………………（266）

第十四章　稅收徵納管理 ………………………………………………（268）

　　第一節　稅務管理概述 ………………………………………………（268）

　　第二節　稅款徵收的基礎管理 ………………………………………（270）

　　第三節　稅款徵收的過程管理 ………………………………………（279）

　　第四節　稅款徵收的后續管理 ………………………………………（287）

理論部分

第一章
稅收概論

第一節 什麼是稅收

一、稅收的產生與發展

從起源來看,稅收源於人類文明的演變與發展。經過幾千年的歷史洗禮,人類文明由最初的原始文明不斷發展演變,先后經歷了農業文明、工業文明及現在的現代工業文明。與此同時,稅收在人類文明演進的過程中產生,並隨著人類文明的發展,稅收的相關理論與實踐也得到了不斷發展。奧利弗·霍爾姆斯(Holmes)曾說過,稅收是人類為文明社會所付出的代價[1]。縱觀世界歷史,數千年來,在世界各國稅收都是一種客觀存在,只因在不同的社會形態和不同的國家,稅收產生和發展的歷史軌跡各不相同。

根據歷史考證,世界上最早的稅收制度創始於公元前3000年—公元前2800年間的古埃及。在《聖經》的《創世記》第47章第24節中也有記載,「當穀物成熟之后,將其中的20%交給法老」。當時的古埃及是奴隸社會,最高統治者法老除了掌握著全國的政治、軍事、司法、佔有土地、奴隸的勞動產品外,還向平民收取穀物、皮革等作為租稅並向國家服役,這是世界最早的實物稅[2]。

發展至古羅馬時代(公元前9世紀初),鐵器普遍使用,手工業從農業中脫離出來,最初的商品交換貿易也已形成,社會生產力也獲得較大的發展。在這一歷史背景下,古羅馬的稅收也隨之發展起來。古羅馬稅制的發展大致經歷了三個時期,分別是王政時代、共和時代和帝國時代。古羅馬最初的稅收稱為「Portoria」,始於「王政」時代,是對通過古羅馬橋樑和港口的貨物徵收的一種關稅。在共和時代,隨著工商業進一步發展,並由人數眾多的平民經營,因此賦稅主要徵自平民。到了帝國時代,古羅馬稅收制度得到了空前發展,特別是在奧古斯都時期,很多稅種被首次開徵,並按照徵收頻次形成了諸多分稅種制度。其中,固定徵收的稅種主要有

---

[1] 王瑋. 稅收學原理 [M]. 2版. 北京:清華大學出版社,2012.
[2] 崔連仲. 世界通史(古代卷)[M]. 北京:人民出版社,2004.

土地稅、人頭稅、貢賦和關稅等，不固定徵收的稅種主要有遺產稅、釋奴稅、營業稅、商品稅、拍賣稅、售奴稅、公民稅和販賣稅等。其中的遺產稅就是奧古斯都為了給退役的軍人提供退職金開徵的，稅率為 5%，除了留給子女和配偶以外的所有的遺產都要繳稅①，后來的西方國家如英國、法國徵收的遺產稅都源自於此。

中國關於稅收的最早記載是《史記》之《夏本紀》，書中記載「自虞、夏時，貢賦備矣」②。這說明中國稅收最早產生於夏代（大約公元前 2070 年—約公元前 1600 年），商（大約公元前 17 世紀—公元前 11 世紀）、周朝（西周，公元前 1046—公元前 771 年、東周，公元前 770 年—公元前 256 年）時期又有進一步發展。夏代的稅收為「貢」。夏代自建立之後，實行井田制，即夏王將土地分封給各諸侯，由諸侯經營，但土地的所有權仍歸於夏王，因此各諸侯需要從其在土地中獲得收益中拿出一部分作為「貢」交給夏王，成為其租稅收入。商代的稅收為「助」，由「貢」演變而來。所不同的是，「助」是與井田制相聯繫的力役課徵制度，即「借民力而耕之」，助耕公田上的收穫物要交出一部分給君王作為租稅收入。周代的稅收為「徹」，是在「助」的基礎上進一步發展而來。周代將所有的公田都分給農民耕種，待農民獲取農產品后再交一部分給周王。綜上所述，夏商周分別以「貢」「助」「徹」等形式將一部分土地所得收歸於中央王室，在一定程度上已具有了稅的一些特徵，但其中也含有租的成分，所以還不是真正意義上的稅收。之后隨著周朝的衰落，井田制瓦解，私田擴張，到了春秋時期，魯宣公於公元前 594 年宣布實行「初稅畝」，規定不論是公田還是私田，都要按照田畝課徵賦稅。「初稅畝」基本上脫離了租稅不分的稅收雛形時代，初步確立了真正意義上的稅收制度。

綜上可見，稅收作為國家的重要的財政工具，已存在並發展了數千年。直到 17 世紀，人類社會，首先是西方的啓蒙學者才從理論上對政府為什麼要徵稅開始了深入的研究，並提出了各種不同的稅收理論和學說。其中，具有代表性的理論與學說有：「社會公共需要理論」「交換利益理論」「犧牲說」「保險說」「掠奪說」「社會政策理論」以及「經濟調節理論」和「馬克思主義稅收理論」等。

1. 社會公共需要理論

「社會公共需要理論」又稱為「社會公共福利理論」，於 17 世紀由德國官房學派最早提出，代表人物有德國的克洛克（Klock）、法國的波丹（Bodin）等，他們的觀點認為，國家的職責在於滿足公共需要和增進公共福利，國家履行職責必須要有各種物質條件，由此產生了政府的公共需要，稅收即滿足公共需要的物質條件。

人類包括稅收在內的一切經濟活動，都是從「需要」開始的③。根據「需要」性質的不同，人類的需要分為私人個體需求與社會公共需要。與之相對應的人類活動也因此分為私人事務與社會公共事務兩個類別。其中，私人個體需要包括生存需

---

① 王三義. 古羅馬「賦稅名目」考略 [J]. 史學月刊，2002 (6).
② 王成柏，孫文學. 中國賦稅思想史 [M]. 北京：中國財政經濟出版社，1995.
③ 王瑋. 稅收學原理 [M]. 2 版. 北京：清華大學出版社，2012.

要與發展需要兩方面。社會公共需要是指社會作為一個整體或以整個社會為單位而產生的需要。與私人需要不同的是，社會公共需要的主體是社會成員整體，而非私人與個體。社會公共需要主要包括：①保證社會穩定，解決不同社會利益集團的矛盾與衝突；維持社會秩序，為社會提供安定的秩序，用以解決同一社會利益集團內部的矛盾與衝突；②興建公共設施和公共工程，以解決人和自然之間物質變換的矛盾，為社會生產和生活提供便利的設施和良好的環境；③舉辦各種公共事業如文化、體育、衛生等，以保護並促進人類自身的發展①。

在人類早期階段，社會公共需要與私人需要並未完全區分。隨著社會生產力的發展，社會公共需要逐步具有了範圍上的廣泛性、時間上的連續性及數量上的穩定性，從而成為了一種經常性的需要，久而久之便與私人需要分離出來成為一種獨立的形態。同時，社會公共事務的發展也經歷了同樣的發展軌跡。在人類早期，社會公共事務由社會成員兼職承擔，一切物質需求都是由社會成員自己籌集。隨著社會經濟的發展，社會公共事務日漸複雜，僅靠社會成員個體已無法滿足社會需求。因此，在社會成員中專門分離出一部分人員或機構專職負責社會公共事務，即形成了政府組織。政府不直接從事社會物質生產活動，但在提供社會公共事務的過程中難免會消耗一定的物質財富。稅收正是政府為了提供公品和公共服務而從社會產品中獲得一定的物質財富的一種特殊的分配形式。由此可見，稅收與社會公共需要有著本質關聯。簡言之，人類具有某種社會公共需要，為了滿足這種需要，需要由政府履行相應的職能；進一步，若由政府執行相應的職能，需要具備一定的收入，從而政府有權向公民徵稅。稅收存在的客觀依據就在於公共需要或公共福利的存在。德國學者克洛克曾指出，「租稅如不是出於公共福利的公共需要，即不得徵收，如果徵收，則不得稱為正當的徵稅，所以徵收租稅必須以公共福利的公共需要為理由」②。

2. 利益交換理論

「利益交換理論」產生於17世紀，源於社會契約論的思想，主要代表人物有英國的霍布斯和亞當·斯密、法國的盧梭和蒲魯東等。

「利益交換理論」認為，稅收是政府與社會公民就公共產品與公共服務的提供簽訂的一種契約，而稅收的本質就是政府向社會公民提供其所需要的公共產品與服務的平等對價。17世紀英國著名哲學家霍布斯（T. Hobbes）就認為：「公民為公共事業繳納稅款，無非是為換取和平而付出代價，分享這一和平的福利部門，必須以貨幣或勞動之一的形式為公共福利作出自己的貢獻」③。這是關於「利益交換理論」的最早論述。霍布斯提出的「利益交換理論」的內涵是：國家徵稅和公民納稅是一種權利和義務的相互交換；稅收是國家保護公民利益時所應獲得的代價。居民應該

---

① 馬國強. 稅收學原理 [M]. 北京：中國財政經濟出版社，1991.
② 坂入長太郎. 租稅總論 [M]. 陸孟武，譯. 北京：商務印書館，1934.
③ 霍布斯. 利維坦 [M]. 黎思復，黎廷弼，譯. 北京：商務印書館，1936.

為社會公共性事務繳納稅款,因為這是其為換取社會安全穩定的平等對價;不論是直接稅,還是間接稅,都是為了防禦外敵入侵,國家公民拿出各自的勞動成果向承擔國家安全責任的力量或群體提供報酬①。

18世紀法國啓蒙思想家盧梭將社會契約理論推至頂峰,稅收契約概念由此而來。盧梭認為,國家是社會公民與政府建立的契約,社會公民的共同利益要由國家來保障,就應以其部分財產作為國家保護社會公民利益的交換條件,由此國家徵稅行為和公民納稅行為就在法律上達成了一種交換契約。

國家與社會公民就公共產品與公共服務達成稅收契約,進行利益交換,需要一個利益交換對價機制,即稅收價格機制。稅收價格理論是由瑞典經濟學家威克塞爾和林達爾等於20世紀初葉在「利益交換理論」的基礎上發展起來的,在當代財政稅收理論中占重要地位。稅收價格理論將市場等價交換的思想引入稅收契約理論中,提出政府向社會公民提供公共產品和服務,社會公民就必須以稅收作為公共產品和服務的價值補償。

簡言之,「利益交換理論」認為,政府的徵稅權來自為社會提供公共產品和服務,稅收就是政府為了補償公共產品的成本而向從公共產品和服務中獲益的社會成員收取的部分社會產品價值,而稅收價格則是由其產生的一種特殊形式的價格。

3. 犧牲說

「犧牲說」,又稱為「義務說」,產生於19世紀,主要代表人物有法國的薩伊、英國的穆勒和巴斯特布爾等。

「犧牲說」認為,稅收是國家基於公共職務活動的需要而向社會公民的強制課徵,對國家而言是強制權的實施,對社會公民來說稅收就是一種犧牲。法國經濟學家薩伊最早提出「犧牲說」觀點,他認為「租稅是一種犧牲,其目的在於保存社會與社會組織」②。之後,在薩伊理論的基礎上,英國經濟學家穆勒對「犧牲說」進行了理論完善,他依據納稅人的能力負擔原則提出了均等犧牲的觀點。英國財政學家巴斯特布爾進一步闡述了穆勒的均等犧牲學說,他認為均等犧牲原則只是均等能力原則的另一種表現,均等能力意味著負擔犧牲的能力均等③。

4. 其他相關稅收理論

關於稅收的其他相關理論還有保險說、掠奪說、社會政策理論、經濟調節理論與馬克思主義稅收理論等。

「保險說」產生於18世紀,主要代表人物是法國梯埃爾。該學說認為國家與社會公民的關係與保險關係相似,國家類比於保險公司,社會公民類比於投保人。稅收的作用如同一種保險費用,社會公民因為受國家的保護而需要向國家支付一定的

① 霍布斯. 利維坦 [M]. 黎思復, 黎廷弼, 譯. 北京: 商務印書館, 1936.
② 薩伊. 政治經濟學概論 [M]. 陳福生, 陳振驊, 譯. 北京: 商務印書館, 1982.
③ 坂入長太郎. 歐美財政思想史 [M]. 張淳, 譯. 北京: 中國財政經濟出版社, 1987.

保險費用，國家也因此有責任保護社會公民的人身與財產①。

「掠奪說」產生於 19 世紀末，主要代表人物是空想社會主義者聖西門。該學說認為政府向社會公民徵稅，是政府對社會公民財產的一種剝削與掠奪，政府與社會公民的徵稅關係在本質上則是一種剝削與掠奪關係②。

「社會政策理論」同樣產生於 19 世紀末，主要代表人物是德國的瓦格納和美國的塞里格曼。該理論認為稅收是實現社會政策目標的重要財政工具，主要用於調節收入分配不公，縮小收入差距③。

「經濟調節理論」產生於 20 世紀 30 年代，主要代表人物是凱恩斯學派的經濟學家。該理論認為稅收除了具有財政收入功能以外，還具有更為重要的作用，即能夠作為政府進行宏觀調控、實現經濟穩定的工具，以及調節收入與財富的再分配、提高社會福利等的工具④。

「馬克思主義稅收理論」產生於 19 世紀，主要代表人物有馬克思、恩格斯、列寧等。「馬克思主義稅收理論」認為，不論是作為國家財政收入的主要形式還是參與社會產品分配的工具，或者是作為特定分配關係的體現，稅收都是與國家的產生與運行緊緊相關的。然而，馬克思並不是認為國家就是稅收產生與發展的決定性因素。馬克思認為，稅收的產生與發展源於經濟發展，即生產力的發展及私有制的產生；而非國家及其公共權力，國家及其公共權力不過是為稅收的產生提供了一定的社會條件。其中所含的基本思想是，由於生產力的不斷發展，開始形成剩餘產品。隨著剩餘產品的不斷增多，便產生了私有制，進而形成了階級與國家。簡言之，只有出現剩餘產品，產生了私有制和國家，才產生了稅收。相應的，隨著生產力的高度發展，隨著私有制和國家的消亡，稅收也會隨之退出歷史舞臺。因此，在馬克思看來，稅收是在一定的經濟和社會條件下產生的，但最終也會在一定的經濟和社會條件下消亡。只是，當稅收產生和發展的經濟和社會條件尚未消失之前，稅收是不可能退出歷史舞臺的。

在上述的諸多稅收理論中，目前影響最大並為中外學界所公認的當數「社會公共需要理論」和「利益交換理論」。在 20 世紀 50 年代步入現代工業發展階段後，經濟學者們研究稅收問題更多地側重於從「市場失靈」的角度來闡明稅收存在的客觀必要性。即市場會因為存在「自然壟斷、公共產品、外部性、不完全信息、不確定性、收入分配不公平以及宏觀經濟運行不穩定等」市場失靈問題，導致只依靠市場機制調節難以達到帕累托最優，因此需要政府以非市場的方式來矯正市場失靈，實現帕累托最優。在政府運用的非市場方式中，稅收是政府進行調控的最有力的工具之一。

---

① 項懷誠，鄭家亨. 新財稅大辭典 [M]. 北京：中國統計出版社，1995.
② 郭慶旺. 公共經濟學大辭典 [M]. 北京：經濟科學出版社，1999.
③ 項懷誠，鄭家亨. 新財稅大辭典 [M]. 北京：中國統計出版社，1995.
④ 項懷誠，鄭家亨. 新財稅大辭典 [M]. 北京：中國統計出版社，1995.

二、稅收的基本概念

稅收是一個人們熟悉的古老的經濟範疇。從稅收產生至今，經歷了不同的人類文明及其所體現的社會形態，已有幾千年的發展歷史。其中，「什麼是稅收」一直是人們關注且進行諸多深入探討的主題。受生產力發展水平的影響，不同的社會發展階段有著與之相適應的不同社會制度與政府職能，形成了不同的歷史時期。在這一背景下，諸多學者如哲學家、經濟學家、政治學家和法學家等都曾站在各自的立場上，從不同的角度闡述其各自的稅收理念。

什麼是稅收？從漢字的解析角度來看，稅從禾、從兌，本義是田賦，就是政府徵收的農產品。最初是稅、租同義，《說文》中說「稅，租也」，都是表示抽取農產品的一定比例或數額。后來賦、稅、租稍有差別，斂財曰賦，斂穀曰稅，田稅曰租（史遊，《急就篇》），賦主要用於軍隊給養，而稅和租滿足政府一般開支。所謂有稅有賦，「稅謂公田什一及工、商、衡虞之入也。賦共車馬、兵甲、士徒之役，充實府庫、賜予之用。稅給郊、社、宗廟、百神之祀，天子奉送、百官祿食庶事之費（班固，《漢書》，卷二十四上，《食貨志》第四上）。再后來對租稅賦就不加嚴格區分，習慣上稅、賦、稅收、租稅、賦稅則成為同一概念，也與西方關於稅收（tax）的概念一致，即稅收是政府對其管轄下的經濟活動主體（包括個人、團體、企業等）所擁有的貨幣、實物或勞動力本身按一定比例徵收，是經濟活動主體為維持政府滿足公共需要所作的貢納（《美國傳統辭典》）。稅收按其徵收對象、稅款用途、徵收方式、立法層次的不同存在很多具體的表現方式和名稱，如人頭稅、力役、所得稅、工薪稅、田賦、財產稅、營業稅、增值稅、關稅、消費稅、社會保險稅或國民保捐稅、比例稅、累進稅、定額稅、基金、正稅、雜稅、暗稅等。

在西方經濟學理論中，稅收一直是一個較為敏感的議題。對稅收概念的界定，不同學派觀點不同，內容論證各異。

英國著名政治學家、哲學家霍布斯（Hobbes）在其《利維坦》（1651年）一書中提出了稅收概念：「主權者向人民徵收的稅，不過是公家給予保衛平民各安生業的帶甲者的薪餉。」[1]

法國路易十四時期的政治家科爾伯特（Colbert）將政府徵稅比喻成拔鵝毛：「徵稅的藝術就是拔最多的鵝毛又使鵝叫聲最小的技術。」[2]

法國著名法學家、政治學家孟德斯鳩（Montesquieu）在《論法的精神》（1748年）一書中提出了稅收概念：「公民所付出的自己財產的一部分，以確保財產的安全或快樂地享用這些財產。」[3]

英國古典經濟學派的創始人亞當·斯密（Smith）在《國民財富的性質和原因

---

[1] 霍布斯. 利維坦 [M]. 黎思復，黎廷弼，譯. 北京：商務印書館，1936.
[2] 哈維·羅森. 財政學 [M]. 10版. 郭慶旺，譯. 北京：中國人民大學出版社，2000.
[3] 孟德斯鳩. 論法的精神 [M]. 許明龍，譯. 北京：商務印書館，2012.

的研究》（1776年）一書中最早對稅收概念進行了明確界定：「作為君主或政府所持有的兩項收入源泉，公共資本和土地既不適合用以支付，也不夠支付一個大的文明國家的必要開支，那麼必須從自己私有的收入中拿出一部分上繳給君主或政府，作為公共收入。」①

　　法國經濟學家薩伊（Say）在《政治經濟學概論》一書中提出的稅收概念是：「所謂賦稅，是指一部分國民產品從個人之手轉到政府之手，以支付公共費用或提供資金公共消費」②。同時，薩伊指出賦稅也是「政府向社會公民徵收他們的一部分產品或價值。」③

　　德國社會政策學派財政學的主要代表瓦格納（Wagner）在《財政學》一書中從財政和社會政策兩個層面對稅收概念進行了界定。瓦格納認為：「從財政意義上來看，賦稅是作為對團體事務設施的一般報償，公共團體為滿足其財政上的需要，以其主權為基礎，強制地向個人徵收賦課物。從社會政策的意義上來看，賦稅是在滿足財政需要的同時，或者說無論財政有無必要，以糾正國民所得的分配和國民財產的分配，調整個人所得和以財產的消費為目的而徵收的賦課物。」④

　　馬克思的經濟理論也對稅收的概念進行了界定。馬克思經濟理論提出，國家存在的經濟體現是稅收，則稅收就是國家機器的經濟基礎，而非其他⑤。之後，列寧進一步提出，稅收是國家不付任何報酬而向公民取得勞動成果。具體來說，馬克思的經濟學理論對稅收作了三個層面的界定：第一層面，稅收與國家的存在、運行密切相關。一方面，稅收是國家財政收入的主要形式，為國家機器產生、運行以實現國家職能提供了物質基礎；另一方面，稅收是政府滿足社會公共需求的物質基礎。第二層面，從經濟環節來說，稅收隸屬於分配環節，是一個分配權範疇概念，而其主要功能即是國家參與並調節收入分配、縮小收入差距的政策工具。第三層面，稅收是國家在徵稅過程中形成一種特殊的分配關係，即以國家為主體的分配關係，因而稅收的性質取決於社會經濟制度的性質和國家的性質⑥。

　　20世紀前期，英國財政學界的主要代表人物巴斯特布爾（Bastable）對稅收概念的界定是：「所謂稅收，就是個人或團體為履行公共權力所進行的公共活動，在財富方面被強制分擔的貢獻」⑦。在同一時期，美國財政學界的主要代表人物塞里格曼（Seligman）對稅收概念的界定是：「稅收是政府對於社會公民的一種強制徵收，用以支付謀取公共利益的費用，其中並不包含是否給予特種利益的關係。」⑧

　　20世紀后期，日本財政學界的主要代表人物井手文雄對稅收概念的界定是：

---

① 亞當·斯密. 國民財富的性質和原因研究 [M]. 郭大力，王亞南，譯. 北京：華夏出版社，2005.
② 薩伊. 政治經濟學概論 [M]. 陳福生，陳振驊，譯. 北京：商務印書館，1982.
③ 薩伊. 政治經濟學概論 [M]. 陳福生，陳振驊，譯. 北京：商務印書館，1982.
④ 坂入長太郎. 歐美財政思想史 [M]. 張淳，譯. 北京：中國財政經濟出版社，1987.
⑤ 馬克思恩格斯全集：第19卷 [M]. 北京：人民出版社，1963：32.
⑥ 陳共. 財政學 [M]. 7版. 北京：中國人民大學出版社，2012.
⑦ 坂入長太郎. 歐美財政思想史 [M]. 張淳，譯. 北京：中國財政經濟出版社，1987.
⑧ 塞里格曼. 租稅各論 [M]. 胡澤，譯. 北京：商務印書館，1934.

「所謂租稅，就是國家依據其主權（財政權），無代價地、強制性地獲得的收入」[1]；英國稅收學家西蒙·詹姆斯（James）和克里斯托弗·諾布斯（Nobes）將稅收界定為：「由公共政權機構不直接償還的強制性徵收」[2]。

綜上所述，學界對稅收的認識經歷了不同時期的發展與演變，對稅收概念的界定雖沒有達成統一共識，但也日趨合理與完善。如早期的「利益交換理論」和「社會共同需要論」對稅收的認識，雖然不具備經濟學基礎，但卻奠定了稅收思想的精髓。這一時期對稅收的概念認定為西方稅收學界普遍接受，即「稅收是納稅人為享用政府提供的公共產品和服務而支付的價格」。之後，不斷有學者對稅收進行深入研究，將稅收概念的界定提到了一個新層面，即基本上都認識到稅收是社會產品或資源從私人部門向政府的一種轉移，並指出政府徵稅的目的是為了補償政府的費用或者說是為了公共消費[3]。到了20世紀前期，西方經濟學對稅收概念的界定已較為完備，既明確了「什麼是稅收」這一問題，也在一定程度上界定了稅收的性質與職能，如稅收特徵、徵稅目的、稅收用途等。稅收理論發展至20世紀后期，西方經濟學從經濟運行的視角逐步衍生出關於稅收的一些新的理論與思想，即由於外部性、公共產品與壟斷等因素的存在，將會引發市場失靈問題，政府有責任也有必要實施宏觀調控來彌補市場失靈，穩定並促進經濟發展。稅收則是政府進行宏觀調控的重要工具之一，提出國家或者是地方稅收，不僅具有提供公共產品的功能，還具有調節經濟運行的功能，如矯正外部效應、調節收入差距、刺激有效需求、優化產業結構等。歸結起來，這一稅收理論是穿透市場失靈和宏觀調控等理論來闡明稅收存在的客觀性和事實必要性。

根據以上提出的稅收概念與稅收理論觀點，本書認同的稅收概念是：稅收是指一國公民（包括自然人和法人）為享受國家與政府提供的社會公共服務而必須支付的對價。稅收的本質則是政府與社會公民之間的一種利益交換關係，或者說是政府與公民之間的一種權利與義務的關係。

第二節　稅收的特徵

一、稅收的一般特徵

雖然目前學界對稅收範疇的界定沒有達到廣泛的共識，但根據其對稅收理論與稅收概念的認知，仍舊可以總結出稅收的本質，我們將其歸結為稅收的一般特徵。

---

[1] 井手文雄. 日本現代財政學 [M]. 陳秉良, 譯. 北京：中國財政經濟出版社, 1990.
[2] 西蒙·詹姆斯, 克里斯托弗·諾布斯. 稅收經濟學 [M]. 羅曉林, 馬國賢, 譯. 北京：中國財政經濟出版社, 2002.
[3] 王瑋. 稅收學原理 [M]. 2版. 北京：清華大學出版社, 2012.

(一) 稅收是政府取得財政收入的最基本形式

稅收是政府取得財政收入的最基本形式，包含兩個層面的意思。其一，稅的徵收權。稅收是以政府為徵收主體的，只有政府才對社會公民具有徵稅權，其他任何組織或機構均無權徵稅；其二，稅收與財政收入的關係。一般來說，政府財政收入比稅收的概念更為廣泛，即不僅包括稅收，還包括政府債券、國有企業利潤上繳、公有財產收入、行政性收費與貨幣的財政發行等形式，這些都是政府獲得財政資源的重要方式。不過相較而言，稅收在這些財政收入形式中是政府使用最普遍、籌集財政資金最多、穩定性最強的一種。總之，稅收是財政收入的最基本形式，也始終是各國政府最重要的財政收入來源。

(二) 徵稅目的是為了滿足社會公共需要

眾所周知，迄今為止，任何社會任何國家都會存在一定的社會公共需要。國家為滿足社會公共需要而具有社會公共職能，政府則是社會公共職能的執行者。國家與政府在履行公共職能的過程中必然會消耗一定數量的社會資源，形成一定的公共財政支出。一般來說，這種財政支出不具有受益的排他性和使用的競爭性，容易引發社會公民的免費搭便車行為。因此，國家與政府不可能會採取讓社會公民或社會組織自願出價的方式來籌集資金，而只能採取強制徵稅方式。換言之，稅收是國家獲得社會資源的一種方式，而國家徵稅的目的是為了滿足其提供公共產品與服務的財政需要。當然，國家徵稅同樣要受提供公共產品與服務目的制約，稅收必須用於滿足提供公共產品與服務的資金需要，應盡可能避免將稅收用於非公共產品與服務項目。

(三) 政府徵稅依託的是公共權力

在一般意義上，國家具有雙重身分，分別是公共財產的所有者、公共產品與公共服務的提供者。由此，國家同時擁有財產所有權和行政管理權兩大權力。在財產所有權下，國家對其擁有的財產獲得財產或產權收益。在行政管理權下，國家可以對其行政權力管轄範圍以內的個人或經濟組織憑藉行政權取得稅收收入。政府之所以能夠使用公共權力徵稅，是與社會共同需要的存在及政府以非市場化的方式提供公共產品和服務直接相關的。換言之，國家在滿足社會公共需要的前提下，為整個社會提供公共產品與服務，並由國家作為公共權力的代表來行使徵稅。

(四) 稅收依賴於法律形式進行

法律是由國家制定或認可，由國家強制力保證實施的，以規定當事人權利和義務為內容的，具有普遍約束力的一種特殊行為規範。從本質來看，法律體現的是國家意志，其行為規範具有強制性、公共性和普遍適用性。法律主要用於調整一個社會的經濟關係與社會關係。稅收是社會經濟關係的一個重要方面，應在一定的法律規範下徵收。政府既不能隨意徵稅或多徵稅，社會公民也不能隨意不納稅或少納稅，由此可見，稅收必須借助法律的形式來進行，雙方的權利義務關係是通過稅法來規範、約束和調整的。另外，國家徵稅的目的是為實現其公共職能，為公共產品與服

務籌集資金。然而，國家徵稅的對象是全體社會成員，若想保證徵稅的效率與公平，國家只能通過法律的形式，對社會成員的納稅行為進行科學、統一的規範。同時，由於公共產品與服務的非排他性與非競爭性等特徵，以及徵稅引起經濟組織和個人等主體經濟利益的減少，導致納稅人容易產生免費搭便車的行為動機，進而形成國家與納稅人之間的利益衝突。基於此，國家只有運用法律的權威性，才能把稅收秩序有效建立起來，並保證稅收及時、足額地上繳。

二、稅收的形式特徵

稅收是最主要的財政收入形式，與其他財政收入形式相比具有強制性、無償性、確定性、均一性四個特徵。

（一）強制性

稅收的強制性是指國家憑藉行政權，通過法律規範來確定國家作為徵稅者和社會公民作為納稅人之間的權利和義務關係。具體來說，稅收的徵收是通過國家法律或法規的頒布、執行而進行的，對任何單位和個人均具有強制的約束力，納稅義務人必須依照稅法規定納稅，履行與納稅有關的義務，否則就要受到法律的制裁。這種權利和義務關係表現在三方面：其一，國家作為徵稅者具有向社會公民徵稅的權利，並同時承擔向社會公民有效提供公共產品和公共服務的責任與義務；同時，社會公民作為納稅人具有分享國家提供的公共產品和公共服務利益的權利，並同時承擔向國家納稅的義務。其二，政府徵稅是憑藉政府行政權強制執行的，而不是憑藉財產權協議解決的，這也是稅收同利潤、利息、地租等其他分配形式的區別所在。後者是以財產佔有為依據的分配關係，而稅收則是以國家政治權力為依據的分配關係，與生產資料和社會財產的所有方式和比例無直接關係，所以這種形式適用於各種所有制和個人。稅收的強制性是稅收作為一種財政範疇的前提條件，也是保證稅收分配活動順利進行，滿足國家公共職能實現的必要保證。其三，稅收的權利與義務關係是以法律形式來確定的，對國家的權利代表政府與社會公民都具有法律約束力。

總之，稅收的強制性是稅收範疇最為明顯的形式特徵，這是由稅收契約的本質所決定。稅收是政府提供的公共產品與公共服務的價值體現，但由於公共產品與公共服務享用的非排他性與非競爭性等特性，以及政府向社會公民提供公共產品和公共服務的非排斥性特徵，共同決定了分享公共產品與公共服務的消費者不可能自願出價，產生免費搭便車的動機。政府只有採取強制徵稅的方式，才能使政府向社會提供公共產品和公共服務的價值得以補償並維持下去。

（二）無償性

稅收與政府債務不同，政府債務到期要給債務購買者還本付息，也不像商品買賣一樣可以直接等價交換。這是因為稅收體現的是直接的無償性，而債務與商品買賣體現的是直接的有償性。稅收的直接的無償性是指稅收繳納后，不直接償還給具

體的對應納稅人，而是以公共產品或公共服務形式從整個社會角度間接返還給納稅人。同時，國家也無須為此作出某種預期的承諾或付出相應代價。而直接的有償性體現的是一種直接的、一一對應的關係和至少是等量的關係，例如國家以債務人的身分向銀行、企業、居民等債權人發行公債，屆時向這些債權人還本付息，這就是有償性。由此可見，稅收的這種無償性同國家債務所具有的有償性是不同的。應當明確的是，稅收的無償性不是字面意義的「無償」，其本質是指不具有直接償還性或返還性，而是通過提供公共產品或公共服務等形式間接返還給納稅人。但因此也要認知到，每個納稅人所支付的稅收可能與他從稅收使用中享受的利益並不是對稱的。

（三）固定性

稅收的固定性是指在徵稅前就以法律的形式規定徵稅對象和徵稅數額的比例等，徵納雙方都要遵循。一般說來，納稅義務人只要取得了應稅收入，發生了應稅行為，擁有了應稅財產，就要按照法律規範的要求納稅，不得違反。同樣，政府及其徵收機關也只能按照稅法規定來徵稅，不能隨意更改。當然，稅收的固定性也不是絕對的，隨著社會生產力和生產關係的發展變化，經濟的發展狀況，以及國家利用稅收槓桿的需要，稅收的徵稅對象、稅目、稅率不可能永遠不變，通過一定的法律程序，也可作相應調整和修改乃至變更、徵停等。稅收的固定性因而也是相對的。

（四）公平性

既然稅收是公共利益和個體利益矛盾的產物，繳納主體向政府納稅是無償繳納，那麼稅收存在並被人們認可的一個前提條件是公平，公平性因而構成稅收的一個基本特徵。徵稅不公平，不能做到一視同仁，稅負畸輕畸重，公共利益和個體利益的矛盾就不可調和，稅收的存在就成問題。稅收的公平要求同種產品、同種行為、同種或同類徵稅對象、同等納稅能力的納稅人納一樣或同量的稅[①]。以間接稅為例，增值稅與勞務稅一般規定以貨物銷售為徵稅對象，同種應稅貨物銷售適用同一稅率；自產貨物用於投資、生產者集體福利、生產者個人消費以及無償贈送他人等不屬於對外銷售，但實際上等於將自己生產的貨物銷售給自己，視同對外銷售納入徵稅範圍。再以直接稅為例，所得稅稅法規定統一的徵稅範圍、費用扣除標準、稅率和計稅辦法，使實質相同的同量所得、有相同納稅能力的人繳納同樣同量的稅。不體現公平性特徵的財政收入徵集形式不屬於稅收範疇。

綜上所述，稅收的「強制性、無償性、固定性、均一性」這四個特徵是互相聯繫的。強制性是無償性的基礎，強制性和無償性決定著固定性、均一性。稅收的這四個特徵是統一的，缺一不可的，是稅收區別於其他財政收入的基本標誌，它們反映了稅收的共性。

---

① 楊斌. 稅收學 [M]. 2 版. 北京：科學出版社，2011.

第三節　稅收的職能

在不同的歷史時期和不同的社會形態下，甚至在不同的國家，稅收的職能表現都是不同的。這裡，本文將從政府與市場關係、政府與居民關係等視角出發，分析稅收的職能。本文認為，稅收職能主要包括配置資源、調節收入分配、穩定經濟這三大職能。

一、配置資源職能

稅收具有通過其運行，引導人才和物力的流向，最后形成一定的資產結構、產業結構、技術結構和地區結構的功能。其職能目標是保證全社會的人力、物力和財力資源得到有效的利用，通過稅收分配最終實現資源的優化配置，以滿足社會及成員的需要。

在社會主義市場經濟條件下，稅收之所以具有配置資源的功能，在於市場存在缺陷而不能提供有效的資源配置。本來，配置資源是市場機制的職能，即市場機制是配置資源的主要形式，市場「看不見的手」在配置人力、物力、財力資源方面有著重要的作用，但是市場配置資源是基礎性的，而且市場也具有自身的弱點和消極方面。例如生產和消費的供求信息不足，資源的轉移受到限制等。市場對生產和消費偏重於內在成本和效益，但從整個社會來考察，不僅應注意內在成本和效益，而且還應注重外在成本和效益（就市場中的水力發電站而言，內在效益是發電的利潤，外在效益則除供電區域的工業發展外，還有航行、灌溉、防洪等效益；內在成本是企業的基建和經營成本，外在成本是企業之外的代價，如水庫中淹沒農田和水壩影響魚類交遊繁殖就是外在成本。內在效益與外在效益的總和是社會效益；內在成本與外在成本的總和是社會成本）。市場只能提供具有市場供求關係的，能夠獲得直接報償的市場商品和勞務（西方經濟理論稱之為私人產品），而不能囊括社會需要的全部商品和勞務（如公共衛生、行政管理、國防等）。市場的基礎性作用及其存在的弱點與消極方面，可由稅收的配置資源職能來調控和克服。那麼，稅收配置資源的職能是怎樣實現的呢？稅收在配置資源的過程中，必須採用一系列的手段。例如，設置或取消稅種、稅率或減免稅優惠等，不僅可以直接作為配置資源的形式，而且可以調節全社會資源配置的過程，決定或影響資源配置的數量和方向。

二、調節收入職能

稅收具有通過其運行，調整各分配主體的物質利益關係的功能。其職能目標是實現國民收入和財富分配的公理合理，調整國家與企業、個人之間，企業和企業之間，個人和個人之間的分配關係。

在社會主義市場經濟條件下，稅收之所以具有分配收入的職能，就在於市場機制的缺陷造成收入和財富分配的不公平。本來，分配收入是市場機制的職能，即市場機制是分配收入的主要形式。在生產要素市場上，各要素主體作為分配的參與者，企業和個人分別取得利潤（或利息）、租金和工資，以及補貼、福利等，國家則主要以稅收等形式取得收入。但是，僅有這一層次的分配是不夠的，因為稅收在實現國家的職能，不僅是市場的參與者，而且是市場的調節者；國家除了以生產資料所有者的身分參與分配之外，而且還要以社會所有者的身分參與分配。就企業和個人而言，市場中講求效率，但會造成收入分配出現不公平的情況，何況市場機制對沒有勞動能力的人不予照顧。市場的基礎性作用及其存在的弱點和消極方面，正是由於稅收的分配收入職能來調控和克服。

　　那麼，稅收的分配收入職能是怎樣實現的呢？稅收在分配收入的過程中，主要通過充分體現按支付能力原則的諸稅種及其要素的優化組合等，調整並改變市場機制造成的情況，調節國家與企業、個人之間的分配關係，調節企業與企業之間的分配關係，調節個人與個人之間的分配關係，使之公平合理。

三、穩定經濟職能

　　19 世紀末以來至 20 世紀中葉，隨著資本主義從自由走向壟斷，西方資本主義國家也逐步從經濟自由主義轉向國家干預經濟的凱恩斯主義；與此同時，作為國家宏觀調控的經濟手段之一的稅收和法律手段之一的稅法，其經濟調節等職能被重新認識並逐漸加以充分運用。今天，在現代市場經濟日益向國際化和全球趨同化方向發展的趨勢下，世界各國在繼續加強競爭立法，排除市場障礙，維持市場有效競爭，並在合理有度地直接參與投資經營活動的同時，越來越注重運用包括稅收在內的經濟槓桿對整個國民經濟進行宏觀調控，以保證社會經濟協調、穩定和發展，也就滿足了人民對經濟持續發展、社會保持穩定的需要。簡言之，稅收具有通過其運行，穩定經濟並有適度增長的功能。其職能目標是保持勞動力的充分就業、物質資源的充分利用、穩定的物價、有利的國際收支和適度的經濟增長。

　　在社會主義市場經濟條件下，稅收之所以具有穩定經濟的職能，就在於市場存在著缺陷而不能自動調節並穩定經濟，以致經濟波動的幅度可能愈益變大。本來，穩定經濟和經濟增長是市場機制的職能，即市場機制在穩定經濟和增長經濟方面起著基礎性的作用，市場是能夠隨「看不見的手」在一定程度、範圍、對象、內容方面調節和穩定經濟。但是，市場也有其弱點和消極方面，市場經濟活動是有週期的，會出現經濟波動的狀態，會導致供給和需求總水平的不穩定，而市場競爭又可能受其外部干擾出現不足夠、不充分的情況。市場的基礎性作用及其存在的弱點和消極方面，正是由稅收的穩定經濟職能來調控和克服。

　　那麼，稅收的穩定職能是怎樣實現的呢？促進經濟穩定的增長，主要的任務是調節總供給和總需求的平衡，政府需要通過財政收支、信貸收支、外匯收支和物資

供求來配套進行。就稅收而言，它是調節總供給和總需求平衡的重要手段。在經濟滑坡時期，總需求小於總供給，政府可通過減少稅收，或同時增加支出並舉，擴大總需求，增加投資和就業；在經濟繁榮時期，總需求大於總供給，政府可通過增加稅收，或同時減少支出並舉，減少總需求，緊縮投資、抑制通貨膨脹。總之，通過稅收和支出的鬆緊搭配，相機抉擇，決定或影響總需求和總供給的平衡，決定或影響經濟的運行態勢，使整個經濟協調、穩定地發展，並有適度的增長。

參考文獻：

[1] Arthur Cecil Pigou, The Economics of Welfare (1920), 4th ed. London: Macmillan, 1932.

[2] 斯蒂芬·巴克勒. 自然法與財產權理論：從格勞秀斯到休謨 [M]. 周清林，譯. 北京：法律出版社，2014.

[3] 霍布斯. 利維坦 [M]. 黎思復，黎廷弼，譯. 北京：商務印書館，1936.

[4] 洛克. 政府論（上、下）[M]. 葉啟方，瞿菊農，譯. 北京：商務印書館，1964.

[5] 孟德斯鳩. 論法的精神 [M]. 許明龍，譯. 北京：商務印書館，2012.

[6] 盧梭. 社會契約論 [M]. 李平漚，譯. 北京：商務印書館，2011.

[7] 保羅·薩繆爾森，威廉·諾德豪斯. 經濟學 [M]. 第19版·教材版. 蕭琛，譯. 北京：商務印書館，2013.

[8] 馬克思恩格斯全集 [M]. 中文版. 中央編譯局，譯. 北京，人民出版社，1963.

[9] 陳共. 財政學 [M]. 7版. 北京：中國人民大學出版社，2012.

[10] 王瑋. 稅收學原理 [M]. 2版. 北京：清華大學出版社，2012.

[11] 崔邊伸. 世界通史（古代卷）[M]. 北京：人民出版社，2004.

[12] 王三義. 古羅馬「賦稅名目」考略 [J]. 史學月刊，2002（6）.

[13] 王成柏，孫文學. 中國賦稅思想史 [M]. 北京：中國財政經濟出版社，1995.

[14] 王瑋. 稅收學原理 [M]. 北京：中國財政經濟出版社，1991.

[15] 馬國強. 稅收學原理 [M]. 北京：中國財政經濟出版社，1991.

[16] 坂入長太郎. 租稅總論 [M]. 陸孟武，譯. 北京：商務印書館，1934.

[17] 薩伊. 政治經濟學概論 [M]. 陳福生，陳振驊，譯. 北京：商務印書館，1982.

[18] 坂入長太郎. 歐美財政思想史 [M]. 張淳，譯. 北京：中國財政經濟出版社，1987.

［19］哈維·羅森. 財政學［M］. 10 版. 郭慶旺, 譯. 北京：中國人民大學出版社, 2000.

［20］亞當·斯密. 國民財富的性質和原因研究［M］. 郭大力, 王亞南, 譯. 北京：商務印書館, 1974.

［21］塞里格曼. 租稅各論［M］. 胡澤, 譯. 北京：商務印書館, 1934.

［22］井手文雄. 日本現代財政學［M］. 陳秉良, 譯. 北京：中國財政經濟出版社, 1990.

［23］西蒙·詹姆斯, 克里斯托弗·諾布斯. 稅收經濟學［M］. 羅曉林, 馬國賢, 譯. 北京：中國財政經濟出版社, 2002.

［24］楊斌. 稅收學［M］. 2 版. 北京：科學出版社, 2011.

［25］郭慶旺. 公共經濟學大辭典［M］. 北京：經濟科學出版社, 1999.

［26］項懷誠, 鄭家享. 新財稅大辭典［M］. 北京：中國統計出版社, 1995.

第二章
稅制要素、結構和來源

第一節 稅制要素

不同時期不同稅制有著不同的內容和特點，但都有著相同的稅制要素，它規定了對什麼徵稅、徵多少稅、如何徵稅等基礎內容，這些就是稅收制度的基本要素。稅制要素通常包括納稅人、徵稅對象、稅率、納稅環節、納稅期限、減稅免稅、違章處理等。其中納稅人、徵稅對象和稅率是稅收制度的基本要素。納稅人代表經濟活動中需要納稅的主體，徵稅對象代表經濟活動中需要納稅的事項，這兩者體現了徵稅的廣度；稅率直觀上代表納稅人的稅收負擔，體現了徵稅的深度。納稅人、徵稅對象、稅率直接關係納稅人與國家的利益分配以及國家對經濟活動的干預程度，並影響著各方面的積極性。

一、納稅人

納稅人是指稅法中規定的直接負有納稅義務的單位或個人。每種稅收都有各自的納稅人。納稅人究竟是誰，一般隨課稅對象的確定而確定。例如個人所得稅法中工資、薪金所得，其納稅人是有工資、薪金所得的個人，房產稅的納稅人是產權所有人或者使用人。同一種稅，納稅人可以是企業、單位和個人。以增值稅為例，如果是對企業生產銷售的產品徵稅，納稅人是企業；如果是個人銷售的產品，納稅人就是個人。

納稅人主要分為三類。第一類是自然人，是指具有權利主體資格，能夠以自己的名義獨立享有財產權力，承擔義務並能在法院和仲裁機關起訴、應訴的個人。第二類是個體工商戶，是指有經營能力並依照《個體工商戶條例》的規定經工商行政管理部門登記，從事工商業經營的公民。第三類是法人，是指有獨立的組織機構和獨立支配的財產，能以自己的名義參加民事活動享受權利並承擔義務，依法成立的社會組織。在中國，一切享有獨立預算的國家機關和事業單位，各種享有獨立經費的社會團體，各種實行獨立核算的企業等都是法人。其中，企業是最主要的納稅人。這裡所說的企業，是指從事生產、流通或服務等活動並實行獨立核算的經濟組織，

它可以是工廠、商店、銀行,也可以是具有同樣性質的各種公司。

納稅人必須依法向國家納稅,否則要受到法律的制裁,例如加收滯納金、處以罰款等。納稅人在履行納稅義務的同時,也有自己的權益,例如依法享受減免稅的權力,依法要求稅務部門為自己的經濟活動保密的權力,依法打稅務官司的權力等。稅務部門要自覺維護納稅人的權益。

二、徵稅對象

徵稅對象是稅法最基本的要素,因為它體現著徵稅的最基本界限,決定著某一種稅的基本徵稅範圍。同時,徵稅對象也決定了各個不同稅種的名稱。如消費稅、土地增值稅、個人所得稅等,這些稅種因徵稅對象不同、性質不同,稅名也就不同。徵稅對象隨社會生產力的發展而變化。在自然經濟中,土地和人口是主要的徵稅對象。在商品經濟中,貨物、勞務、企業利潤和個人所得等成為主要的徵稅對象。

徵稅對象按其性質的不同,通常可劃分為流轉額、所得額、財產、資源、特定行為五大類,通常也因此將稅收分為相應的五大類,即流轉稅或稱商品和勞務稅、所得稅、財產稅、資源稅和特定行為稅。目前針對流轉額徵稅的稅種有增值稅、消費稅、關稅等稅種,徵稅對象為商品或服務的銷售收入;對所得額徵稅的稅種有個人所得稅和企業所得稅,徵稅對象為個人的應稅所得和企業利潤;對財產徵稅的稅種有房產稅等稅種,徵稅對象為房屋價值;資源稅以原油、天然氣、煤炭等自然資源作為徵稅對象;針對特定行為徵稅的稅種有印花稅、證券交易稅等稅種,徵稅對象為經濟合同和證券交易行為等。

三、稅率

稅率是對徵稅對象的徵收比例或者徵收額度,是衡量稅負輕重的重要指標,一般可分為比例稅率、定額稅率和累進稅率等類別。

(1) 比例稅率。比例稅率即對同一徵稅對象,不分數額大小,規定相同的徵稅比例。中國的增值稅、消費稅、關稅、企業所得稅等採用的是比例稅率。比例稅率在適用中又可分為三種具體形式:單一比例稅率、差別比例稅率、幅度比例稅率。

單一比例稅率,是指對同一徵稅對象的所有納稅人都適用同一比例稅率。

差別比例稅率,是指對同一徵稅對象的不同納稅人適用不同的比例徵稅。具體又分為下面三種形式:產品差別比例稅率,即對不同產品分別適用不同的比例稅率,同一產品採用同一比例稅率。如消費稅、關稅等;行業差別比例稅率,即按不同行業分別適用不同的比例稅率,同一行業採用同一比例稅率,如增值稅等;地區差別比例稅率,即區分不同的地區分別適用不同的比例稅率,同一地區採用同一比例稅率,如城市維護建設稅等。

幅度比例稅率,是指對同一徵稅對象,稅法只規定最低稅率和最高稅率,各地區在該幅度內確定具體的使用稅率。

(2）定額稅率。它是稅率的一種特殊形式。它不是按照課稅對象規定徵收比例，而是按照徵稅對象的計量單位規定固定稅額，所以又稱為固定稅額，一般適用於從量計徵的稅種。在具體運用上又分為以下幾種：①地區差別稅額，即為了照顧不同地區的自然資源、生產水平和盈利水平的差別，根據各地區經濟發展的不同情況分別制定的不同稅額，如資源稅；②幅度稅額，即中央只規定一個稅額幅度，由各地根據本地區實際情況，在中央規定的幅度內，確定一個執行數額，如城鎮土地使用稅；③分類分級稅額，把課稅對象劃分為若干個類別和等級，對各類各級由低到高規定相應的稅額，等級高的稅額高，等級低的稅額低，具有累進稅的性質，如對香菸徵收的消費稅。

(3）累進稅率。累進稅率是指按徵稅對象數額的大小，劃分若干等級，每個等級由低到高規定相應的稅率，徵稅對象數額越大稅率越高，數額越小稅率越低。累進稅率因計算方法和依據的不同，又分以下幾種：①全額累進稅率，即對徵稅對象的金額按照與之相適應等級的稅率全額計算稅額；②超額累進稅率，即把徵稅對象按數額大小劃分為若干等級，每個等級由低到高規定相應的稅率，每個等級分別按該級的稅率計算稅額；③超率累進稅率，它與超額累進稅率的原理相同，只是稅率累進的依據不是徵稅對象的數額而是徵稅對象的某種比率。在以上幾種不同形式的稅率中，全額累進稅率的優點是計算簡便，但在兩個級距的臨界點的稅負不合理。超額累進稅率和超率累進稅率的計算比較複雜，但累進程度緩和，稅收負擔較為合理。

四、納稅環節

納稅環節是課稅客體在運動過程的諸環節中依稅法規定應該納稅的環節。國家在規定某種徵稅對象時，必須明確規定其納稅環節，即發生納稅義務的時間和場所。商品經濟條件下，商品從生產到消費通常經過產製、商業批發、商業零售等環節。商品課稅的納稅環節，應當選擇在商品流轉的必經環節。

按照納稅環節的多少，可將稅收課徵制度劃分為兩類，即一次課徵制和多次課徵制。一次課徵制，是指一種稅收在各個流通環節只徵收一次稅，如消費稅。一次課徵制稅源集中，可以避免重複徵稅。多次課徵制，是指一種稅收在各個流通環節選擇兩個或兩個以上的環節徵稅。如增值稅就採取的是多次課徵制，即應稅產品在產製和銷售環節都要徵稅。

任何稅種都要確定納稅環節，有的比較明確、固定，有的則需要在許多流轉環節中選擇確定。確定納稅環節，是流轉課稅的一個重要問題。選擇納稅環節的原則有：①稅源比較集中；②徵收比較方便，借以保證財政收入，加強稅收的徵收管理和監督。它關係到稅制結構和稅種的佈局，關係到稅款能否及時足額入庫，同時關係到企業的經濟核算和是否便於納稅人繳納稅款等問題。因此，往往需要權衡利弊，擇善從之。

五、納稅期限

納稅期限，是指納稅人按照稅法規定繳納稅款的期限。確定納稅期限，包含兩方面的含義：一是確定結算應納稅款的期限，即多長時間納一次稅。二是確定繳納稅款的期限，即納稅期滿后稅款多長時間必須入庫。比如，企業所得稅在月份或者季度終了后15日內預繳，年度終了后5個月內匯算清繳，多退少補。不能按照固定期限納稅的，可以按次納稅。

納稅期限是負有納稅義務的納稅人向國家繳納稅款的最后時間限制。它是稅收強制性、固定性在時間上的體現。任何納稅人都必須如期納稅，否則就是違反稅法，將受到法律制裁。

確定納稅期限，要根據課稅對象和國民經濟各部門生產經營的不同特點來決定。如流轉課稅，當納稅人取得貨款后就應將稅款繳入國庫，但為了簡化手續，便於納稅人經營管理和繳納稅款（降低稅收徵收成本和納稅成本），可以根據情況將納稅期限確定為1天、3天、5天、10天、15天或1個月。

六、減稅免稅

減稅是對應納稅額少徵一部分稅款；免稅是對應納稅額全部免徵。減稅免稅是對某些納稅人和徵稅對象給予鼓勵和照顧的一種措施。減稅免稅的類型有：一次性減稅免稅、一定期限的減稅免稅、困難照顧型減稅免稅、扶持發展型減稅免稅等。把減稅免稅作為稅制構成要素之一，是因為國家的稅收制度是根據一般情況制定的，具有普遍性，但不能照顧不同地區、部門、單位和個人的特殊情況。設置減稅免稅，可以把稅收的嚴肅性和必要的靈活性結合起來，體現因地制宜和因事制宜的原則，更好地貫徹稅收政策。

與減免稅有直接關係的還有起徵點和免徵額兩個要素。其中，起徵點是指開始計徵稅款的界限。課稅對象數額沒達到起徵點的不徵稅，達到起徵點的就全部數額徵稅。免徵額是指在課稅對象全部數額中免予徵稅的數額。它是按照一定標準從課稅對象全部數額中預先扣除的數額，免徵額部分不徵稅，只對超過免徵額部分徵稅。起徵點和免徵額具有不同的作用。起徵點的設置前提主要是納稅人的納稅能力，是對納稅能力小的納稅人給予的照顧。免徵額的設置雖然也有照顧納稅能力弱者的意思，但還考慮了其他因素，如在個人所得稅中規定贍養老人可以享受一定的稅前扣除額、一定的子女教育費用稅前扣除額等，考慮的一是社會效應，一是公平原則。

減免稅收主要有以下三種方式：①稅基式減免，即通過直接縮小計稅依據的方式來實現的減稅免稅。具體包括起徵點、免徵額等；②稅率式減免，即通過直接減低稅率的方式來實現減稅免稅；③稅額式減免，即通過直接減少應納稅額的方式來實現的減稅免稅，具體包括全部免徵、減半徵收等。

七、違章處理

違章處理，是對納稅人違反稅收法規行為所採取的處罰措施，其目的是為了保證稅收法令的貫徹執行，體現稅收的強制性。稅收違章行為包括：①違反稅務管理基本規定，如納稅人未按規定辦理稅務登記、納稅申報等。②偷稅，如納稅人偽造、變造、隱匿、擅自銷毀帳簿、記帳憑證，或者在帳簿上多列支出，或者不列、少列收入，或者經稅務機關通知申報而拒不申報，或者進行虛假納稅申報，不繳或者少繳應納稅款的行為。③逃稅，納稅人逃避追繳欠稅。④騙稅，納稅人騙取國家出口退稅等。⑤抗稅，納稅人以暴力、威脅方法拒不繳納稅款。對違章行為的處理措施，可以根據情節輕重，分別採取以下方式進行處理：批評教育、強行扣款、徵收滯納金、處以稅務罰款、追究刑事責任等。

八、納稅地點

納稅地點，是指根據各個稅種納稅對象的納稅環節和有利於對稅款的源泉控製而規定的納稅人（包括代徵、代扣、代繳義務人）的具體納稅地點。規定納稅人申報納稅的地點，既要有利於稅務機關實施稅源控管，防止稅收流失，又要便利納稅人繳納稅款。

中國稅收制度對納稅地點規定的總原則是納稅人在其所在地就地申報納稅。同時考慮到某些納稅人生產經營和財務核算的不同情況，對納稅地點也作了不同規定。主要方式有：①企業所在地納稅。如增值稅及企業所得稅等，除另有規定者外，由納稅人向其所在地稅務機關申報納稅。②營業行為所在地納稅。主要適用於跨地區經營和臨時經營的納稅人。③集中納稅。對少數中央部、局實行統一核算的生產經營單位，由主管部、局集中納稅。④口岸納稅。主要適用於關稅。進出口商品的應納關稅，在商品進出口岸地，由收、發貨人或其代理人向口岸地海關納稅。

第二節　稅收分類

稅收分類，是指按一定標準對各種稅收進行的分類。一個國家的稅收體系通常是由許多不同的稅種構成的，每個稅種都具有自身的特點和功能，但用某一個特定的標準去衡量，有些稅種具有共同的性質、特點和相近的功能，從而區別於其他各種稅收而形成一類。通過對稅收進行科學的分類，不僅能夠揭示各類稅收的性質、特點、功能以及各類稅收之間的區別與聯繫，有利於建立合理的稅收結構，充分發揮各類稅收的功能與作用，而且對於研究稅收發展的歷史過程、稅源的分佈與稅收負擔的歸宿以及中央與地方政府之間稅收管理和支配權限的劃分都具有重要的意義。一般常用的稅收分類主要有以下幾種。

一、以稅收的徵稅對象為標準的分類

以稅收的徵稅對象為標準，稅收可以分為流轉稅類（商品勞務稅類）、所得稅類、財產稅類和行為稅類等。這是最基本的稅收分類方法，為世界各國所普遍使用。所謂流轉稅類，一般是指對商品的流轉額和勞務的營業額所徵收的稅收，如消費稅、增值稅、關稅等。所謂所得稅類，一般是對納稅人各種所得徵收的稅收，如企業所得稅（公司所得稅）、個人所得稅等。所謂財產稅類，一般是指對屬於納稅人所有的財產或歸其支配的財產數量或價值額徵收的稅收，如房產稅、契稅、車船稅、遺產贈與稅等。所謂行為稅類，是指以某些特定行為為課稅對象的稅收，如印花稅等。

二、以稅收負擔是否容易轉嫁為標準的分類

以稅收負擔是否容易轉嫁為標準，稅收可以分為直接稅和間接稅兩大類。直接稅是指直接向個人或企業開徵的稅，包括對所得、勞動報酬以及財產的徵稅。一般來講，這類稅的稅收負擔轉嫁比較困難，因此，納稅人一般就是承擔稅收負擔的人。而間接稅主要是對商品和服務徵收的稅，稅收負擔通過價格轉嫁相對比較容易，從而使納稅人與實際負稅人發生一定分離，因而稱之為間接稅。間接稅主要包括增值稅、消費稅和關稅等稅種。

從目前世界各國的稅制情況來看，由於間接稅徵收比較方便，加之，如果一國經濟不太發達，國民收入不高，或者徵稅信息不充分，稅收徵管能力不強，人們的納稅意識不高，稅制結構一般以間接稅為主；相反，則以直接稅為主，或者是直接稅和間接稅並重。

三、以管理權限為標準的分類

以稅收的管理權限為標準，稅收可以分為中央稅、地方稅及中央地方共享稅。中央稅是由一國中央政府徵收、管理和支配的一類稅收，又簡稱為國稅。在實行中央與地方分稅制的國家，通常是將一些收入充足和穩定的稅種作為中央稅。由於各國稅收管理體制不同，中央稅的劃分和規模各有不同的特點。地方稅是由一國地方政府徵收、管理和支配的一類稅收。中央地方共享稅是由中央和地方政府按一定方式分享收入的一類稅收。共享稅的分享方式主要有附加式、分徵式、比例分成式等。中國的共享稅主要有增值稅、資源稅、個人所得稅、企業所得稅和證券交易稅等。各國基本上根據自己的國情選擇分稅方式。分稅方式應盡可能滿足各級政府對事權（支出責任）與財力相匹配的要求，需要考慮充分調動各級政府的積極性。

四、以徵收實體為標準的分類

以稅收的徵收實體為標準，稅收可以分為實物稅、貨幣稅和勞役稅三類。實物稅是指納稅人以實物形式繳納的稅收。稅收最早是以實物形式繳納的。如中國奴隸

社會的「貢」「徹」，封建社會的「田賦」等，都屬於實物稅。此外，政府也採用勞役形式徵收稅收。凡以貨幣形式繳納的稅，為貨幣稅。貨幣稅是今天市場經濟國家最普遍、最基本的稅收形式。

五、以稅收的計稅依據為標準的分類

以稅收的計稅依據為標準，稅收可以分為從價稅和從量稅。凡是以課稅對象的價格或金額，按一定稅率計徵的稅種，都是從價稅。一般來說，依據課稅對象的價格或金額從價定率計算徵稅，可以使稅收與商品或勞務的銷售額、增值額、營業額以及納稅人的收益密切相連，能夠適應價格、收入的變化。從量稅是按照商品的重量、數量、容量、長度和面積等計量單位為標準計徵的稅收。從量稅的應稅額隨著課徵商品數量的變化而變化，其稅負高低與價格無關。中國目前的稅收主要以從價稅為主。

六、以稅收與價格的關係為標準的分類

以稅收與價格的關係為標準，稅收可以分為價內稅和價外稅。凡稅金構成價格組成部分的為價內稅。凡稅金作為價格之外附加的，稱為價外稅。與之相適應，價內稅的計稅依據為含稅價格，價外稅的計稅依據為不含稅價格，如增值稅。

第三節　稅制結構

一、基本概念

稅制結構是指稅收收入總量中各項稅收所占比重的結構關係。一般包括稅種設置、各稅種在稅收體系中的地位及其相互關係等。一定時期的稅制結構與當時的生產力發展水平、經濟模式以及財政目的有緊密的關係。根據稅種的多少，一般稅制結構可分為兩種：單一稅制和複合稅制。單一稅制結構是指國家在一定時期內只開徵一個稅種的稅制模式。採用這種稅制模式，一般收入彈性不大，國家的財政收入難以單純依靠稅收來滿足，因此，目前世界上很少國家採用這種稅制模式。複合稅制結構是指一個國家徵收多種稅的稅制模式。採用這種稅制模式，由於稅種較多，不僅能夠集中較多的財政收入，而且比單一稅制更能貫徹普遍徵收和公平稅負的原則，因而目前世界上絕大多數國家都是採用這種稅制模式的。

在複合稅制中，一般都存在主體稅的選擇問題。在流轉稅、所得稅、財產稅和特定行為稅中，有的可以充當主體稅種，有的只能充當輔助稅種。主體稅種是普遍徵收的稅種，其收入占稅收總額的比重大，在稅收體系中發揮著主導作用，決定著稅收體系的性質和主要功能。輔助稅種是主體稅種的補充。目前，主體稅主要有三種基本類型：以所得稅為主體稅、以商品稅為主體稅、以所得稅和商品稅為雙主體

稅。一個國家選擇哪種類型稅制，與其經濟發展水平和稅收徵管水平有直接關係。通常經濟發展水平和稅收徵管水平較高的國家多選擇所得稅為主體稅，如美國等國，或者是所得稅和商品稅並重，如歐盟各國。而經濟發展水平和稅收徵管水平較低的國家多選擇商品稅為主體稅。隨著經濟發展水平和稅收徵管水平的提高，原來選擇以商品稅為主體稅的國家，所得稅的比重一般會逐步增加，最終形成所得稅和商品稅並重的稅收結構，或者形成以所得稅為主的稅制結構。

由表2-1可知中國目前的稅制結構是以流轉稅為主，其他稅種為輔。2015年，增值稅占比為25.2%，營業稅占比為15.5%，消費稅占比8.4%，企業所得稅為21.7%，個人所得稅為6.9%。增值稅、營業稅、消費稅占比將近50%。目前增值稅是中國第一大稅種，而且「營改增」改革完成後，增值稅占比還將大幅度增加。企業所得稅有緩慢上升的趨勢，是中國稅制中的重要稅種。個人所得稅收入自從設立以來收入上升很快，有很強的發展潛力。

表2-1　　　　　　　　　中國的稅制結構　　　　　　　　單位:%

年份	總稅收(萬億)	增值稅	營業稅	消費稅	企業所得稅	個人所得稅
2000	1.186	36.2	15.9	7.3	14.9	5.6
2005	3.087	37.5	13.7	5.5	17.9	6.8
2010	7.739	28.8	14.4	8.7	18.8	6.3
2015	12.489	25.2	15.5	8.4	21.7	6.9

註：企業所得稅包括外商投資企業和外國企業所得稅。
數據來源：《中國稅務年鑒》、中國政府財政部網站。

科學、合理的稅制結構的基本要求：一是稅收制度覆蓋面要廣，覆蓋到經濟社會的方方面面；二是稅種選擇要符合經濟社會發展水平，尤其是主體稅種的選擇要適合國情；三是稅收負擔要適度，要體現稅收的財政、公平與效率三大原則；四是要方便徵收管理；五是稅收成本（包括徵稅成本和納稅費用）要低。

二、稅制結構的影響因素

（1）經濟發展水平。經濟發展水平是稅制結構的根本制約因素。經濟發展水平體現在社會生產力上，社會生產力水平決定著生產的效率，決定著可供分配的剩餘產品的多少，進而決定著國家開徵什麼樣的稅種，並以何種稅收為主體，何種稅收為補充，以及主、輔之間的配合關係。從世界上許多國家稅制結構的發展情況看，在自然經濟條件下，由於其高度的自給自足和經濟核算的缺乏，從而只能以徵收土地稅、房屋稅等財產稅為主。而商品稅即使存在，其相對數量和作用也微乎其微。隨著經濟發展水平的提高，商品經濟逐漸取代自然經濟，財產稅的主體地位也逐漸被商品和勞務稅所取代。在實現工業化之後，隨著經濟發展水平的進一步提高，國民所得的增加，使所得稅開始成為主體稅種。

(2) 政府的政策目標。在不同的國家和在同一國家的不同歷史時期，由於政府的政策目標不同，稅制結構也有所不同。發達國家在強調市場效率的同時強調對收入分配差距的調節，所以，實行所得稅為主體，或者以所得稅和商品稅為主體的稅制結構。多數發展中國家強調效率優先，以籌集資金，實現經濟社會發展為目標，所以，實行流轉稅為主體的稅制結構。從歷史發展看，自由資本主義時期對經濟的調節主要靠「看不見的手」，政府僅僅充當「守夜人」的角色，對經濟的干預較少。因此僅徵收一定數量的商品稅就大致可以滿足需要。但隨著經濟的發展，市場失靈越來越明顯，要求政府的介入。由於政府職能範圍的擴展，其對經濟的投資、轉移支付等也需要大量的資金，因此導致對稅收收入的巨大需求，僅靠商品稅已無法滿足。與此同時，調節產業結構、調節收入分配、建立社會保障制度、保護環境等需要也日益迫切，因而政府開始徵收一些除了具有一定的財政意義同時還具有明顯的調節功能的稅收，稅收結構趨於複雜，於是，所得稅開始占據了重要地位。

(3) 稅收徵管水平。稅收徵管水平是稅制結構形成的重要制約因素。按照稅基的確定、計稅方法的難度、監督檢查的有效程度來劃分，不同稅種對徵管環境的要求是不一致的。消費稅、營業稅等稅種只按銷售收入來計稅，對徵管水平的要求相對較低；增值稅、企業所得稅和個人所得稅則要求納稅人有較完善的會計和財務核算，較強的納稅意識，要求稅務部門的徵管制度健全，徵管水平比較高。因此，間接稅的徵管要求和徵收成本一般要明顯低於直接稅。反映在稅制結構的選擇上，稅種的設置必須考慮到徵管條件的約束。

(4) 歷史文化傳統。一定的歷史文化傳統，如社會傳統、人們的觀念、道德、納稅意識等對稅收結構的形成也有影響。

綜上所述，一國稅制結構的形成是上述各因素影響的結果，而不是少數理論家設計的結果。因此，稅制結構的形成必須立足本國國情，既不能照搬別國模式，也不能憑空設計。只有符合經濟發展規律和國情的稅制結構才能達到推動經濟和社會發展的目的。

第四節　稅收的來源

稅收收入的來源，主要包括考察稅收收入的部門構成、地區構成、企業所有制構成三種形式。正確地認識稅收收入的來源構成，對於把握稅收收入的變化規律、預測稅收收入的發展趨勢、制定正確的稅收政策，具有重要的意義。

一、稅收的所有制構成

稅收的所有制構成，是指各種經濟成分提供的稅收收入占整個稅收收入的比重。表 2-2 顯示了中國的稅收的所有制構成的變化，可見目前納稅最多的是股份公司，

其次是其他企業，然后是國有企業、私營企業、集體企業。從稅收貢獻度來看，國有企業的占比在逐年下降，從2000年的41.5%降低到2013年的12.8%，股份公司勢頭良好，占比一直在增大，從2000年的19.9%上升到2013年的47.2%。私營企業從2000年的3.5%上升到2013年的9.7%。其他類型的企業的稅收收入占比由26.4%上升到29.4%左右。集體企業的納稅份額在2000年時還比較重要，為8.6%，但到2013年僅占0.8%。稅收所有制構成的變化反映了改革開放以來，隨著中國社會主義市場經濟體制的確立和完善，各類經濟成分的巨大變化。

表2-2　　　　　　　　　　中國稅收的所有制構成　　　　　　　　　單位:%

年份	國有企業	集體企業	股份公司	私營企業	其他企業
2000	41.5	8.6	19.9	3.5	26.4
2005	24.8	3.0	34.5	9.0	28.7
2010	15.5	1.1	43.5	10.6	29.3
2013	12.8	0.8	47.2	9.7	29.4

註：其他企業包括聯營企業、港澳臺投資企業、外商投資企業、個體經營和內資企業的其他企業等。
數據來源：《中國稅務年鑒》。

二、稅收的地區構成

中國在1978年改革開放后逐步形成了四大經濟發展區域，即東部地區、東北地區、中部地區和西部地區。東部地區由於得風氣之先，經濟發展迅速，因而占全國總稅收的比重一直遙遙領先，多年來一直在60%以上。但隨著「西部大開發」和「中部崛起」的區域發展戰略的實施，2005年以來，東部地區對總稅收的貢獻度在緩慢下降，而中部和西部地區的貢獻度正在逐步上升。因此可以預見，隨著區域發展戰略的逐步完善和中國經濟的協調發展，稅收的地區結構還將會進一步的優化，見表2-3。

表2-3　　　　　　　　　　中國稅收的地區構成　　　　　　　　　單位:%

年份	東部地區	東北地區	中部地區	西部地區
2000	63.5	10.2	12.2	14.0
2005	66.6	9.3	12.0	12.1
2010	64.6	9.4	12.4	13.6
2013	62.0	9.5	13.5	15.0

註：東北地區包括黑龍江省、吉林省、遼寧省、內蒙古自治區；中部地區包括山西省、河南省、湖北省、湖南省、江西省、安徽省；東部地區包括北京市、天津市、河北省、山東省、江蘇省、上海市、浙江省、福建省、廣東省、海南省；西部地區包括重慶市、四川省、廣西壯族自治區、貴州省、雲南省、陝西省、甘肅省、寧夏回族自治區、新疆維吾爾自治區、青海省、西藏自治區。
數據來源：《中國稅務年鑒》。

三、稅收的部門構成

稅收的部門構成是從國民經濟部門構成的角度分析稅收收入的來源構成。這裡的國民經濟結構包括兩重含義：①指傳統意義上的國民經濟結構，如工業、農業、建築業、交通運輸業及服務業等；②指現代意義上的產業結構分類，即第一產業、第二產業和第三產業。分析稅收的部門構成對於明確各經濟部門以及不同的經濟部門結構對稅收收入的影響，判斷增加稅收收入的途徑具有重要意義。

從表2-4可以看出，從2000年開始中國的第一產業稅收貢獻度一直在0.1%左右，占比很低，因而不是稅收收入的重要來源。第二產業的稅收貢獻度經歷了一個上升到下降的過程，從2001年到2010年都是第二產業貢獻度最大，占比達到50%以上，同時第三產業的稅收貢獻度也達到40%以上，而且與第二產業的差距在逐步縮小。到了2013年，第三產業的稅收貢獻度超過了第二產業，第二產業占比為47.3%，而第三產業占比達到52.6%。這說明中國第三產業發展迅速，不但大量吸納就業、創造產值，在稅收貢獻方面的作用也越來越重要。

表2-4　　　　　　　　　　中國稅收的產業構成　　　　　　　　　　單位：%

年份	第一產業	第二產業	第三產業
2000	0.1	56.9	43
2005	0	59.3	40.7
2010	0.1	52.5	47.4
2013	0.1	47.3	52.6

數據來源：中國稅務年鑒

參考文獻：

[1] 郭慶旺, 趙志耘. 公共經濟學 [M]. 北京：高等教育出版社, 2010.

[2] 楊志勇. 稅收經濟學 [M]. 瀋陽：東北財經大學出版社, 2011.

[3] 約瑟夫·E.斯蒂格利茨. 公共部門經濟學 [M]. 3版. 郭慶旺, 等, 譯. 北京：中國人民大學出版社, 2013.

[4] 中國註冊會計師學會. 稅法 [M]. 北京：經濟科學出版社, 2015.

第三章
稅收原則

第一節　西方的稅收原則及其局限性

　　在長期的稅收實踐中形成的稅收原則是稅收制度建立、改革和完善所遵循的指導思想。近年來，人們習慣上所說的治稅思想，實際上就是指稅收原則。古今中外，自稅收產生起便有了稅收原則，只不過隨著經濟形態的不同，各國的經濟制度、政治制度、經濟發展水平以及文化傳統的不同，其稅收原則也隨之不同罷了。但是，對現代人類的經濟生活起重大影響作用的稅收原則，當推18世紀的亞當·斯密及其后來的西方經濟學家。因此，我們的介紹主要集中在亞當·斯密及其之後的西方經濟學家所提出的稅收原則和新中國成立以來中國的稅收原則之上。

一、西方的稅收原則

　　在西方，對當時乃至后世的稅制建立與稅制改革產生重大影響的人物就是集古典經濟學之大成者——亞當·斯密，甚至在今天，他所提出的主要稅收原則仍被現代西方經濟學家奉為圭臬。18世紀的英國正處於資本主義的興起與發展初期，亞當·斯密從反對英國封建專制統治和促進資本主義工商業發展的目的出發，主張政府不干預的自由放任的市場經濟。在財政上，他主張小政府和「輕徭薄賦」。在治稅思想上，他針對當時英國封建專制下的稅制的種種弊端，在總結前人思想的基礎之上，在《國富論》中，提出了著名的稅收四原則：公平、確定、便利、最少徵收費用，即①一國之民，都須在可能範圍內，按照各自能力的比例，即按照各自在國家保護下享有的收益比例，繳納國賦，維持政府；②各國公民應當完納的賦稅必須是確定的，不得隨意變更，完納的日期、完納的方法、完納的數額都應當讓一切納稅者及其他人瞭解得十分清楚明白；③各種賦稅完納的日期及完納的方法，須予納稅者以最大的便利；④一切賦稅的徵收，須設法使人民所付出的盡可能等於國家所收入的。

　　在后來的近代西方經濟學家中，對稅收原則作出重要貢獻的是德國社會政策學派（又稱新歷史學派）的代表人物瓦格納。19世紀下半葉，隨著工業革命的完成，

資本主義制度在歐洲大陸的最終確立，無產階級與資產階級之間的階級矛盾日益突出和尖銳，反剝削反壓迫的工人運動風起雲湧，馬克思主義在歐洲的出現和廣泛傳播。在這種歷史背景下，一些資產階級的經濟學家，尤其是德國的社會政策學派，希圖在不觸動資本主義基本制度的前提下，通過國家實行社會改良政策，以財政、稅收分配手段來緩和階級矛盾、縮小貧富懸殊之間的差距，從而緩解資本主義的內在矛盾。正是在這一歷史環境下，瓦格納從有利於財政收入、經濟發展、社會公平與賦稅行政四個方面，提出了九條稅收原則。它們是：

1. 財政政策上的原則
（1）收入應當充裕的原則；
（2）收入應當富有彈性的原則。
2. 國民經濟上的原則
（1）不可誤選稅源的原則；
（2）不可誤選稅種的原則。
3. 社會正義上的原則
（1）負擔應當普遍的原則；
（2）負擔應當公平的原則。
4. 稅務行政上的原則
（1）課稅應當明確的原則；
（2）手續應當簡便的原則；
（3）徵收費用應當節約的原則。

當歷史發展到 20 世紀，自 30 年代大危機所出現的羅斯福「新政」和經濟理論上的「凱恩斯革命」以來，西方經濟學家逐漸摒棄了古典學派的「供給自動創造需求」的自由放任理論，而代之以國家宏觀調節與市場經濟相結合的理論，並由此把財政、稅收與經濟緊密結合起來，將財政、稅收視為國家宏觀經濟調節的一個極為重要的槓桿，刺激消費和投資，提高社會總需求，以此來緩和週期性的經濟波動和實現充分就業。儘管凱恩斯及其追隨者並沒有明確提出過稅收原則，但從其論著中可以看出，他們所強調的主要是稅收的調節經濟的功能。凱恩斯在《通論》中就提出：「國家必須用改變租稅體系、限定稅率以及其他方法，指導消費傾向。」美國的「凱恩斯」——漢森教授認為，「稅率的變動是調節經濟短期波動的很有效的手段」，「也是有效維持充分就業的頭等重要的手段」。薩繆爾森在《經濟學》中也曾指出：「我們目前的稅收制度是一個有力的和迅速的內在穩定器」，「是穩定經濟活動和減輕經濟週期波動的一個有利因素」。

20 世紀 70 年代以來，西方經濟普遍陷入滯脹泥潭，凱恩斯主義的需求管理政策受到嚴重挑戰，以美國的供應學派、貨幣學派等為代表的新自由主義經濟理論應運而生，其理論對美國等西方國家 80 年代乃至以後全球的經濟政策和稅制改革產生了重大影響。供應學派認為美國的經濟之所以出現滯脹，根源在於政府干預過多和

賦稅過重。他們主張恢復「供給會自動創造需求」的薩伊定律，認為生產是不會產生過剩的，而凱恩斯學派把需求視為經濟中的首要因素，把供給看成是需求派生的次要因素，是顛倒了因果關係。凱恩斯學派提出的刺激需求的赤字財政政策和寬鬆型的貨幣政策，是造成需求過大、供給不足，產生通貨膨脹的主要原因之一。而美國所實行的過高的企業所得稅、個人所得稅和許多福利制度，嚴重挫傷了個人，尤其是富人投資、儲蓄、工作的積極性，結果使美國的生產力逐年下降，供給不足，競爭力不強，這是造成美國經濟滯脹的又一主要原因。因此，為瞭解決經濟的滯脹問題，必須將注意力放在刺激供給，而不是需求上。為此，在財政方面，必須大力減少政府干預、降低政府支出，縮小福利開支，實現預算收支平衡。其次要大幅度降低稅率，提高人們投資、儲蓄、工作的積極性，增加供給。這一稅收理論上的體現就是有名的「拉弗曲線」。但供應學派的大幅度減稅理論在 2008 年爆發的大危機之後也受到質疑。

現代西方經濟學家雖然在稅收問題上觀點各異，但大多數經濟學家仍然認為，一個良好的、健全的稅收制度主要應符合兩大原則，即公平原則和效率原則。

1. 公平原則

所謂公平原則，是指他們在繼續沿用斯密的基本定義的基礎上，又由此引申出的兩個次原則，即受益原則和量能納稅原則。

「受益原則」，是指每個納稅人應根據他從公共服務中得到的受益大小而相應納稅，即政府各項公共活動的費用，應根據各人所享受該項服務利益的多少，而分攤給個人。相同的受益繳納相同的稅，不同的受益繳納不同的稅。他們認為，該原則的優點在於把受益與納稅，公共支出與稅收聯繫起來加以衡量，符合經濟學的基本原理。但其缺點是：①該原則雖然可以解釋部分政府提供的服務（如公路建設等）而徵收的稅收（如汽油稅等），但不能解釋政府所徵收的大部分稅收；②之所以不能解釋政府所徵收的大部分稅收，是因為每個納稅者從政府支出中所得到的受益是很難準確計算的，這裡除了每個納稅人因為對公共服務的需求不同，因而受益的主觀感受度不同外，還有直接受益與成本和間接受益與成本、內在效用與成本和外在效用與成本等難以計量的問題。尤其是納稅者往往還有一個隱瞞真實受益的「搭便車」行為。這些都是「受益原則」在實際生活中很難全面推行的原因。

「量能納稅原則」，是指按納稅人的納稅能力的大小來納稅。它又具體包括「橫向公平」和「縱向公平」兩個方面。「橫向公平」是指納稅能力相同的人應繳納相同的稅。「縱向公平」則是指納稅能力不同的人應繳納不同的稅收。但如何衡量納稅義務人的納稅能力呢？有的經濟學家主張客觀標準，有的則主張主觀標準。主張客觀標準者提出了以下幾個測量納稅能力的標準：消費（支出）標準；財產標準；所得（收入）標準。主張主觀標準者也提出了以下幾個測量納稅能力的標準：犧牲絕對相等標準；犧牲比例相等標準；犧牲邊際相等標準。由於種種客觀、主觀原因的制約，在實踐中衡量納稅人的納稅能力大小的標準通常採用所得（收入）標準。

2. 效率原則

西方經濟學家認為，稅收的效率原則包括兩個方面：①稅收的徵管費用最少；②徵稅產生的額外負擔最小。

他們認為稅收的徵管費用包括徵稅的行政費用和奉行納稅費用。前者是指政府部門在稅收徵管中所發生的費用。如稅務部門所發生的徵管費用，以及其他部門（如銀行、司法、警察、等）所提供的幫助。后者是指納稅義務人在納稅時所發生的費用。如納稅人支付給會計師、稅收諮詢等方面的費用，納稅人用於填報納稅登記表的費用和時間損失，代繳稅款的公司和其他機構發生的費用，以及由於徵稅而使納稅義務人所發生的心理損失費用等。

所謂額外負擔（又稱超額負擔），是指某種稅收的課徵，對私人或企業在市場經濟中的最佳決策產生扭曲，從而使私人或企業所承受的實際負擔超過稅金本身負擔的部分（見圖 3-1）。

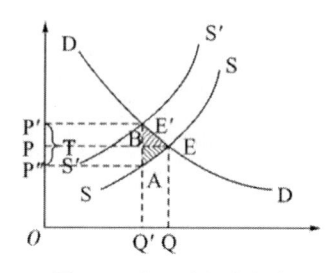

圖 3-1 稅收的額外負擔

在研究稅收的額外負擔時，西方經濟學家認為應當區分稅收的「收入效應」和「替代效應」（見圖 3-2）。「收入效應」是指由於徵稅而使納稅人的收入減少的效應。「替代效應」則是指由於徵稅而影響相對價格的變化，從而導致私人或企業選擇一種消費或活動來代替另一種消費或活動時所產生的效應。如對所得徵稅的邊際稅率過高，會導致私人多休閒而少工作；對利息、股息徵稅過高，將引起人們多消費而少儲蓄。西方經濟學家認為，一般而言，「收入效應」不會產生額外負擔，它只是表明資源從納稅義務人手裡轉移到政府手中。而「替代效應」則會妨礙私人或企業的抉擇，因此，它會導致額外負擔。也因此，從效率角度看，最適賦稅應是「額外負擔最小」的賦稅，即對市場產生扭曲影響最低的賦稅。

值得注意的是，西方經濟學家的稅收產生的額外負擔的分析中，暗含了一個基本前提，即這時的市場已經是最優的完全競爭市場，企業或私人已經是最佳決策，因此，徵稅才會產生額外負擔。但如果這時的市場並非最優的完全競爭市場，企業或私人所作出的決策並非是最佳決策的話，那麼，徵稅必然產生額外負擔的結論就會不成立。最明顯的就是徵收污染稅、擁堵稅，以及對菸酒徵高稅。其次，按照西方經濟學家的分析，似乎稅收的額外負擔，即副作用，主要來自「替代效應」，因此，稅收的「替代效應」是壞的效應，應當盡量減少或者消除。但現實生活中不就

常常用到稅收的「替代效應」嗎？比如，徵收高額的菸酒稅，對污染徵收高稅等。所以，對稅收的「替代效應」不能作形而上學的簡單分析，而必須作實事求是的而不是主觀臆斷的分析。

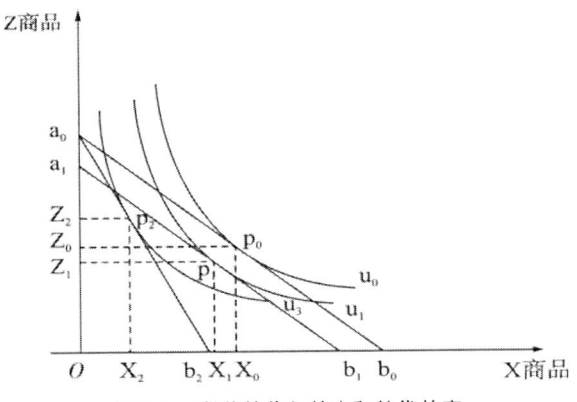

圖 3-2 稅收的收入效應和替代效應

在 20 世紀 80 年代有些西方經濟學家從徵稅產生的「額外負擔最小」理論出發，提出了稅收的「中性」原則。即稅收對市場經濟不應產生任何干預，而應當讓市場發揮自動調節的作用。稅收僅僅履行收入職能就行了。應當說這種觀點與 80 年代以來盛行的自由放任的新自由主義思潮有關。嚴格地講，這種提法是不科學的。因為，首先，任何稅收的徵收都不可能是中性的，如前所述，它總是會產生收入效應和替代效應，在實際生活中，它表現為或是刺激人們投資、儲蓄、工作的正面效應，或是抑制人們投資、儲蓄、工作的負面效應，所謂最優賦稅只不過是正面效應大於負面效應的賦稅。其次，即便是徵收同一稅率的稅收，如商品稅，由於不同商品需求彈性的不同，徵稅后產生的效應必然不同，這是「拉姆齊法則」已經證明了的。最后，眾所周知，在現代西方經濟中，國家的宏觀調節已經與市場機制溶為一體，市場經濟要正常運行已離不開國家必要的宏觀調節，而國家宏觀調節的重要手段之一便是賦稅。賦稅要成為調控手段，就不可能是中性，要中性就不可能調節，這是人們共知的簡單道理。基於以上三點，我們認為，與其提稅的中性原則，不如提「稅收的負效應最小」原則為好。

這裡還需要指出的是，西方經濟學家的稅收效率分析，通常是立足於企業或個人的微觀分析，而沒有宏觀分析。這就容易給人造成一種錯覺，似乎稅收效率只分析微觀就行了，至於宏觀，不過是無數微觀個體的簡單加總而已。這種觀點是值得商榷的。雖然宏觀經濟是由無數微觀經濟所構成，但宏觀經濟絕不等於無數微觀經濟的簡單相加。黑格爾曾經有一句名言，「整體大於部分之和」。無數微觀經濟一旦形成宏觀經濟，宏觀經濟便具有與微觀經濟不同的特點和複雜性。比如，現實經濟生活中經常出現的「XX 過剩」，農村常常產生的「XX 賣難」，股市上不斷發生的「追漲殺跌」等現象，不都在一再證明這個客觀事實嗎？

最后在討論稅收的「公平與效率關係」時，不能不涉及西方主流經濟理論中「公平與效率關係」理論的局限性問題。眾所周知，西方主流經濟理論往往認為，「公平與效率關係」是此增彼減的對立關係，即「熊掌和魚不可兼得」。這個理論成立嗎？公平與效率僅僅是此增彼減的對立關係嗎？（見圖3-3）

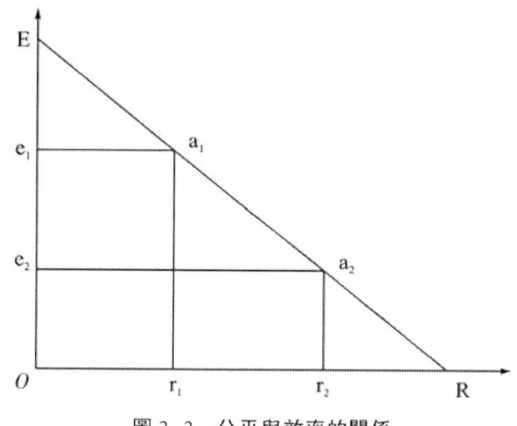

圖3-3 公平與效率的關係

我們認為，公平與效率的關係絕不僅僅是此增彼減的簡單的對立關係，而是複雜的對立統一關係。其統一的一面在於，效率為實現公平提供基礎條件，而公平則為持久的效率提供動力。其對立的一面則是，如果過度的強調效率則可能忽視公平，過度的強調公平則可能犧牲效率。關鍵在於二者的度的把握，而不能僅僅強調某一方面而忽視另一方面。這也是國內外眾多成功和失敗的經濟發展實踐所一再證明了的客觀真理。

第二節　中國的稅收原則及其演變

新中國建立以來，中國經歷了國民經濟恢復時期和對生產資料私有制的社會主義改造時期（1949—1956年），計劃經濟時期（1956—1978年）和逐步建立社會主義市場經濟時期（1979年以後），在這三個時期，由於經濟體制的不同，國家所面臨的政治經濟任務的不同，中國的稅收原則也隨之不同。

一、國民經濟恢復時期和對私改造時期

新中國成立初期及「一五」時期，由於戰爭和恢復生產、進行大規模經濟建設，以及對私改造的需要，黨和政府提出了「保障需要、簡化稅制、區別對待、合理負擔」的稅收原則。並在這一原則的指導下，對國民黨遺留的舊稅制進行了改造，在簡化舊稅制的基礎上，建立了一套新的稅制，從而為實現當時的各項政治、

經濟、軍事等目標起到了良好的保障作用。

二、計劃經濟時期

在生產資料社會主義改造完成之後，中國建立了高度集中的計劃經濟體制。在經濟運行機制方面，我們實行高度集中的指令性計劃經濟，計劃統管一切，企業和其他生產單位的人財物、產供銷，以及人民生活基本上都由國家計劃安排，這時，稅收除了保證財政收入外，已不再起其他作用。在這種背景下，在稅收原則上只能是強調保證財政收入和簡化稅制，並在這種原則的指導下，從 1958—1972 年進行了三次大的稅制簡化，結果稅種越簡越少，稅目越簡越粗，稅收在經濟領域中的活動範圍與作用大大縮小。

三、逐步建立社會主義市場經濟時期

1979 年以來，中國從社會主義初級階段這一現實出發，在「對內搞活、對外開放」的方針指導下，從農村到城市對傳統的計劃經濟體制進行了一系列重大改革。在所有制形式上，我們實行以公有制為主體、多種經濟成分共同發展的改革，各種非公有制經濟日趨活躍繁榮。在經濟運行機制上，我們打破了舊的高度集中的計劃體制，培育和發展了各種市場；對企業實行「放權讓利」，使企業成為自主經營、自負盈虧的市場經營主體；對政府職能也進行了重大改革，逐步取消了指令性計劃和政府直接管理企業的職能，同時建立和完善宏觀調控體系。在對外經濟方面，我們打開國門，改善投資環境，大力吸收國外資金、技術、人才，大力發展對外貿易。30 多年的改革開放，使中國市場經濟體系逐步建立和完善，社會生產力得到極大解放，中國的經濟發展速度雄居世界之首，經濟總量已躍居世界第二，中國的綜合國力迅速增強，人民生活也得到普遍提高。自 20 世紀 80 年代以來，中國對稅收制度也進行了多次重大改革。為了適應「對內搞活、對外開放」的需要，我們建立了涉外稅制。為了適應市場經濟的發展，我們改革了流轉稅制。為了調節經濟和收入分配，我們建立了國內企業所得稅制和個人所得稅制，並開徵了具有調節性質的其他稅種。為了建立公平競爭的市場秩序，我們逐步統一了內外兩套稅制。30 多年來，中國稅收在籌集財政收入、促進改革開放、調節宏觀經濟、促進社會發展等方面起到了良好作用，稅收在分配、調節、監督等方面的重要作用已被人們所認可。

在中國的現代化建設中，應當按照什麼原則建立起適應社會主義市場經濟的稅收制度，充分發揮其籌集財政收入和調控經濟、社會的重要作用呢？在這裡首先有兩點需要明確：一是，在確定稅收原則時，必須吸取世界上一切代表先進生產力發展方向的治稅原則，而不能因為是資本主義的東西或者是過去傳統的東西就一概摒棄否定；二是，必須從中國的實際出發，實事求是，確立適應中國具體國情的稅收原則。從這兩點出發，我們認為，中國的稅收原則應當是：財政原則、公平原則和效率原則。

(一) 財政原則

所謂財政原則,是指為國家籌集財政收入的原則,這是由稅收這一國家分配手段和最重要的財政收入來源的本質特徵所決定的。眾所周知,稅收是作為社會最高主權代表的國家為了滿足社會公共需要,並實現國家的政治、經濟和社會等職能,按照法定標準,對社會價值,尤其是剩餘價值所進行的強制的分配。稅收這一本質明確告訴我們,稅收之所以產生、存在和發展,其首要目的就是為了作為社會最高主權代表的國家實現其職能,滿足社會公共需要而籌集必要的財政收入,國家職能的大小必然決定稅收收入的多少,這一點,古今中外概莫能外。

在中國的社會主義市場經濟中,國家除了提供維持社會穩定與發展的一般公共服務(如國防、公檢法、必要的行政、外交、教育、衛生、科技、文化、社會保障和社會救濟等)外,還擔負著調節經濟與社會、支持不發達地區發展、改善生態環境等重要任務,為了實現這些目標,國家必然需要有一定的財力支撐。正如馬克思所講,「賦稅是國家存在的經濟基礎。」也正如西方人所講,「稅收是我們為文明社會所支付的代價。」因此,從這個意義上講,稅收籌集的多少,徵收的好壞,也就從財力上制約著國家的上述職能是否能充分實現。從稅收工作方面講,要能較好地貫徹財政原則,其稅種的設置、稅率的設計、徵稅環節的安排、稅前扣除的規定、稅收優惠的確定,以及稅收徵管等,都必須從有利於國家職能充分發揮的角度出發,盡可能地籌集較多的稅收收入。

(二) 公平原則

在現實生活中,稅收的公平問題不僅涉及經濟問題,而且還牽涉到政治、社會問題。儘管生產力的發展是社會進步的根本因素,但分配不公往往也會造成動亂和革命,甚至社會倒退。然而,何謂公平?自人類社會出現不平等以來,便有了關於公平的經久不衰的爭論。應該說,在公平問題上,馬克思的歷史唯物觀才是比較客觀的。馬克思認為,公平的內涵是一個歷史的、動態的,而不是抽象的、永恆的範疇。即經濟發展階段不同、社會制度不同、文化道德觀念和歷史習俗的不同,其公平的具體內涵也不同。因此,世界上不可能存在一個普適的、永恆的、抽象的、共同的公平內涵。這也告訴我們,儘管稅收原則的研究離不開對公平的探討,但公平內涵的確定卻必須從當時當地的客觀實際出發,而不是從主觀想像出發。

依據這一原理,從中國社會主義市場經濟的現實出發,我們認為,中國的稅收公平原則不光是指經濟意義上的公平,還應當包括社會意義上的公平。

1. 經濟意義上的公平

所謂經濟意義上的公平,是指稅收的徵收應該為企業、個人創造公平競爭的市場環境,使企業、個人收入的多少與其投入的大小以及所產生的效益高低相對應,即等量投入及其所產生的效益應當取得等量報酬。這裡所講的投入,除了勞動投入以外,還包括資金、技術、經營等其他生產要素的投入。在這裡,公平的含義在於收入與投入及效益對稱,多勞多得,多投入多收益,效益越大收入越高。

為了實現經濟意義上的公平，首先，必須為企業競爭創造一個公平的稅收環境。所謂公平的稅收環境，是指企業，不論何種所有制企業，也不論屬於何地的企業，亦不論進行何種合法經營活動的企業，在納稅的稅種、稅率、稅前扣除和稅收優惠等方面均應一視同仁，享受無差別待遇。而絕不能因為企業所有制的不同，如內資或外資、全民或集體、公有制或私有制的不同；企業所處的地區的不同，如沿海與內地、東部或西部的不同；企業經營的不同，如工業與商業，第一、第二與第三產業的不同，而在稅收上面臨不同的對待，繳納不同的稅種，承擔不同的稅負，享受不同的稅收優惠。即使是國家根據經濟、社會發展的需要實施區別對待的產業、地區稅收政策，那也應當盡量控製在一定範圍之內。總之，欲使稅收實現經濟意義上的公平，其市場公平競爭的稅負環境（如流轉稅和企業所得稅）必須是大體統一的、無差別的。換言之，具有同等納稅能力的人應當繳納相同的稅賦，即實現稅收的「橫向公平」。其次，為了實現經濟意義上的公平，還必須運用稅收手段調節與生產經營無關的其他因素所產生的級差收入，盡量為企業創造公平競爭的市場環境。比如，在現實生活中，企業進行生產經營，常常會由於佔有資源條件的不同（如國有企業屬於國家投資，集體、外資、私營、個體則屬於非國家投資；再如採掘企業之礦藏資源條件的差異），所處地理區位的不同（如處於大城市市中心的商業企業與地處郊區或窮鄉僻壤的商業企業之間，處於經濟發達、交通便利的地區的企業與處於經濟不發達、交通條件差的地區的企業之間）等客觀因素，產生雖然投入相同，但收益、所得則大不相同的情況。對於這些因客觀因素的不同所造成的級差收入應不應當進行調節？如果不調節，企業之間實際上處於不公平的競爭之中，企業和個人收入也難於實現經濟意義上的公平。因此，國家應當運用稅收槓桿，或徵國有資產占用稅，或徵礦藏資源稅，或徵土地使用稅等，對上述客觀因素造成的級差收入進行調節，使企業之間大體處於公平競爭的市場環境，從而實現經濟意義上的公平。

　　2. 社會意義上的公平

　　所謂社會意義上的公平，是指在經濟意義公平的初次分配的基礎之上，國家從維護整個社會穩定與和諧的角度出發，運用稅收對各種收入和財產分配，尤其是個人收入和財產分配予以必要的調節或再分配，以縮小收入和財產差異，防止兩極分化，從而使收入和財產分配在整個社會範圍內達到適度公平。

　　眾所周知，中國是社會主義國家，我們確立的經濟體制是社會主義市場經濟，而社會主義的根本目標，是要通過大力發展社會生產力，最終實現共同富裕。在實現這一終極目標的過程中，我們既要克服「平均主義」「吃大鍋飯」的弊病，適當拉開差距，同時又要防止因差距過大，出現兩極分化，避免社會動盪。

　　從稅收上講，為了實現收入和財產分配在社會意義上的公平，就應當實行「量能納稅」原則，即在個人所得稅、房產稅、財產稅、遺產與贈予稅等方面，通過設置適當的累進稅率，使多收入者多納稅，少收入者少納稅，無收入者不納稅；財產

多者多納稅，財產少者少納稅或者不納稅，從而實現「縱向公平」原則。這樣一套稅制是否違背了公平原則。我們認為，只要稅率設計適當，就不會違背公平原則，相反，它恰恰是公平原則在稅收上的體現。因為，納稅人的收入或財產的多少不同，其納稅能力亦不同，其承受稅負的能力或者說邊際犧牲亦不同。

（二）效率原則

稅收的效率原則應包括兩個方面：①是指稅收的徵收要起到促進經濟發展的作用，而不是阻礙生產力的發展，即經濟效率原則；②是指最少徵稅費用原則。

1. 經濟效率原則

經濟效率是一個多層面的概念，它既包括微觀經濟效率，同時又包括宏觀經濟效率，因此，在稅收上既要注重微觀效率的提高，同時也要注重宏觀效率的改善。具體講：

在提高宏觀經濟效率方面，主要是指通過稅種、稅率、徵稅環節的精心設計，使之成為緩和宏觀經濟週期性波動的內在穩定器；通過稅收發揮其必要的能動作用，調節國民經濟的總量平衡、結構平衡、地區平衡，促進城鄉協調、人與自然的協調、內外經濟的協調，從而使中國經濟協調、高速、健康地發展。在這方面，我們既要摒棄「國家萬能論」的幻想，同時也要破除「市場萬能論」的迷信。

在提高微觀效率方面，主要是指在徵稅中，要妥善處理國家、企業和個人三者利益關係，不至於因徵稅過高而挫傷企業與個人投資、儲蓄、生產、工作的積極性。在國民收入的分配中，國家與企業、個人之間處於既相互聯繫又相互矛盾的關係之中，國家拿得多，企業與個人必然拿得少；相反，企業與個人拿得多，國家必然拿得少。而這種量的分割的大小，又直接關係著企業、個人的投資、生產、工作、儲蓄的積極性的發揮，以及國家的必要職能是否能充分實現的問題。在這方面，我們既要反對只顧國家需要，不顧企業、個人利益的「竭澤而漁」的短視政策，同時也要反對只講企業、個人利益，而不顧國家利益的片面「施仁政」的政策。正確的做法應當是在徵稅過程中，按照「三兼顧」的原則，妥善處理三者利益矛盾，充分調動三者的積極性。按照這一原則，在稅收工作中，我們要慎定稅種、稅率、徵稅環節和稅收優惠。良好的稅制應當是既能取得必要的財政收入，同時又能對企業、個人的投資、生產、工作、儲蓄起到刺激作用；相反，如果徵稅過多，則必然抑制企業、個人的積極性。

2. 最少徵稅費用原則

最少徵稅費用原則包括徵稅的行政費用最省和納稅者的納稅費用最低兩個方面。

徵稅的行政費用是指政府部門在稅收徵管中所發生的一切費用，主要是稅務機關以及相關的機關，如司法、公安、檢查、銀行等的徵稅費用，它包括人員的工資支出、辦公支出、稅務訴訟支出、宣傳輔導支出、技術裝備支出等費用。而徵稅費用的高低，可以用徵稅費用占稅收入庫數額的百分比表示，即

$$徵稅費用率 = \frac{徵稅費用}{稅收入庫數} \times 100\%$$

費用率越低，其徵稅成本就越少，納稅義務人繳納的稅額同國庫實際收入之間的差額也越小，表明徵稅的行政效率也越高。

納稅者的納稅費用是指納稅人在納稅過程中所花費的時間、精力和金錢。如納稅人填報納稅申報表，計算和繳納稅收的過程中所發生的費用以及諮詢費、代辦費、訴訟費、郵電差旅費和稅收檢查時所耗費的時間、精力、費用等。這些費用都是由納稅人承擔的，在西方，它被稱之為奉行納稅費用，又稱為間接費用（與徵稅的直接行政費用相對而言）。在實際生活中，這部分費用由於發生面廣而雜，因此不太好度量，根據西方經濟學家的估計，這部分費用往往大於徵稅的行政費用。徵稅的效率原則要求，在徵稅過程中應該使納稅人在履行納稅義務時所花費的這部分費用最低。

要使徵稅的行政費用最省和納稅人的納稅費用最低，客觀上必然要求稅制簡便。稅制簡便主要體現在以下兩個方面：①稅種、稅率、徵稅環節、稅收規定要簡便；②稅收的徵收管理、徵收手續、徵收方式、徵收地點要簡便。

最后應當指出的是，稅收的財政原則、公平原則和效率原則在實際生活中常常會處於既相互聯繫又相互矛盾的對立統一關係之中。說它們是相互聯繫的統一體，是因為一個良好的稅制從根本上必須體現這三個原則；說它們又是對立的、矛盾的，是因為在實際稅收工作中，常常會出現財政原則與效率原則，公平原則與效率原則，效率原則中的提高宏觀效率原則與徵稅中的簡便原則之間的衝突，弄得不好就會顧此失彼，破壞這一對立統一關係。而高明的財稅工作者，其高明之處，就在於能巧妙地處理這些對立統一關係，使稅收三原則在徵稅過程中得到恰當體現，正所謂「運用之妙，存乎於心」。

第三節　稅制優化理論

一、西方最優（或最適）稅收理論及其局限性

由於現實中的稅收以及稅制（包括狹義稅制和廣義稅制）存在著這樣或那樣難以令人滿意的問題，有時甚至出現嚴重影響、制約經濟、社會、政治、文化發展的問題，所以，人們一直在實踐中不斷探索最優稅收（或最適稅收）以及如何優化稅制的問題。

從西方近代歷史看，古典經濟學集大成者亞當·斯密就曾針對英國封建社會末期極不公平、極不規範、極不透明、隨心所欲的、橫徵暴斂的稅收以及稅制，提出要建立適應新興資本主義發展的「公平、確定、便利、最少徵收費用」的新型稅收以及稅制。19世紀下半葉，另一位在財政思想上作出重要貢獻的德國新歷史學派的代表人物瓦格納，根據當時德國的現實狀況，從有利於經濟、社會發展的角度提出了好的稅收以及稅制應當符合的9條原則。

在現代西方，經濟學家們對最優稅收理論的研究主要集中在商品稅和個人所得稅上面。

對最優商品稅理論的研究首推英國經濟學家拉姆齊（Ramsey）。他在1927年發表的《對稅收理論的貢獻》一文中探討了最優商品稅問題，並提出了有名的「逆彈性」的「拉姆齊法則」，即商品稅的稅率應當與商品的需求彈性成反比。但在現實中，「拉姆齊法則」很難指導稅收實踐。其重大缺陷主要表現在兩方面。一是，「逆彈性」的拉姆齊法則違背了稅收的「公平」原則和社會公正價值觀。比如，從商品的需求彈性來看，需求彈性的大小往往與商品的性質有關。一般來講，屬於生活必需品的商品往往需求彈性較小，而普通人的這方面需求占收入的比重較高；相反，屬於生活非必需品，尤其是奢侈品的商品往往需求彈性較大，而富人的這方面需求占收入的比重較高。如果按照拉姆齊的「逆彈性」法則設計商品稅稅率，結果必然是負稅能力小的普通人承擔相對更重的稅負，而負稅能力強的富人承擔相對更輕的稅負，這符合稅收的「公平」原則和社會公正價值觀嗎？二是，按照拉姆齊的「逆彈性」法則設計商品稅稅率在徵稅實踐上的不可能性。假定我們像拉姆齊一樣只考慮稅收的效率問題而不考慮公平問題，如果我們按照拉姆齊的「逆彈性」法則設計商品稅稅率，由於現實中的商品成千上萬，其供給、需求彈性又各不相同，而且還是不斷變化的，政府要設計出符合拉姆齊法則的有效率的商品稅稅率，首先就要充分掌握這近乎無窮多的商品的彈性信息，這在實踐上是根本不可能的。其次，即使政府能設計出來，其商品稅稅率及稅制也是非常複雜的，在實際操作中也是不可能的。正因為這些原因，在現實的商品稅制的設計與實踐中，迄今為止沒有任何一個西方國家是按照拉姆齊法則做的。

在最優個人所得稅研究方面，19世紀末，經濟學家埃奇沃斯以福利經濟學理論為基礎，研究了最優所得稅問題。他的研究結論，正如哈維·S.羅森教授所說，對稅收政策的含義是：稅收的設計應當使人們的稅后收入分配盡可能地平等。尤其是應當首先徵收富人的稅，因為他們失去的邊際效用要比窮人的小。而且埃奇沃斯模型還暗示為了達到社會福利最大化目標，甚至可以對富人徵收邊際稅率為100%的稅收。然而，恰恰是這一點在現實中是很難實現的。

后來的一些經濟學家，如斯特恩、米爾利斯等人在70年代以來又進一步深入研究了最優個人所得稅問題，並得出了與埃奇沃斯不同的結論：即在一定的前提條件下，為了提高效率，減少徵稅所產生的額外負擔，邊際稅率應當隨著收入的提高而降低，而不是實行超額累進的所得稅稅率。但這一研究結論也存在許多重大缺陷，正如哈維·S.羅森教授委婉地批評說，最適稅收（即最優個人所得稅）的研究結論可能會造成一定程度的錯覺，認為經濟學家真的很準確地瞭解了最適稅制。但是，實際上最適稅制背後還有許多有爭議的價值判斷問題。此外，關於各種行為彈性，還有很大的不確定性，而這些彈性對於分析效率與公平之間的替代關係至關重要。因此，「最適課稅是一個純規範理論。它不預測現實稅制是什麼樣的，也不解釋這

些稅制是怎麼出現的。該理論不怎麼關注制定稅收政策的制度和政治背景。著名經濟學家布坎南（1993）也指出，如果從政治現實來考慮，而不是從最適稅收角度出發，現實稅制看起來更為合理。」有些經濟學家，如詹姆斯（1996）則更是不客氣地批評道，最適稅收理論實際上與稅制設計、稅制改革毫不相干，因為它忽略了很多反映財政和社會制度的考慮，而這些考慮是稅收的規範分析和實證分析的根本因素，因此，最適稅收理論的政策主張不可能被實施或被作為制定政策的指導原則。

二、中國稅制優化的基本思路

1. 稅制優化是一個歷史的、動態的、不斷優化的過程

西方主流經濟學最大的缺陷在於它往往是從靜態的、孤立的角度思考問題，這一點在前面所述的最優稅收研究上已充分表現。

實際上稅制優化在任何國家都是一個歷史的、動態的、不斷優化的過程，根本不存在一個放之四海而皆準的唯一的、統一的最優稅收標準。從稅收實踐上看，任何一個國家在任何一個歷史階段和歷史時期所提出的稅制優化或者稅制改革的目標和內容，都是當時當地的社會、經濟、政治、文化、制度等因素發展的產物，都是人們為瞭解決當時當地阻礙社會、經濟、政治、文化、制度發展的稅收以及稅收制度問題而提出的，並且都受到當時當地的社會、經濟、政治、文化、制度等因素的制約，即都打上了那個時代的烙印。

比如，中國歷史上「初稅畝」取代「貢、徹、助」，唐代的「租庸調法」和「兩稅法」，宋代王安石的變法，明代張居正的「一條鞭法」，清代雍正的「火耗歸公」，國民黨統治時期實行的稅制改革，新中國建立以后所實行的多次稅制改革，改革開放以來進行的多次稅制改革，無一不是針對當時的稅制存在的重大缺陷，為了適應和促進當時的經濟、社會發展而進行的重大改革，都是在當時的歷史條件下對稅制的優化。

即使從西方國家近代以來的稅制發展演變的歷史來看也莫不是如此。比如，早期的西方資產階級為了消除封建束縛，促進工商業的發展，針對當時封建社會末期所存在的不公平、不統一、橫徵暴斂的封建稅制，經過血與火的鬥爭，建立起「公平、確實、便利、效率」的統一的工商稅制。在19世紀末到20世紀初，西方發達國家為了調節宏觀經濟、緩和社會矛盾，逐步確立了所得稅和社會保險稅制度。20世紀80年代以來，為了刺激經濟，提高效率，這些國家又進行了「降低稅率，簡化稅制，擴大稅基，提高效率」的稅制改革。由此可見，這些稅制改革與優化無一不是針對當時的稅制存在的重大缺陷，為了適應和促進當時的經濟、社會發展而進行的重大改革，也無一不是在當時的歷史條件下對稅制的優化。

以上事實充分證明稅制優化在任何國家都是一個歷史的、動態的、不斷優化的過程，都是當時歷史條件下的必然產物，甚至從某種程度上講是當時各種力量鬥爭、妥協、平衡的產物，而絕不是人們頭腦中的先驗的、預設的最優稅收理念的產物。

而每一次稅制改革或者優化，實際上都是在當時的歷史條件下的稅收效率與公平原則的協調與統一，而稅收效率與公平原則的協調與統一則是人們不斷追求的稅制的理想狀態。

因此，中國的稅制優化和稅制改革也一定要遵從事物本來的面目，從中國的當時當地的實際出發，實事求是，而不是從先驗的、預設的最優稅收理念出發，進行稅制改革與優化。

2. 中國的稅制優化一定要從中國的實際出發

新中國成立以來，經過60多年的艱苦奮鬥，已經使「積貧積弱」的、任人宰割的舊中國發展成比較繁榮昌盛的、GDP居世界第二位的、屹立於世界民族之林的大國。

但我們也應當看到，中國目前還是人均GDP剛剛超過8,000多美元的發展中大國，並且還是一個正在向建立完善的社會主義市場經濟目標探索前進的國家。這兩個基本特徵決定了中國的發展比起一般的發展中國家，尤其是規模較小的發展中國家，以及一般的轉軌國家，其改革、建設、發展所面臨的困難更大，情況更複雜，制約的因素更多。比如，雖然中國的經濟總量已經是世界第二，但人均量卻還比較落後，人民還不富裕，而進一步發展就面臨龐大的人口壓力、市場壓力和相對短缺的資源約束和環境制約。而且在30多年的經濟高速發展和改革開放中城鄉差距、地區差距、收入差距日益凸顯，經濟、社會、生態矛盾的日趨突出，人們的精神、道德、價值觀的失範甚至失落。如何在進一步的發展中解決這些問題和矛盾，並最終實現中華民族的偉大復興和建設「和諧社會」的宏偉目標，這是中國經濟、社會、政治、文化、精神發展，改革開放，乃至稅制改革或優化必須考慮的最基本問題。其次，隨著改革開放和經濟的日益全球化，中國與世界各國之間的貿易、投資等方面的聯繫日益密切，摩擦與矛盾也日趨突出，因此，中國的發展必然要受到這些國家的制約。如何適應以西方國家，尤其是美國為主導的世界經濟、政治秩序下的經濟全球化，並在這一全球化的過程中爭取中國利益的最大化，不能不說是我們必須考慮的又一個重要因素。

3. 稅制改革是一個對舊稅制不斷優化的過程

既然稅制改革或優化都是當時當地的社會、經濟、政治、文化、制度等因素發展的產物，都是人們為瞭解決當時當地阻礙社會、經濟、政治、文化、制度發展的稅收以及稅收制度問題而提出的，並且都受到當時當地的社會、經濟、政治、文化、制度等因素的制約，一句話，都是對舊稅制不斷優化的過程。因此，一定時期經過稅制改革或優化，雖然舊的問題和矛盾解決了，但是隨著社會的發展變化，經過一段時期後，又會出現新的問題和矛盾，又需要進行新的稅制改革或優化，人類社會中的稅制就是在這種不斷改革或優化中發展和進步的。因此，從人類的發展歷史看，根本就不存在一種所謂靜止的、「一步到位」的最優稅制。既然如此，那麼，很顯然，中國下一步稅制改革必然是對1994年「分稅制」改革的一種優化，換言之，

是對 1994 年以來所實行的稅制所凸顯的阻礙經濟、社會發展的問題、矛盾的一種糾正，用西方經濟學的語言講，就是對舊稅制的一種帕累托改進。

1994 年以來，中國按照「統一稅法，公平稅負，簡化稅制，合理分權」的原則，全面改革了流轉稅制度，實行了以比較規範的增值稅為主體，消費稅、營業稅並行，內外統一的流轉稅制度；改革了企業所得稅和個人所得稅制度，實現了統一的內資企業所得稅制度和個人所得稅制度；調整、撤並了一些稅種、簡化了稅制；對資源稅和某些特別目的稅、財產稅、行為稅作了較大的調整；採取了一系列措施清理稅收減免，嚴格稅收徵管，堵塞稅收流失。

客觀地講，1994 年以來所實行的稅制改革是一場意義重大而深遠，並且是比較成功的改革。其主要表現在，一是，初步構建起了適應社會主義市場經濟的中國稅制；二是，促進了中國的改革開放和經濟的高速發展；三是，建立了穩定增長的財政收入機制，扭轉了財政收入占 GDP 的比重下滑的趨勢，使國家的財力和宏觀調節能力得到較大的提高和增強；四是，初步建立起比較規範的稅收徵管體系。比如，稅制改革前的 1993 年，中國稅收只有 4,255.3 億元，到 2014 年則上升到近 12 萬億元。再如，在 1993 年實行的抑制通貨膨脹的宏觀調節中，在 1998 年實施的「積極財政政策」的緩解通貨緊縮的宏觀調節中，在 1999 年以來實施的「西部大開發」的調節地區發展不平衡中，在 2004 年以來實行的「振興東北老工業基地」和隨後的「中部崛起」中，在 2001 年以來實施的「農村稅費改革」中，在 2008 年以來應對世界金融和經濟危機中，稅收都扮演了重要的角色。

但是，我們也應當清醒地看到，迄今為止 1994 年以來實行的稅制已經運行了 20 多年了，中國的經濟、社會、政治、文化等方面的情況已經發生了許多重大變化，加之當時的稅制改革由於受到各方面條件的限制，本身就存在一些需要進一步完善的地方。比如，由於政府行為和政府收入的不規範，使中國政府統計的名義稅負不高（2014 年占 GDP 的 19% 左右），但如果加上其他政府收入，有專家估計在 40% 以上。過高的實際稅負已對中國經濟的進一步發展產生了副作用。其次，中國的現行稅制也存在不少應當完善之處，比如，「營改增」還沒有全面完成以及「營改增」本身所產生的新問題、個人所得稅制的不完善和財產稅制的缺失所導致的稅收的收入、財產調節功能微弱的問題、生態稅缺位問題，等等。第三，由於稅收徵管制度的不完善，尤其是稅收徵管環境的不健全和誠信制度缺失所導致的偷逃稅甚至騙稅比較嚴重的問題。最后，中央與地方之間稅收、稅種、稅權劃分的不規範，因而影響了地方積極性的發揮問題等。

因此，今后的稅制改革或優化主要應當圍繞如何有利於解決以上問題來完善或優化中國的稅收制度、稅收徵管和徵收環境。

參考文獻：

[1] 理查·A.穆斯格雷夫，皮吉·B.穆斯格雷夫. 美國財政理論與實踐 [M]. 鄧子基，鄧力平，譯. 北京：中國財政經濟出版社, 1987.

[2] 哈維·S.羅森. 財政學 [M]. 10版. 郭慶旺，譯. 北京：中國人民大學出版社, 2006.

[3] 卡爾·馬克思. 政治經濟學批判 [M]. 中央編譯局，譯. 北京：人民出版社, 1972.

[4] 亞當·斯密. 國富論 [M]. 郭大力，王亞南，譯. 北京：商務印書館, 1972.

[5] 亞當·斯密. 道德情操論 [M]. 蔣自強，欽北愚，朱鐘棣，等，譯. 北京：商務印書館, 2004.

[6] 約翰·梅納德·凱恩斯. 就業、利息和貨幣通論 [M]. 高鴻業，譯. 北京：商務印書館, 2008.

[7] 約瑟夫·E.斯蒂格里茲. 自由市場的墜落 [M]. 李俊青，楊玲林，等，譯. 北京：機械工業出版社, 2011.

[8] 約瑟夫·E.斯蒂格里茲. 不平等的代價 [M]. 張子源，譯. 北京：機械工業出版社, 2014.

[9] 丹尼爾·豪斯曼. 經濟學的哲學 [M]. 丁建峰，譯. 上海：上海人民出版社, 2007.

[10] 賈根良. 西方異端經濟學主要流派研究 [M]. 北京：中國人民大學出版社, 2010.

[11] 王國清，朱明熙，劉蓉. 國家稅收 [M]. 成都：西南財經大學出版社, 2008.

[12] 朱明熙. 個人所得稅的調節作用何以失效 [J]. 經濟學家, 2002 (1).

[13] 朱明熙. 優化稅制必先優化政府 [J]. 經濟學家, 2004 (2).

[14] 朱明熙. 對西方主流學派公共品定義的質疑 [J]. 財政研究, 2005 (12).

第四章
稅收負擔與稅負轉嫁

第一節 稅收負擔

　　稅收負擔，簡稱「稅負」，是指納稅人（包括企業和個人）按照稅法規定向國家繳納稅款所承擔的負擔。稅收是國家憑藉最高主權參與社會價值分配，尤其是剩餘價值分配所形成的一種特殊的分配活動，體現著國家與納稅人之間的徵納關係，並且總是以一定的數量關係表現出來。這一定的數量關係，即比例高低，反映了納稅人稅負的輕重。國家多徵，納稅人就少得；國家少徵，納稅人就多得，這一多一少所反映的稅負大小，直接關係著社會的方方面面，尤其是企業、個人和國家之間的利益關係，並進而影響是否能充分調動各方面的積極因素，是否能促進經濟發展和社會和諧的大問題。因此，關於稅負問題的研究，也就成為稅收理論與實踐研究中的重大課題之一。

一、稅負分類

　　為了從不同角度研究稅負問題，首先，有必要對稅收負擔進行分類。
　　（1）按稅負是否轉嫁，可以將稅收負擔分為直接負擔和間接負擔。前者是指納稅人按稅法規定負擔的稅收，後者則是指納稅人通過稅負轉嫁，而由非納稅人實際負擔的稅收。
　　（2）按稅負的真實程度，可以將稅收負擔分為名義負擔和實際負擔。前者是指納稅人按稅法規定的名義稅率所負擔的稅款，後者是指納稅人實際繳納的稅款。之所以產生名義稅負與實際稅負之間的差異，主要在於納稅人所享受的稅前扣除和稅收優惠的不同。
　　（3）按稅收的負擔對象，可以將稅收負擔分為納稅主體負擔與納稅客體負擔。前者是指各類納稅人依法向國家繳納的稅款，後者則是指各種課稅對象負擔的稅款。
　　（4）按稅收負擔的形式，可以將稅收負擔分為貨幣負擔與實物負擔。前者是指納稅人負擔的貨幣稅額，後者則是指納稅人負擔的實物稅額。

二、稅負的量度

為了合理地確定國家的整體稅負水平，科學地設計各稅種的稅負，公平各經濟成分、產業、地區及個人的稅收負擔，以及比較國與國之間、不同歷史時期的稅負水平，有必要從宏觀、微觀方面建立一套反映稅負水平的計量指標。

（一）宏觀稅負水平的量度指標

所謂宏觀稅負水平，是指一國在一定時期內的稅收收入總量與宏觀經濟總量之比。比值越高，說明稅負水平越重；比值越低，說明稅負水平越輕。度量宏觀稅負水平的指標主要有：

1. 國民生產總值（或國內生產總值）稅負率

$$國民生產總值（或國內生產總值）稅負率 = \frac{一定時期國家稅收總量}{同期國民生產總值（或國內生產總值）} \times 100\%$$

這一指標是國際上採用最廣的宏觀稅負度量指標。

2. 國民收入稅負率

$$國民收入稅負率 = \frac{一定時期國家稅收總量}{同期國民收入總值} \times 100\%$$

（二）微觀稅負水平的量度指標

所謂微觀稅負水平，是指企業、個人在一定時期內所繳納的稅款與相關的個量經濟指標之比。比值的高低，可以在相當程度上反映企業、個人所承擔的稅負水平的大小。度量微觀稅負水平的指標主要有：

1. 企業利潤稅負率

$$企業利潤稅負率 = \frac{一定時期企業實繳的所得稅額}{同期企業利潤總額} \times 100\%$$

2. 企業綜合稅負率

$$企業綜合稅負率 = \frac{一定時期企業實繳的各稅總和}{同期企業收入總額} \times 100\%$$

3. 個人所得稅負率

$$個人所得稅負率 = \frac{一定時期個人實繳的所得稅額}{同期個人所得（或收入）總額} \times 100\%$$

4. 個人財產稅負率

個人財產分為靜態財產與動態財產兩類。前者是指個人在一定時期內所擁有的一切財產，包括動產與不動產；后者則是指個人通過財產繼承或受贈所獲得的財產，也包括動產與不動產。因此，該指標分為個人靜態財產稅負率和個人動態財產稅負率兩類。前者反映的是個人所實繳的財產稅額占其擁有的財產價值的比率；后者反映的是個人所實繳的遺產和贈予稅額占其繼承或受贈財產價值的比率。其公式為：

$$個人靜態財產稅負率 = \frac{一定時期個人實繳的財產稅額}{同期個人擁有的財產價值額} \times 100\%$$

$$個人動態財產稅負率 = \frac{個人實繳的遺產或贈予稅額}{個人繼承或受贈財產價值額} \times 100\%$$

5. 人均稅負水平

人均稅負水平是指一國一定時期的稅收總額按人均負擔的程度。其公式為：

$$人均稅負水平 = \frac{一定時期稅收總量}{同期人口總量} \times 100\%$$

(三) 稅負結構的量度指標

所謂稅負結構，是指不同產業（或行業）、不同所有制企業、大中小型企業、不同地區、流轉額、所得額及財產額等所承擔的稅收負擔水平。對稅負結構的量度有助於人們對稅源分佈狀況及稅制公平合理程度的分析及改進。

1. 產業（或行業）稅負率

(1) 產業（或行業）利潤稅負率

該指標是指各產業（或行業）一定時期內實際繳納的所得稅額與同期的利潤額之比。其公式為：

$$產業利潤稅負率 = \frac{一定時期該產業實繳的所得稅額}{同期該產業利潤總額} \times 100\%$$

(2) 產業（或行業）綜合稅負率

該指標是指各不同產業（或行業）一定時期內實際繳納的各項稅收總額與同期的收入總額之比。其公式為：

$$產業綜合稅負率 = \frac{一定時期該產業實繳的各項稅收總額}{同期該產業收入總額} \times 100\%$$

不同所有制企業、大中小型企業的稅負計算方式同上。

2. 地區稅負率

該指標是指各地區在一定時期的稅收總額與同期該地區的國內生產總值（或國民收入）之比。由於稅收總額中有的包含屬於中央的稅收收入，因此，其量度也分為兩個公式：

(1) $$地區總稅負率 = \frac{一定時期地區的中央、地方稅收總額}{同期該地區國內生產總值（或國民收入）} \times 100\%$$

(2) $$地區淨稅負率 = \frac{一定時期地區的地方稅收總額}{同期該地區國內生產總值（或國民收入）} \times 100\%$$

3. 流轉額（或所得額、財產額）稅負率

該指標是指流轉稅（或所得稅、財產稅）的稅額與總流轉額（或所得額、財產額）之比。由該指標可以看出，總稅收中有多少來自流轉額，有多少來自所得（或

收入）額和財產額。其公式為：

$$\frac{流轉額（或所得額、財產額）稅負率}{} = \frac{一定時期流轉稅（或所得稅、財產稅）稅額}{同期國家總流轉額（或所得額、財產額）} \times 100\%$$

關於稅負的量度指標，還可以從不同的方面列舉出若干，限於篇幅，我們只擇其要者列之。

應當指出的是，稅負量度是一個相當複雜的問題，上面所列的量度指標只能是對稅負水平大概的、近似的測量，而非精確的量度。因此，在實際運用時，還必須同時考慮相關的其他因素，參考相關的其他指標，方能得出比較準確的判斷。比如在計算宏觀稅負水平時，假定 A 國 90% 以上的財政收入都來自稅收，而 B 國只有 60% 左右的財政收入來自稅收，40% 左右的財政收入則來自徵收基金、收費或利潤上繳，如果兩國的財政收入總額、國民生產總值等指標均相同，顯然，按宏觀稅負量度指標公式計算，A 國的稅負水平明顯地高於 B 國，但這並不表明 B 國的企業與個人的實際負擔率就低於 A 國。因為，如果把 B 國徵收的基金、收費或利潤上繳也換算為稅收，則 B 國的負擔率就與 A 國一樣。類似的問題也同樣會出現在同一個國家不同財政收入形成時期，如中國改革前后時期。因此，在比較宏觀稅負水平時，不僅要看直接的稅負水平，更重要的還要比較整個政府的收入水平，如果說宏觀稅負水平的量度尚要費些周折，那麼，微觀稅負，尤其是企業稅負和個人稅負的量度就更是複雜得多了。企業稅負水平固然要受法定稅種和稅率的影響，但還要受固定資產折舊制度不同、通貨膨脹程度及其指數化調整方式的不同、成本費用列支標準的不同、稅前扣除規定的不同以及稅收優惠的不同的影響，更重要的是還要受稅負轉嫁程度的影響。一般而言，流轉稅具有較強的轉嫁性自不待言，即使是企業所得稅，根據國外專家的測算，從長期看也仍然存在一定程度的轉嫁性。只要存在稅負轉嫁，顯然，企業或者個人所實際繳納的各種稅賦與實際負擔的稅賦之間必然出現相當的差距，由公式計算出來的企業稅負水平往往高於企業的實際稅負水平，相反，個人承擔的實際稅負往往比直接繳納的各種稅收更高。這是我們計算和研究企業或個人稅負時必須小心謹慎之處。

三、影響稅負的主要因素

既然稅負的高低直接關係到國家、企業和個人三者之間的利益關係，那麼，影響稅負高低的因素有哪些呢？應當說其影響的因素頗多，如經濟的、政治的、社會的、制度的、文化傳統等方面因素，但其主要影響因素有四個：經濟發展水平、國家職能範圍、國家的經濟政策、企業與國民的納稅意願和國家法制程度。

（一）經濟發展水平的高低

經濟發展水平的高低是決定稅負水平的最重要因素。由於稅收歸根結底來源於

經濟，因此，一國的生產力發展水平越高，人均國內生產總值越大，人民收入越充裕，企業和國民的納稅能力也就越強；相反，一國的生產力發展水平越低，人均國內生產總值越小，人民收入越少，企業和國民的稅負承受能力也就越弱。因為，如果一國的經濟發展水平很低，企業和國民的收入除了維持必要的生產和消費之外沒有多少剩餘，那麼稅收就不可能多徵。這一點也得到事實的充分證明。據有關專家對世界許多國家的稅負狀況的計量研究顯示：人均國民生產總值低於 100 美元的國家，其稅負水平在 10% 左右；人均國民生產總值 1,000 美元以上的國家，稅負水平又上升到 30% 左右。一般而言，目前西方發達國家的稅收佔國內生產總值的比重都在 30% 以上，最高的北歐國家甚至高達 60% 左右，而發展中國家則一般在 15%～25% 左右。其次，在同等稅額的條件下，根據宏觀稅負量度指標可知，宏觀經濟總量，如國民（或國內）生產總值、國民收入越高，則稅負相對越低，反之則高。

（二）國家職能範圍的大小

國家職能範圍的大小是影響稅負水平的另一個主要因素。該影響最明顯的就是在不同的經濟體制下，由於國家職能範圍的大小不同，其稅負水平也必然呈現出高低不同。如西方國家在自由資本主義時期和國家壟斷資本主義時期，由於國家職能的不同，其稅負水平在前者為 10% 左右，在后者則為 30% 以上。除此而外，這一影響作用還表現在同一經濟體制下，由於國家職能範圍的大小不同，而使稅負水平亦出現高低不同。比如，同是現代市場經濟國家，如美國、英國、法國、德國及瑞典等，由於在各個國家中政府職能範圍的不同，其稅負亦隨之不同，低的為 30%，高的則達 60% 左右。

（三）國家的經濟政策

國家的經濟政策也是影響稅負水平，尤其是影響微觀稅負水平高低的一個重要因素。比如，一國為了促進高科技產業或新興產業、經濟特區或貧困地區、中小企業等的發展，對其採取各種稅收優惠政策，其結果是這些產業、地區、企業的稅負水平就比較低；相反，國家為了抑制某些產業、某些產品的過度發展，或者為了抑制不利於經濟與社會發展的某些經濟行為或消費行為，則採取課徵高稅的政策，如菸酒和污染行業，相應地，這方面的稅負就重。

（四）企業與國民的納稅意願和國家法制程度

企業與國民的納稅意願和國家法制程度也是影響稅負水平的一個相當重要的因素。繳納稅賦固然是每個企業、國民應盡的義務，或者說是企業、國民享受政府提供的各種公共服務的必要付費。但是徵稅畢竟是對企業、國民所獲得的收入的一種扣除，從企業和國民角度講，是他們利益的一種損失。如果徵稅過多，則必然引起企業與國民的反對，並以種種方式逃避政府徵稅，嚴重時甚至會引起社會動亂。因此，稅負水平的確定必須要考慮企業與國民的納稅意願。

與此相關的另一個問題就是國家法制程度,即稅收的徵收環境的完善程度。比如兩個稅收總額和經濟發展程度完全相同的國家,一個法制健全,對各種逃稅行為實行嚴密監督和嚴格處罰,並且嚴格控製現金交易的國家,另一個法制鬆弛,各種逃稅行為比比皆是,而且現金交易大量泛濫的國家,其最終結果,必然是前一個國家稅負輕,而後一個國家稅負重。更重要的是前一個國家的稅制比較公平,而後一個國家的稅制則畸輕畸重,非常不公平。最終,除了阻礙經濟與社會的發展外,還會大大降低企業與國民的納稅意願。

四、確定最適稅負的標準

一個國家要想充分發揮稅收促進經濟、社會發展的作用,就不能不重視稅負的設計問題,從而確定一國的最適稅負水平。那麼,確定一國最適稅負的標準是什麼呢?我們認為有三個標準——適度、公平和國際兼容性。

（一）適度

所謂適度,是指中國稅負水平的確定必須考慮經濟發展水平、企業與國民的稅負承擔能力和意願,正確處理國家、企業、個人三者利益關係,既不能搞「竭澤而漁」,也不能片面「施仁政」。在傳統的計劃經濟體制下,由於「左」的思想影響,我們片面強調國家利益,而忽視了企業與個人的利益,結果把經濟搞得很死,經濟效益低下。改革開放以來,我們還權還利於企業和個人,結果充分調動了企業與個人的積極性,經濟呈現出蓬勃發展的景象。但在改革過程中,又出現了片面「施仁政」的傾向,各地競相搞減免稅優惠大戰,似乎要搞活經濟,搞活企業,要吸引外資,就必須主要依靠國家減稅讓利。應當看到,要搞活經濟、搞活企業、吸引外資,要突破傳統的計劃體制,必要的放權讓利、減免稅是肯定需要的,舍此就不能達到改革開放、搞活經濟的目的。但是減稅讓利過大,超過了國家財力所能承受的程度,事物就必然走向反面。比如,20世紀八九十年代期間,由於稅收的相對下降已經超過了國家財力所能承受的程度,結果使國家財政年年赤字,捉襟見肘,債臺高築,使國家的宏觀調控,支持重點建設,支援貧困地區,發展教育、文化、衛生、科技、國防,維持社會治安等方面的基本職能都難以保障,並在相當程度上,影響了中國的經濟與社會的協調發展,引起了社會的不穩定。這種狀況一直到1994年「分稅制」改革以後才逐步改善（見圖4-1）。既然如此,那麼,現階段中國的宏觀稅負水平到底多少為適度呢?根據國際一般水平,以及中國政府所承擔的職能、經濟發展水平和企業、個人的承受能力,中國的宏觀稅負水平以25%~30%左右為宜；否則,便難以保徵國家職能的正常發揮,公共需求的必要滿足,以及經濟與社會的協調發展。

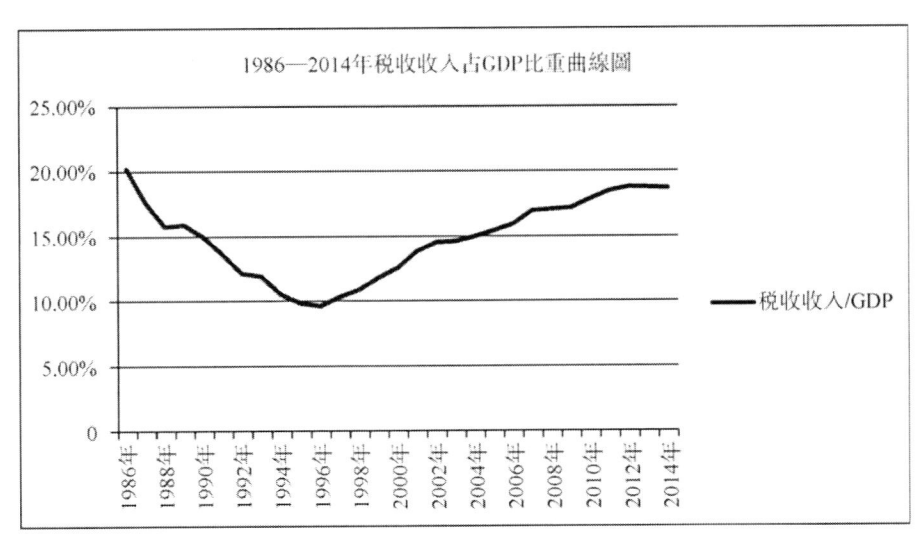

圖 4-1　稅收占 GDP 的比重

(二) 公平

所謂公平，主要是指中國稅負水平的確定要符合「橫向公平」與「縱向公平」原則。稅負的橫向公平是指在中國一切具有同等納稅能力的納稅義務人，都應當繳納大體相同的稅額，以避免畸輕畸重的不公平現象。而稅負的縱向公平在中國主要是指個人，即具有不同納稅能力的個人應當繳納稅額不等的稅收，納稅能力大的人多納稅，納稅能力小的人少納稅或不納稅，以體現「量能納稅」的原則。

(三) 國際兼容性

所謂國際兼容性，是指中國稅負水平的確定要考慮國際上的一般稅負水平，尤其是具有同等經濟發展水平的國家和周邊國家的稅負水平，以形成吸引外國資本、先進技術和人才的良好稅負環境。因為，當今世界經濟的一大發展趨勢就是全球化，資金、技術、人才已出現大量的跨國界流動，如果中國的稅負水平與其他國家相差太大，尤其是與同等經濟發展水平的國家和周邊國家相比如果過高，除了對中國吸引外資、外國的先進技術和人才造成重大影響，還會使中國的資金、技術和人才流向國外，嚴重影響中國經濟的發展。因此，中國最適稅負水平的確定還應當考慮國際兼容性，以促進中國經濟和社會的良好發展。

第二節　稅負轉嫁

在市場經濟中，只要存在稅收，就必然會出現納稅人為減輕稅負而進行的稅負轉嫁，可以說稅負轉嫁是商品經濟中的一個普遍現象。在西方經濟學中，對稅負轉

嫁問題的研究，首推亞當·斯密，后來經李嘉圖、薩伊、穆勒、道爾頓、塞力格曼等人的補充發展，稅負轉嫁已成為西方賦稅理論的重要組成部分。中國新中國成立以來一直到改革開放以前，由於受左傾思想的影響，將稅負轉嫁視為資產階級的一種特殊剝削手段，認為是資本主義的「專利」，而將稅負轉嫁排除在社會主義稅收理論研究之外。改革開放以來，隨著市場經濟的逐步建立，中國理論界對稅負轉嫁理論的研究也開始活躍起來，並對中國社會主義市場經濟下也同樣存在著稅負轉嫁取得了共識。

稅負轉嫁理論主要是研究在市場經濟條件下，在國家徵稅過程中，納稅人是如何將稅負轉嫁出去的，轉嫁的形式和程度，稅負轉嫁的最終歸宿，以及轉嫁以後對經濟與社會、企業與個人的影響，其情況相當複雜。在這裡，我們主要介紹稅負轉嫁的一般理論，即稅負轉嫁與稅負歸宿的概念，稅負轉嫁的形式和轉嫁的一般規律。

一、稅負轉嫁與稅負歸宿的概念

稅負轉嫁是指納稅人將其所繳納的稅款通過各種途徑轉移給他人負擔的過程。稅負轉嫁是一種比較複雜的經濟現象，在一定的經濟條件下，納稅人的稅收負擔有可能全部轉嫁出去，有可能只部分轉嫁出去，也有可能全部都無法轉嫁出去。同時，稅負轉嫁的過程可能一次結束，也可能多次結束。轉嫁的結果便產生了稅負歸宿的問題。

所謂稅負歸宿，是指隨著稅負轉嫁過程的結束，所產生的稅負的最終歸著點，即稅負最終由誰負擔。當稅負全部轉嫁出去時，納稅人就不是負稅人，或者說僅僅是形式上的負稅人，而真正的負稅人是經過轉嫁而最終承擔稅負的他人。當稅負部分轉嫁出去時，納稅人就只是部分負稅人，而非全部負稅人。只有當稅負全部不能轉嫁出去時，納稅義務人與負稅人才是同一人。

一般而言，各種稅收都具有程度不同的轉嫁性，只是流轉稅的轉嫁性相對更強，而所得稅、財產稅其轉嫁性相對更弱些罷了。正是基於此，所以人們把流轉稅類的稅收稱為間接稅，而把所得稅類、財產稅類的稅收稱為直接稅。

二、稅負轉嫁的一般形式

稅負轉嫁的形式一般有以下幾種：

（一）前轉（或稱順轉）

前轉，即納稅人將他所納之稅，按照商品流轉方向，在進行商品交易時，採用加價的方式，將稅款向前轉嫁給商品購買者。

（二）后轉（或稱逆轉）

后轉與前轉的方向剛好相反，是指納稅人採用壓低商品或原材料進價的方式，將其所要負擔的稅款向后轉嫁給貨物的供應者。如批發商納稅之后，因商品價格上漲會引起購買量的大的變化，因而不能轉嫁給零售商，於是就向后轉嫁給供貨廠家

負擔。

（三）輾轉轉嫁

當轉嫁發生在幾次以上，就稱之為輾轉轉嫁。如果是向前轉嫁，就是「向前輾轉轉嫁」；如果是向后轉嫁，就是「向后輾轉轉嫁」。如果同時向前和向后轉嫁，就稱為「散轉」或「混轉」。見圖 4-2：

　　絲綢廠 → 成衣廠 → 批發商 → 零售商 → 購衣者（向前輾轉轉嫁）

　　零售商 → 批發商 → 成衣廠 → 絲綢廠 → 養蠶人（向后輾轉轉嫁）

　　鋼廠等 ← 零部件廠 ← 汽車廠 → 商店 → 購車人（散轉）

圖 4-2　輾轉轉嫁圖

（四）消轉

消轉是指既不前轉，也不后轉，而是納稅人通過技術改良，加強經營管理，降低成本，提高效益，而使稅負無形中消失的經濟現象，這實際上是納稅人自己負擔的一種特殊形式。

三、稅負轉嫁的一般規律

稅負轉嫁的可能性要受諸多因素的影響。其主要的影響因素如下：

（一）商品供求彈性的大小

稅負轉嫁存在於商品交易之中，通過價格的變動而實現。在市場經濟中，商品價格的變動，在很大程度上取決於該商品的供求彈性。因此，納稅人在納稅后，其稅負能否轉嫁、如何轉嫁（前轉或后轉），以及轉嫁的多少，基本上決定於商品供求的相對彈性。一般說來，稅負往往向沒有彈性或彈性小的方向轉嫁。

1. 需求彈性與稅負轉嫁

需求彈性是指商品的需求量相對於市場價格的變動的反應程度。用公式表示為：

$$需求彈性系數 = \frac{需求量變化的百分比}{價格變化的百分比}$$

當需求彈性系數大於 1 時，為富有彈性；等於 1 時，為有彈性；小於 1 時，為缺乏彈性；等於 0 時，為完全無彈性。需求彈性往往受商品性質的影響。比如，生活必需品的需求彈性較小，而非必需品的需求彈性較大。

一般說來，在其他條件不變的情況下，商品的需求彈性愈小，愈有利於提高價格將稅負向前轉嫁；反之，前轉就愈困難；當需求完全無彈性時，稅負可能全部前轉給買者承擔；而當需求完全有彈性時，稅負可能全部無法前轉給買者，而由賣者自己負擔。

2. 供給彈性與稅負轉嫁

供給彈性是指商品的供給量相對於市場價格的變動的反應程度。用公式表示為：

$$供給彈性系數 = \frac{供給量變化的百分比}{價格變化的百分比}$$

当供给弹性系数大于1时，为富有弹性；等于1时，为有弹性；小於1时，为缺乏弹性；等於0时，为完全无弹性。供给弹性往往受生产要素的转移程度的影响。生产要素，如资本、劳动力转移较易的生产，其供给弹性大；反之，就小。

在其他条件不变的情况下，商品的供给弹性愈大，愈有利於卖者通过缩小产量，提高价格将税负向前转嫁给买者负担；反之，则愈不利於税负前转；当供给完全无弹性时，税负则可能全部无法前转给买者，而由卖者自己负担。

在现实生活中，税负通常是一部分通过加价方式向前转嫁给消费者，一部分通过压价方式向后转嫁给生产要素提供者，还有一部分则可能因为无法转嫁而由纳税者自己承担。在实际生活中，税负转嫁的方向及程度往往由供需之间的弹性大小决定，倘若需求弹性大於供给弹性，则前转的可能性小一些；反之，则前转的可能性大一些。

(二) 市场的竞争程度

市场根据其竞争程度，可以区分为完全竞争市场、不完全竞争市场、寡头垄断竞争市场和完全垄断市场。在这几种市场形式中，税负转嫁的程度是不同的。

1. 完全竞争市场下的税负转嫁

在完全竞争市场下，由於单个厂商无力控製价格，因此，当其纳税时也难以在短期内通过提高价格的形式将税负向前转嫁出去。因为只是他提高价格，而别的厂商不提价，那么，一是他必然在竞争中处於劣势，甚至失败；二是买者将不购买他的商品，转而购买其他厂商的商品，因而使他转嫁的意愿也难以实现。但从长期看，由於纳税将增大厂商成本，减少其利润，於是各个厂商联合起来，一致提价，则税负就可以完全或大部分转嫁出去，但转嫁的程度仍然受供需弹性的影响。

2. 不完全竞争市场下的税负转嫁

商品的差异性是不完全竞争市场的重要特徵。在不完全竞争市场下，单个厂商虽然很多，但各家可以利用其产品的差异性对价格作出适当调整，借以把税负向前转嫁给买者。当然，其转嫁的程度也同样受到供需弹性的制约。

3. 寡头垄断市场或完全垄断市场下的税负转嫁

这两种市场都是以垄断为其特徵，所不同的只是在於垄断的程度。换言之，只是在於某种商品在市场上的垄断厂商的数量多少不同。一般说来，在垄断市场条件下，税负转嫁的可能性更大，而且更为容易，各厂商之间的竞争程度要小得多。因为生产经营该种商品的厂商数量很少，因此，它们之间极易达成某种协议或默契，对价格升降採取一致行动。如果对某产品徵收新税或提高税率，各寡头厂商就会按已达成的协议或默契，通过一致提价等方式，将税负转嫁出去。当然，这种转嫁意图的实现程度，也仍然受到商品供需弹性的影响。

(三) 课税范围的大小

课税范围的大小对税负转嫁也有影响。一般讲，课税范围广的税，转嫁比较容易；而课税范围窄的税，则转嫁就比较困难。因为税基越窄，需求愈具有弹性，愈

有替代效應，買者選擇的餘地愈大。如果納稅者將某種商品的稅負前轉，則價格上升，同時，由於存在著無稅或低稅的替代產品，則買者轉而購買替代產品，而對該商品的需求大大減少，結果該稅負難於轉嫁。相反，課稅範圍廣的稅，由於替代效應小，需求彈性亦小，結果稅負容易轉嫁。如白酒與紅酒同屬於酒類，如果只對白酒課稅而對紅酒免稅，當白酒因課稅而提價後，人們顯然會多買紅酒而少買白酒，結果白酒的稅負轉嫁就難以實現。

（四）課稅對象的性質

稅負能否轉嫁及轉嫁程度，還要受到課稅對象性質的影響。如對個人的所得課稅，其轉嫁就困難；但對商品課稅，則由於商品處於流通過程之中，廠商在交易時，具有轉嫁稅負的方便，因此，轉嫁較易實現。

（五）行政管理範圍的大小

國家行政管理機構一般分為中央、地方各級。一般講，行政管轄範圍越大，稅負越易轉嫁；相反，行政管轄範圍越小，轉嫁越難。這是由替代效應的大小所決定的。比如，一個小城鎮對某種商品開徵一種新的地方稅或提高稅率，則人們可以通過到別的未徵新稅的附近城市購買商品，或遷居到低稅城市，而使稅負難於轉嫁。但省（州）或中央開徵一種新稅，由於其管轄範圍大，人們越過省（州）或國界去購買商品或遷居的代價太高，則仍在當地購買或居住，因此，稅負轉嫁的可能性就大。

綜上所述，稅負轉嫁的實質可以歸納如下：

（1）稅負轉嫁的實質是買方與賣方之間的利益博弈；

（2）博弈雙方的力量大小決定稅負轉嫁的可能、方向和多少；

（3）博弈雙方的力量大小取決於商品的需求和供給彈性大小（即彈性越小，博弈的力量越小）；

（4）商品的需求和供給彈性大小取決於多種因素：如商品的性質、生產要素轉移的程度、課稅範圍的大小、市場的壟斷程度，等等。

第三節　避稅與逃稅

避稅與逃稅是納稅義務人通過各種方式，有意減少其稅收負擔的行為。在市場經濟條件下，不論國內稅收還是國際稅收，避稅、逃稅都是一種普遍現象，也是國家重點關注或打擊的對象。

一、避稅、逃稅的概念與區別

所謂避稅，是指納稅義務人以不違法手段，利用稅收制度中的規定或漏洞，通過精心安排，來減輕或規避稅負的一種行為。比如，納稅義務人利用各地或各國稅種、稅率、徵收管理上的差異，通過內部轉讓定價，將利潤轉移到低稅地區或國家，

從而降低其稅負。在國際上，此現象近年來被稱之為「利潤轉移」或「稅基侵蝕」。避稅行為由於其違理但不違法，因此，稅務當局不能對此加以直接的法律懲處，而只能通過完善稅制、堵塞漏洞等反避稅措施來防止、消除或減少避稅行為的發生。但近年來，國際上，尤其是發達國家已經開始加大對這方面的國際避稅的管理和處罰力度。

而逃稅則不同，逃稅是指納稅義務人採用各種欺詐等非法手段，逃避稅負的一種行為。在中國，將此行為稱為偷稅漏稅。中國稅法對偷、漏稅是加以區別的。中國的《稅收徵收管理法》規定：「納稅義務人採取偽造、變造、隱匿、擅自銷毀帳簿、記帳憑證，在帳簿上多列支出或者不列，或者進行虛假的納稅申報的手段，不繳或少繳應納稅款的，是偷稅。」而漏稅則定義為納稅義務人屬於非故意而發生的漏繳或少繳稅款的行為。由於偷、漏稅屬於違法行為，因此，一旦被稅務當局發現，將根據稅法規定對納稅義務人處以補稅、罰款、乃至監禁等不同程度的懲罰。

二、避稅與逃稅產生的原因

任何一種事物的出現總有其內在因素和外在原因，避稅與逃稅也不例外。

（1）從納稅者的主觀因素來講，納稅人之所以千方百計地避稅或逃稅，根本原因在於納稅人的經濟利益所驅使。因為從具體納稅者角度講，納稅無論怎樣公平、正當、合理，無論其所納之稅對於納稅人整體具有償還性，但都是對他的收入的一種再分配，都是他的直接經濟利益的一種損失。因此，在徵稅過程中，納稅人一般總是想方設法盡可能地減輕其稅負。

（2）從客觀因素來看，在避稅方面，主要原因在於各地、各國稅法規定及其執行過程中的差異性和不完善性。比如國際避稅之所以成立，就在於各國行使的稅收管轄權及其行使範圍和程度上存在的差異，各國徵稅範圍及稅率規定上存在的差異，各國所實行的稅收優惠措施方面存在的差異，各國在徵收管理上存在的差異，各國在消除國際雙重徵稅的方法上以及反避稅措施上存在的差異，使得跨國納稅人有可能將利潤轉移到低稅國家或「國際避稅港」，從而減輕或避免稅收負擔。從國內避稅產生的客觀原因來看，則主要在於國內各地之間徵稅規定和執行上的差異性。比如，中國現行稅法中所規定的一般地區、經濟特區、經濟開發區、高科技區、貧困地區在稅率上的差異，所規定的對外資企業、內資企業在徵稅上的差異，以及各地之間在徵收徵管上存在的差異，等等，從而造成了國內避稅的可能性。

在逃稅方面，產生的主要客觀原因在於執法不力，處罰太輕。在一個有法不依、執法不嚴、違法不究的國家，逃稅現象必然大量存在。因為逃稅而受到懲罰的機會成本比守法納稅所付出的納稅代價低得多，所以，逃稅的「示範效應」也高得多。

除此之外，避稅與逃稅產生的客觀原因還在於稅制的不完善。比如，稅率太高造成稅負過重，以致引起納稅人的普遍反感和抵制，使納稅人認為，採取更複雜的手段和冒更大的風險來避稅或逃稅是值得的，因為其邊際收益較之老老實實納稅更高。還有，政府本身的廉潔程度，以及政府收取的稅收是否真正作到「取之於民用

之於民」，也會影響到納稅人誠實納稅的態度和避稅或逃稅的行為。

三、避稅與逃稅的后果

避、逃稅，尤其是逃稅，將對稅收、經濟和社會產生嚴重的不良影響。

從國家稅收看，避、逃稅尤其是逃稅的直接后果是減少國家應得的稅收。比如，中國每年的稅收審計都查出了相當部分的偷漏稅款，就說明了問題的嚴重性。事實上，這還只是冰山之一角，實際情況可能還要更加嚴重。

從經濟方面看，避、逃稅將造成市場競爭的極不公平。逃稅與避稅的得逞或者泛濫，必然使避、逃稅者得益，使守法納稅者吃虧，而這種納稅上的不公平必然造成市場競爭中的不公平。而且，逃、避稅的得逞或泛濫，最終又會加重守法納稅者的稅負，而更為加劇這種不公平狀態。

從社會方面看，避、逃稅的得逞或泛濫必然誘使原來的守法納稅者也加入其行列，使避、逃稅現象更為普遍、嚴重，從而敗壞社會風氣與法制，使整個社會腐爛。

正因為如此，稅務部門和全社會都應將反避、逃稅作為維護改革開放，建立社會主義市場經濟，保持國家長治久安的重要任務來對待，從立法、執法、管理、懲罰、宣傳、教育等諸方面入手，採取必要的綜合治理措施，嚴厲打擊逃稅，有效防範避稅。

參考文獻：

［1］理查·A.穆斯格雷夫，皮吉·B.穆斯格雷夫. 美國財政理論與實踐［M］. 鄧子基，鄧力平，譯. 北京：中國財政經濟出版社，1987.

［2］哈維·S.羅森. 財政學［M］. 10版. 郭慶旺，譯. 北京：中國人民大學出版社，2006.

［3］卡爾·馬克思. 政治經濟學批判［M］. 中央編譯局，譯. 北京：人民出版社，1972.

［4］亞當·斯密. 國富論［M］. 郭大力，王亞南，譯. 北京：商務印書館，1972.

［5］亞當·斯密. 道德情操論［M］. 蔣自強，欽北愚，朱鐘棣，等，譯. 北京：商務印書館，2004.

［6］約翰·梅納德·凱恩斯. 就業、利息和貨幣通論［M］. 高鴻業，譯. 北京：商務印書館，2008.

［7］王國清，朱明熙，劉蓉. 國家稅收［M］. 成都：西南財經大學出版社，2008.

［8］朱明熙. 個人所得稅的調節作用何以失效［J］. 經濟學家，2002（1）.

［9］朱明熙，代靈敏. 美國個人所得稅對貧富差距的影響［J］. 財經科學，2014（4）.

［10］朱明熙，何通甄. 中國房產稅功能辨析［J］. 稅務研究，2012（10）.

第五章
稅收效應

第一節　稅收的微觀經濟效應

一、稅收與生產者行為

企業或生產者是市場的主要主體，雖然現代企業生產經營目標具有多元化，但利潤最大化是企業從事生產經營活動的核心目標，企業生產什麼、生產多少的決策總體是基於利潤最大化目標而作出的。稅收對生產者行為的影響，主要是通過價格機制實現的；在理論上，稅收對生產者行為選擇的影響可以分為收入效應（income effect）和替代效應（substitution effect）。

（一）稅收對生產者選擇的收入效應

稅收對生產者選擇的收入效應，表現為政府徵稅之後，使生產者可支配收入減少，造成生產者的生產要素投入減少，從而降低了商品的生產能力，生產者實際產出水平下降。其一，比如對生產要素徵稅，政府的徵稅行為可能使企業的生產成本上升，在邊際收益和平均收益不變的情況下，邊際成本和平均成本上升，則企業的最終產出必然會下降。其二，比如對企業銷售的商品徵稅，徵稅使企業實際獲得的生產者價格下降，在成本不變情況下，收益的下降，企業的最終產出也將會下降。其三，比如徵收所得稅或一次總付稅，徵稅使企業收入減少，企業可利用資源減少，也導致企業最終產出的減少。

如圖 5-1 所示，設企業生產、消費者消費 X_1 和 X_2 兩種商品。在徵稅前，企業的生產可能曲線為 T_1T_1，生產可能曲線上任一點切線的斜率代表一種商品相對另外一種商品的邊際轉化率或社會機會成本，生產可能曲線 T_1T_1 與消費者無差異曲線 I_1 相切於 E_1 點，有共同的切線 PP_1，相對於生產可能曲線 T_1T_1，切點是兩產品的邊際轉換率；相對於消費者的消費無差異曲線 I_1，切點是消費者消費兩產品的邊際替代率；在均衡點 E_1 邊際轉換率等於邊際替代率，生產者獲得最大利潤，消費者獲得最大效用滿足，企業生產商品的數量分別為 a_1 和 a_2。

在徵稅后，企業可利用資源減少，企業的生產可能曲線由 T_1T_1 向內移至 T_2T_2，稅后生產可能曲線 T_2T_2 與消費者無差異曲線 I_2 相切於 E_2 點，仍有共同的切線 PP_2，邊際轉換率等於邊際替代率，企業生產商品的數量將至 b_1 和 b_2，生產者獲得最大利潤和消費者獲得最大效用較之稅前降低。稅收對生產者選擇的收入效應不改變企業不同商品生產的相對價格和相對收益，不改變帕累托效率條件，稅前和稅后生產選擇都是帕累托效率最優的。

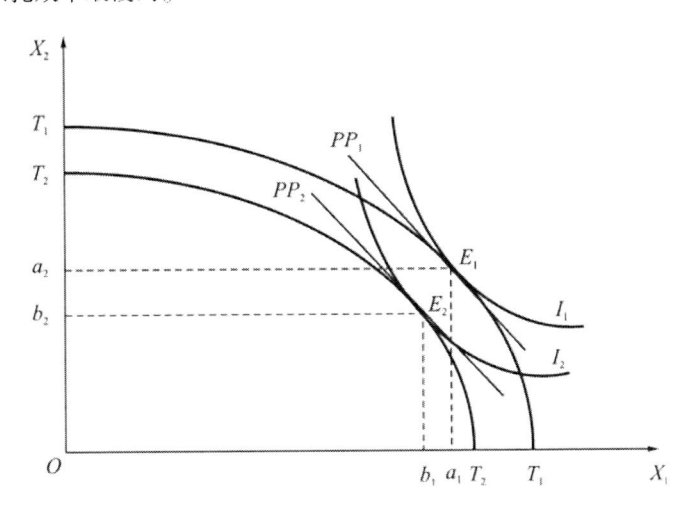

圖 5-1　稅收對生產者選擇的收入效應

(二) 稅收對生產者選擇的替代效應

稅收對生產者選擇的替代效應表現為，因為徵稅使生產者面臨課稅商品的相對價格下降，促使生產者減少課稅或重稅商品的生產，增加無稅或輕稅商品的生產，也即以無稅或輕稅商品替代課稅或重稅商品。

如圖 5-2 所示，在徵稅前，企業的生產可能曲線為 T_1T_1，生產可能曲線 T_1T_1 與消費者無差異曲線 I_1 相切於 E_1 點，在均衡點 E_1 邊際轉換率等於邊際替代率，企業生產商品的數量分別為 a_1 和 a_2，生產者獲得最大利潤，消費者也獲得最大效用滿足。設政府徵稅選擇性商品稅，比如對商品 X_1 課徵消費稅，對商品 X_2 不徵稅。對於商品 X_1，徵稅使生產者實際得到的價格下降，邊際成本比率及邊際轉換率發生變化，與生產可能曲線 T_1T_1 的切點由 E_1 移至 E_2，切線為 QQ_1。同時，對於商品 X_1，消費者支付的價格提高，從而導致商品 X_1 和 X_2 的相對價格及邊際替代率產生變化，消費者無差異曲線切線由 PP_1 變為 PP_2，與新的無差異曲線 I_2 相切於 E_2 點，企業生產商品的組合移至 b_1 和 b_2，減少課稅商品 X_1 的生產，增加商品 X_2 的生產；但此時商品 X_1 和 X_2 的邊際轉換率不等於邊際替代率，帕累托效率條件不再滿足。

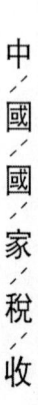

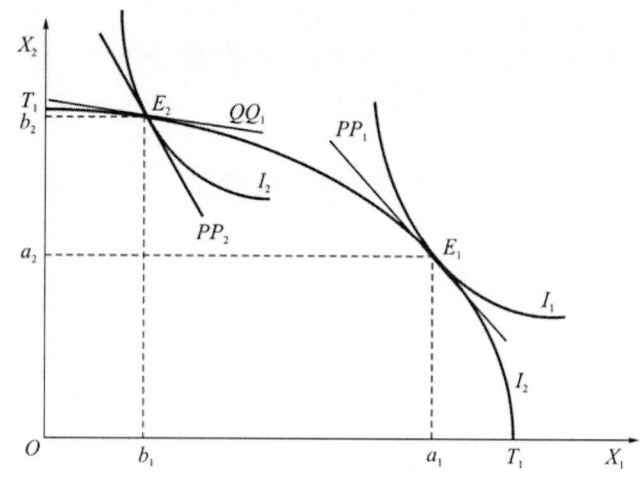

圖 5-2 稅收對生產者選擇的替代效應

二、稅收與消費者行為

消費者是主要的市場主體，消費者在預算約束下在市場上購買不同的商品組合以實現效用最大化。徵稅會改變消費者的實際收入，或者改變消費者所要選擇商品的相對價格，從而改變消費者行為。稅收對消費者行為的影響具有收入效應和替代效應。

（一）稅收對消費者選擇的收入效應

稅收對消費者消費選擇的收入效應，表現為政府徵稅之后，使消費可支配收入減少，從而減少商品的購買量，使消費處於較不徵稅更低的水平。比如，對消費者徵收所得稅，降低消費者可用於消費的收入，使消費者消費量減少；又如，在消費者名義收入不變的情況下，對消費品徵稅，使消費者的購買力下降、減少消費者實際收入，消費者消費量減少。

如圖 5-3 所示，消費者收入既定，收入全部用來消費 X 和 Y 兩種商品。稅前預算線為 AB，預算線與無差異曲線 I_1 相切於 E_1 點，該點為預算約束下消費者效用最大化的最優消費組合選擇，X 和 Y 兩種商品消費量分別為 x_1 和 y_1。假設對消費者徵收個人所得稅，消費者稅后收入減少，預算線由 AB 平移為 CD，新預算線 CD 與無差異曲線 I_2 相切於點 E_2；較之稅前消費均衡點 E_1，稅后消費均衡點 E_2 對應的 X 和 Y 兩種商品消費量分別減少到 x_2 和 y_2。可以看出，稅收對消費者消費選擇的收入效應使消費者減少商品的消費量。

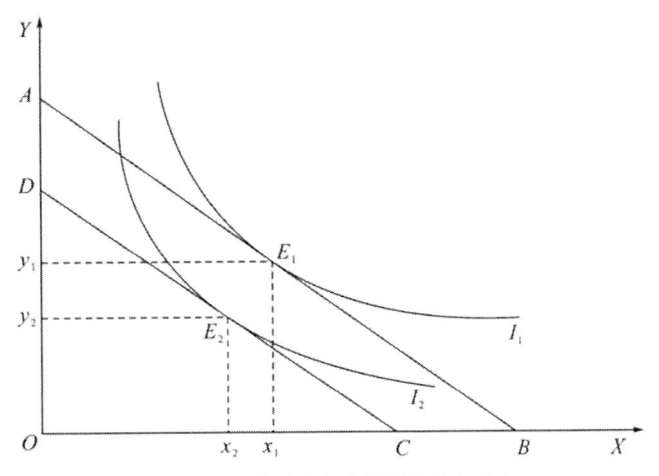

圖 5-3　稅收對消費者選擇的收入效應

(二) 稅收對消費者者選擇的替代效應

稅收對消費者消費選擇的替代效應，表現為政府徵稅之後，會使課稅商品相對價格提高，從而減少商品的購買量，引起消費者減少課稅或重稅商品的消費，增加對無稅或輕稅商品的購買量，即徵稅後消費者以無稅或輕稅商品替代課稅或重稅商品的消費。比如，政府在徵收統一商品稅的基礎上，又對特定商品徵收消費稅，使得課徵消費稅的商品相對未課徵消費稅的商品的相對價格提高，從而造成消費者減少課徵消費稅商品的購買，增加未課徵消費稅的商品的購買。

如圖 5-4 所示，消費者稅前預算線為 AB，預算線與無差異曲線 I_1 相切於 E_1 點，該點為預算約束下消費者基於效用最大化原則對 X 和 Y 兩種商品的最優消費選擇，X 和 Y 兩種商品消費量分別為 x_1 和 y_1。假設對商品 X 徵收消費稅，且不向商品

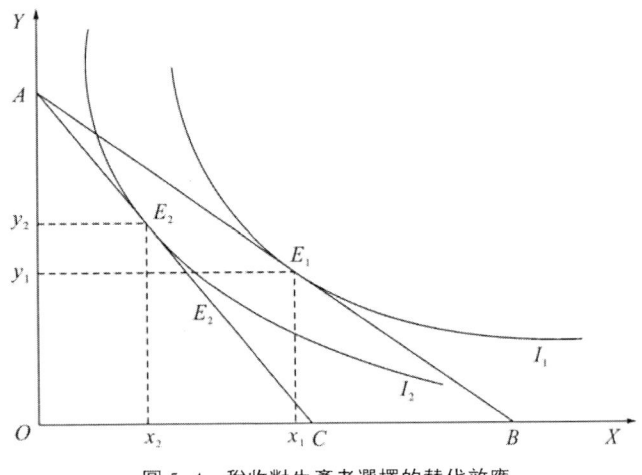

圖 5-4　稅收對生產者選擇的替代效應

Y 徵收，徵稅后預算線由 AB 平移為 AC，稅后預算線 AC 與無差異曲線 I_2 相切於 E_2。較之稅前消費均衡點 E_1，稅后消費均衡點為 E_2，課稅商品 X 消費量減少到 x_2，減少量為 x_1x_2；未課稅商品消費量增加到 y_2，增加了 y_1y_2。可以看出，稅收對消費者消費選擇的替代效應使消費者減少課稅商品的消費量，增加未課稅或課稅少商品的消費，以未課稅或課稅少商品替代課稅或課稅多的商品。

在一般情況下（商品為正常品），稅收對消費者選擇的收入效應和替代效應的作用方向一致，兩效應都導致商品消費量減少。在圖 5-4 示例中，對商品 X 徵收消費稅，X 商品消費量的減少是收入效應和替代效應共同作用的結果。替代效應的大小取決於用其他商品替代課稅商品的難易程度，這反映在消費無差異曲線的形狀之中，如果無差異曲線相對平坦，替代就越容易，從而替代效應就越大。

三、稅收與個人勞動供給

人是社會的核心，人在不同的社會場合具有不同的角色。在生產要素市場上人是勞動的提供者，個人的勞動供給選擇具有多方面，如工作時間、接受教育以增進人力資本、工作努力程度等。在簡單的勞動力供給決策模型中，個人面臨休息與勞動的選擇，勞動可以取得收入、用於消費以提高個人效用，休息可以帶來身心愉悅，但這是以收入和消費為機會成本的。對勞動徵稅的基本形式是個人所得稅中對工薪所得徵稅，對勞動課稅會對個人勞動供給選擇產生收入效應和替代效應。

收入效應大於替代效應，勞動者將增加勞動時間；反之，若對勞動課稅的替代效應大於收入效應，則勞動者將會減少勞動供給；若收入效應等於替代效應，勞動者的勞動供給不變。工薪稅對勞動供給的收入效應表現為，對勞動收入徵稅減少了個人勞動收入，降低個人的支付能力，為了維持原有的收入水平和支付能力（消費水平），將傾向於增加工作時間。閒暇一般為正常品，其他條件不變下，所得減少引起閒暇消費減少，從而意味著工作增加。工薪稅對勞動供給的替代效應表現為，對勞動收入徵稅使勞動實際工作減少，這意味著閒暇的機會成本下降，勞動相對於閒暇吸引力下降，個人減少勞動供給、增加休息時間，以閒暇替代工作。簡言之，課徵工薪稅或者說對勞動徵稅的收入效應會使勞動供給增加，替代效應會使勞動供給減少，而課徵工薪稅對個人勞動供給的最終影響取決於收入效應和替代效應的相對大小。若對勞動課稅的收入效應大於替代效應，勞動者將增加勞動時間；反之，若對勞動課稅的替代效應大於收入效應，則勞動者將會減少勞動供給；若收入效應等於替代效應，勞動者的勞動供給不變。

如圖 5-5 所示，橫軸表示休息時間，縱軸表示收入（或消費，收入用於購買各種商品），個人稅前預算線為 AB，與無差異曲線 I_1 相切於 E_1 點。個人最佳休息時間為 OD，工作時間為 AD，收入或消費為 OG。對勞動收入課稅使預算線轉動，稅后預算線為 AB，稅后均衡點為無差異曲線 I_2 和 AC 的切點 E_2，休息時間為 OF，收入為 OH，較之稅前個人勞動供給減少，收入減少；收入效應小於替代效應。在圖 5-6 中，稅后均衡點為 E_3，稅前休息時間與稅后休息時間都相等為 OF，也即稅前

勞動供給與稅后勞動供給相等，但稅前個人收入為 OG，稅后收入為 OK；在此情形下，收入效應等於替代效應，收入效應與替代效應相互抵消，勞動者休息和勞動時間不變，但這並不意味著這時的工薪所得稅不存在扭曲，只要有替代效應，就有扭曲。在圖 5-7 中，稅后均衡點為 E_4，稅前休息時間 OF 大於稅后休息時間 OD，徵稅使勞動供給增加；在此情形下，工薪所得稅對勞動選擇的收入效應大於替代效應。

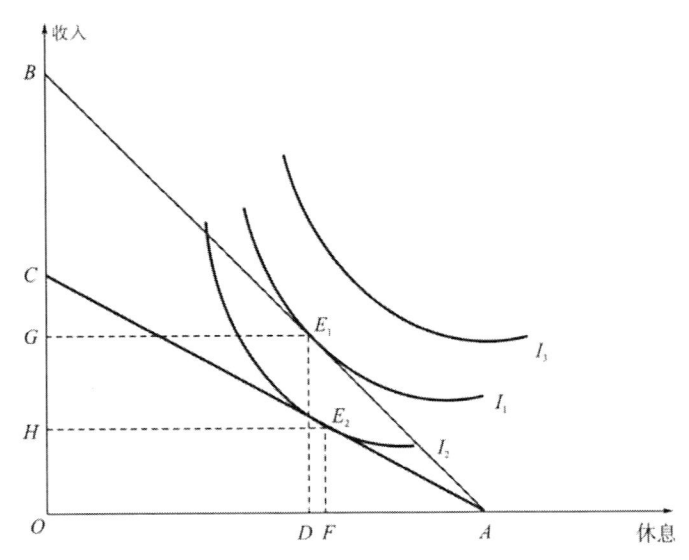

圖 5-5　稅收對勞動供給的影響：收入效應小於替代效應

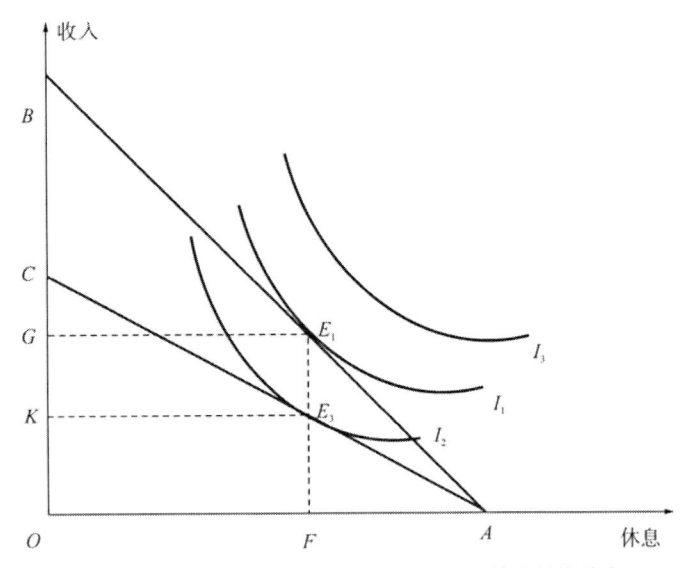

圖 5-6　稅收對勞動供給的影響：收入效應等於替代效應

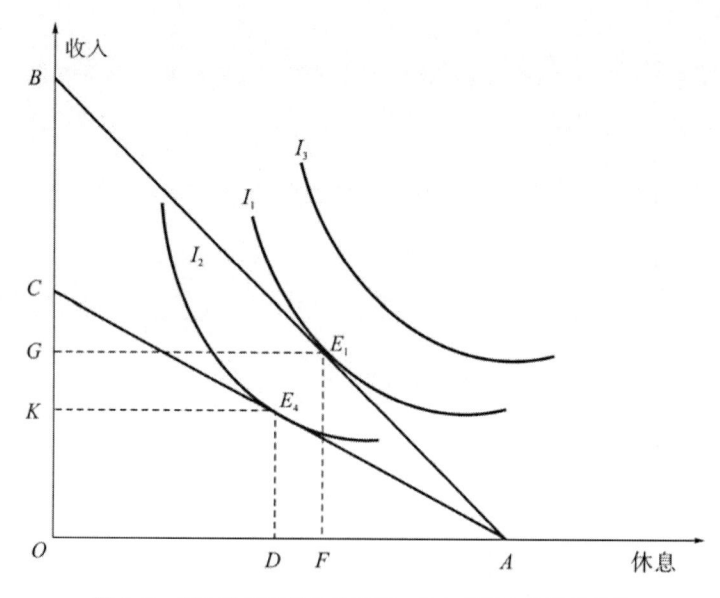

圖 5-7 稅收對勞動供給的影響：收入效應大於替代效應

圖 5-8 展示了勞動供給曲線 $ABCD$，在 AB 段勞動供給曲線向右上方傾斜，若稅前淨工資為 a，稅后淨工資為 a_1，徵收工薪稅使淨工資減少，勞動供給減少，替

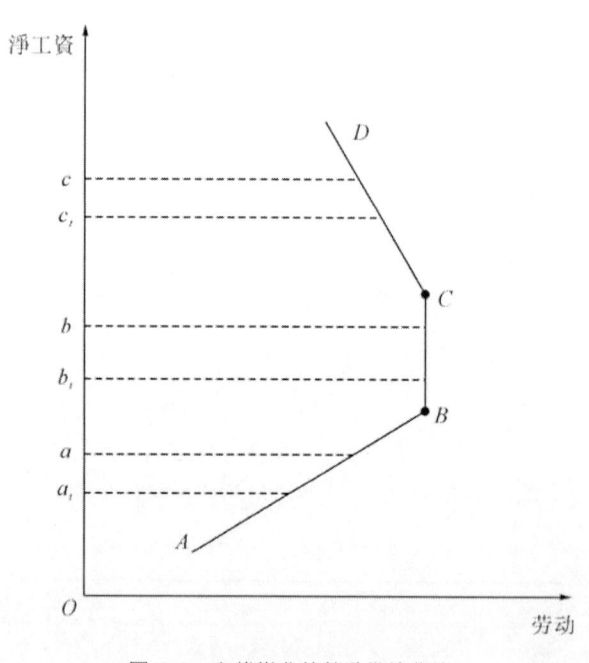

圖 5-8 向後彎曲的勞動供給曲線

代效應大於收入效應；在 BC 段勞動供給曲線為垂線，勞動供給無彈性，若稅前淨工資為 b，稅后淨工資為 b_t，徵收工薪稅使淨工資減少，但勞動供給量不變，替代效應與收入效應相互抵消；在 CD 段勞動供給曲線向左上方彎曲（向後彎曲），若稅前淨工資為 c，稅后淨工資為 c_t，徵收工薪稅使淨工資減少，但勞動供給量增加，替代效應小於收入效應。

四、稅收與私人儲蓄

當前消費和未來消費之間的權衡取捨是消費者的重要選擇，其中涉及儲蓄決策。由於投資是經濟增長的重要因素，儲蓄是投資資金的來源，制約著投資規模及經濟增長。稅收對私人儲蓄的效應是通過稅收對個人可支配收入和稅後利息率的影響來實現的，同樣表現為收入效應和替代效應。

對儲蓄利息收入徵收利息稅是常見的對儲蓄課稅的方式。對儲蓄課稅的收入效應表現為，政府課稅會降低未來可支配收入，為了保持未來時期的消費或效用水平，納稅人會減少當前消費，增加儲蓄。由於課稅使當前實際收入下降，而當前消費通常為正常品，收入減少會降低當期消費，增加儲蓄。對儲蓄課稅的替代效應表現為，政府課稅減少了儲蓄的實際收益，相應降低了現在消費的機會成本，促使個人增加當期消費，降低儲蓄，以消費代替儲蓄。對儲蓄課稅的收入效應將引起儲蓄增加，替代效應將促使其減少，收入效應和替代效應同時存在，對儲蓄課稅的最終效應如何取決於收入效應和替代效應的大小。如果對儲蓄課稅的收入效應大於替代效應，則稅收會引起儲蓄的增加；如果收入效應等於替代效應，兩者相抵消，儲蓄不變；如果收入效應小於替代效應，則徵稅將會引起儲蓄的減少。

當期和未來消費之間的分配與其他所得在不同商品之間的分配決策類似。個人放棄當前的 1 元消費，增加 1 元儲蓄，下期可多消費 $(1+r)$ 元，其中 r 為利率。現在消費 1 元的機會成本是未來的 $(1+r)$ 元。設個人當期工資為 w_1、下期工資為 w_2，若個人既不儲蓄，也不借款，則個人選擇為圖 5-9 中的點 W，可稱之為稟賦點。個人面臨一條預算線，要麼當期消費 C、下期不消費，要麼當期不消費、下期消費 $C(1+r)$，或者將當期與下期消費組合定為 C 和 $C(1+r)$ 兩點連線中的某一點，預算線斜率為 $(1+r)$。如圖 5-9 所示，若個人最優消費組合為 $E_1(a_1, a_2)$ 點，個人為儲蓄者，當期消費小於當期收入，儲蓄為 a_1w_1；若個人最優消費組合為 $E_2(b_1, b_2)$ 點，個人為借款者，當期消費大於當期收入，借款為 w_1b。

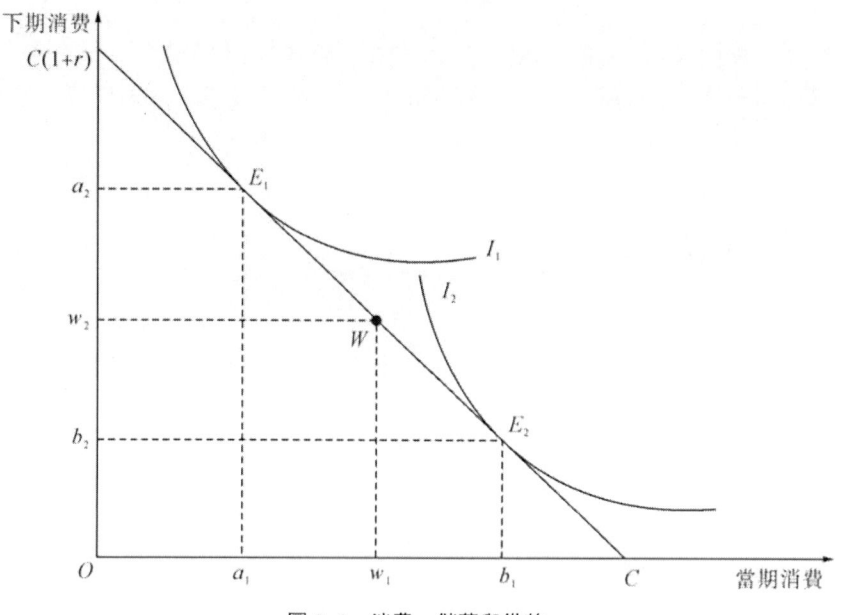

圖 5-9 消費、儲蓄與借款

現在考慮對利息收入課徵稅率為 t 的利息稅（假設利息所得為負，個人為借款者的話，有負的利息稅）。徵收利息稅，儲蓄者得到利率從 r 降低到 $(1-t)r$，現在消費 1 元的機會成本是未來的 $[1+(1-t)r]$ 元。如圖 5-10 所示，稅后預算過稟賦點 W，斜率絕對值為 $[1+(1-t)r]$。若稅后預算線與無差異曲線相切於 E_3 點，稅后個人當期和下期消費組合為 $E_3(d_1, d_2)$，稅后儲蓄 d_1w_1 較稅前儲蓄 a_1w_1 減少，此時，利息稅對儲蓄影響的替代效應大於收入效應。若稅后預算線與無差異曲線相切於 E_4 點，稅后個人當期和下期消費組合為 $E_4(e_1, e_2)$，稅后儲蓄為 e_1w_1，較之稅前儲蓄 a_1w_1 增加，此時，利息稅對儲蓄影響的替代效應小於收入效應。若稅后預算線與無差異曲線相切於 E_5 點，稅后個人當期和下期消費組合為 $E_5(a_1, g_2)$，稅后儲蓄與稅前儲蓄相等，此時，利息稅對儲蓄影響的替代效應與收入效應相抵消，對儲蓄課稅沒有改變個人儲蓄量，但由於仍存在替代效應，故無謂損失或扭曲效應仍然存在。

圖 5-10　利息所得稅效應

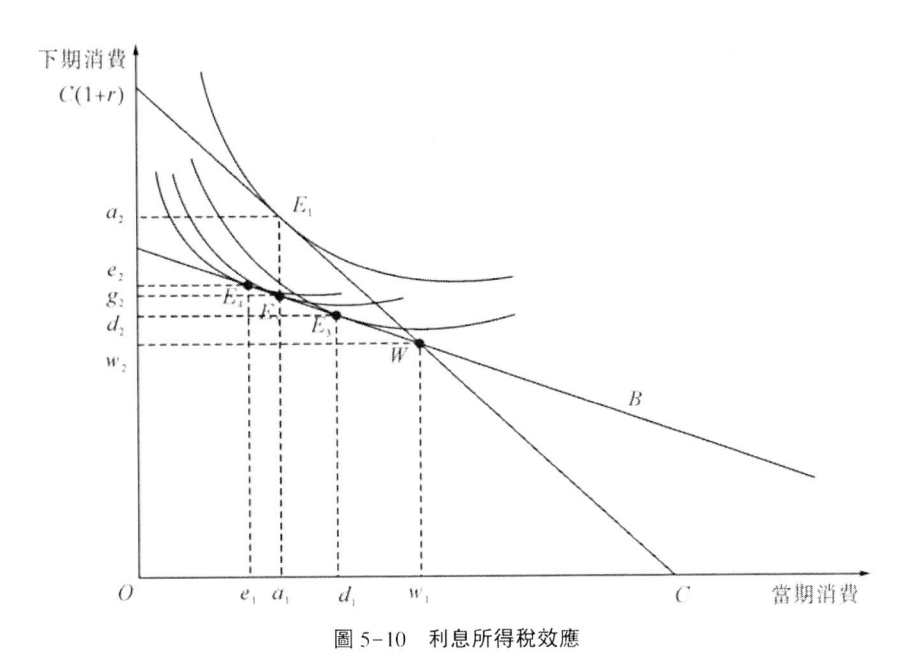

五、稅收與私人投資

許多計量計價研究表明，儲蓄率高的國家往往具有較高的國內投資，反之亦然。同時，經濟學也強調儲蓄和投資的非一致性，有儲蓄的人未必會投資，儲蓄的數量與投資的數量也不同。因而，稅收對儲蓄的效應不等於稅收對投資的效應。現代經濟學一般以企業或廠商作為投資主體，廠商追求利潤最大化。為了實現利潤最大化，作為納稅人的企業會一直投資到邊際成本等於邊際收益為止，只要投資的邊際收益大於邊際成本，企業將會繼續投資下去。投資收益和投資成本是決定企業投資行為的兩大因素。政府徵稅會改變企業的稅後投資收益，稅收也會改變企業的投資成本，如稅收通過影響折舊、融資成本等影響投資行為。

（一）稅收對私人投資收益的影響

稅收對私人投資收益的影響主要表現為企業所得稅的課徵。在其他條件不變情況下，徵收企業所得稅會降低企業的投資收益率，對私人投資行為同時產生收入效應和替代效應兩種相反的效應。稅收對私人投資的收入效應表現為，徵稅使投資收益率下降，減少了納稅人的可支配收益，為達到以往的收益水平，納稅人將增加投資。稅收對私人投資的替代效應表現為，徵稅使投資的實際收益率下降，降低了投資對納稅人的吸引力，造成納稅人以其他行為（如消費）替代投資，減少投資。

（二）稅收折舊與私人投資

折舊（depreciation）是指對固定資本或多期使用的資產在使用過程中因損耗逐

漸轉移到新產品或服務中去的那部分價值的一種補償方式。折舊意味著資產減值的減少，是企業生產成本的組成部分，在計徵企業所得稅時，折舊可以在稅前作為成本扣除，減少企業所得稅應納稅所得額，從而減少企業應支付的稅收，增加投資收益。折舊有實際折舊、稅收折舊和會計折舊等不同概念，所謂實際折舊，或稱經濟折舊是根據固定資產的實際損耗情況而計提的折舊。稅收折舊是稅法規定的可以計提並在企業所得稅稅前扣除的折舊。會計折舊是在會計核算中，以會計制度規定和認可的方式對固定資產計提的折舊。

稅收折舊與實際折舊往往不一致，稅收制度規定的折舊方法和折舊率對投資行為會產生影響。如果稅收制度規定的稅收折舊率高於實際折舊率，意味著固定資產的損耗成本可以較實際損耗更早更快的在企業所得稅稅前扣除，雖然計提折舊的總額不變，但它使企業總應納稅額不變的情況下獲得延遲納稅的利益（延遲納稅部分的隱性利息收益），增加了企業前期可利用資本和投資的實際總收益，對私人投資具有激勵作用。如果稅收折舊率等於實際折舊率，稅收折舊對私人投資的影響是中性的。如果稅收折舊率低於實際折舊率，稅收折舊對私人投資具有抑制的作用。

（三）稅收與風險投資

個人或企業投入研發（Research & Development，縮寫 R&D）和創業屬於風險比較大的投資，若獲得成功，可以為個人或企業帶來巨大利益，同時增加政府的稅收收入，此外，研發和創業對經濟社會還具有很大的正外部性；但研發創新和創業又具有很大的風險，若失敗將會給個人或企業帶來巨大的損失。因此，現實中的研發創新和創業往往顯得不足，創新和創業是需要政府及社會的鼓勵。

研發和創業投資等高風險投資，要求預期收益率超過無風險資產預期收益率，並獲得風險報酬（risk premium）。風險報酬可看作投資者承擔風險的機會成本的補償或價格。對包括風險投資在內的投資收益徵稅，一方面會降低風險投資的正常報酬和風險報酬，降低風險投資相對無風險投資的吸引力，產生低風險投資對高風險投資的替代，也即替代效應，引起風險投資減少；另一方面，對風險投資課稅會減少個人或企業的實際收入，在冒險的收入彈性為正的情況下，收入效應也將導致風險投資減少；在冒險的收入彈性為負的情況下，收入效應將會導致風險投資增加。一般而言，冒險的收入彈性為正，故而對風險投資徵稅將會減少個人或企業的風險投資。

不少政府對風險投資實施了損失補償制度，例如，虧損結轉彌補，風險投資損失可以向後結轉，衝減以後經營期間盈利和應納企業所得稅；投資退稅，若用於風險投資的資金，原來負擔的企業所得稅可以在投資時退還納稅人等。政府通過與風險投資相關的稅收制度安排，降低了企業的稅收負擔，實際上分擔了企業風險投資的部分損失，政府成為企業承擔風險的隱匿合夥者（silent partner）。在這些稅收制

度安排下，稅收對個人或企業的風險投資具有激勵作用。

需要特別指出的是，這裡的分析是一種為了方便起見的局部均衡分析，即它是捨去了經濟生活中的錯綜複雜的其他因素，只考慮稅收一種因素造成的影響，換言之，在實際生活中，決定企業生產、投資、研發，或者個人工作與閒暇（不工作）、儲蓄和投資的因素是很多的，並非只是稅收一種影響因素。

第二節　稅收的宏觀經濟效應

經濟增長和經濟穩定是宏觀經濟學研究和政策的兩大基本命題，經濟增長、充分就業、物價穩定、國際收支平衡是宏觀經濟政策的基本目標。經濟的增長和穩定關乎社會每個人的福利，各時期勞動、資本、土地、資源等的投入水平、要素生產率制約著社會總產出，對社會成員的福利有重大影響。稅收是政府賴以使用的宏觀政策工具之一，其在實現經濟增長和穩定中具有重要作用。

稅收對增長和穩定的影響是通過稅收對勞動供給、消費、儲蓄、投資、生產、研發等微觀經濟活動的作用而產生的。這些內容在本章第一節已有部分闡述，這裡將從宏觀層面來探討稅收對經濟增長和穩定的效應。

一、稅收與經濟增長

（一）稅收與總需求

凱恩斯主義經濟學（Keynesian economics/Keynesian Demand-side Economics）認為總需求決定產出和就業水平，產出不足或經濟增長率低、失業問題的根本原因在於社會有效需求不足，總供給大於總需求。消費與投資不足是產生經濟危機的根本原因，而且是市場本身的力量自發形成的，要解決這些問題，必須實施政府干預，實施擴張性財稅和貨幣政策，主張通過包括稅收、財政支出在內的政府干預，擴大社會總需求，促進增長。

在三部門經濟中，國民收入 Y 的構成從支出的角度看等於消費 C、投資 I 和政府購買 G（不含外部經濟部門）之和，可表示為：

$$Y = C + I + G$$

設 $C = \alpha + \beta Y_d$，其中 α 為固定消費，β 為邊際消費傾向，Y_d 為可支配收入；可支配收入等於收入減去個人支付的稅收 T，再加上政府給個人的轉移支付 R，$Y_d = Y - T + R$。則：

$$Y = \frac{\alpha + I + G - \beta T + \beta R}{1 - \beta}$$

税收乘数 $M_T = \dfrac{dY}{dT} = \dfrac{-\beta}{1-\beta}$，税收乘數為負，表明在其他條件不變情況下，增加稅收會使國民收入或經濟產出減少，減稅則可以使國民收入或經濟總量增加。由 $0 < \beta < 1$ 可知，邊際消費傾向越高稅收乘數效應越大。

另外，政府購買支出乘數 $M_G = \dfrac{dY}{dG} = \dfrac{1}{1-\beta}$；政府轉移支付乘數 $M_R = \dfrac{dY}{dG} = \dfrac{\beta}{1-\beta}$。若政府採用平衡預算政策，也即增加的稅收都用於財政支出（包括政府購買性支出和政府轉移支付），或稅收減少則相應的減少等量的財政支出。增稅本身具有經濟緊縮效應、減稅本身具有經濟擴張效應，而增加財政支出具有經濟擴張效應、減少財政支出具有經濟緊縮效應，平衡預算的經濟增長效應或平衡預算乘數取決於稅收的經濟增長效應和財政支出的經濟增長效應的綜合結果。

假如增加稅收 ΔT，同時政府購買支出和政府轉移支付增加量為 $\Delta G + \Delta R$ 且等於 ΔT。政府購買性支出、轉移支付和稅收都會對經濟產出產生影響，有：

$$\Delta Y = \dfrac{\Delta G - \beta(\Delta T - \Delta R)}{1-\beta} = \Delta G$$

對上式兩邊除以 ΔT，可得平衡預算乘數 $M_B = \dfrac{\Delta Y}{\Delta T} = \dfrac{\Delta G}{\Delta T} \leq 1$，由此式可知，平衡預算乘數的大小取決於增加（或減少）的稅收在財政支出等量增加（或減少）時的分配結構，若全部用來增加（或減少）政府購買性支出，轉移支付不變，平衡預算乘數等於 1；當其中一部分用於增加（或減少）購買性支出，部分用於增加（或減少）轉移支付時，平衡預算乘數小於 1，其原因在於轉移支付乘數小於政府購買支出乘數的緣故。應該注意的是，基於不同的假設、國民收入模型和稅制，求取的乘數公式不同，現實經濟是複雜的，這裡對稅收的經濟增長乘數效應表達僅是基於特定假設、非常簡化的素描。

圖 5-11 表示的是總需求和總供給的關係。比如，稅收政策調整前社會總需求曲線為 AD_1，社會總供給曲線是 AS，社會均衡產出水平為 E_1 點對應的 Y_1；設政府減稅（如降低個人所得稅、消費稅等刺激私人消費）使社會總需求曲線移動至 AD_2，社會均衡產出水平為 E_2 點對應的 Y_2，社會總產出增加；設政府增加稅收使社會總需求曲線移動至 AD_3，社會均衡產出水平為 E_3 點對應的 Y_3，社會總產出減少。稅收政策可以通過改變社會總需求，進而影響社會總產出及經濟增長。

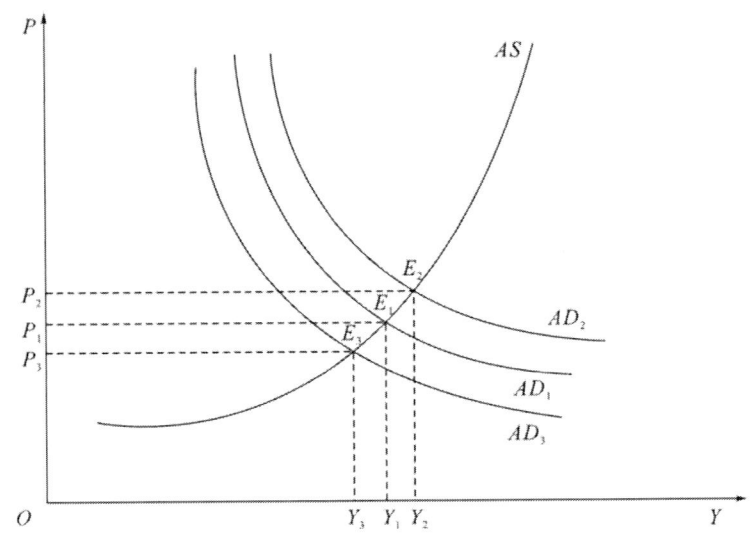

圖 5-11　稅收、總需求與經濟產出

(二) 稅收與總供給

　　凱恩斯主義經濟理論主要從需求角度研究經濟，在短期可能效果明顯，但長期運用凱恩斯主義的需求刺激政策，往往會導致產能過剩、政府債務高企、經濟低效，最終結果是經濟停滯、失業增加和通貨膨脹。20世紀30年代以來，美國等西方國家長期使用需求管理政策從而導致它們在20世紀70年代經濟陷入滯脹困境；為應對1997年東南亞金融危機和2008年全球金融危機的影響，中國先後採取兩輪大規模的凱恩斯主義需求刺激政策，政策在短期內取得了一定效果，但長期使用也產生了產能過剩、資源過度消耗和污染、債務膨脹、創新抑制、物價高漲、經濟低效和扭曲等負面效應；同時，在面臨經濟減速時，繼續採用凱恩斯主義式的需求管理政策的邊際效果甚微、成本巨大。

　　與凱恩斯主義需求側管理相對的是供給學派（Supply-side economics）的供給側管理主張。在經濟學中，市場中有供給側，也有需求側，需求側有投資、消費、出口等，供給側有土地、資本、勞動力、創新等。供給學派認為生產的增長決定於勞動力、資本等生產要素的供給和有效利用，市場會自動調節生產要素的利用，所以應當消除阻礙市場調節的因素。從實踐看，減稅和減少政府對經濟生產的干預是供給側管理和改革的典型做法。

　　供給學派認為可以通過減稅對生產要素供求的影響來擴大社會總供給，實現經濟增長。如圖 5-12 所示，AB 為短期總供給曲線，或稱凱恩斯供給曲線，為經濟衰退或存在大量失業時的總供給曲線，在此價格 P_1 下廠商願意供給市場需求的商品數量。CD 表示的是長期總供給曲線，或稱古典總供給曲線，刻畫的是在經濟處於充分就業、各資源得到充分利用時的總供給曲線，此時生產已達到最大可能或潛在的可

能產出，總需求的增加不會引起產出的增加。BC 為處於嚴重衰退與充分就業之間的狀態，此時市場存在失業和資源的非充分利用，但屬於正常情況，總需求的增加還會使社會產出增加，但隨著資源利用趨於充分、並逐步出現短缺，使得產出的增長變緩。當總產出位於潛在產出 Y_4 之前時，通過包括財稅政策在內的凱恩斯的需求管理政策可以促進社會總產出的增加，比如總需求曲線由 AD_1 擴大至 AD_2、AD_3 時，總產出相應的由 Y_1 增加到 Y_2、Y_3，在短期內凱恩斯需求側管理政策有效。當社會產出已達到長期產出或潛在產出，總需求的增加，如由 AD_3 增至 AD_4，並不能帶來總產出的增加，也即經濟增長，反而導致物價水平由 P_4 上升到 P_5，需求側管理政策無效。

供給學派認為總供給是由資本、勞動力、資源等要素投入及其要素生產率決定的，高稅率會對儲蓄、投資、勞動和技術進步等產生負面影響，通過改變對生產要素的稅收政策，如減少對儲蓄、資本、勞動、資源等課稅，採取激勵要素投入、技術進步及要素生產率提升的稅收政策措施，可以擴大長期總供給，使長期總供給曲線右移，增加長期總供給水平，如從 CD 移至 AS_N，促進經濟增長。需要說明的是，由稅收的微觀經濟效應分析可知，稅收對儲蓄、投資、勞動供給等既有促進作用也有抑製作用，在不同的條件和制度環境下，其總體影響不同，供給學派假定或認為現實中對要素的課稅超過了適度的水平，強調稅收對要素投入和要素生產率的不利影響，以此主張減稅來擴大總產出、促進經濟增長。

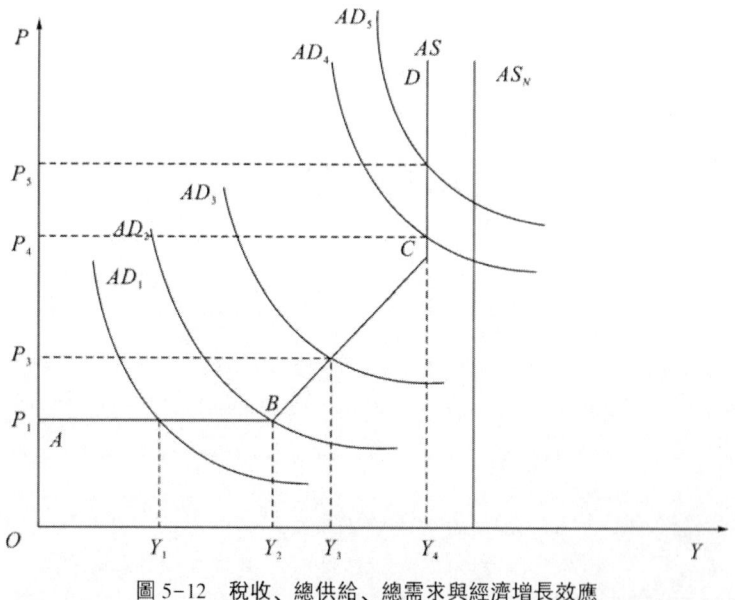

圖 5-12 稅收、總供給、總需求與經濟增長效應

供給學派代表人物阿瑟·拉弗（Arthur Laffer）描繪的「餐巾上的曲線」拉弗曲線（Laffer curve）是對供給學派稅率與稅收收入關係的簡潔表達。稅率變化對稅收

收入同時產生算術效應（arithmetic effect）和經濟效應（economic effect）兩個效應。算術效應表現為稅收是稅率與稅基的乘積，在稅基不變的情況下，降低稅率將減少稅收收入，提高稅率將增加稅收收入。經濟效應表現為稅率變化對稅基的影響，降低稅率將激勵勞動和生產等，擴大稅基和稅收收入，相反提高稅率將對經濟活動產生懲罰作用，縮小稅基和稅收收入。算術效應與經濟效應的作用方向通常相反，稅率變化對稅收收入影響並非顯而易見。拉弗曲線不僅用來說明稅率與稅收收入的關係，也用來說明稅率與社會經濟產出的關係。

如圖5-13曲線的左側，提高稅率（如社會平均稅率）會使稅收收入和社會經濟產出（如GDP）增加，當稅率高於臨界點時（如Y^*），稅率在拉弗曲線的右側，提高稅率不僅不會增加稅收和經濟產出，反而抑制就業和勞動、企業生產等經濟活動，從而降低稅收收入和經濟產出，當稅率為100%時，整個社會經濟活動停止，經濟產出和政府可徵得的稅收為零，拉弗曲線臨界點的右側為徵稅的禁區（prohibitive range），提高稅率的經濟效應大於算術效應。

值得注意的是，拉弗曲線並沒有說明減稅或降低稅率會增加還是減少稅收和經濟產出，稅收政策變動引起的稅收和經濟產出的變化依賴於當時的具體稅制、經濟活動和總體稅率水平。增減稅收除了算術效應、經濟效應外，還具有財政支出效應（expenditure effect），會影響財政支出規模和結構，進而影響經濟產出。不同國家和地區、不同時期、不同經濟結構和稅制結構，不同增減稅方案其對經濟產出的影響存在著差異。

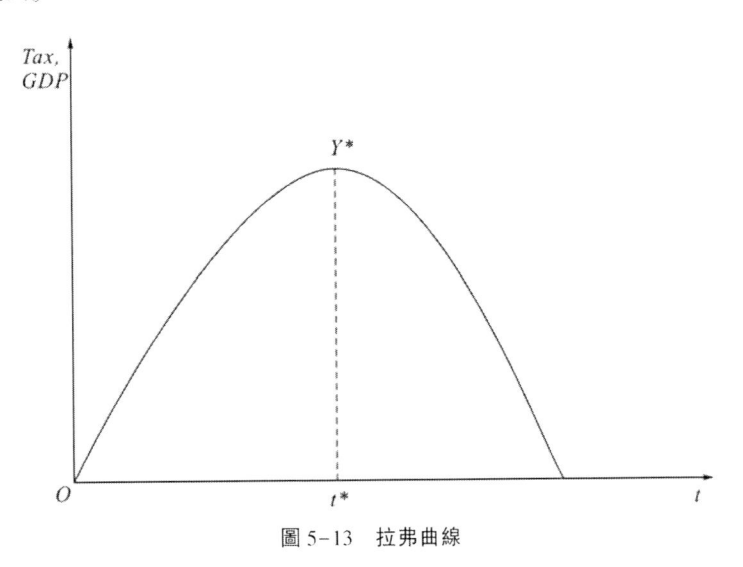

圖5-13 拉弗曲線

二、稅收與經濟穩定

經濟穩定通常是指充分就業、價格穩定、經濟持續均衡增長和國際收支大致平衡。尋求經濟穩定之道是經濟學研究者的重要使命,制定經濟穩定之策是決策者的重要目標。根據奧肯定理(Okun's Law),就業率與經濟增長之間存在正向關係,要防止失業率上升,應使實際經濟增長率等於潛在經濟增長率,保持經濟穩定增長與促進充分就業具有一致性。經典的菲利普斯曲線(Philips curve)表明在短期,失業與通貨膨脹之間存在著「替代關係」(trade-off),提高就業率須以一定的通貨膨脹率上升為代價,決策者面臨著不同失業率和通貨膨脹率組合的選擇。基於主要經濟穩定目標之間的關聯性,這裡從經濟持續均衡增長目標出發,簡要介紹稅收在促進經濟持續均衡增長、熨平經濟波動中的作用。

稅收政策是重要的經濟政策工具,在促進宏觀經濟穩定中可以發揮積極作用,稅收對經濟的穩定作用主要體現在相機抉擇的稅收政策和自動穩定的稅收制度。

(一)相機抉擇的稅收政策

在現實中,經濟增長呈現出週期性的波動,經濟週期性波動可分為兩個主要階段,即擴張階段和衰退階段,兩階段又可以分為蕭條、復甦、繁榮和衰退四個時期(如圖5-14)。經濟增長背離潛在增長水平,過度繁榮將會造成經濟社會的透支和未來長期蕭條的風險;經濟處於蕭條將造成失業、居民生活水平降低,導致貧困、犯罪等,降低社會整體福利水平。

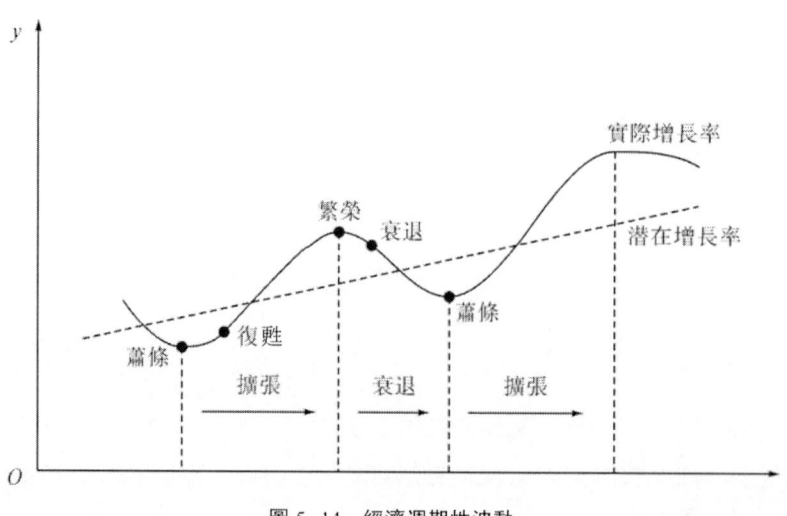

圖5-14 經濟週期性波動

相機抉擇的稅收政策是指政府根據經濟走勢,主動調整稅收政策,使稅收政策「逆經濟風向行事」,在經濟處於衰退或蕭條狀態、低於社會潛在經濟增長水平時,採取減稅政策促進社會總需求和社會總供給擴張,在經濟處於繁榮狀態、高於社會

潛在增長水平時，採取增稅政策來抑制社會總需求和社會總供給擴張，通過稅收政策工具的主動平滑經濟波動，降低經濟過度背離潛在增長水平可能帶來的經濟社會福利損失。

如圖 5-15 所示，設經濟處於蕭條或緊縮時期，經濟的均衡點 E_1、實際經濟產出低於潛在產出，比如，在其他條件不變情況下，政府減少對消費、投資和出口等需求維度的相關稅收和稅負（如降低商品稅、個人所得稅、企業所得稅、擴大出口退稅等），促進社會總需求增加，總需求曲線由 AD_1 移至 AD_2，可使均衡點變為 E_2，促使經濟步出蕭條；又如，在其他條件不變情況下，政府也可以對勞動、資本、生產、研發創新等供給側，採取多種形式的減稅措施（如降低工薪所得稅、資本利得稅、再投資退稅、投資稅收抵免、加速折舊、研發加計扣除等），促進社會總供給增加，總供給曲線由 AS_1 移至 AS_2，使均衡點變為 E_4，促進經濟走出蕭條；或者在需求側和供給側同時採取逆經濟走向的減稅政策，使初始的總需求曲線和總供給曲線分別移至 AD_2 和 AS_2，均衡點變為 E_6，稅收政策的反經濟週期的擴張性效果將更為顯著。

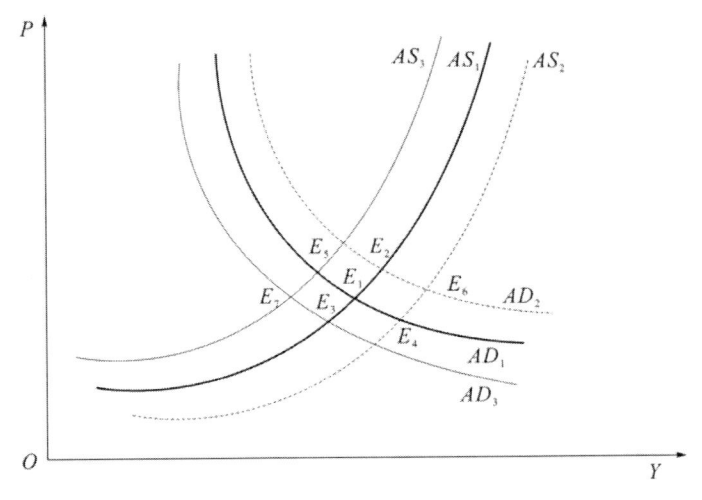

圖 5-15　稅收與總需求、總供給

假設經濟處於的均衡點 E_1 為過度繁榮或過熱狀態，實際經濟產出高於潛在產出，比如，在其他條件不變情況下，政府增加對消費、投資和出口等需求維度的相關稅收和稅負（如提高商品稅、個人所得稅、企業所得稅等），降低社會總需求，總需求曲線由 AD_1 移至 AD_3，可使均衡點變為 E_3，抑制經濟過熱；又如，在其他條件不變情況下，政府也可以對勞動、資本、生產、研發創新等供給側，採取多種形式的增稅措施（如提高工薪所得稅、資本利得稅、企業所得稅，減少對生產和研發的優惠措施等），抑制社會總供給的擴張，總供給曲線由 AS_1 移至 AS_3，使均衡點變為 E_5，給經濟降溫、抑制經濟泡沫；或者在需求側和供給側同時採取逆經濟走向的

增稅政策，使初始總需求曲線和總供給曲線分別移至 AD_3 和 AS_3，均衡點變為 E_7，稅收政策反經濟週期的緊縮性效果將更為明顯。

(二) 自動穩定的稅收制度

自動穩定的稅收制度是指既定的稅收制度中存在逆經濟週期運行，稅收隨著經濟的波動而增加或減少，自動地影響社會總需求和總供給，從而在一定程度上緩和經濟的波動。具體來說，當經濟處於停滯狀態時，稅收會自動減少，從而使總需求和總供給增加；當經濟處於通貨膨脹狀態時，稅收會自動地增加，從而抑制總需求和總供給。這種稅收制度也稱之為宏觀經濟的「自動穩定器」。

累進的所得稅、社會保障稅是典型的自動穩定稅收制度。比如累進個人所得稅和公司所得稅（如美國聯邦公司所得稅實行超額累進稅），當經濟繁榮及過熱時，個人和企業收入上升，適用稅率相應提高，從而抑制個人消費、勞動供給，抑制企業投資和生產，從而對社會總需求和總供給產生緊縮效應；當經濟衰退或蕭條時，由於個人和企業收入水平下降，適用稅率也將降至較低水平，從而有助於擴大社會總需求和總供給，促進經濟復甦和增長。又如，社會保障稅，在經濟繁榮時，稅收收入增加，而以其支付的社會保障開支相對較少；當經濟衰退或蕭條時，社會保障稅收入減少，而由它支付的社會保障開支卻會有較大幅度增加，社會保障稅的這些特徵使其具有較強的逆經濟週期調節，促進經濟穩定的作用。即使比例所得稅、貨物勞務稅，由於免徵額和起徵點的存在也使其具有一定的累進性，在一定程度上同樣具有自動穩定功能。

對於單個稅種，其累進性越強，該稅種的自動穩定效應越大；一國或地區稅制整體的累進性越強，該國或地區稅制的自動穩定作用越大。一般而言，所得稅較之貨物勞務稅的累進性更高，或者所得稅的收入和使用（如社會保障稅）具有更強的逆經濟週期性，因此，如果一個國家的稅制結構中，直接稅占比越高，其稅收的自動穩定作用越大，反之則相反。

表 5-1　　　　　　　　　2015 年中國和美國個人所得稅稅率表

| 中國個人所得稅工薪所得稅率表 || 美國聯邦個人所得稅稅率表 ||
邊際稅率	含稅應納稅所得額（人民幣）	邊際稅率	單身應稅收入（美元）
3%	0~1,500	10%	0~9,225
10%	1,500~4,500	15%	9,226~37,450
20%	4,500~9,000	25%	37,451~90,750
25%	9,000~35,000	28%	90,751~189,300
30%	35,000~55,000	33%	189,301~411,500
35%	55,000~80,000	35%	411,501~413,200
45%	80,000+	39.6%	413,201+

註釋：美國個人所得稅稅率適用區間，除規定單身申報應稅收入外，還區分已婚聯合申報或鰥寡者申報、已婚分別申報、戶主申報分別規定不同的適應的應稅收入區間，這裡略去。資料來自美國國內收入局（Internal Revenue Service, IRS）。

表 5-2　　　　　　　　2015 年美國聯邦公司所得稅稅率表

應稅收入額（美元）	稅率	其他
0 ~ 50,000	15%	①個人服務公司不論收入多少採用單一稅率 35%；②對個人控股公司的未分配收益額外再徵收 20%；③除一般的公司所得稅，對累積應稅收入超過 250,000 美元的企業（個人服務公司為 150,000 美元），另徵 20% 的稅（Accumulated Earnings Tax，累積收益稅）。
50,000 ~ 75,000	25%	
75,000 ~ 100,000	34%	
100,000 ~ 335,000	39%	
335,000 ~ 10,000,000	34%	
10,000,000 ~ 15,000,000	35%	
15,000,000 ~ 18,333,333	38%	
18,333,333 以上	35%	

資料來源：美國小企業稅收與管理網 http://www.smbiz.com/。

第三節　稅收的社會效應

一、稅收與收入分配

收入和財富分配的公平合理，收入差距保持在社會可接受範圍之內，是國家和社會穩定發展的基礎。稅收具有再分配作用，收入分配職能是稅收職能之一，公平是稅收的基本原則，公平收入分配是稅制設計的重要目標。

（一）稅收公平與稅收的收入分配效應

稅收公平為現代稅收的基本原則，按支付能力課稅（量能課稅原則）和按納稅人公共服務受益多少課稅（受益原則）是稅收公平的兩大傳統。由於徵稅的可行性的限制，在實踐中一般都是按支付能力課稅，即量能課稅。

依照支付能力徵稅，納稅能力強的人多納稅，納稅能力弱的少納稅，沒有納稅能力者不納稅，納稅能力相同者同等納稅，會使稅收公平收入分配的作用，此時，稅收公平原則與稅收公平收入分配職能具有一致性。按照稅收公平的支付能力原則徵稅有助於促進收入分配的公平，但支付能力的衡量方式不同（如收入、財富等），支付能力（如收入、財富）高低不同的人所適用稅率及稅負的高低差異度不同，確定支付能力（如收入和財富）的時空範圍不同，其公平收入分配的作用將會不同，甚至是大相徑庭。

1998 年，卡瓦尼（Nanak Kakwani）和蘭伯特（Peter J. Lambert）基於支付能力原則提出衡量稅收公平的三公理：

公理 1，$x_i \geq x_j \Rightarrow t_i \geq t_j$；

公理 2，$x_i \geq x_j$，$t_i \geq t_j \Rightarrow t_i/x_i \geq t_j/x_j$；

公理 3，$x_i \geq x_j$，$t_i \geq t_j$，$t_i/x_i \geq t_j/x_j \Rightarrow x_i - t_i \geq x_j - t_j$

其中，x 和 t 分別表示稅前收入和應納稅額，下標 i，j 表示個人。公理 1 是指高收入者的稅額不能低於低收入者，也被稱為「最小累進」原則，是累進稅收的基本要求。公理 2 在公理 1 基礎上，要求高收入者的稅率應高於（或等於）低收入者，稅率應該是累進的或比例的。公理 3 在公理 2 的基礎上，進一步要求稅收不能改變人們的收入排序，高收入者的稅后收入不應低於低收入者的稅后收入，也被稱之為「激勵保護」原則，稅收的累進性不能過強。符合稅收公平三公理的稅制是保證稅收具有公平收入分配作用，同時不至於過度損害效率的基本條件。

測量稅收的收入再分配效應的常用指標是 Musgrave & Thin（1949）提出的 MT 指數，即稅前基尼系數（Gini index）與稅后基尼系數的差，公式為：

$$MT = G_b - G_a$$

其中，MT 為 Musgrave & Thin 指數，G_b 和 G_a 分別為稅前基尼系數和稅后基尼系數。若 MT>0，說明稅收整體上具有公平收入分配效應；若 MT=0，說明稅收整體上沒有縮小社會收入差距，但稅收仍可能改變了不同個體的收入絕對和相對差異；若 MT<0，說明稅收在整體上不僅沒有縮小社會收入差距，反而擴大了社會收入差距。

（二）稅收的收入分配效應實現方式

稅收的收入分配作用是通過稅收要素的設計實現的，不同的稅制設計意味著不同財務狀況的個人實際負擔的稅收不同，其收入分配的效應不同。比如個人所得稅，通過免徵額、費用扣除標準、累進性稅率、針對不同收入來源的差別稅率、課稅單位、減免稅等制度設計，使高收入者繳納更多稅收，收入低繳納較少的稅收，從而促進收入分配的公平。消費稅的選擇性稅目、差別稅率、稅收優惠措施等規定，也可以在一定程度上發揮公平收入分配的作用。有如對財產的課稅，房產稅按照房屋價值進行徵稅，一般而言，財富多的人房產價值高，其繳納的房產稅會更多，也將有助於收入和財富分配的公平。

稅收的收入分配效應，通常以稅收的累進和累退性衡量。一般而言，平均稅率隨著收入上升而提高的稅收，為累進性稅收，反之則為累退性稅收。累進性稅收會縮小收入差距，具有公平收入分配的作用；累退性稅收會擴大收入差距，惡化收入分配；比例稅不影響收入分配結構。一般而言，普遍課徵、比例稅率的商品稅，如增值稅有累退性特徵；選擇性課徵的差別性商品稅，如消費稅具有一定累進性特徵；採取累進稅率和差別費用扣除的個人所得稅，以財產為課稅對象的財產稅具有較強的累進性。岳希明等（2014）的測度顯示，中國增值稅、營業稅和其他間接稅為累退的，消費稅和個人所得稅兩稅種是累進的，企業所得稅和財產稅的累進性因稅收轉嫁假定而異，由於累退性的增值稅等規模大，佔稅收收入比重高，具有累進性的個人所得稅、消費稅規模小且比重小，不足以抵消間接稅的累退性，中國稅制整體上最終是累退的。

從稅收的最終負擔或稱稅收歸宿來看，企業等組織名義上會作為納稅人繳納稅收，但實際上稅收負擔都是有作為生命體的個人來承擔，個人以消費者、要素所有

者等身分承擔不同稅收。同時，由於不同個人在市場中的地位不同，稅收轉嫁的能力強弱有別，這也使個人最終負擔的稅收存在差異。對稅收的收入分配效應的考察，應基於稅收的最終歸宿，看經過稅收轉嫁運動后各稅種及整體稅收負擔對不同個人和家庭收入的影響，比較稅前收入分配狀況與稅后收入分配狀況的差異。

應該看到的是，稅收的徵收只是稅收公平收入分配的一個方面，單靠徵稅調節難以達到合意的收入分配結果，事實上稅收使用，也即公共支出安排、公共產品和服務提供，在公平收入和財富分配上具有更大的作用空間。更廣泛意義上的稅收的公平收入分配效應，應該是包括稅收徵收和稅收使用完整的稅收活動對個體收入分配的效應，進而整體上表現出的稅收的公平收入分配效應。

二、稅收的其他社會效應

除公平收入分配外，稅收還會對教育、醫療衛生、慈善、養老服務、文化事業、社會保障、貧困、婚姻及家庭、治安與犯罪、社會道德和關係等諸多方面產生影響。稅收的這些社會效應可能是積極的，也可能是消極的，積極的效應可以概括為促進社會事業發展、抑制社會公害的社會效應，這些社會效應的取向和大小取決於稅制設計產生的對社會主體行為的激勵和約束條件。

比如稅收與社會慈善，稅收政策是影響現代慈善事業得以壯大的決定性因素。在慈善事業的各種激勵機制中，稅收政策是最為有效的政策槓桿，發揮著對慈善組織、慈善活動的引導作用。稅收對慈善事業的促進作用主要方式在於：對個人和企業的捐贈支出可以在所得稅稅前扣除，捐贈物資進口免徵進口環節貨物勞務稅，實物捐贈銷售環節稅收減免，接受捐贈物資的慈善組織等捐贈所得免稅，慈善公益組織經營活動貨物勞務稅減免、投資及經營性收入所得稅減免優惠，慈善組織公益活動使用土地房產的房地產稅減免等，以稅收減免優惠鼓勵潛在捐贈主體捐贈，對慈善組織運行採取特殊稅收措施，降低慈善及公益組織稅負，以稅收方式鼓勵慈善活動和慈善組織發展。

第四節　稅收的生態效應

環境是包括人在內的一切生命賴以存在的基礎。經濟增長使人們生活水平持續提高，但同時產生了大量污染，環境破壞、生態惡化，阻礙了經濟社會的持續發展，危及了人類的生活生存。面對嚴峻的環境挑戰，稅收、規制、補貼、環保設施建設、污染排放交易制度、環保宣傳教育等環境政策工具都被各國大量使用，其中環境稅收政策被認為是最有效的環保政策工具之一。

一、稅收的生態環境效應理論

（一）庇古稅

1920年，英國經濟學家庇古（Pigou，Arthur Cecil，1877—1959年）的著作

《福利經濟學》認為，生產者努力追求其邊際私人利益，當生產者生產的邊際社會利益小於邊際私人利益，生產的邊際社會成本大於邊際個人成本，產生「負外部性」時，生產者沒有動機為對他人造成的損失支付，使邊際社會成本內部化；另一方面，如果生產者生產的邊際社會利益大於邊際私人利益，產生「正外部性」時，受益的個人也沒有動機為生產者付費。為應對邊際社會成本大於邊際私人成本的產品的過多生產，庇古提出對產生負外部性的生產者課徵稅收，若政府徵稅使生產者的邊際私人成本等於邊際社會成本，生產者減少具有負外部性商品生產，經濟將回到健康的均衡狀態。這種通過稅收手段矯正如環境污染等負外部性的稅收被稱之為「庇古稅」（Pigouvian Taxes）。

環境污染是一種典型的負外部性，通過徵收庇古稅，對污染者（生產者或消費者）每單位污染徵稅或收費，所徵收的稅收剛好等於污染導致的外部損失，從而使外部負效應內部化，以近於市場的方式達到減少環境污染的作用。企業生產產品的同時產生污染，如圖 5-16 所示，企業邊際收益曲線為平行於橫軸的直線 MR，企業的私人邊際成本線為 PMC，社會邊際收益線為 SMC；在沒有徵稅情況下，企業按照邊際收益等於私人邊際成本 $MR = PMC$ 進行生產，產量為 Q_1，對應的污染為 $p(Q_1)$；從整個社會看，企業應按照邊際收益等於社會邊際成本 $MR = SMC$ 生產才是最優的，對應的產量為 Q_2，污染為 $p(Q_2)$。在技術不變情況下，污染隨著產量增加而增大，則 $p(Q_1) > p(Q_2)$。考慮對污染企業課徵單位稅 T，使私人邊際成本增加，私人成本曲線向上移動至 $PMC + T$，此時，企業按照邊際收益等於私人邊際成本 $PMC + T = MR$ 確定的產量，等於按照邊際收益等於社會邊際成本 $MR = SMC$ 的產量 Q_2，通過徵收稅收（庇古稅）使生產造成的外部成本內部化，促使生產者減少生產和污染。

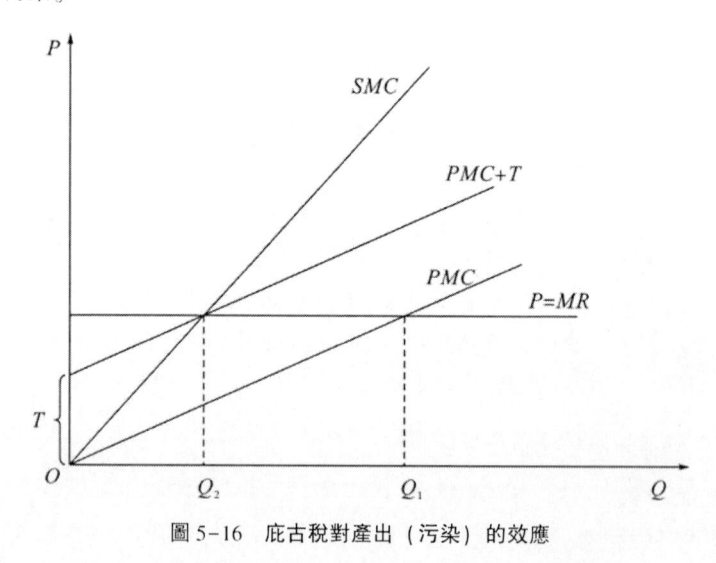

圖 5-16 庇古稅對產出（污染）的效應

税收作为解决环境污染的关键方式，主要是因为：其一，税收直接解决了市场在环境问题前的失灵问题，将环境影响纳入价格之中；其二，通过税收进行的环境定价为消费者和生产者留有空间弹性，可以决定如何尽可能改变自身污染行为、减少环境损耗活动，从而实现以最小的经济和福利成本改善环境质量；其三，税收以其规范性还可以减少政府的自由裁量和行为的选择性，同时，征收环境税收给政府带来税收收入，从而可以减少其他扭曲性税收的征收，这些税收还可以直接用于补偿环境受损者。一般认为，如果以企业污染排放量为征税对象征收庇古税，企业生产者有激励将缩减产量至社会最优水平。如果以单位生产排放比为征税依据，企业生产者则有激励采用环保的生产程序或技术进行生产。庇古税的一个特征是该税收支付给政府，该税收使消费者和生产者的行为在社会角度看是有效率的。

管制、科斯定理和庇古税都是解决污染的重要方式。管制的成本一般比税收更高，因为管制会强制某些种类的减排，即便存在更为低廉的替代措施也是如此（Bert Brys et al., 2015）。以科斯定理方式解决污染问题，将污染权界定污染方有悖社会正义，界定污染受害者有不受污染的权利虽符合社会正义原则，但是由于污染为公害品，污染受害者往往数量较多，因为议价能力、议价成本和搭便车的问题，科斯解决办法通常难以起作用。相对于科斯定理方式，庇古税以「污染者缴税」方式不仅符合正义原则，而且政府征税方式在技术和实践上更具可行性。

（二）环境税「双重红利」

环境税的「双重红利（double dividend）」理论是有关环境税收研究的重要内容，该思想最早由 Tullock 在其 1967 年发表的论文《超额收益》中提出，其基本内涵是，环境税的开征不仅能够有效抑制污染、改善生态环境质量、保护环境，而且可以降低现存税制对资本、劳动产生的扭曲作用，从而有利于社会就业、经济持续增长等效率增进。也即环境税收具有改善环境、减少污染的环境保护红利，第一重红利也称「绿色红利」，以及税制对劳动、资本造成的扭曲性减小的效率增进红利，第二重红利也称「蓝色红利」。

从 20 世纪 90 年代起，「双重红利」理论引发了经济学家的广泛讨论，一些研究支持环境税环境保护红利和效率红利的存在，也有不少研究对环境税收「双重红利」产生了质疑。有关环境税「双重红利」的研究并未得到一致的结论，而环境税能否产生环境保护红利和效率红利，主要取决于环境税的制度细节如何设计、环境税自身的效率扭曲效应、环境税多大程度上替代和减少了其他高扭曲性税收、环境税的具体用途等。

二、环境税的政策实践

（一）狭义环境税与广义环境税

关于环境税，经济合作与发展组织（简称 OECD）的定义是以对环境具有一定负面影响的事物的实物单位（或替代物）作为税基的税种。国际财政文献局

（IBFD）關於環境稅的界定外延更廣，認為環境稅是對污染企業或者污染物所徵收的稅，或對投資於防治污染和環境保護的納稅人給予的減免。前者環境稅定義的外延較后者要窄。

國內對環境稅的理解同樣有狹義和廣義之分。狹義的環境稅是以環境保護為基本目的，對破壞生產環境、產生污染的行為課徵的特別或獨立稅種，如碳稅、二氧化硫稅、水污染稅等，也可稱之為排放稅。廣義的環境稅，也稱綠色稅收（Green Tax），是以促進環境保護、資源合理利用、抑制破壞環境的生產和消費為重要目標，一方面對污染環境、資源消耗和非綠色生產和消費的單位和個人徵收的一種稅收，另一方面對保護環境、節約資源和進行綠色生產和消費的單位和個人實現稅收優惠政策。廣義的環境稅或綠色稅收，包括稅收設計中不同程度（整體、局部、個別條款）體現環境保護、降低污染、資源節約政策導向的各個稅種及相關稅收特別措施，它體現了污染者付稅，使環境污染成本內部化，以及對環境友好型生產和消費的稅收支持，通過稅收再分配工具來促進環境保護、節能減排、綠色發展。

（二）中國與世界主要國家的環境稅收

2016年12月25日，中國第十二屆全國人民代表大會常務委員會第二十五次會議通過《環境保護稅法》，該法規定對直接向環境排放大氣污染物、水污染物、固體廢物和噪聲等應稅污染物的企事業單位和其他經營者，徵收環境保護稅，該法自2018年1月1日實施。除環境保護外，中國的稅制體系中還有大量具有環境保護、資源節約、減少污染政策導向的稅種和相關政策規定。如增值稅、企業所得稅、消費稅、資源稅、車船稅等稅種的相關規定。除此之外，中國對直接排放污水、廢氣、固體廢物及危險廢物、噪聲超標的單位徵收排污費，其徵收的強制性、法定性、個體無直接報償性，以及所徵收資金專門用於環境保護，具有明顯的稅收特徵，是中國典型的「庇古稅」和環境稅。

國外環境稅制體系一般包括能源稅、交通稅、污染稅、資源稅等類別。世界主要國家的環境相關稅收見表5-3。一般而言，聯邦制國家實行徹底的分稅制，其環境稅體系由聯邦環境稅和地方環境稅構成，聯邦環境相關稅收收入歸聯邦，地方環境相關稅收收入歸地方政府，如美國、加拿大、澳大利亞、印度等國。單一制國家稅制全國統一，環境稅立法權集中於中央，環境相關各稅種在全國範圍內徵收，如日本、法國、德國、英國等，其環境相關稅收歸屬有多種模式。出於產業保護、社會公平等多方面的考慮，不少主要國家還制定了一系列減免稅優惠制度，如直接對某些產品、行為、經濟部門、某些群體減免稅，實行免徵額、稅收抵免制度等。大多數國家的狹義環境稅或排放稅是專款專用，用於保護生態環境、治理污染，也有國家納入一般預算。國外環境稅收的徵收和其他稅種的徵收類似，有財稅部門徵管、環境部門徵管、其他部門徵管等多種方式，但環保部門主要是在環境稅立法、污染指標技術測定等方面提供協助。

表 5-3　　　　　　　　　　世界主要國家環境相關稅收

國家	環境相關稅收
中國	環境保護稅；對燃料、汽車、電池、塗料、一次性筷子等徵收的消費稅；耕地占用稅；資源稅；城鎮土地使用稅；車船稅；車輛購置稅；排污費
美國	聯邦：液化天然氣稅、乙醇汽油稅、乙醇汽油用油稅、機動車乘用車奢侈稅、非商業用航空燃料稅、特定化學和進口物質稅、石油稅（有害物質）、航空燃料稅、柴油稅、汽油稅、高油耗汽車稅、重載車輛高速路使用稅、重型卡車和拖車稅、內河燃料使用稅、石油泄漏責任稅、臭氧消耗化學物質稅、其他燃料稅 州：大部分州都有形式各異的環境稅收，不同州之間差異很大
加拿大	聯邦：重型汽車稅、汽車空調稅、汽油稅、柴油稅、航空燃料稅、對機動車徵收的綠色稅 地方：不同地方也有形式不同的環境稅收
日本	汽車稅、航空燃料稅、柴油稅、汽油稅、輕型機動車稅、液化油氣稅、地方汽油稅、電力資源發展促進稅
英國	非石化燃料稅（電力）、石方稅、航空旅客稅、氣候變化稅、燃油稅、垃圾填埋稅、機動車使用稅
德國	航空稅、電力消費稅、礦物油稅、機動車稅、核燃料稅、再生能源稅（電力）
法國	汽車保險附加稅、公司用汽車稅、高二氧化碳排放機動車稅、遊船稅、水汲取稅（費）、民用航空稅、機動車二氧化碳排放註冊稅、機動車保險保證金、低壓電能分銷金、公共服務電力生產金、碳消費稅、污染行為一般稅、礦物油稅、礦泉水稅、居民航空機票稅、特別燃油稅、科西嘉和海外省空海運輸稅、廢物管理促進稅、商業電網稅、輸電塔稅、高污染汽車使用稅、自然保護區海上運輸稅、高速公路稅、航空噪音污染稅、機動車執照稅、海產稅、滑雪升降機稅、河流水路使用稅、車軸稅（按載重和車軸數徵收）
澳大利亞	航空噪音稅、碳價機制（二氧化碳排放）、地方污水排放費、進口汽車關稅、成品油消費稅、奢侈汽車稅、礦物資源租稅、油再利用稅、臭氧保護和溫室氣體稅、乘客離境稅（費）、油產品監管費 區域性稅收：首都區的環境保護費、綠色車輛印花稅、車輛登記使用費、北領地的機動車稅、西澳大利亞州的土地稅、新南威爾士州的機動車登記費、機動車重稅、機動車印花稅、廢物管理與環保稅
義大利	潤滑油消費稅、塑料袋稅、廢水排放費、航空噪音稅、城市廢物收集處理費、包裝物費、礦泉水瓶費、農藥稅、擁堵稅、地區汽油稅
俄羅斯	燃料消費稅（汽油、柴油、輕質燃油、其他交通用能源）
印度	聯邦：清潔能源稅（對原煤、煤泥和褐煤徵收）、水稅（預防和控制水污染稅） 地方：不少地方有適用於地方的環境稅收
巴西	機動車擁有稅、對汽車、電力、燃油（汽油、柴油）的貨物勞務稅
韓國	對燃油產品的運輸稅、對乘用車的個人消費稅
南非	航空乘客離境稅、車輛二氧化碳排放稅、一般燃油稅（汽油、柴油）、白熾燈泡稅、塑料購物袋稅、交通事故基金（按汽油和柴油使用量徵收）

資料來源：中國資料根據中國稅收相關法規整理；其他國家資料自 OECD 組織網站資料整理，網址參見 http://www2.oecd.org/ecoinst/queries/Default.aspx。

參考文獻：

[1] 王國清, 朱明熙, 劉蓉. 稅收經濟學 [M]. 成都：西南財經大學出版社, 2006.

[2] 李海蓮. 稅收經濟學 [M]. 北京：對外經濟貿易大學出版社, 2004.

[3] 高鴻業. 宏觀經濟學 [M]. 6版. 北京：中國人民大學出版社, 2014.

[4] 西蒙·詹姆斯, 克里斯托弗·諾布斯. 稅收經濟學 [M]. 羅曉林, 高培勇, 譯. 北京：中國財政經濟出版社, 2002.

[5] 哈維·S. 羅森, 特德·蓋亞. 財政學 [M]. 10版. 郭慶旺, 譯. 北京：中國人民大學出版社, 2015.

[6] Kakwani N, Lambert P. On measuring inequity in taxation: a new approach [J]. European Journal of Political Economy, 1998, 14 (2): 369-380.

[7] 李建軍, 劉元生. 中國有關環境稅費的污染減排效應實證研究 [J]. 中國人口·資源與環境, 2015, 25 (8): 84-91.

[8] 岳希明, 張斌, 徐靜. 中國稅制的收入分配效應測度 [J]. 中國社會科學, 2014 (6): 96-117.

第六章
國際稅收

第一節　國際稅收概述

一、國際稅收的形成

國際稅收為稅收學的一個重要分支。它是指兩個或兩個以上國家的政府依據各自稅收管轄權對跨國納稅人的跨國所得徵稅時所形成的國家之間的稅收分配關係。自 20 世紀以來，隨著國際資本、技術、人力等生產要素的跨國流動越來越頻繁，客觀上要求對跨國要素流動帶來的稅收收入在國家間按照規範的規則或標準進行分配，並對所涉及的國家間稅收關係進行協調，以維護跨國要素輸出國及輸入國的稅收權益。根本上看，國際稅收形成的必要條件有三：一是國際經濟一體化的蓬勃發展產生大量的跨國納稅人，由此導致大量的跨國所得及跨國一般財產；二是世界各國對所得稅及一般財產稅的普遍課徵產生大量的國際重複徵稅現象；三是跨國納稅人充分利用各國稅制差異造成的稅制漏洞或徵稅真空而產生雙重或多重不納稅現象日益增多。

二、國際稅收的研究對象

國際稅收研究對象的界定有廣義與狹義之分。

廣義說除了將所得稅及一般財產稅視為國際稅收研究重點之外，也將跨國商品流轉所涉商品勞務稅也納入國際稅收的研究對象。雖然從根本上看，跨國商品流轉所涉商品勞務稅沒有發生國際性重複徵稅，但其也涉及國家間稅收關係的協調。在經濟全球化背景下，對跨國商品或勞務課稅的國際協調也具有鮮明的國際性特徵。比如，在很長的歷史時期內，關稅一直是跨國商品流轉時國家間稅收協調的重點領域。隨著各國關稅稅率的進一步降低，其他商品稅日益成為國際稅收協調的關注焦點。從當前實際情況看，為了消除增值稅對跨境貿易的扭曲，同時出於防止各國財政收入流失的考慮，OECD 制定了《國際增值稅（貨勞稅）指南 2014》，並在第二屆增值稅全球論壇上通過。增值稅指南的通過，意味著間接稅的國際協調進入了歷史新階段。

狹義說僅將跨國所得稅及一般財產稅納入國際稅收的研究對象。狹義說認為，只有當多個國家對跨國納稅人的跨國所得及一般財產徵稅時，才會發生國際間的重複徵稅，也才會引起國家間稅收收入的分配關係。這種分配關係體現為不同國家稅收收入的此消彼長。對跨國商品或勞務的徵稅由於沒有直接引致稅收收入在不同國家間的相互分配，從本質上考察，屬於國際稅收的協調領域，為關注焦點，狹義說沒有將跨國商品及勞務課稅納入國際稅收的研究對象。

三、國際稅收的最新發展

隨著國際經濟交往的不斷深入發展，跨國公司為開拓全球市場而進行的跨境投資日益普遍。世界各國政府基於本國國情所制定的稅收制度特別是所得稅稅制各具特色。在這一背景下，跨境投資必然帶來兩個根本的稅收問題：國際重複徵稅及國際避稅問題。為促進國際經濟活動的不斷發展，並協調跨境投資中居住國與非居住國之間的稅收權益，經濟合作與發展組織（OECD）1963年制定並於1977年修訂發布了《關於對所得和資本避免雙重徵稅的協定範本》（簡稱為經合組織範本）。聯合國稅務專家也於1968年制定並於1979年發布了《關於發達國家與發展中國家間避免雙重徵稅的協定範本》（簡稱聯合國範本）。以上兩個範本成為世界各國之間協調所得稅及一般財產稅收入分配關係的基本規範和公認的國際規則。雖然上述兩個範本對具體國家稅收政策的制定並不具有強制的法律約束力，但其為各國間解決跨境直接稅問題提供了重要參照，消除了阻礙跨境投資的稅制制約。

進入21世紀以來，隨著新的國際經濟現象及跨國公司新的商業模式的出現，以往協調居住國與非居住國稅收權益的國際稅收規則已無法完全解決國際稅收出現的新問題。一方面，2008年發生的國際金融危機導致大多數歐美發達國家財政吃緊，從而加強了對本國居民海外經濟活動的稅源管理；另一方面，跨國公司利用世界各國稅制差異形成的稅收漏洞精心設計全球避稅架構，國際雙重不徵稅現象日益增多。在此背景下，2012年6月，二十國集團（G20）財長和央行行長會議同意加強國際合作，並委託經濟合作與發展組織（OECD）開展研究稅基侵蝕與利潤轉移行動計劃（BEPS）。OECD於2013年6月完成方案，並於當年9月獲得G20聖彼得堡峰會各國領導人背書。上述行動標準著國際稅收規則已開始新的重塑歷程。

四、國際稅收協定

國際稅收協定是調節國家間稅收分配關係的國際公法規範。它是指兩個或兩個以上國家為了相互之間的稅收分配關係，本著相互尊重主權及平等互利原則，經由其政府間的對等談判而簽訂的具有國際公法性質的協議文本。根據締約國數量可以將稅收協定分為雙邊稅收協定與多邊稅收協定。按照稅收協定所涉及稅種範圍的大小，可將稅收協定分為關稅協定及對所得和一般財產課稅的稅收協定。關稅協定是指締約國之間相互給予進口關稅優惠，以消除關稅壁壘、促進國際貿易發展的單項

稅收協定。對所得及一般財產課稅的稅收協定主要涉及對所得及一般財產國際重複徵稅問題的解決，且有加強相互間稅務配合以防止國際間偷漏稅問題的相關條款。人們通常所稱的稅收協定就指後者。

根據所涉及範圍的大小，又可將關於對所得及一般財產課稅的稅收協定進一步劃分為單項稅收協定與綜合性稅收協定。單項稅收協定僅針對某項特定國際經濟業務而簽訂，如避免對從事國際運輸業務的海運企業和空運企業重複徵稅的協定。綜合性稅收協定則指對所得及一般財產課稅的各種經濟業務而簽訂。一般來講，綜合性稅收協定是國際稅收實務的關注重點。國與國之間簽訂綜合性稅收協定時的參照範本有兩個：一是經濟合作與發展組織（OECD）範本，另一個則是聯合國範本。OECD範本側重於維護居民管轄權，從而有利於發達國家稅收權益的實現，而聯合國範本則更多地考慮了地域管轄權，更有利於維護發展中國家稅收利益。綜合性稅收協定的具體內容見表6-1。

表6-1　　　　　　　　　綜合性國際稅收協定內容

基本架構	具體內容
協定適用的範圍	人的範圍：既包括跨國自然人，也包括跨國法人
	稅種的範圍：主要包括所得稅及一般財產稅
協定基本用語	一般用語：在協定中反覆出現而需要加以解釋的用語，如：締約國一方、締約國另一方、公司等
	特定用語：在協定中具有特定含義和作用的用語，如常設機構等
	專項用語：指一些只涉及專門條文的用語，如股息、利息、特許權使用費等
各類所得和一般財產徵稅的規定	營業所得常設機構徵稅的一般規定
	營業所得常設機構徵稅的特殊規定
	特殊營業所得的徵稅規定
	財產所得徵稅規定：主要包括營業財產轉讓、固定資產轉讓、股權轉讓等
	投資所得徵稅規定：主要包括股息、利息、租金、特許權使用費等
	勞務所得徵稅規定：主要包括獨立個人勞務及非獨立個人勞務
國際重複徵稅免除規定	主要包括抵免法、免稅法等
特別規定	無差別待遇
	相互協商程序
	情報交換

世界最早的國際雙邊稅收協定是1843年比利時與法國簽訂的互換稅收情報的協定。很明顯，這一協定屬於單項協定。兩年之後，比利時與荷蘭也簽訂了內容相似的稅收協定。20世紀20年代以來，具有現代意義的對所得和一般財產徵稅及防止

偷漏稅的綜合性稅收協定開始發展和推廣。從實踐看，中國與外國政府通過簽訂稅收協定開展稅收合作的歷史起始於改革開放。20世紀70年代末期改革開放后，大量的外資企業來華投資，由此帶來大量的國際重複徵稅及國際偷漏稅問題。這一問題促使中國政府必須通過簽訂稅收協定的方式與外國政府展開稅務合作。中國對外締結稅收協定的工作是從簽訂單項稅收協定開始的。1979年1月23日中國政府與法國政府簽訂了《中華人民共和國政府與法蘭西共和國政府關於互免航空運輸企業稅捐的協定》。最早簽訂的綜合性稅收協定則是1983年9月6日與日本政府簽訂的《中華人民共和國政府與日本國政府關於對所得避免重複徵稅和防止偷漏稅的協定》。為鼓勵更多外國企業來華投資及中國企業走出去參與國際經濟合作和競爭，中國政府與外國政府締結了大量的稅收協定。截至2015年12月，中國已對外正式簽署了101個避免雙重徵稅協定，其中97個協定已生效。此外，與香港、澳門兩個特別行政區簽署了稅收安排，與臺灣地區簽署了稅收協議。

第二節　跨國所得徵稅規則

國家之間締結稅收協定的基本初衷是為消除國際重複徵稅以及防止國際偷漏稅。國際重複徵稅發生的兩個主要原因為：稅收管轄權概念內涵的擴大和不同類型稅收管轄權交叉重疊。對於稅收管轄權概念內涵擴大而發生的國際重複徵稅，OECD範本與聯合國範本對各國行使居民管轄權及地域管轄權的內涵界定都提出了規範性的指南，通過約束稅收管轄權內涵解決國際重複徵稅問題。對於稅收管轄權外延擴大而發生的國際重複徵稅，國際規範鼓勵通過抵免法予以解決。

一、居民管轄權內涵的確定規則

居住國政府居民管轄權的行使主要包括法人居民管轄權與自然人居民管轄權兩方面內容。

（一）法人居民管轄權的確定規則

國際上法人居民身分的確定標準如下：

1. 註冊地標準

註冊地標準也稱法律標準。按照居住國法律規定在居住國登記註冊的法人企業都屬於居住國的法人居民。

2. 管理和控製地標準

若對法人企業進行實質管理和控製的機構所在地在居住國，則該法人企業即為該居住國的稅收居民，而不論其註冊地是否在該居住國。

3. 總機構所在地標準

法人總機構設在某居住國，則法人企業即為該居住國的稅收居民。總機構與管

理控制機構的差異在於：總機構標準側重於考察法人組織結構的法律形式，而管理控制標準關注法人權力中心的實際所在地。

4. 選舉權控制標準

法人企業的選舉權和控制權由居住國的居民控制，則法人企業即為該居住國的稅收居民。對法人居民身分的確定採用選舉權控制標準的國家很少。澳大利亞在確定法人企業的居民身分時同時採用了管理和控制地標準及選舉權控制標準。

根據《中華人民共和國企業所得稅法》及其實施條例的相關規定，中國居民企業是指在中國境內成立，或者依照外國（地區）法律成立但實際管理機構在中國的企業。由此可知，中國對法人居民身分的界定同時採用了註冊地標準和實際管理機構標準，滿足其中之一即為中國的法人居民。2009年國家稅務總局頒布實施了《關於境外註冊中資控股企業依據實際管理機構標準認定為居民企業有關問題的通知》。該文件對實際管理機構標準進行了較為詳細的闡釋與說明。

現實生活中由於各國對法人居民身分界定採用的標準不同，很容易導致稅收居民管轄權內涵的擴大，跨國法人很可能會被兩個或兩個以上國家同時認定為居民企業。OECD範本和聯合國範本明確規定：當各國對因法人居民身分確定規則存在不同而導致出現雙重居民身分時，應當認定該公司為實際管理機構所在國居民。由此可知，在出現雙重稅收居民身分時，國際慣例將實際管理機構標準置於支配地位。中國在處理這一問題時也遵循了OECD範本和聯合國範本的相應規範。

（二）自然人居民管轄權的確定規則

國際上對自然人居民身分的判定主要採取以下標準：

1. 住所標準

住所是民法概念，是指一個人固定的或永久性的居住地。住所不同於居所，住所反映的是一個人長期居住意願。若某自然人在某國有定居或習慣性居住的事實或意願，則該自然人即為該國的稅收居民。

2. 居所標準

居所不反映某自然人的長期居住意願，它是指一個人居住了較長時間但不準備永久居住的居住地。

3. 停留時間標準

當某自然人在一國不擁有住所和居所但在該國居住的時間較長時，也會被認定為該國居民。具體時間的長短則由各國的國內法規定，通常為183天或一年。

當多國對跨國納稅人居民身分界定都採取多個標準時，就很可能導致自然人居民管轄權內涵的擴大，某一跨國自然人會同時被兩個或兩個以上國家認定為本國的居民納稅人。這一情況出現時，國際上通常採用加比規則來判定某一跨國自然人居民身分的實質歸屬國。加比規則就是對上述界定跨國自然人居民身分的具體標準進行排序，順序靠前的標準會被優先使用。具體排序見圖6-1。

```
┌─────────────────┐
│   永久性住所    │
└─────────────────┘
┌─────────────────────────────────────────┐
│ 永久性住所包括任何形式的住所，例如由個人租用的住宅或公寓、│
│ 租用的房間等。但該住所必須具有永久性，即個人已安排長期居│
│ 住，而不是爲了某些原因（如旅游、商務考察等）臨時逗留    │
└─────────────────────────────────────────┘
              ↓
┌─────────────────┐
│   重要利益中心  │
└─────────────────┘
┌─────────────────────────────────────────┐
│ 重要利益中心要參考個人家庭和社會關系、職業、政治、文化和│
│ 其他活動、營業地點、管理財産所在地等因素綜合評判。其中特│
│ 别重要的是個人的行爲，即個人一直居住、工作并且擁有家庭和│
│ 財産的國家通常爲其重要利益中心之所在                  │
└─────────────────────────────────────────┘
              ↓
┌─────────────────┐
│   習慣性居處    │
└─────────────────┘
┌─────────────────────────────────────────┐
│ 在出現以下情況之一時，應採用習慣性居處的標準來判定個人居│
│ 民身份的歸屬：一是個人在締約國雙方均有永久性住所且無法確│
│ 定重要經濟利益中心所在國；二是個人的永久性住所不在締約國│
│ 任何一方，比如該個人不斷地穿梭於締約國一方和另一方旅館之│
│ 間。第一種情況下對習慣性居處的判定，要注意其在雙方永久性│
│ 住所地停留時間，同時還應考慮其在同一個國家不同地點停留的│
│ 時間；第二種情況下對習慣性居處的判定，要將此人在一個國家│
│ 所有的停留時間加總考慮，而不問其停留的原因            │
└─────────────────────────────────────────┘
              ↓
┌─────────────────┐
│     國籍        │
└─────────────────┘
┌─────────────────────────────────────────┐
│ 如果該個人在締約國雙方都有或都沒有習慣性居處，應以該人的國│
│ 籍作爲判定居民身份的標準。當採用上述標準依次判斷仍然無法確│
│ 定其身份時，可由締約國雙方主管當局按照協定第二十四條規定的│
│ 程序，通過相互協商解決                                │
└─────────────────────────────────────────┘
```

圖 6-1

二、地域管轄權內涵的確定規則

非居住國政府對跨國納稅人的跨國所得徵稅的前提是對該項所得具有地域管轄權，即該項所得的來源地爲該非居住國。不同類型跨國所得的來源地界定標準差異

很大，因此下文對地域管轄權內涵的界定按照跨國所得類型分別進行。

（一）營業所得徵稅規則

跨國營業所得是跨國所得中較為常見的一種類型。從國際慣例看，常設機構的存在是非居住國政府對跨國營業所得徵稅的前提。OECD 範本和聯合國範本都主張以常設機構為標準來確定締約國一方是否有權對締約國另一方企業來自於本國的營業所得徵稅。

1. 常設機構類型

從一般意義看，常設機構是不具有法人地位的營業場所。常設機構一般包括以下幾種類型：

（1）固定場所類常設機構

固定場所類常設機構應具備以下特點：

一是該營業場所是實質存在的。但應注意，這類場所沒有規模或範圍上的限制（如機器、倉庫、攤位等也可能構成常設機構）；且不論是企業自有的還是租用的；也不管房屋、場地、設施或設備是否有一部分被用於其他活動。一個場所可能僅占用市場一角，或是長期租用的倉庫的一部分（用於存放應稅商品），或設在另一企業內部等；只要有一定可支配的空間，即可視為具有營業場所。

二是該營業場所是相對固定的，且在時間上具有一定的持久性。營業活動暫時的間斷或停頓不影響場所時間上的持久性。如果某一營業場所是基於短期使用目的而設立，但實際存在時間卻超出了臨時性的範圍，則可構成固定場所並可追溯性地構成常設機構。反之，一個以持久性為目的的營業場所如果發生特殊情況，例如投資失敗提前清算，即使實際只存在了很短時間，同樣可以判定自其設立起就構成常設機構。

三是全部或部分營業活動是通過該營業場所進行。「營業」一語的實際含義不僅僅包括生產經營活動，還包括非營利機構從事的業務活動，但為該機構進行準備性或輔助性的活動除外。通過該營業場所進行活動應作廣義理解，包括企業在其可支配的地點從事活動的任何情形。

（2）工程型常設機構

跨國納稅人在締約國另一方從事工程作業時間超過一定時限，即可認為在非居住國構成常設機構。按照國稅發〔2010〕75號文的規定，對於締約國一方企業在締約對方的建築工地、建築、裝配或安裝工程，或者與其有關的監督管理活動，僅在此類工地、工程或活動持續時間為六個月以上的，構成常設機構。未達到該規定時間的則不構成常設機構。確定承包工程作業活動的起止日期，可按其所簽訂的合同從實施合同（包括一切準備活動）開始之日起，至作業（包括試運行作業）全部結束交付使用之日止進行計算。凡上述活動時間持續六個月以上的（不含六個月，跨年度的應連續計算），應視該企業在承包工程作業所在國構成常設機構。

（3）勞務型常設機構

從國際慣例看，相對於 OECD（2010）範本，聯合國範本所列舉的勞務型常設

機構的範圍更廣。中國目前締結的稅收協定更多地採用了聯合國範本的相關規定，以符合中國引進較多勞務與技術的基本國情。按照國稅發〔2010〕75號文的規定，締約國一方企業派其雇員或其雇傭的其他人員到締約對方提供勞務，僅以任何12個月內這些人員為從事勞務活動在對方停留連續或累計超過183天的，構成常設機構。該項規定針對的是締約國一方企業派其雇員到締約國另一方從事勞務活動的行為。

近年來中國與部分國家簽署的雙邊稅收協定進入修訂期，關於諮詢等勞務構成常設機構的時間標準由6個月修訂為183天。時間的具體計算以外國企業派員為實施服務項目第一次抵達中國之日起至完成並交付服務項目日期止，這一期間所包含的天數為相關人員在中國的停留天數。

(4) 代理型常設機構

代理人一般可分為獨立代理人和非獨立代理人。獨立代理人為專門從事代理業務的機構。獨立代理人不僅為某一個企業代理業務，也為其他企業提供代理業務。經紀人、中間商等一般佣金代理人屬於獨立代理人。非獨立代理人的代理業務自由度很小，一般只為特定企業提供代理服務。非獨立代理人為非居民企業提供代理服務時，其很可能會被認定為非居民企業在非居住國的常設機構。

2. 營業所得核算原則

在常設機構確定的前提下，非居住國如何核算及確定歸屬於常設機構的營業所得是對非居住國政府對常設機構徵稅必須解決的另一個重要問題。從中國目前簽訂雙邊稅收協定的具體規定看，跨國營業所得核算原則主要包括：

(1) 利潤歸屬原則

利潤歸屬原則是指締約國一方企業通過設在締約國另一方的常設機構進行營業，其利潤可以在該締約國另一方徵稅，但應僅以歸屬於該常設機構的利潤為限。

(2) 獨立企業原則

常設機構雖然不是獨立的法人，其經營行為受控於國外總機構，利潤分配也由總機構決定，但是為了便於非居住國行使地域管轄權，一般都要求將常設機構視為獨立的納稅實體。常設機構應將取得的所有利潤進行歸並，獨立地計算盈虧，按照非居住國獨立企業適用的計稅依據、稅率等法律規定計算繳納稅款。

(3) 有限扣除原則

對於常設機構為取得收入和利潤而發生的費用支出，包括行政管理費用，都可以在稅前扣除，而不考慮這些費用在何處發生。但對於總分機構之間支付的特許權使用費、利息以及為企業進行管理勞務所收取的佣金等不允許扣除。

(二) 投資所得

1. 股息所得

股息是指投資者因權益性投資從被投資方取得的收入。出於反避稅考慮，實務中相關法律條文對股息的界定較為全面、嚴謹。國稅發〔2010〕75號文中稱：「股息即為公司所作的利潤分配。股息支付不僅包括每年股東會議所決定的利潤分配，

也包括其他貨幣或具有貨幣價值的收益分配,如紅股、紅利、清算收入以及變相利潤分配。」

股息所得來源地的確定較為明確。國內法與相關稅收協定對股息來源地的界定是基本一致的。《中華人民共和國企業所得稅法實施條例》第七條第四款規定:「股息、紅利等權益性投資所得來源地,按照分配所得的企業所在地確定。」《中華人民共和國政府和新加坡共和國政府關於對所得避免雙重徵稅和防止偷漏稅的協定》第十條第二款規定:「股息可以在支付股息的公司是其居民的締約國,按照該締約國法律徵稅。」這一規定實施上界定了股息的來源地為支付股息公司的居民身分所在國,而不是股息支付地點所在國。應該注意,在居住國公司境外上市的情況下,股息支付地點所在國與支付股息公司居民身分所在國往往並不一致。

2. 利息所得

利息是指從各種債權取得的所得,不論其有無抵押擔保或是否有權分享債務人利潤。《中華人民共和國企業所得稅法實施條例》第七條規定:「利息收入是指企業將資金提供他人使用但不構成權益性投資,或者因他人占用本企業資金取得的收入,包括存款利息、貸款利息、債券利息、欠款利息等收入。」由於延期支付的罰款,不應視為利息。

國內法與相關稅收協定對利息來源地的界定也是基本一致的。《中華人民共和國企業所得稅法實施條例》第七條第五款規定:「利息所得、租金所得、特許權使用費所得,按照負擔、支付所得的企業或者機構、場所所在地確定,或者按照負擔、支付所得的個人的住所地確定。」《中華人民共和國政府和新加坡共和國政府關於對所得避免雙重徵稅和防止偷漏稅的協定》第十一條第二款規定:「利息可以在該利息發生的締約國,按照該締約國法律徵稅。」這一規定也明確了跨國利息的來源地為支付利息公司的居民身分所在國,而非利息支付地點所在國。

3. 特許權使用費

相對於國內法規定,雙邊稅收協定對特許權使用費的界定更為具體和全面。《中華人民共和國企業所得稅法實施條例》第二十條稱:「特許權使用費是指企業提供專利權、非專利技術、商標權、著作權以及其他特許權的使用權取得的收入。」《中華人民共和國政府和新加坡共和國政府關於對所得避免雙重徵稅和防止偷漏稅的協定》第十二條第三款規定:「特許權使用費是指使用或有權使用文學、藝術或科學著作,包括電影影片、無線電或電視廣播使用的膠片、磁帶的版權,任何計算機軟件、專利、商標、設計或模型、圖紙,秘密配方或秘密程序所支付的作為報酬的各種款項;也包括使用或有權使用工業、商業、科學設備或有關工業、商業、科學經驗的情報所支付的作為報酬的各種款項。」應特別注意,工商業設備跨國使用所支付的租金適用稅收協定中的特許權使用費條款。

OECD範本與聯合國範本對特許權使用費來源地的界定有所不同。聯合國範本承認特許權使用費支付方所在國對此項所得的地域管轄權,而OECD範本只承認特

許權使用費獲取方所在國居民管轄權的獨占權。中國國內法和所簽雙邊稅收協定堅持了特許權使用費支付方所在國的地域管轄權。《中華人民共和國企業所得稅法實施條例》第七條第五款規定：「利息所得、租金所得、特許權使用費所得，按照負擔、支付所得的企業或者機構、場所所在地確定，或者按照負擔、支付所得的個人的住所地確定。」《中華人民共和國政府和新加坡共和國政府關於對所得避免雙重徵稅和防止偷漏稅的協定》第十二條第五款規定：「如果支付特許權使用費的人是締約國一方居民，應認為該特許權使用費發生在該締約國。」這一規定界定了特許權使用費的來源地為支付特許權使用費公司的居民身分所在國。

(三) 財產所得

1. 不動產所得

不動產所得是指在不動產所有權不轉移的情況下，使用不動產所獲得的收益，包括直接使用、出租或者以任何其他形式使用該不動產取得的所得。很明顯，對於出租不動產取得的跨國租金，應適用不動產所得條款。相應地，出租設備而取得的跨國租金所得，應適用稅收協定中的特許權使用費條款。對於轉讓不動產取得的跨國所得則適用稅收協定中的財產收益條款。

國際規範對跨國不動產所得來源地的界定較為明確。OECD 範本和聯合國範本都規定以不動產坐落地為不動產的來源地，即不動產坐落地所在國可以行使地域管轄權對跨國不動產所得徵稅。中國簽訂的雙邊稅收協定也遵循了這一規範。

2. 財產收益

財產收益一般是指財產法律權屬關係發生變更產生的收益，包括出售或交換財產產生的收益，也包括部分轉讓、徵用、出售權利等產生的收益。從雙邊稅收協定財產收益所涵蓋的範圍看，其主要包括轉讓各類動產、不動產和權利產生的收益或所得。

從目前的國際規範及中國簽訂的雙邊稅收協定看，各項財產收益來源地的確定如下：

(1) 轉讓不動產取得的收益應由不動產所在國徵稅；

(2) 針對企業常設機構用於營業的財產中的動產，轉讓這類財產所取得的收益可以在常設機構所在國徵稅，即常設機構所在國可以行使地域管轄權徵稅。

(3) 轉讓從事國際運輸的船舶和飛機，或轉讓附屬於經營上述船舶和飛機的動產取得的收益，應僅在經營上述船舶和飛機的企業為其居民的國家徵稅。

(4) 轉讓股權收益的來源地界定較為複雜，需分直接轉讓與間接轉讓討論。

按照《中華人民共和國政府和新加坡共和國政府關於對所得避免雙重徵稅和防止偷漏稅的協定》第十三條第四款及第五款的相關規定，非居民企業（新加坡企業）直接轉讓中國公司股權包括轉讓不動產公司股權與轉讓其他類型公司股權兩種情形。

轉讓不動產公司股權情形：

締約國一方居民轉讓股份取得的收益，如果股份價值的百分之五十以上直接或間接由位於締約國另一方的不動產構成，可以在締約國另一方徵稅，即可由非居住

國對此項轉讓收益徵稅（協定第四款）。若新加坡公司所轉讓公司財產價值的 50% 以上由位於中國的不動產構成，則中國政府可以行使地域管轄權對該項收益徵稅。

轉讓其他公司股權情形：

除第四款外，締約國一方居民轉讓其在締約國另一方居民公司或其他法人資本中的股份、參股或其他權利取得的收益，如果該收益人在轉讓行為前的 12 個月內，曾經直接或間接參與該公司或其他法人至少 25% 的資本，可以在該締約國另一方徵稅（協定第五款）。若新加坡公司持有中國公司股份在 25% 以上，則中國政府可以對該項股份轉讓收益行使地域管轄權徵稅。

間接轉讓是指在中間層控股公司控製非居住國目標公司的情況下，非居民企業通過轉讓設在第三國的中間層控股公司的股權而達到實質轉讓非居住國目標公司股權的行為。中間層控股公司也可能是多個公司。目前的雙邊稅收協定對這一轉讓行為的收益來源地沒有進行明確界定。從中國稅務實踐看，稅務機關很可能依據國稅函〔2009〕698 號文及國家稅務總局 2015 年 7 號公告等規定對設在第三國的中間層控股公司是否具有合理商業目的進行考察，當確定不具有合理商業目的時，中間層控股公司很可能被「穿透」，即在稅法上否定中間層控股公司的存在而將股權轉讓收益的來源地界定為中國，從而中國政府對該項所得可以行使地域管轄權徵稅。

（四）跨國勞務所得

國際稅收中的跨國勞務所得條款主要針對的是自然人從事跨國勞務活動取得的所得。跨國勞務所得來源地的界定分為獨立個人勞務及非獨立個人勞務兩種情形進行。

1. 獨立個人勞務

獨立個人勞務是指以獨立個人身分從事的科學、文學、藝術、教育或教學活動以及醫師、律師、工程師、建築師或牙醫師和會計師等人員提供的專業性勞務。獨立個人勞務最明顯的特徵就是提供者為自由職業者，其提供勞務不受相應雇主的支配。

從國際慣例看，OECD 範本不主張對跨國獨立個人勞務所得徵稅，對相應的獨立個人勞務所得按照跨國營業所得條款處理。聯合國範本規定，對跨國個人勞務所得由居住國政府徵稅，但出現以下三種情形之一時，非居住國也可以行使地域管轄權徵稅：一是該個人在非居住國設有經常使用的固定基地；二是在非居住國停留累計等於或超過 183 天；三是該個人取得收入由非居住國居民支付或負擔，且收入超過一定金額。中國與相關國家簽訂的稅收協定堅持了跨國獨立個人勞務所得的地域管轄權，基本遵照了聯合國範本指南，但沒有採用聯合國範本關於獨立個人勞務地域管轄權界定的第三種情形。

《中華人民共和國政府和新加坡共和國政府關於對所得避免雙重徵稅和防止偷漏稅的協定》第十四條第一款規定：締約國一方居民個人由於專業性勞務或者其他獨立性活動取得的所得，應僅在該締約國徵稅，除非該居民個人在締約國另一方為從事上述活動的目的設有經常使用的固定基地。在這種情況下，該締約國另一方可以僅對屬於該固定基地的所得徵稅，或該居民個人在任何 12 個月中在締約國另一方

停留連續或累計達到或超過 183 天。在這種情況下，該締約國另一方可以僅對在該締約國進行活動取得的所得徵稅。上述規定所涉及的固定基地的判定標準可參照營業利潤來源地判定的常設機構標準。

2. 非獨立個人勞務

非獨立個人勞務所得是指有固定雇主的雇員從事勞務取得的所得，也稱為「受雇所得」。OECD 範本和聯合國範本都承認非居住國對跨國非獨立個人勞務徵稅的地域管轄權。但地域管轄權行駛也存在一種例外情形，即同時滿足以下三個條件時，跨國非獨立個人勞務所得由居住國政府徵稅：

（1）收款人在有關會計年度開始或結束的任何 12 個月中在該締約國另一方停留連續或累計不超過 183 天；

（2）該項報酬由並非該締約國另一方居民的雇主或代表該雇主支付；

（3）該項報酬不由雇主設在該締約國另一方的常設機構負擔。

換言之，上述三個條件任何一條不能滿足，則跨國非獨立個人勞務所得（報酬）可由非居住國行使地域管轄權徵稅。

（五）董事費

國際慣例將董事費所得徵稅權賦予了董事所在公司為其居民的國家，即董事所在公司居民身分所在國可以行使地域管轄權對董事費所得徵稅。

（六）藝術家和運動員

國際慣例將藝術家和運動員所得視為個人勞務所得例外，對該項所得的徵稅權賦予了活動發生地的非居住國，而不論該藝術家或運動員在非居住國的停留時間，即非居住國政府可以地域管轄權對藝術家和運動員所得徵稅。

（七）退休金

國際慣例規定，對於退休金所得，取得退休金個人的居住國對該項所得擁有獨占權，而不考慮取得退休金個人以前的工作地點。若某國不是取得退休金個人的居民身分所在國，則該國不能行使地域管轄權徵稅。

（八）為政府服務的報酬

對於政府部門支付給向其提供服務的個人的報酬，國際慣例規定支付國對該項所得享有獨占權。這一報酬範圍包括除退休金以外的薪金、工資和其他類似報酬，包括因向締約國一方政府或法定機構提供服務而取得的各種實物收益，如公寓、交通工具、健康與人壽保險、俱樂部會員資格等。

（九）學生和實習人員

學生和企業學徒由於接受教育、培訓或獲取技術經驗目的而暫時居住在締約國另一方，對其為了生活、學習所取得的來源於締約國另一方以外的所得，該締約國另一方應予免稅。即非居住國對來自於居住國的學生和實習人員取得來自於境外所得不能行使地域管轄權徵稅。

（十）教師和研究人員

中國政府對外簽署的一些雙邊稅收協定或安排，列有專門的教師和研究人員條

款。按照該條款規定,來自締約對方的教師和研究人員符合條件的,可以在中國享受規定期限內的免稅待遇。即中國政府對來自締約對方的教師和研究人員受聘中國境內機構取得的所得,不應行使地域管轄權徵稅。

第三節 外延擴大國際重複徵稅的消除方法

外延擴大的重複徵稅是指不同類型稅收管轄權發生交叉重疊而產生的國際重複徵稅,最常見的是居民稅收管轄權與地域管轄權重疊形成的國際重複徵稅。從國際慣例看,消除外延擴大國際重複徵稅的方法主要有扣除法、免稅法、減免法及抵免法(各種方法的具體含義參見表6-2)。

表6-2　　　　　　消除外延擴大國際重複徵稅方法簡介

方法	概念界定	解釋
扣除法	是指居住國政府對本國居民納稅人來自於境外所得徵稅時,允許其境外所得負擔的外國稅款作為費用從全球稅前所得總額中扣除,就其餘額向居住國政府繳稅	事實上,在居住國實行比例稅率的情況下,扣除法所消除的重複徵稅僅限於境外所得負擔稅款與居住國稅率乘積部分,消除國際重複徵稅的力度較小
免稅法	是指居住國政府對本國居民納稅人來自於境外的所得實行部分免稅或全額免稅。免稅法可以分為全額免稅法和累進免稅法	從各國稅務實踐看,免稅法的實施都有較為嚴格的條件限制,且在累進免稅法下,境外所得會拉高境內所得的適用稅率,因此免稅法並不意味著居住國政府完全放棄了自身的居民管轄權
減免法	是指居住國政府對本國居民納稅人來自於境外的所得實行較低稅率,而對境內所得按照正常稅率徵稅	減免法只是部分降低了國外所得的稅收負擔,並沒有消除國際重複徵稅。目前很少有國家採用減免法以消除國際重複徵稅
抵免法*	是指居住國政府對本國居民納稅人來自於境外所得徵稅時,允許其境外所得所負擔的外國稅款從其全球所得應繳居住國稅款中扣除。但這一扣除最高不能超過境外稅前所得按照居住國稅法規定計算的抵免限額	抵免法意味著居住國在承認非居住國優先行使地域管轄權的情況下並不放棄其居民管轄權。抵免法可分為直接抵免和間接抵免。直接抵免主要適用於跨國總分公司及預提所得稅徵收情形,間接抵免主要適用於跨國母子公司徵收情形(孫公司及以下也可以納入間接抵免範圍,但按照中國現行規定,包括子公司在內不能超過三層)。由於抵免法很好地協調了居住國與非居住國間的稅收權益,抵免法也成為OECD範本和聯合國範本推薦的消除外延擴大重複徵稅的主要方法

註:*稅收饒讓抵免是一種特殊的抵免方法。它是指居住國政府對本國居民納稅人來自於境外所得徵稅時,將其在境外享受的所得稅優惠視同已納稅款允許從該納稅人全球所得應納稅款中扣除。但應該注意,即使在稅收饒讓的情況下,這一扣除最高也不能超過抵免限額。稅收饒讓抵免是保證非居住國給予跨國納稅人的優惠能夠被跨國納稅人切實享受的必要措施。若居住國不給予非居住國稅收饒讓待遇,則非居住國給予跨國納稅人的稅收優惠將被居住國政府補徵。

遵循 OECD 範本和聯合國範本指南，中國目前主要採用抵免法以消除外延擴大的國際重複徵稅問題。《關於企業境外所得稅收抵免有關問題的通知》（財稅〔2009〕125 號）是中國新企業所得稅法實施后頒布的解決外延擴大國際重複徵稅的基本文件。抵免法的具體計算思路如圖 6-2：

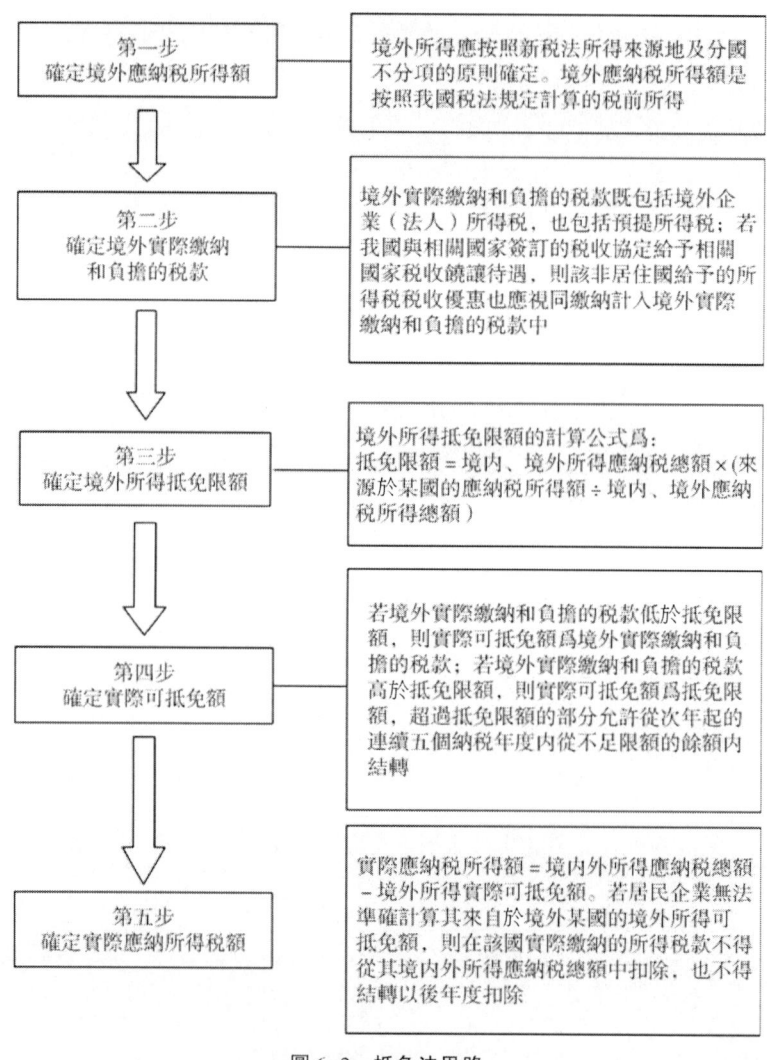

第一步 確定境外應納稅所得額：境外所得應按照新稅法所得來源地及分國不分項的原則確定。境外應納稅所得額是按照我國稅法規定計算的稅前所得

第二步 確定境外實際繳納和負擔的稅款：境外實際繳納和負擔的稅款既包括境外企業（法人）所得稅，也包括預提所得稅；若我國與相關國家簽訂的稅收協定給予相關國家稅收饒讓待遇，則該非居住國給予的所得稅稅收優惠也應視同繳納計入境外實際繳納和負擔的稅款中

第三步 確定境外所得抵免限額：境外所得抵免限額的計算公式爲：
抵免限額＝境內、境外所得應納稅總額×(來源於某國的應納稅所得額÷境內、境外應納稅所得總額)

第四步 確定實際可抵免額：若境外實際繳納和負擔的稅款低於抵免限額，則實際可抵免額爲境外實際繳納和負擔的稅款；若境外實際繳納和負擔的稅款高於抵免限額，則實際可抵免額爲抵免限額，超過抵免限額的部分允許從次年起的連續五個納稅年度內從不足限額的餘額內結轉

第五步 確定實際應納所得稅額：實際應納稅所得額＝境內外所得應納稅總額－境外所得實際可抵免額。若居民企業無法準確計算其來自於境外某國的境外所得可抵免額，則在該國實際繳納的所得稅款不得從其境內外所得應納稅總額中扣除，也不得結轉以後年度扣除

圖 6-2　抵免法思路

第四節　國際避稅與反避稅

隨著國際資本、技術及勞動力流動的日益頻繁、跨國公司交易方式日益多樣、企業集團股權架構安排日益複雜，對跨國公司的避稅活動進行反避稅的難度越來越大，對國際避稅活動進行有效監控、防止雙重或多重不徵稅越來越成為國際稅收領域研究的重點內容。下文結合國際避稅主要方式分析相關國際反避稅措施。

一、轉讓定價（Transfer Pricing）

（一）轉讓定價概念

在國際稅收中，轉讓定價是指跨國公司集團內部各企業間進行交易活動時所制定的內部交易價格。轉讓定價本身是一個中性詞，它並不意味著跨國公司集團內部所進行的轉讓定價一定是出於逃稅或避稅目的。轉讓定價是隨著社會化大生產的發展，公司組織形式和結構發生變化應運而生的一種內部管理手段，反映了公司集團內部分工與合作的必然要求。客觀上，跨國公司集團內部企業間所進行的轉讓定價會產生費用與收入在國別間的分配問題。若這一問題的產生是跨國公司出於避稅動機將相關費用與收入在不同國家間做出的人為安排，並且這種人為安排會導致集團整體稅負明顯下降，則此情形下的轉讓定價就會損害到相關國家的稅收權益而成為國際稅收反避稅的研究重點。轉讓定價避稅的基本思路見圖6-3：

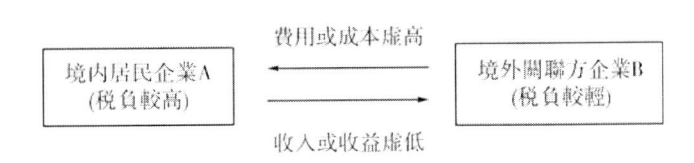

圖6-3　轉讓定價避稅的基本思路

（二）關聯方關係認定

關聯方關係的認定是稅務機關對跨國公司進行轉讓定價調整的基礎。根據《特別納稅調整實施辦法（試行）的通知》（國稅發〔2009〕2號）的規定，關聯關係主要指企業與其他企業、組織或個人具有下列關係之一者：

（1）一方直接或間接持有另一方的股份總和達到25%以上，或者雙方直接或間接同為第三方所持有的股份達到25%以上。若一方通過中間方對另一方間接持有股份，只要一方對中間方持股比例達到25%以上，則一方對另一方的持股比例按照中間方對另一方的持股比例計算。

（2）一方與另一方（獨立金融機構除外）之間借貸資金占一方實收資本50%以上，或者一方借貸資金總額的10%以上是由另一方（獨立金融機構除外）擔保。

(3) 一方半數以上的高級管理人員（包括董事會成員和經理）或至少一名可以控製董事會的董事會高級成員是由另一方委派，或者雙方半數以上的高級管理人員（包括董事會成員和經理）或至少一名可以控製董事會的董事會高級成員同為第三方委派。

(4) 一方半數以上的高級管理人員（包括董事會成員和經理）同時擔任另一方的高級管理人員（包括董事會成員和經理），或者一方至少一名可以控製董事會的董事會高級成員同時擔任另一方的董事會高級成員。

(5) 一方的生產經營活動必須由另一方提供的工業產權、專有技術等特許權才能正常進行。

(6) 一方的購買或銷售活動主要由另一方控製。

(7) 一方接受或提供勞務主要由另一方控製。

(8) 一方對另一方的生產經營、交易具有實質控製，或者雙方在利益上具有相關聯的其他關係，包括雖未達到本條第一項持股比例，但一方與另一方的主要持股方享受基本相同的經濟利益，以及家族、親屬關係等。

對上述關聯關係的概況見圖6-4：

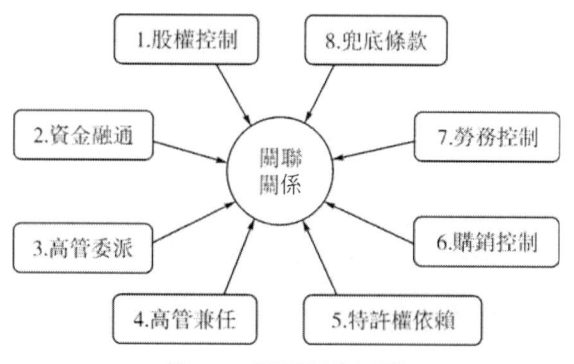

圖6-4　關聯關係概況圖

(三) 同期資料管理

同期資料也稱同期文檔或同期證明文件，是指企業與其關聯方企業交易中發生的有關價格、費用的制定標準、計算方法及說明的資料。同期是指關聯交易的發生和關聯交易資料的準備的同期，及關聯交易資料保存與關聯交易時間一致，必須在一個納稅年度內記錄該年度的關聯交易定價方法，不能在若干年後再返回記錄若干年前的關聯交易。同期資料準備是指企業採用恰當的方法將實際發生關聯交易的轉讓定價情形以書面的形式記錄並加以存檔。

國稅發〔2009〕2號文規定，屬於下列情形之一的企業，可免於準備同期資料：

(1) 年度發生的關聯購銷金額（來料加工業務按年度進出口報關價格計算）在2億元人民幣以下且其他關聯交易金額（關聯融通資金按利息收付金額計算）在4,000萬元人民幣以下，上述金額不包括企業在年度內執行成本分攤協議或預約定

價安排所涉及的關聯交易金額；
  (2) 關聯交易屬於執行預約定價安排所涉及的範圍；
  (3) 外資股份低於50%且僅與境內關聯方發生關聯交易。
同期資料內容包括：
  (1) 組織結構；
  (2) 生產經營情況；
  (3) 關聯交易情況；
  (4) 可比性分析；
  (5) 轉讓定價方法的選擇和使用。
（四）轉讓定價調整方法

當稅務機關認為納稅人的轉讓定價不符合獨立交易原則而形成避稅後果時，有權按照合理的轉讓定價調整方法對納稅人進行特別納稅調整。獨立交易原則（Arm's Length Principle）是選擇轉讓定價調整方法的基本原則。具體轉讓定價調整方法的含義及適用情況見表6-3。

表6-3　　　　　　　　　　　轉讓定價調整方法簡介

方法	含義	適用範圍
可比非受控價格法	是指以非關聯方之間進行的與關聯交易相同或類似業務活動所收取的價格作為關聯交易的公平成交價格。這裡的公平成交價格既可以是內部市場價格，也可以是外部市場價格。內部市場價格是關聯企業同期既有與關聯方的同類交易，也有與非關聯方的同類交易，與非關聯方的同類交易價格即為內部市場價格；外部市場價格是關聯企業同期只與關聯方發生交易的情況下，外部獨立企業之間發生同類交易形成的價格為外部市場價格	可比非受控價格法原則上適用於所有類型的關聯交易。在可比性分析可以滿足的情況下，該方法是關聯交易調整方法中最理想的方法。但該方法對可比性要求較高，稅務實踐中受可比性分析限制，該方法不太適用於售價較多依賴生產者品牌價值的產品定價
再銷售價格法	是指以關聯方購進商品再銷售給非關聯方的價格減去可比非關聯交易毛利後的金額作為關聯方購進商品的公平成交價格。計算公式為：公平成交價格＝再銷售給非關聯方的價格×（1－可比非關聯交易毛利率），其中可比非關聯交易毛利率＝可比非關聯毛利÷可比非關聯交易收入淨額×100%	再銷售價格法通常適用於再銷售者未對商品進行改變外形、性能、結構或更換商標等實質性增值加工的簡單加工或單純購銷業務，如關聯交易中購進一方為分銷商的情形。該方法對交易產品的可比性分析相對較低，但在交易各方功能和風險可比分析方面要求較高

表6-3(續)

方法	含義	適用範圍
成本加成法	是指以關聯交易發生的合理成本加上可比非關聯交易毛利作為關聯交易的公平成交價格。公平成交價格＝關聯交易的合理成本×(1＋可比非關聯交易成本加成率)，其中，可比非關聯交易成本加成率＝可比非關聯交易毛利÷可比非關聯交易成本×100%	成本加成法通常適用於有形資產的購銷、轉讓和使用，勞務提供或資金融通的關聯交易。該方法非常適合關聯賣方出售半成品而關聯買方購入半成品後再進行加工、出售的情形
交易淨利潤法	是指以可比非關聯交易的利潤率指標確定關聯交易的淨利潤。利潤率指標包括資產收益率、銷售利潤率、完全成本加成率、貝里比率等。確定可比企業利潤率區間時可採用四分位法。國稅發〔2009〕2號文規定採用四分位法時下限不能低於中位值	交易淨利潤法通常適用於有形資產的購銷、轉讓和使用，無形資產的轉讓和使用以及勞務提供等關聯交易。交易淨利潤法不同於再銷售價格法及成本加成法考察毛利水平，該方法更關注關聯交易實現的淨利是否合理，因此其更能承受關聯企業與可比企業功能上的差異，也較少受到會計處理方法不同的影響
利潤分割法	是指根據企業與其關聯方對關聯交易合併利潤的貢獻計算各自應該分配的利潤額。利潤分割法分為一般利潤分割法和剩餘利潤分割法。前者根據關聯交易各參與方所執行的功能、承擔的風險以及使用的資產確定各自應取得的利潤。后者將關聯交易各參與方的合併利潤減去分配給各方的常規利潤后的餘額作為剩餘利潤，再根據各方對剩餘利潤的貢獻度進行分配	利潤分割法通常適用於各參與方關聯交易高度整合且難以單獨評估各方交易結果的情形

註：中國目前的轉讓定價法條並沒有規定稅務機關採用轉讓定價調整方法的具體順序。為充分貫徹獨立交易原則，稅務在進行轉讓定價調整時應根據納稅人受控交易的客觀事實及經濟環境選取最合適的調整方法。

(五) 預約定價安排 (Advance Pricing Arrangement)

預約定價是稅務機關對跨國納稅人轉讓定價行為進行管理的一種方法。不同於稅務機關對跨國納稅人關聯交易採用轉讓定價調整方法進行的事後調整，預約定價安排是指跨國納稅人與稅務機關預先就關聯交易的定價標準，如定價原則、定價方法、可比性、關鍵假設等進行事前溝通，就未來一段時間內（通常為3~5年）跨國公司集團內部關聯企業間轉讓定價事項事先達成的安排。由於稅務機關採用相應的轉讓定價調整方法對納稅人進行的事後調整不僅增加了納稅人的遵從成本，也會耗費稅務機關大量的人力物力。預約定價安排將稅務機關對納稅人的轉讓定價管理從事後調整變為事先安排，不僅有利於降低納稅人的遵從成本，降低納稅人對關聯交易稅務處理的不確定預期，也有利於稅務機關節約徵管成本，提高跨國稅源監管水

平，減少稅務機關與納稅人的稅務爭議。

預約定價安排可分為單邊預約定價安排與雙（多）邊預約定價安排。單邊預約定價安排是指跨國納稅人與一國稅務機關預先就關聯交易事項達成的安排。由於單邊預約定價安排中只涉及一國稅務機關，但相關跨國關聯交易事項若不能得到關聯方對方所在國家稅務機關的認可，則由於轉讓定價調整產生的國際重複徵稅問題依然無法得到有效解決。雙（多）邊預約定價安排是指跨國納稅人關聯交易雙方與兩個（兩個以上）國家稅務機關預先就跨國關聯交易事項達成的安排。由於雙（多）邊預約定價安排涉及關聯交易各方所在國家的稅務機關，相關轉讓定價事項可得到關聯交易各方所在稅務機關的認可，因此能夠有效解決國際重複徵稅問題。

中國自20世紀90年代末開始預約定價安排實踐。截至2014年12月31日，中國稅務機關已累計簽署70個單邊預約定價安排和43個多邊預約定價安排。2014年簽署了3個單邊預約定價安排和6個雙邊預約定價安排。製造業的預約定價安排仍是已簽署安排的主體，但安排所涉及的行業種類在逐步增加。預約定價安排談簽流程見圖6-5。

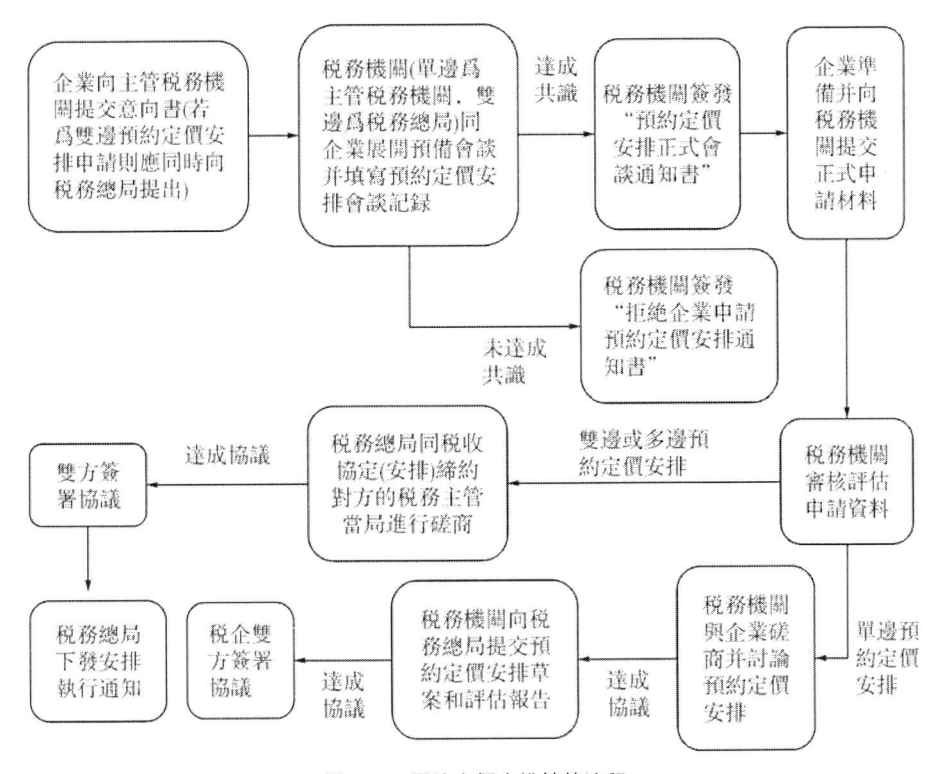

圖6-5 預約定價安排談簽流程

二、成本分攤協議（Cost Contribution Arrangements）

（一）成本分攤協議概念

成本分攤協議是指納稅人與其境外關聯方為共同開發、受讓無形資產，或者共同提供、接受勞務而簽署的有關成本分攤及收益共享方面的協議。成本分攤協議管理是指稅務機關按照相關法律規定，對企業與其關聯方簽署的成本分攤協議是否符合獨立交易原則進行審核評估和調查調整等工作的總稱。成本分攤協議原則包括：

（1）成本分攤協議的參與方對開發、受讓的無形資產或參與的勞務活動享有受益權，並承擔相應的活動成本。關聯方承擔的成本應與非關聯方在可比條件下為獲得上述受益權而支付的成本相一致。

（2）參與方使用成本分攤協議所開發或受讓的無形資產不需另支付特許權使用費。

（3）企業對成本分攤協議所涉及無形資產或勞務的受益權應有合理的、可計量的預期收益，且以合理商業假設和營業常規為基礎。

（二）成本分攤協議的反避稅處理

在成本分攤協議執行期間，參與方實際分享的收益與分攤的成本不相匹配的，應根據實際情況做出補償調整。

對符合獨立交易原則的成本分攤協議，應做如下稅務處理：

（1）企業按照協議分攤的成本，應在協議規定的各年度稅前扣除；

（2）涉及補償調整的，應在補償調整的年度計入應納稅所得額；

（3）涉及無形資產的成本分攤協議，加入支付、退出補償或終止協議時對協議成果分配的，應按資產購置或處置的有關規定處理。

企業與其關聯方簽署成本分攤協議，有下列情形之一的，其自行分攤的成本不得稅前扣除：

（1）不具有合理商業目的和經濟實質；

（2）不符合獨立交易原則；

（3）沒有遵循成本與收益配比原則；

（4）未按本辦法有關規定備案或準備、保存和提供有關成本分攤協議的同期資料；

（5）自簽署成本分攤協議之日起經營期限少於20年。

三、受控外國企業（Controlled Foreign Company）

（一）受控外國企業概念

受控外國企業是指由中國居民股東（包括中國居民企業股東和中國居民個人股東）控制的設立在實際稅負低於所得稅稅法規定稅率水平50%的國家（地區），並非出於合理經營需要對利潤不作分配或減少分配的外國企業。所稱「控製」是指在

股份、資金、經營、購銷等方面構成實質控制。其中的股份控制是指由中國居民股東在納稅年度任何一天單層直接或多層間接單一持有外國企業10%以上有表決權股份，且共同持有該外國企業50%以上股份。中國居民股東多層間接持有股份按各層持股比例相乘計算，中間層持有股份超過50%的，按100%計算。

(二) 受控外國企業反避稅處理

若由中國居民股東控制的設立在低稅負國家（地區）的外國企業，並非出於合理的經營需要而對利潤不作分配或減少分配的，則該外國企業實質上構成了中國居民股東逃避中國納稅義務的工具，其很可能被認定為中國的受控外國公司。按照中國現行規定（國稅發〔2009〕2號文第8章），若某外國公司被認定為中國稅法中的受控外國公司，則對其不是出於合理經營需要不作分配或減少分配的利潤中歸屬於中國居民企業的部分，應當計入該居民企業的當期收入照章納稅。相應地，該筆利潤所實際負擔的境外所得稅款也可以適用抵免法相關規定進行抵免。

計入中國居民企業股東當期的視同受控外國企業股息分配的所得，應按以下公式計算：

中國居民企業股東當期所得＝視同股息分配額×實際持股天數÷受控外國企業納稅年度天數×股東持股比例

中國居民股東多層間接持有股份的，股東持股比例按各層持股比例相乘計算。

若中國居民企業股東能夠提供資料證明其控制的外國企業滿足以下條件之一的，可免於將外國企業不作分配或減少分配的利潤視同股息分配額，計入中國居民企業股東的當期所得：

(1) 設立在國家稅務總局指定的非低稅率國家（地區）；
(2) 主要取得積極經營活動所得；
(3) 年度利潤總額低於500萬元人民幣。

為簡化判定中國居民股東控制的受控外國企業的實際稅負，國稅函〔2009〕37號通過「白名單」例舉方式對中國居民股東設立在相關國家的外國企業，免於對不作分配或減少分配的利潤視同利潤分配徵稅。這些國家包括：美國、英國、法國、德國、日本、義大利、加拿大、澳大利亞、印度、南非、新西蘭和挪威。

四、資本弱化（Thin Capitalization Rule）

(一) 資本弱化概念

資本弱化是指納稅人從境外（境內）低稅負國家（地區）關聯方融入大量資金，導致其債務資本比例過高而自有資本比例過低，從而通過大量的稅前利息扣除達到少繳所得稅的經濟現象。資本弱化管理則是指稅務機關按照所得稅法規定，對企業接受關聯方債權性投資與企業接受的權益性投資的比例是否符合規定比例或獨立交易原則進行審核評估和調查調整等工作的總稱。企業向關聯方支付的利息包括因直接或間接接受關聯債權投資而實際支付的利息、擔保費、抵押費和其他具有利

息性質的費用。

(二) 資本弱化反避稅處理

由於資本弱化超過一定的標準就會損害到利息支付方所在國的稅收權益，因此世界主要國家都制定有相關資本弱化反避稅處理措施。從中國實際情況看，《中華人民共和國企業所得稅法》第四十六條及《特別納稅調整實施辦法（實行）》（國稅發〔2009〕2號文）等都有相關的對資本弱化的反避稅規定。按照現行規定，企業向關聯方支付的超過規定標準利息的稅務處理如下：

（1）不得在計算應納稅所得額時進行稅前扣除；

（2）按照實際支付給各關聯方利息占關聯方利息總額的比例，在各關聯方之間進行分配，其中，分配給實際稅負高於企業的境內關聯方的利息準予扣除；

（3）直接或間接實際支付給境外關聯方的利息應視同分配的股息，按照股息和利息分別適用的所得稅稅率差補徵企業所得稅，如已扣繳的所得稅稅款多於按股息計算應徵所得稅稅款，多出的部分不予退稅。

五、一般反避稅（General Anti-avoidance Rule）

（一）一般避稅概念

一般避稅是指跨國納稅人採用除轉讓定價、成本分攤、受控外國公司及資本弱化以外的避稅手段達到避稅目的的避稅方式總稱。世界很多發達國家都將一般反避稅條款視為反避稅的兜底條款和防止跨國偷漏稅的最后堡壘加以運用。一般反避稅條款主要針對不具有合理商業目的的避稅安排進行的納稅調整，它意味著稅務機關有權對納稅人以減少、免除或推遲繳納稅款為主要目的的避稅安排進行重新定性。不具有合理商業目的的避稅安排通常具備以下兩個特徵：一是必須存在一個安排，即人為規劃的一個或一系列行動或交易；二是相對於其他非稅利益，企業從該安排中獲取了更為明顯的稅務利益。

（二）一般反避稅條款

由於一般反避稅是針對除轉讓定價等特殊反避稅條款以外的反避稅方式的概括，因此各國在進行一般反避稅條款立法時雖為減少稅企爭議而盡量使得該條款更具可操作性，但不可否認的是，一般反避稅條款的不確定性依然是其主要特徵之一。一般反避稅條款的考察重點為跨國納稅人相關交易合理商業目的的定性判斷。在這一定性判斷中，不可避免會體現稅務機關的主觀意願，判定結果與跨國納稅人從自身財務利益角度出發的判定后果很可能有較大差異，在國際稅收反避稅實踐中，適用一般反避稅條款案例註定會成為稅企雙方發生爭議的多發領域。為更好地維護跨國納稅人利益，防止稅務機關一般反避稅條款濫用，一般反避稅條款啟用都要經過最高稅務機關批准。

為更好地在國際交往中維護中國的稅收主權，2008年新企業所得稅法頒布實施后，中國日益重視國際稅收反避稅領域中的一般反避稅情形，通過制定及完善相關

一般反避稅法規，提升涉外稅務人員綜合素質，極大地提高了中國對跨國稅源的管理水平。從目前的相關規定看，體現中國一般反避稅條款的法條主要包括：《中華人民共和國企業所得稅法》第六章第四十七條；《中華人民共和國企業所得稅法實施條例》第六章第一百二十條；《中華人民共和國稅收徵收管理法》第五十七條；《特別納稅調整實施辦法（試行）》第十章（國稅發〔2009〕2號）；《一般反避稅管理辦法》（國家稅務總局令 2014 年第 32 號）。

上述一般反避稅條款的主要內容包括：

1. 列舉了啓動一般反避稅調查的情形

納稅人存在以下避稅安排時，稅務機關可以啓動一般反避稅調查：濫用稅收優惠；濫用稅收協定；濫用公司組織形式；利用避稅港避稅；其他不具有合理商業目的的安排。

2. 稅務機關一般反避稅審核內容

稅務機關按照實質重於形式的原則審核企業是否存在避稅安排，並綜合考慮安排的以下內容：安排的形式和實質；安排訂立的時間和執行期間；安排實現的方式；安排各個步驟或組成部分之間的關係；安排涉及各方財務狀況的變化；安排的稅收結果。

3. 稅務機關對納稅人一般避稅行為可以採取的措施

稅務機關可以按照經濟實質對企業的避稅安排重新定性，取消企業從避稅安排獲得的稅收利益。對於沒有經濟實質的企業，特別是設立在避稅港並導致避稅后果的企業，可在稅收上否定該企業的存在，或將該企業與其他交易方視為同一實體。

一般反避稅立案及結案須層報國家稅務總局批准。

六、國際反避稅最新形勢

近年來，隨著信息技術的不斷發展及跨國公司經營模式的不斷創新，在世界範圍內有效實施近百年的國際稅收規則受到極大衝擊，世界主要經濟體都面臨著稅源不合理流失及稅基被侵蝕的嚴峻挑戰。2013 年 2 月，OECD 為 G20 財政會議提供了一份《解決稅基侵蝕和利潤轉移》的報告（即 BEPS 報告），引起了國際社會的高度關注。2013 年 9 月，在俄羅斯聖彼得堡峰會上，G20 元首就稅收國際治理達成共識，通過了《稅基侵蝕與利潤轉移行動計劃》（即 BEPS 計劃）。經過緊鑼密鼓地籌備，2015 年 9 月 21 日，OECD 審議並通過了全部 BEPS 行動計劃最終報告以及解釋性聲明。這些最終報告及解釋性聲明必將對世界各國的國際反避稅立法產生重大影響。

參考文獻：

［1］朱青. 國際稅收［M］. 6版. 北京：中國人民大學出版社，2014.

［2］國家稅務總局國際稅務司. 國際稅收業務手冊2013版［M］. 北京：中國稅務出版社，2013.

［3］阿諾德. 國際稅收基礎［M］. 2版. 張志勇，等，譯. 北京：中國稅務出版社，2005.

［4］梁若蓮. 稅收協定解讀與應用［M］. 北京：中國稅務出版社，2012.

［5］付樹林. 中國非居民企業所得稅政策與管理研究［M］. 北京：中國稅務出版社，2014.

實踐部分

第七章
增值稅

　　增值稅是以商品（含應稅勞務和應稅服務）在流轉過程中產生的增值額作為徵稅對象而徵收的一種流轉稅，也是中國的第一大稅種。現行增值稅法的基本法規，是 2008 年 11 月 10 日國務院令第 538 號公布的《中華人民共和國增值稅暫行條例》（以下簡稱《增值稅暫行條例》）。

　　2008 年國務院決定全面實施增值稅改革，2011 年年底首先由上海開始實施營業稅改徵增值稅（以下簡稱「營改增」）試點，2016 年 5 月在全國推行全面的增值稅的試點，營業稅全面退出歷史舞臺。

　　增值稅由法國在 1954 年率先開徵，是基於商品或服務的增值而徵稅的一種間接稅，在澳大利亞、加拿大、新西蘭、新加坡稱為商品及服務稅（Goods and Services Tax, GST）。在實際當中，商品新增價值或附加值在生產和流通過程中是很難準確計算的，因此中國也採用國際普遍採用的購進扣稅法，即根據銷售商品或勞務的銷售額，按規定的稅率計算出銷售稅額，然後扣除取得或者生產該商品或勞務時所支付的增值稅款，也就是進項稅額，其差額就是增值部分應交的稅額，即體現按增值額計稅的思想。增值稅的特點主要包括①不重複徵稅，具有中性稅收的特徵；②理論上由最終消費者承擔稅款；③稅基廣闊，具有徵收的普遍性和連續性。

第一節　納稅義務人和徵稅範圍

　　根據《增值稅暫行條例》和「營改增」的規定，凡在中華人民共和國境內銷售或者購進貨物、提供應稅勞務和應稅服務的單位和個人都是增值稅納稅義務人。其中單位是指企業、行政單位、事業單位、軍事單位、社會團體及其他單位。個人，是指個體工商戶和其他個人。在境內銷售或進口貨物、提供應稅勞務的單位租賃或承包給其他單位或者個人經營的承租人或者承包人為納稅人。「營改增」試點的單位以承包、承租、掛靠方式經營的。承包、承租人、掛靠人（以下稱承包人）以發包人、出租人、被掛靠人（以下稱發包人）名義對外經營並由發包人承擔法律責任的，以該發包人為納稅人。否則以承包人為納稅人。

扣繳義務人是指中華人民共和國境外的單位或者個人在境內提供應稅勞務和應稅服務，在境內未設經營機構的，以其境內代理人為扣繳義務人；在境內沒有代理人的，以購買方或接收方為扣繳義務人。

一、增值稅一般納稅人和小規模納稅人

（一）劃分一般納稅義務人和小規模納稅義務人的目的和原則

增值稅實行憑專用發票抵扣稅款的制度，客觀上要求納稅人會計核算健全，並能夠準確計算銷項稅額、進項稅額和應納稅額。目前中國增值稅納稅義務人會計核算水平參差不齊，大量的小企業和個人還不具備用發票抵扣稅款的條件。為了簡化增值稅的計算和徵收，減少稅收徵管漏洞，將增值稅納稅人按會計核算水平和經營規模分為一般納稅人和小規模納稅人兩類納稅人。

（二）小規模納稅義務人的認定及管理

1. 小規模納稅人的認定

小規模納稅人是指年銷售額在規定標準以下，並且會計核算不健全，不能按規定報送有關稅務資料的增值稅的納稅人。會計核算不健全是指不能正確核算增值稅的銷項稅額、進項稅額和應納稅額。

根據《增值稅暫行條例》及其實施細則和「營改增」相關文件規定，小規模納稅義務人的認定標準是：

（1）一般規定

從事貨物生產或提供應稅勞務的納稅人，以及以從事貨物生產或提供應稅勞務為主，並兼營貨物批發或零售的納稅人，年應稅銷售額在 50 萬元（含）以下的。

其他納稅人，年應稅銷售額在 80 萬元（含）以下的。

以從事貨物生產或者提供應稅勞務為主，是指納稅人的年貨物生產或者提供應稅勞務的銷售額占年應稅銷售額的比重在 50% 以上。

應稅服務年銷售額標準為 500 萬元（含）以下的。

（2）特殊規定

年應稅銷售額超過小規模納稅人標準的其他個人按小規模納稅人納稅；非企業性單位、不經常發生應稅行為的企業，可選擇按小規模納稅人納稅。

兼有銷售貨物、提供加工修理修配勞務以及應稅服務，且不經常發生應稅行為的單位和個體工商戶可選擇按小規模納稅人納稅。

2. 小規模納稅人的管理

小規模納稅人實行簡易辦法徵收增值稅，一般不得使用增值稅專用發票。

（三）一般納稅義務人的認定和管理

1. 一般納稅人的認定

增值稅納稅人，年應稅銷售額超過財政部、國家稅務總局規定的小規模納稅人標準的，除另有規定外，應向主管稅務機關申請一般納稅人資格認定。

2.「營改增」試點納稅人一般納稅人的認定
(1) 一般規定
納入「營改增」試點範圍的交通運輸業和部分現代服務業試點納稅人，應按照規定辦理增值稅納稅人資格認定。

除試點實施前已取得增值稅一般納稅人資格並兼有應稅服務的試點納稅人外，「營改增」試點實施前（以下簡稱試點實施前）應稅服務年銷售額滿 500 萬元的試點納稅人，應向國稅主管稅務機關（以下簡稱主管稅務機關）申請辦理增值稅一般納稅資格認定手續。

試點納稅人試點實施前的應稅服務年銷售額按以下公式換算：
應稅服務年銷售額＝連續不超過 12 個月應稅服務營業額合計÷（1+3%）
按照現行營業稅規定差額徵收營業稅的試點納稅人，其應稅服務營業額按未扣除之前的營業額計算。

試點實施前已取得增值稅一般納稅人資格並兼有應稅服務的試點納稅人，不需要重新申請認定，由主管稅務機關製作、送達「稅務通知書」，告知納稅人。

試點實施後，試點納稅人按照相關規定，辦理增值稅一般納稅人資格認定。按「營改增」有關規定，在確定銷售額時可以差額扣除的試點納稅人，其應稅服務年銷售額按未扣除之前的銷售額計算。

(2) 例外規定
應稅服務年銷售額超過規定標準的其他個人不屬於一般納稅人；不經常提供應稅服務的非企業性單位、企業和個體工商戶可選擇按照小規模納稅人納稅。

小規模納稅人會計核算健全，能夠提供準確稅務資料的，可以向主管稅務機關申請一般納稅人資格認定，成為一般納稅人。

(3) 特殊規定
兼有銷售貨物、提供加工修理修配勞務以及應稅服務的納稅人，應稅貨物及勞務銷售額與應稅服務銷售額分別適用增值稅一般納稅人資格認定標準。

(4) 年應稅銷售額未超過財政部、國家稅務總局規定的小規模納稅人標準以及新開業的納稅人，可以向主管稅務機關申請一般納稅人資格認定。

對提出申請並且同時符合下列條件的納稅人，主管稅務機關應當為其辦理一般納稅人資格認定：
①有固定的生產經營場所。
②能夠按照國家統一的會計制度規定設置帳簿，根據合法、有效憑證核算，能夠提供準確稅務資料。

個體經營者符合增值稅暫行條例所規定條件的，經省級國家稅務局批准，可以認定為一般納稅義務人。

(5) 下列納稅人不辦理一般納稅義務人認定：
①個體工商戶以外的其他個人。其他個人指自然人。

②選擇按照小規模納稅人納稅的非企業性單位。非企業性單位是指行政單位、事業單位、軍事單位、社會團體和其他單位。

③選擇按照小規模納稅人納稅的不經常發生應稅行為的企業。不經常發生應稅行為的企業是指非增稅納稅人；不經常發行應稅行為是指偶然發生增值稅應稅行為。

3. 一般納稅人辦理資格認定的所在地和權限

納稅人應當向其機構所在地主管稅務機關申請一般納稅人資格認定，一般納稅人資格認定的權限，在縣（市、區）國家稅務局（以下簡稱認定機關）。

除國家稅務總局另有規定外，納稅人一經認定為一般納稅人后，不得轉為小規模納稅人。

二、增值稅徵稅範圍

根據《增值稅暫行條例》和「營改增」的規定，將增值稅的徵稅範圍分為一般規定和具體規定。

（一）徵稅範圍的一般規定

增值稅的徵稅範圍包括貨物的生產、批發、零售和進口四個環節。此外，加工和修理修配勞務、交通運輸服務、現代服務業也屬於增值稅的徵稅範圍，上述勞務以外的勞務服務暫不徵收增值稅。增值徵稅範圍的具體內容如下：

1. 銷售或者進口的貨物

貨物是指除去土地、房屋和其他建築物等一切不動產之外的有形動產，包括電力、熱力和氣體在內。銷售貨物，是指有償轉讓貨物的所有權。

2. 提供的應稅勞務

應稅勞務是指納稅人提供的加工、修理修配勞務。加工是指受託加工貨物，即委託方提供原料及主要材料，受託方按照委託方的要求製造貨物並收取加工費的業務；修理修配是指受託對損傷和喪失功能的貨物進行修復，使其恢復原狀和功能的業務。

提供應稅勞務，是指有償提供加工、修理修配勞務。單位或者個體工商戶聘用的員工為本單位或者雇主提供加工、修理修配勞務，不包括在內。

3. 提供的應稅服務

（1）交通運輸服務，是指使用運輸工具將貨物或者旅客送達目的地，使其空間位置得到轉移的業務活動。包括陸路運輸服務、水路運輸服務、航空運輸服務和管道運輸服務。

（2）郵政服務，是指中國郵政集團公司及其所屬郵政企業提供郵件寄遞、郵政匯兌、機要通信和郵政代理等郵政基本服務的業務活動。包括郵政普遍服務、郵政特殊服務和其他郵政服務。

（3）電信服務，是指利用有線、無線的電磁系統或者光電系統等各種通信網路資源，提供語音通話服務，傳送、發射、接收或者應用圖像、短信等電子數據和信

息的業務活動。包括基礎電信服務和增值電信服務。
（4）現代服務業，是指圍繞製造業、文化產業、現代物流產業等提供技術性、知識性服務的業務活動。包括研發和技術服務、信息技術服務、文化創意服務、物流輔助服務、有形動產租賃服務、鑒證諮詢服務、廣播影視、商務輔助服務等。
（5）建築服務，是指各類建築物、構築物及其附屬設施的建造、修繕、裝飾、線路、管道、設備、設施等的安裝以及其他工程作業的業務活動。包括工程服務、安裝服務、修繕服務、裝飾服務和其他建築服務。
（6）金融服務，是指經營金融保險的業務活動，包括貸款服務、直接收費金融服務、保險服務、金融商品轉讓服務。
另外，提供應稅服務，是指有償提供應稅服務，但不包括非營業活動中提供的應稅服務。
非應稅活動，是指：
①非企業性單位按照法律和行政法規的規定，為履行國家行政管理和公共服務職能收取政府性基金或者行政事業性收費的活動。
②單位或者個體工商戶聘用的員工為本單位或者雇主提供應稅服務。
③單位或者個體工商戶為員工提供服務。
④財政部和國家稅務總局規定的其他情形。
在境內提供應稅服務，是指應稅服務提供方或者接收方在境內。下列情形不屬於在境內提供應稅服務：
①境外單位或者個人向境內單位或者個人提供完全在境外消費的應稅服務。
②境外單位或者個人向境內單位或者個人出租完全在境外使用的有形動產。
③財政部和國家稅務總局規定的其他情形。
（二）徵稅範圍的具體規定
除了上述一般規定以外，增值稅對經濟實務中存在的某些特殊項目或行為是否屬於增值稅的徵範圍，做出了具體確定。
1. 對視同銷售貨物或視同提供應稅服務行為的徵稅。
單位或個體工商戶的下列行為，視同銷售貨物：
（1）將貨物交付其他單位或者個人代銷；
（2）銷售代銷貨物；
（3）設有兩個以上機構並實行統一核算的納稅人，將貨物從一個機構移送至其他機構用於銷售，但相關機構設在同一縣（市）的除外；
（4）將自產或者委託加工的貨物用於非增值應稅項目；
（5）將資產、委託加工的貨物用於集體福利或者個人消費；
（6）將自產、委託加工或者購進的貨物作為投資，提供給其他單位或個體工商戶；
（7）將自產、委託加工或者購進的貨物分配給股東或投資者；

（8）將自產、委託加工或者購進的貨物無償贈送其他單位或者個人。

（9）單位和個體工商戶向其他單位或者個人無償提供應稅服務，但以公益活動為目的或者以社會公眾為對象的除外。

（10）財政部和國家稅務總局規定的其他情形。

2. 對混合銷售行為的徵稅規定

一項銷售行為如果既涉及貨物又涉及服務，為混合銷售行為。從事貨物的生產、批發或者零售的企業、企業性單位和個體工商戶的混合銷售行為，按照銷售貨物繳納增值稅；其他單位和個人的混合銷售行為，按照銷售服務繳納增值稅。

自2017年5月1日起，納稅人銷售活動板房、機器設備、鋼結構件等自產貨物的同時提供建築、安裝服務，不屬於混合銷售，應分別核算貨物和建築服務的銷售額，分別運用不同的稅率或徵收率。

3. 對兼營非應稅項目的徵稅規定

所謂兼營，是指納稅人的經營範圍既包括銷售貨物，提供加工修理修配勞務，又包括銷售服務、無形資產或轉讓不動產，即企業有不同類別的生產經營活動。

根據《增值稅暫行條例實施細則》以及營改增相關規定，納稅人銷售貨物、加工修理修配勞務、服務、無形資產或者不動產適用不同稅率或徵收率的，應當分別核算適用不同稅率或徵收率的銷售額，未分配核算的，從高適用稅率（徵收率）。

4. 其他按規定屬於增值稅徵稅範圍的內容

（1）貨物期貨（包括商品期貨和貴金屬期貨），應當徵收增值稅。

（2）銀行銷售金銀的業務。

（3）典當業的死當物品銷售業務和寄售業代委託人銷售寄售物品的業務，均應徵收增值稅。

（4）基本建設單位和從事建築安裝業務的企業附設工廠、車間生產的水泥預制構件、其他構件或建築材料，凡用於本單位或本企業的建築工程的，應視同對外銷售，在移送環節徵收增值稅。

（5）集郵商品（包括郵票、小型張、小本票、明信片、首日封、郵折、集郵簿、郵盤、郵票目錄、護郵袋、貼片及其他集郵商品）的生產、調撥，以及郵政部門和其他單位與個人銷售集郵商品，應徵收增值稅。

（6）電力公司向發電企業收取的過網費，應當增收增值稅。

（7）印刷企業接受出版單位委託，自行購買紙張，印刷有統一刊號（CN）以及採用國際標準書號編序的圖書、報紙和雜誌，按貨物銷售徵收增值稅。

（8）縫紉，應當徵收增值稅。

（9）供電企業利用自身輸變電設備對並入電網的企業自備電廠生產的電力產品進行電壓調節，屬於提供加工勞務。根據《增值稅暫行條例》的有關規定，對於上述供電企業進行電力調壓並按照電量向電廠收取的並網服務費，應當徵收增值稅。

（10）納稅人提供的礦產資源開採、挖掘、切割、破碎、分揀、洗選的勞務，

屬於增值稅應稅勞務，應當繳納增值稅。

（11）關於罰沒物品免徵增值稅問題

①執罰部門和單位查處的屬於一般商業部門經營的商品，具備拍賣條件的，由執罰部門或單位商同級財政部門同意後，公開拍賣。其拍賣收入作為罰沒收入由執罰部門和單位如數上繳財政，不予徵稅。對經營單位購入拍賣物品再銷售的應照章徵收增值稅。

②執罰部門和單位查處的屬於一般商業部門經營的商品，不具備拍賣條件的，由執法部門、財政部門、國家指定銷售單位會同有關部門按質論價，並由國家指定銷售單位納入正常渠道變價處理。執罰部門按商定價格所取得的變價收入作為罰沒收入如數上繳財政，不予徵稅。國家指定銷售單位將罰沒物品納入正常銷售渠道銷售的，應照章徵收增值稅。

③執罰部門和單位查處的屬於專管機關管理或專管企業經營的財物，如金銀（不包括金銀首飾）、外幣、有價證券、非禁止出口文物，應交由專管機關或專營企業收兌或收購。執罰部門和單位按收兌或收購價所取得的收入作為罰沒收入如數上繳財政，不予徵稅。專管機關或專營企業經營上述物品中屬於應徵增值稅的貨物，應照章徵收增值稅。

第二節　稅率

一、增值稅稅率的基本原則以及增值稅稅率的類型

從理論上講，單一稅率是增值稅最理想的稅率結構。各國推行增值稅的實踐表明，多稅率不僅造成稅負不公和增加徵納費用，更重要的是造成生產者和消費者的選擇扭曲，損害中性原則的貫徹，使徵納雙方差錯的概率增大，加重偷漏稅的危險。因此，有的實行增值稅的國家採用單一稅率，有的國家考慮特殊行業的照顧，以2~3檔稅率居多，最多不超過5檔，簡單化的稅率結構有利於增值稅優勢的發揮。從世界各國設置增值稅稅率的情況看，一般有以下幾種類型：

（1）基本稅率。基本稅率也稱標準稅率。這是各個國家根據本國生產力發展水平、財政政策的需要、消費者的承受能力，並考慮到歷史上流轉稅稅負水平後確定的適用於絕大多數貨物和應稅勞務的稅率。

（2）低稅率。低稅率即對基本生活用品和勞務確定的適用稅率。由於增值稅稅負最終構成消費者的支出，因此，設置低稅率的根本目的是鼓勵某些貨物或勞務的消費，或者說是為了照顧消費者的利益，保證消費者對基本生活用品的消費。一般而言，採用低稅率的貨物和勞務不宜過多。

（3）零稅率。世界各國一般對出口貨物規定零稅率。

二、中國增值稅稅率

根據確定增值稅稅率的基本原則，中國增值稅採取了分別按基本稅率和低稅率執行的模式，此外還對出口貨物和勞務實施零稅率。

（一）基本稅率

納稅人銷售或者進口貨物，除列舉的外，稅率均為17%；提供加工、修理修配勞務和應稅服務，除適用低稅率範圍外，稅率也為17%。這一稅率就是通常所說的基本稅率。

（二）低稅率

（1）納稅人銷售或者進口下列貨物的，稅率為11%：

①糧食、食用植物油；

②自來水、暖氣、冷氣、熱水、煤氣、石油液化氣、天然氣、沼氣、居民用煤炭製品；

③圖書、報紙、雜誌；

④飼料、化肥、農藥、農機、農膜；

⑤國務院及有關部門規定的其他貨物。

（2）提供交通運輸服務、郵政業服務和基礎電信服務，建築業和房地產業，稅率為11%。

（3）提供現代服務業服務（有型動產租賃服務除外）和增值電信服務、金融業、生活服務業，稅率為6%。

（三）零稅率

納稅義務人出口貨物和財政部國家稅務總局規定的應稅服務，稅率為零。應稅服務使用零稅率的規定如下：

（1）中華人民共和國境內（以下簡稱境內）的單位和個人提供的國際運輸服務、向境外單位提供的研發服務和設計服務，適用增值稅零稅率。

（2）境內的單位和個人提供的往返香港、澳門、臺灣的交通運輸服務以及在香港、澳門、臺灣提供的交通運輸服務，適用增值稅零稅率。

（3）自2013年8月1日起，境內的單位或個人提供程租服務，如果租賃的交通工具用於國際運輸服務和港澳臺運輸服務，由出租方按規定申請適用增值稅零稅率。

（4）向境外單位提供的離岸外包服務。

三、徵收率

小規模納稅人增值稅徵收率為3%，徵收率的調整，由國務院決定。

按照簡易辦法銷售房地產，按照5%的徵收率徵收。

第三節　應納稅額的計算

一、增值稅的三種計稅方法

（一）一般計稅方法
一般納稅人提供應稅服務適用一般計稅方法計稅。
當期應納增值稅額＝當期銷項稅額－當期進項稅額
一般納稅人提供財政部和國家稅務總局規定的特定應納稅服務，可以選擇適用簡易計稅，但一經選擇，36個月內不得變更。
（二）簡易計稅方法
小規模納稅人提供應稅服務適用簡易計稅方法計稅。
當期應納增值稅額＝當期銷售額×徵收率
（三）扣繳計稅方法
境外單位或者個人在境內提供應稅服務，在境內未設有經營機構的，扣繳義務人按照下列公式計算應扣繳稅額：
應扣繳稅額＝接收方支付的價款÷（1+稅率）×稅率

二、一般納稅計稅方法應納稅額的計算

（一）銷項稅額
銷項稅額，是指納稅人銷售貨物或者提供應稅勞務和應稅服務，按照銷售額和稅法規定的稅率計算並向購買方收取的增值稅額。銷項稅額的計算公式為：
　　銷項稅額＝銷售額×稅率
或　銷項稅額＝組成計稅價格×稅率
在增值稅稅率一定的情況下，計算銷項稅額的關鍵在於正確合理地確定銷售額。
1. 銷售額的一般規定
銷售額為納稅人銷售貨物或者提供應稅勞務向購買方收取的全部價款和價外費用，但是不包括收取的銷項稅額。具體地講，應稅銷售額包括以下內容：
（1）銷售貨物或提供應稅勞務取自於購買方的全部價款。
（2）向購買方收取的各種價外費用。具體包括手續費、補貼、基金、集資費、返還利潤、獎勵費、違約金、延期付款利息、滯納金、賠償金、包裝費、包裝物租金、儲備費、優質費、運輸裝卸費、代收款項、代墊款項及其他各種性質的價外收費。上述價外費用無論其會計制度如何核算，都應並入銷售額計稅。但下列項目不包括在內：
①受託加工應徵消費稅的貨物，而由受託方向委託方代收代繳的消費稅。
②同時符合以下兩個條件的代墊運費：承運部門的運費發票開具給購買方，並

且由納稅人將該項發票轉交給購貨方的。

③符合條件代為收取的政府性基金或者行政事業性收費。

④銷售貨物的同時代辦保險等而向購買方收取的保險費，以及向購買方收取的代購買方繳納的車輛購置稅、車輛牌照費。

(3) 消費稅稅金。

2. 特殊銷售方式的銷售額：

(1) 以折扣方式銷售貨物

折扣銷售，是指銷售方在銷售貨物或提供應稅勞務和服務時，因購買方需求量大等原因，而給予的價格方面的優惠。按照現行稅法規定：納稅人採取折扣方式銷售貨物，如果銷售額和折扣額在同一張發票上分別註明，可以按折扣后的銷售額徵收增值稅。如果將折扣額另開發票，不論其在財務上如何處理，均不得從銷售額中減除折扣額。注意，稅法中所指的折扣銷售有別於現金折扣。現金折扣通常是為了鼓勵購貨方及時償還貨款而給予的折扣優待，現金折扣發生在銷貨之後，而折扣銷售則是與現實銷售發生的，銷售折扣不得從銷售額中減除。

(2) 以舊換新方式銷售貨物

以舊換新銷售，是納稅人在銷售貨物過程中，折價收回同類舊貨物，並以折價款部分衝減貨物價款的一種銷售方式。稅法規定，納稅人採取以舊換新方式銷售貨物的，應按新貨物的同期銷售價格確定銷售額。但對金銀首飾以舊換新業務，可以按銷售方實際收取的不含增值稅的全部價款徵收增值稅。

(3) 採取還本方式銷售貨物

還本銷售，是指銷貨方將貨物出售之後，按約定的時間，一次或分次將購貨款部分或全部退還給購貨方，退還的貨款即為還本支出。納稅人採取還本方式銷售貨物，不得從銷售額中減除還本支出，其銷售額就是貨物的銷售價格。

(4) 採取以物易物方式銷售

以物易物，是指購銷雙方不是以貨幣結算，而是以同等價款的貨物相互結算，實現貨物購銷的一種方式。購銷雙方發生以物易物行為時，都應作購銷處理，以各自發出的貨物核算銷項稅額，以各自收到的貨物核算購貨額並計算進項稅額。

(5) 直銷企業增值稅銷售額確定

直銷企業的經營模式主要有兩種：一是直銷企業先將貨物銷售給直銷員，直銷員再將貨物銷售給消費者，直銷企業的銷售額為其向直銷員收取的全部價款和價外費用。直銷員將貨物銷售給消費者時，應按照現行規定繳納增值稅。二是，直銷企業通過直銷員向消費者銷售貨物，直接向消費者收取貨款，直銷企業的銷售額為其向消費者收取的全部價款和價外費用。

3. 包裝物押金計稅問題

納稅人為銷售貨物而出租出借包裝物收取的押金，單獨記帳核算的、時間在1年內、又未過期的，不並入銷售額徵稅，但對因逾期未收回包裝物不再退還的押金，

應按所包裝貨物的適用稅率並入銷售額徵收增值稅。需注意押金屬於含稅收入，應先將其換算為不含稅銷售額再並入銷售額徵稅。但對銷售除啤酒、黃酒外的其他酒類產品收取的包裝物押金，無論是否返還以及會計上如何核算，均應並入當期銷售額徵稅。

4. 營業稅改徵增值稅改革關於銷售額的特殊規定

(1) 融資租賃企業

第一，經中國人民銀行、銀監會或者商務部批准從事融資租賃業務的試點納稅人，提供有形動產融資性售後回租服務，以收取的全部價款和價外費用，扣除向承租方收取的有形動產價款本金，以及對外支付的借款利息（包括外匯借款和人民幣借款利息）、發行債券利息后的餘額為銷售額。

第二，經中國人民銀行、銀監會或者商務部批准從事融資租賃業務的納稅人，提供除融資性售後回租以外的有形動產融資租賃服務，以收取的全部價款和價外費用，扣除支付的借款利息（包括外匯借款和人民幣借款利息）、發行債券利息、保險費、安裝費和車輛購置稅后的餘額為銷售額。

(2) 航空運輸企業的銷售額，不包括代收的機場建設費和代收其他航空運輸企業客票而代收轉付的價款。航空運輸企業已售票但未提供航空運輸服務取得的逾期票證收入，按照航空運輸服務徵收增值稅。

(3) 試點地區自試點實施之日起，試點納稅人中的一般納稅人提供的客運場站服務，以其取得的全部價款和價外費用，扣除支付給承運方運費后的餘額為銷售額，其從承運方取得的增值稅專用發票註明的增值稅，不得抵扣。

(4) 試點納稅人提供知識產權代理服務、貨物運輸代理服務和代理報關服務，以其取得的全部價款和價外費用，扣除向委託方收取並代為支付的政府性基金或者行政事業性收費后的餘額為銷售額。

(二) 進項稅額

納稅人購進貨物或者接受應稅勞務，所支付或者負擔的增值稅額為進項稅額。進項稅額與銷項稅額是相互對應的兩個概念，銷售方收取的銷項稅額，就是購買方支付的進項稅額。增值稅的核心就是用納稅人收取的銷項稅額抵扣其支付的進項稅額，其餘額為納稅人實際繳納的增值稅額。納稅人的進項稅額有兩種形式：一是直接在增值稅發票和海關完稅憑證上註明的稅額，不需計算；二是購進某些貨物或者接受應稅勞務時，進項稅額是根據支付金額和法定的扣除率計算出來的。

1. 準予從銷項稅額中抵扣的進項稅額

(1) 從銷售方或提供方取得的增值稅專用發票上註明的增值稅額（含貨物運輸業增值稅專用發票、稅控機動車銷售統一發票，下同）。

(2) 從海關取得的海關進口增值稅專用繳款書上註明的增值稅。

(3) 購進農產品，除取得增值稅專用發票或者海關進口增值稅專用繳款書外，按照農產品收購發票或者銷售發票上註明的農產品買價和13%的扣除率計算的進項

稅額，公式如下：

進項稅額＝買價×扣除率

買價包括納稅人購進農產品在農產品收購發票或者銷售發票上註明的價款和按規定繳納的菸葉稅。

2. 不得從銷項稅額中抵扣的進項稅額

（1）納稅人購進貨物或者應稅勞務，取得的增值稅扣稅憑證不符合法律、行政法規或者國務院稅務主管部門有關規定的，其進項稅額不得從銷售額中抵扣。

（2）有下列情形之一者，應按銷售額依照增值稅稅率計算應納稅額，不得抵扣進項稅額也不得使用增值稅專用發票：

①納稅人會計核算不健全，或者不能夠提供準確稅務資料的。

②除另有規定的外，納稅人銷售額超過小規模納稅人標準，未申請辦理一般納稅人認定手續的。

（3）用於簡易計稅方法計稅項目、非增值稅應稅項目、免徵增值稅項目、集體福利或者個人消費的購進貨物、接受加工修理修配勞務或者應稅服務。其中涉及的固定資產、專利技術、非專利技術、商譽、商標著作權、有形動產租賃，僅指專用於上述項目的固定資產、專利技術、非專利技術、商譽、商標著作權、有形動產租賃。

（4）非正常損失的購進貨物及相關的加工修理修配勞務和交通運輸業服務。

（5）非正常損失的在產品、產成品所耗用的購進貨物（不包括固定資產）、加工修理修配勞務或者交通運輸業服務。

非正常損失，是指因管理不善造成被盜、丟失、霉爛變質的損失，以及被執法部門依法沒收或者強令自行銷毀的貨物。

（6）符合上述第（3）（4）（5）規定的貨物的運輸費用和銷售免稅貨物的運輸費用。

（7）適用一般計稅方法的納稅人，兼營簡易計稅方法計稅項目、非增值稅應稅勞務、免徵增值稅項目而無法劃分不得抵扣的進項稅額，按照下列公式計算不得抵扣的進項稅額：

不得抵扣的進項稅額＝當期無法劃分的全部進項稅額×（當期簡易計稅方法計稅項目銷售額+非增值稅應稅勞務營業額+免徵增值稅項目銷售額）÷（當期全部銷售額+當期全部營業額）

（8）原增值稅一般納稅人接受試點納稅人提供的應稅服務，下列項目的進項稅額不得從銷項稅額中抵扣：

①用於簡易計稅方法計稅項目、非增值稅應稅項目、免徵增值稅項目、集體福利或者個人消費，其中涉及的專利技術、非專利技術、商譽、商標、著作權、有形動產租賃，僅指專用於上述項目的專利技術、非專利技術、商譽、商標、著作權、有形動產租賃。

②接受的旅客運輸服務。
③與非正常損失的購進貨物相關的交通運輸業服務。
④與非正常損失的在產品、產成品所耗用購進貨物相關的交通運輸業服務。
　上述非增值稅應稅項目，是指《增值稅暫行條例》第十條所稱的非增值稅應稅項目，但不包括《應稅服務範圍註釋》所列項目。
　(三) 應納稅額的計算
　一般納稅義務人在計算應納增值稅稅額的時候，應當先分別計算當期銷項稅額和進項稅額，然後以銷項稅額抵扣進項稅額之后的餘額為實際應納稅額。計算公式：
　應納稅額＝當期銷項稅額－當期進項稅額
　1. 計算應納稅額的時間界定
　(1) 銷項稅額時間的界定
　關於銷項稅額的確定時間，總的原則是：銷項稅額的確定不得滯后。稅法對此作了嚴格的規定，具體確定銷項稅額的時間根據本章第六節關於納稅義務發生時間的有關規定執行。
　(2) 進項稅額抵扣時限的界定
　關於進項稅額的抵扣時間，總的原則是：進項稅額的抵扣不得提前。
　①防偽稅控專用發票進項稅額的抵扣時限
　增值稅一般納稅人取得2010年1月1日以後開具的增值稅專用發票、公路內河貨物運輸業統一發票（現為貨物運輸業增值稅專用發票）和機動車銷售統一發票，應在開具之日起180日內到稅務機關辦理認證，並在認證通過的次月申報期內，向主管稅務機關申報抵扣進項稅額。
　②海關完稅憑證進項稅額的抵扣時限
　納稅人進口貨物取得的屬於增值稅扣稅範圍的海關繳款書，自開具之日起180天內向主管稅務機關報送「海關完稅憑證抵扣清單」（電子數據），申請稽核比對，逾期未申請的其進項稅額不予抵扣。
　2. 計算應納稅額時進項稅額不足抵扣的處理
　根據稅法規定，當期進項稅額不足抵扣的部分可以結轉下期繼續抵扣。
　3. 扣減發生期進項稅額的規定
　已抵扣進項稅額的購進貨物或接受應稅勞務和應稅服務如果事后改變用途，根據《增值稅暫行條例》及其實施細則和「營改增」的規定，應當將該項購進貨物或者應稅勞務和應稅服務的進項稅額從當期的進項稅額中扣減；無法確定該項進項稅額的，按當期實際成本計算應扣減的進項稅額。
　有以下情形應當按照銷售額和增值稅稅率計算應納稅額，不得抵扣進項稅額，也不得使用增值稅專用發票：
　一般納稅人會計核算不健全，或者不能夠提供準確稅務資料的。

4. 銷貨退回或折讓涉及銷項稅額和進項稅額的稅務處理

一般納稅人銷售貨物或者提供應稅勞務和服務，開具增值稅專用發票後，發生銷售貨物退回或者折讓、開票有誤等情形，應按國家稅額與總局的規定開具紅字增值稅專用發票，未按規定開具紅字增值稅專用發票的不得扣減銷項稅額或者銷售額。

三、簡易計稅方法應納稅額的計算

（一）應納稅額的計算

根據《增值稅暫行條例》和「營改增」的規定，小規模納稅人銷售貨物或提供應稅勞務和服務，按簡易計算方法計算，即按銷售額和規定徵收率計算應納稅額，不得抵扣進項稅額，同時，銷售貨物或者提供勞務和服務也不得自行開具增值稅專用發票。其應納稅額的的計算公式：

應納稅額＝銷售額×徵收率

公式中銷售額與增值稅一般納稅人計算應納增值稅的銷售額規定內容一致，是銷售貨物或提供應稅勞務向購買方收取的全部價款和價外費用。但不包括按徵收率（2008年12月31前為6%或4%，2009年1月1日起為3%）收取的增值稅稅額。

（二）含稅銷售額的換算

由於小規模納稅人銷售貨物自行開具的發票是普通發票，發票上列示的是含稅銷售額，因此，在計稅時需要將其換算為不含稅銷售額。換算公式如下：

銷售額＝含增值稅銷售額÷（1+徵收率）

納稅人提供的簡易計稅方法計稅的應稅服務，因服務終止或者折讓而退還給接受方的銷售額，應當從當期銷售額中扣減。扣減當期銷售額後仍有餘額造成多繳的稅款，可以從以后的納稅銷售額中扣減。

（三）小規模納稅人銷售自己使用過的固定資產

小規模納稅人（除其他個人外）銷售自己使用過的固定資產，減按2%徵收增值稅。

銷售額＝含稅銷售額÷（1+3%）

應納稅額＝銷售額×2%

（四）「營改增」后一般納稅人按簡易方法計稅的規定

1. 試點納稅人中的一般納稅人提供的公共交通運輸服務，可以選擇按照簡易計稅方法計算繳納增值稅。

2. 試點納稅人中的一般納稅人，以該地區試點實施之日前購進或者自製的有形動產為標的物提供的經營租賃服務，試點期間可以選擇適用簡易計稅方法計算繳納增值稅。

3. 試點納稅人中的一般納稅人兼有銷售貨物、提供應稅勞務的，凡未規定可以選擇按照簡易計稅方法計算繳納增值稅的，其全部銷售額應一併按照一般計稅方法計算繳納增值稅。

(五) 一般納稅人簡易徵稅的規定

1. 固定業戶（指增值稅一般納稅人）臨時到外省、市銷售貨物的，必須向經營地稅務機關出示「外出經營活動稅收管理證明」回原地納稅，需要向購貨方開具專用發票的，亦回原地補開。對未持「外出經營活動稅收管理證明」的，經營地稅務機關按3%的徵收率徵稅。

2. 一般納稅人銷售自產的下列貨物，可選擇按照簡易辦法依3%增收率計算繳納增值稅。

(1) 縣級及縣級以下小型水力發電單位生產的電力。
(2) 建築用和生產建築材料所用的砂、土、石料。
(3) 以自己採掘的砂、土、石料或其他礦物連續生產的磚、瓦、石灰（不含黏土實心磚、瓦）。
(4) 用微生物、微生物代謝產物、動物毒素、人或動物的血液或組織制成的生物製品。
(5) 自來水。
(6) 商品混凝土（僅限於以水泥為原料生產的水泥混凝土）。

3. 一般納稅人銷售貨物屬於下列情形之一的，暫按簡易辦法依照3%徵收率計算繳納增值稅。

(1) 寄售商店代銷寄售物品（包括居民個人寄售的物品在內）。
(2) 典當業銷售死當物品。
(3) 經國務院或國務院授權機關批准的免稅商店零售的免稅品。

(六) 納稅人銷售舊貨適用增收率的規定

納稅人銷售舊貨，按照簡易辦法依照3%徵收率減按2%徵收增值稅。計算公式如下：

銷售額＝含稅銷售額÷（1+3%）
應納稅額＝銷售額×2%

上述規定自2014年7月1日起執行。

三、進口貨物應納稅額的計算

(一) 進口貨物的納稅人和徵稅範圍

進口貨物增值稅的納稅義務人為進口貨物的收貨人或辦理報關手續的單位和個人，包括國內一切從事進口業務的企業單位、機關團體和個人。

根據《增值稅暫行條例》的規定，申報進入中華人民共和國海關境內的貨物，均應繳納增值稅。確定一項貨物是否屬於進口貨物，看其是否有報關手續。只要是報關進境的應稅貨物，不論其用途如何均應按照規定繳納進口環節的增值稅。

進口貨物增值稅稅率與增值稅一般納稅人在國內銷售同類貨物的稅率相同。

(二) 進口貨物應納稅額的計算

1. 組成計稅價格的確定

一般貿易項下進口貨物的關稅完稅價格以海關審定的成交價格為基礎的到岸價格作為完稅價格。特殊貿易項下進口的貨物，由於進口時沒有「成交價格」可作依據，為此《進出口關稅條例》對這些進口貨物制定了確定其完稅價格的具體辦法。

計算公式如下：

組成計稅價格＝關稅完稅價格＋關稅＋消費稅

或　組成計稅價格＝(關稅完稅價格＋關稅)÷(1－消費稅稅率)

2. 進口貨物應納稅額的計算

納稅人進口貨物，按照組成計稅價格和適用的稅率計算應納稅額，不得抵扣任何稅額，即在計算進口環節的應納增值稅稅額時，不抵扣發生在中國境外的各種稅金。

應納稅額＝組成計稅價格×稅率

進口貨物在海關繳納的增值稅，符合抵扣範圍的，憑藉海關進口增值稅專用繳款書，可以從當期銷項稅額中抵扣。

第四節　出口貨物退（免）稅

出口貨物退（免）稅，是指在國際貿易中，對報關出口的貨物或者勞務和服務退還在國內各生產環節和流轉環節按稅法規定已經繳納的增值稅，或免徵應繳納的增值稅。

一、適用增值稅退（免）稅政策的出口貨物勞務

（一）出口企業出口貨物

出口企業，是指依法辦理工商登記、稅務登記、對外貿易經營者備案登記，自營或委託出口貨物的單位或者個體工商戶，以及依法辦理工商登記、稅務登記但未辦理對外貿易經營者備案登記，委託出口貨物的生產企業。

（二）出口企業或其他單位視同出口貨物

1. 出口企業對外援助、對外承包、境外投資的出口貨物。

2. 出口企業經報關進入國家批准的出口加工區、保稅物流園區、保稅港區、綜合保稅區、珠澳跨境工業園區（珠海園區）、中哈霍爾果斯國際邊境合作中心（中方配套區域）、保稅物流中心（B型）（以下統稱特殊區域）並銷售給特殊區域內單位或境外單位、個人的貨物。

3. 免稅品經營企業銷售的貨物（國家規定不允許經營和限制出口的貨物、卷菸和超出免稅品經營企業企業法人營業執照規定經營範圍的貨物除外）。

4. 出口企業或其他單位銷售給用於國際金融組織或外國政府貸款國際招標建設項目的中標機電產品。

5. 生產企業向海上石油天然氣開採企業銷售的自產的海洋工程結構物。

6. 出口企業或其他單位銷售給國際運輸企業用於國際運輸工具上的貨物。

7. 出口企業或者其他單位銷售給特殊區域內生產耗用且不向海關報關而輸入特殊區域的水（包括蒸汽）、電力、燃氣。

(三) 出口企業對外提供加工修理修配勞務

對外提供加工修理修配，是指對進境復出口貨物或從事國際運輸的運輸工具進行的加工修理修配。

(四) 一般納稅人提供適用增值稅零稅率的應稅服務的退（免）稅辦法

境內的單位和個人提供適用增值稅零稅率的應稅服務，如果屬於適用簡易計稅方法的，實行免徵增值稅辦法。如果適用於增值稅一般計稅方法的，生產企業實行「免、抵、退」稅辦法，外貿企業外購的研發服務和設計服務出口實行免退稅辦法，外貿企業自己開發的研發服務和設計服務出口，視同生產企業連同其出口貨物統一實行「免、抵、退」稅辦法。實行退（免）稅辦法的研發服務和設計服務，如果主管稅務機關認定出口價格偏高的，有權按照核定的出口價格計算退（免）稅，核定的出口價格低於外貿企業購進價格的，低於部分對應的進項稅額不予退稅，轉入成本。

二、增值稅退（免）稅辦法

(一) 免抵退辦法

生產企業出口自產貨物或視同自產貨物及對外提供加工修理修配勞務，以及《財政部 國家稅務總局關於出口貨物勞務增值稅和消費稅政策的通知》（財稅〔2012〕39號）列明生產企業出口非自產貨物，免徵增值稅，相應的進項稅額抵減應納增值稅額（不包括使用增值稅即徵即退、先徵後退政策的應納增值稅額），未抵減完的部分予以退還。

(二) 免退稅辦法

不具有生產能力的出口企業或其他單位出口貨物勞務，免徵增值稅，相應的進項稅額予以退還。

境內的單位和個人提供適用增值稅零稅率的應稅服務，如果屬於適用簡易計稅方法的，實行免徵增值稅辦法。如果屬於適用增值稅一般計稅方法的，生產企業實行免抵退稅辦法，外貿企業外購研發服務和設計服務出口實行免退稅辦法，外貿企業自己開發的研發服務和設計服務，視同生產企業連同其出口貨物統一實行免抵退稅辦法。

三、增值稅出口退稅率

除了財政部和國家稅務總局根據國務院決定而明確的增值稅退稅率（以下稱退

稅率）外，出口貨物的退稅率為其適用稅率。

應稅服務退稅率為應稅服務適用的增值稅稅率。外貿企業購進按簡易辦法徵稅的出口貨物、從小規模納稅人購進的出口貨物，其退稅率分別為簡易辦法實際執行的徵收率、小規模納稅人徵收率。

出口企業委託加工修理修配貨物，其加工修理修配費用的退稅率，為出口貨物的退稅率。

四、增值稅退（免）稅的計稅依據

出口貨物勞務的增值稅退（免）稅的計稅依據，按出口貨物勞務的出口發票（外銷發票）、其他普通發票或購進出口貨物勞務的增值稅專用發票、海關進口增值稅專用繳款書確定。

1. 生產企業出口貨物勞務（進料加工復出口貨物除外）增值稅退（免）稅的計稅依據，為出口貨物勞務的實際離岸價（FOB）。

2. 生產企業進料加工復出口貨物增值稅退（免）稅的計稅依據，按出口貨物的離岸價（FOB）扣除出口貨物所含的海關保稅進口料件的金額後確定。

3. 生產企業國內購進無進項稅額且不計提進項稅額的免稅原材料加工後出口的貨物的計稅依據，按出口貨物的離岸價（FOB）扣除出口貨物所含的國內購進免稅原材料的金額后確定。

4. 外貿企業出口貨物（委託加工修理修配貨物除外）增值稅退（免）稅的計稅依據，為購進出口貨物的增值稅專用發票註明的金額或海關進口增值稅專用繳款書註明的完稅價格。

5. 外貿企業出口委託加工修理修配貨物增值稅退（免）稅的計稅依據，為加工修理修配費用增值稅專用發票註明的金額。外貿企業應將加工修理修配使用的原材料（進料加工海關保稅進口料件除外）作價銷售給受託加工修理修配的生產企業，受託加工修理修配的生產企業應將原材料成本並入加工修理修配費用開具發票。

6. 出口進項稅額未計算抵扣的已使用過的設備增值稅退（免）稅的計稅依據，按下列公式確定：

退（免）稅計稅依據＝增值稅專用發票上的金額或海關進口增值稅專用繳款書註明的完稅價格×已使用過的設備固定資產淨值÷已使用過的設備原值

已使用過的設備固定資產淨值＝已使用過的設備原值－已使用過的設備已提累計折舊

7. 免稅品經營企業銷售的貨物增值稅退（免）稅的計稅依據，為購進貨物的增值稅專用發票註明的金額或海關進口增值稅專用繳款書註明的完稅價格。

8. 增值稅零稅率應稅服務退（免）稅的計稅依據

（1）實行免抵退稅辦法的退（免）稅計稅依據

①以鐵路運輸方式載運旅客的，為按照鐵路合作組織清算規則清算后的實際運

輸收入；

②以鐵路運輸方式載運貨物的，為按照鐵路運輸進款清算辦法，對「發站」或「到站（局）」名稱包含「境」字的貨票上註明的運輸費用以及直接相關的國際聯運雜費清算后的實際運輸收入；

③以航空運輸方式載運貨物或旅客的，如果國際運輸或港澳臺運輸各航段由多個承運人承運的，為中國航空結算有限責任公司清算后的實際收入；如果國際運輸或港澳臺運輸各航段由一個承運人承運的，為提供航空運輸服務取得的收入；

④其他實行免抵退稅辦法的增值稅零稅率應稅服務，為提供增值稅零稅率應稅服務取得的收入。

（2）實行免退稅辦法的退（免）稅計稅依據為購進應稅服務的增值稅專用發票或解繳稅款的中華人民共和國稅收繳款憑證上註明的金額。

五、增值稅免抵退和免退稅的計算

（一）生產企業出口貨物勞務增值稅免抵退稅

出口退稅的「免抵退」辦法是指，在出口環節免徵增值稅，出口貨物的進項稅額先抵繳該出口企業的增值稅應納稅義務，抵繳后尚有進項稅餘額的，再予以退稅的一種出口退稅辦法。該辦法主要適用於有進出口經營權的生產企業出口貨物退稅。

第一步「免」，即生產企業出口的自產或視同自產貨物，免徵出口環節增值稅。

第二步「抵」，即生產企業出口自產或視同自產貨物所耗用的原材料、零部件、燃料、動力等所含應予退還的進項稅額，抵減內銷貨物的應納稅額；按該貨物適用的增值稅稅率與其所適用的退稅率之差乘以出口貨物的離岸價格折合人民幣的金額，計算出口貨物不予抵扣或退稅的稅額，從當期全部進項稅額中剔除，計入產品成本。剔除后的餘額，抵減內銷貨物的銷項稅額。

第三步「退」，即生產企業出口自產貨物或視同自產貨物，當月內應抵頂的進項稅額大於應納稅額時，對未抵頂完的部分予以退稅。

具體步驟及公式是：

第一步，計算期末留抵稅額。

當期應納稅額＝當期銷項稅額－（當期進項稅額－當期免抵退稅不得免徵和抵扣稅額）

所計算出的結果小於 0 時，說明仍有未抵頂（或抵扣）完的進項稅額，其絕對值即為當期期末留抵稅額；所計算出的結果大於 0 時，說明已沒有未抵頂（抵扣）完的稅額，此時，當期期末留抵稅額為 0。

當期應納稅額計算公式中的免抵退稅不得免徵和抵扣稅額，是指當出口貨物徵、退稅率不一致時，因退稅率小於徵稅率而導致部分出口貨物進項稅額不予抵扣和退稅，需從進項稅額中轉出進入生產成本的稅額。對涉及適用免稅購進原材料（如進料加工業務）的生產企業，還要根據免稅購進原材料價格（如進料加工業務的進口

料件組成計稅價格）和出口貨物徵、退稅率之差計算「免抵退稅不得免徵和抵扣稅額抵減額」。具體計算公式為：

當期不得免徵和抵扣稅額＝當期出口貨物離岸價×外匯人民幣折合率×（出口貨物適用稅率－出口貨物退稅率）－免抵退不得免徵和抵扣稅額抵減額

當期不得免徵和抵扣稅額抵減額＝免稅購進原材料價格×（出口貨物適用徵稅率－出口貨物退稅率）

第二步，計算免抵退稅額

當期免抵退稅額＝出口貨物離岸價×外匯人民幣牌價×出口貨物退稅率－免抵退稅額抵減額

公式中的免抵退稅額抵減額是指企業生產出口貨物時使用了進料加工免稅進口料件或國內購進免稅原材料，在計算免抵退稅額時應予以抵減。其計算公式為：

當期免抵退稅額抵減額＝免稅購進原材料價格×出口貨物退稅率

第三步，計算當期應退稅額和免抵稅額。

免抵退稅的計算過程是先計算應退稅額，再由免抵退稅額減去應退稅額計算出免抵稅額。當期應退稅額是通過當期期末留抵稅額與免抵退稅額比較大小來確定的，當期應退稅額和免抵稅額具體計算公式如下：

（1）當期期末留抵稅額≤當期免抵退稅額時，說明當期期末留抵稅額與出口貨物進項稅額抵頂內銷貨物應納稅額未抵頂完的部分（即當期應退稅額）相一致。此時，

當期應退稅額＝當期期末留抵稅額

當期免抵稅額＝當期免抵退稅額－當期應退稅額

（2）當期期末留抵稅額＞當期免抵退稅額時，說明期末留抵稅額中除了出口貨物進項稅額抵頂內銷貨物應納稅額未抵頂完的部分（即當期應退稅額）外，還含有庫存原材料、產成品等的進項稅額，所以這時不能把期末留抵稅額作為應退稅額，應退稅額最多只能為免抵退稅額，而不能超過免抵退稅額。因此，當期期末留抵稅額＞當期免抵退稅額時，

當期應退稅額＝當期免抵退稅額

當期免抵稅額＝0

這種情況下，將免抵退稅額全部作為應退稅額，即把出口貨物進項稅額抵頂內銷貨物應納稅額未抵頂完的部分和當期應免抵稅額都計算到當期應退稅額中去了，這時當期免抵稅額應為零。

其中，當期免稅購進原材料包括當期國內購進的無進項稅額且不計提進項稅額的免稅原材料的價格和當期進料加工報稅進口料件的價格，而當期進料加工保稅進口料件的價格為組成計稅價格。

當期進料加工保稅進口料件的組成計稅價格＝當期進口料件到岸價格＋海關實徵關稅＋海關實徵消費稅

(二）外貿企業出口貨物勞務增值稅免退稅，依下列公式計算：
1. 外貿企業出口委託加工修理修配貨物以外的貨物
增值稅應退稅額=增值稅退（免）稅計稅依據×出口貨物退稅率
2. 外貿企業出口委託加工修理修配貨物
增值稅應退稅額=委託加工修理修配的增值稅退（免）稅計稅依據×出口貨物退稅率

出口企業既有適用增值稅免抵退項目，也有增值稅即徵即退、先徵后退項目的，增值稅即徵即退和先徵后退項目不參與出口項目免抵退稅計算。出口企業應分別核算增值稅免抵退項目和增值稅即徵即退、先徵后退項目，並分別申請享受增值稅即徵即退、先徵后退和免抵退稅政策。

六、出口貨物和勞務及應稅服務增值稅免稅政策

1. 出口企業或其他單位出口規定的貨物，具體是指：
（1）增值稅小規模納稅人出口的貨物。
（2）避孕藥品和用具，古舊圖書。
（3）軟件產品。
（4）含黃金、鉑金成分的貨物，鑽石及其飾品。
（5）國家計劃內出口的卷菸。
（6）已使用過的設備。其具體範圍是指購進時未取得增值稅專用發票、海關進口增值稅專用繳款書但其他相關單證齊全的已使用過的設備。
（7）非出口企業委託出口的貨物。
（8）非列名生產企業出口的非視同自產貨物。
（9）農業生產者自產農產品。
（10）油畫、花生果仁、黑大豆等財政部和國家稅務總局規定的出口免稅的貨物。
（11）外貿企業取得普通發票、廢舊物資收購憑證、農產品收購發票、政府非稅收入票據的貨物。
（12）來料加工復出口的貨物。
（13）特殊區域內的企業出口的特殊區域內的貨物。
（14）以人民幣現金作為結算方式的邊境地區出口企業從所在省（自治區）的邊境口岸出口到接壤國家的一般貿易和邊境小額貿易出口貨物。
（15）以旅遊購物貿易方式報關出口的貨物。

2. 出口企業或其他單位視同出口的下列貨物勞務
（1）國家批准設立的免稅店銷售的免稅貨物，包括進口免稅貨物和已實現退（免）稅的貨物。
（2）特殊區域內的企業為境外的單位或個人提供加工修理修配勞務。

(3) 同一特殊區域、不同特殊區域內的企業之間銷售特殊區域內的貨物。

3. 出口企業或其他單位未按規定申報或未補齊增值稅退（免）稅憑證的出口貨物勞務。

4. 境內的單位和個人提供下列應稅服務免徵增值稅，但財政部和國家稅務總局規定適用零稅率的除外。

適用增值稅免稅政策的出口貨物勞務，其進項稅額不得抵扣和退稅，應當轉入成本。

第五節　稅收優惠

一、《增值稅暫行條例》規定的免稅項目

《增值稅暫行條例》規定的免稅項目包括：
(1) 農業生產者銷售的自產農產品；
(2) 避孕藥品和用具；
(3) 古舊圖書，是指向社會收購的古書和舊書；
(4) 直接用於科學研究、科學試驗和教學的進口儀器、設備；
(5) 外國政府、國際組織無償援助的進口物資和設備；
(6) 由殘疾人的組織直接進口供殘疾人專用的物品；
(7) 銷售的自己使用過的物品。自己使用過的物品，是指其他個人自己使用過的物品。

二、財政部、國家稅務總局規定的其他免徵稅項目

財政部、國家稅務總局規定的其他免徵稅項目包括：

1. 資源綜合利用及其他產品的增值稅政策。納稅人銷售自產的資源綜合利用產品和提供資源綜合利用勞務（以下稱銷售綜合利用產品和勞務），可享受增值稅即徵即退政策。具體綜合利用的資源名稱、綜合利用產品和勞務名稱、技術標準和相關條件、退稅比例等按照財政部、國家稅務總局關於印發《資源綜合利用產品和勞務增值稅優惠目錄》的通知所附《資源綜合利用產品和勞務增值稅優惠目錄》的相關規定執行。

2. 對從事蔬菜批發、零售的納稅人銷售的蔬菜免徵增值稅。

3. 豆粕屬於增收增值稅的飼料產品，除豆粕以外的其他飼料產品，均免徵增值稅。

4. 按債轉股企業與金融資產管理公司簽訂的債轉股協議，債轉股原企業將貨物資產作為投資提供給債轉股新公司的，免徵增值稅。

5. 節能服務公司實施符合條件的合同能源管理項目，將項目中的增值稅應稅貨

物轉讓給用能企業，暫免徵收增值稅。

6. 自2013年10月1日至2015年12月31日，對納稅人銷售自產的利用太陽能生產的電力產品，實行增值稅即徵即退50%的政策。

7. 國家稅務總局對小微企業免徵增值稅有關問題作出如下規定，並自2014年10月1日起執行：

（1）增值稅小規模納稅人和營業稅納稅人，月銷售額或營業額不超過3萬元（含3萬元，下同）的，按照文件規定免徵增值稅或營業稅。其中，以1個季度為納稅期限的增值稅小規模納稅人和營業稅納稅人，季度銷售額或營業額不超過9萬元的，按照文件規定免徵增值稅或營業稅。

（2）增值稅小規模納稅人兼營營業稅應稅項目的，應當分別核算增值稅應稅項目的銷售額和營業稅應稅項目的營業額，月銷售額不超過3萬元（按季納稅9萬元）的，免徵增值稅；月營業額不超過3萬元（按季納稅9萬元）的，免徵營業稅。

（3）增值稅小規模納稅人月銷售額不超過3萬元（按季納稅9萬元）的，當期因代開增值稅專用發票（含貨物運輸業增值稅專用發票）已經繳納的稅款，在專用發票全部聯次追回或者按規定開具紅字專用發票後，可以向主管稅務機關申請退還。

8. 跨境應稅服務增值稅免稅徵管：

（1）工程、礦產資源在境外的工程勘察勘探服務。
（2）會議展覽地點在境外的會議展覽服務。
（3）存儲地點在境外的倉儲服務。
（4）標的物在境外使用的有形動產租賃服務。
（5）為出口貨物提供的郵政業服務和收派服務。
（6）適用簡易計稅方法，或聲明放棄適用零稅率選擇免稅的下列應稅服務：
①國際運輸服務；
②往返香港、澳門、臺灣的交通運輸服務以及在香港、澳門、臺灣提供的交通運輸服務；
③航天運輸服務；
④向境外單位提供的研發服務和設計服務，對境內不動產提供的設計服務除外。
（7）向境外單位提供的下列應稅服務：
①電信業服務、技術轉讓服務、技術諮詢服務、合同能源管理服務、軟件服務、電路設計及測試服務、信息系統服務、業務流程管理服務、商標著作權轉讓服務、知識產權服務、物流輔助服務（倉儲服務、收派服務除外）、認證服務、鑒證服務、諮詢服務、廣播影視節目（作品）製作服務、程租服務。
②廣告投放地在境外的廣告服務。

納稅人向國內海關特殊監管區域內的單位或者個人提供的應稅服務，不屬於跨境服務，應照章徵收增值稅。

9. 納稅人既有增值稅即徵即退、先徵后退項目，也有出口等其他增值稅應稅項目的，增值稅即徵即退和先徵后退項目不參與出口項目免抵退稅計算。納稅人應分別核算增值稅即徵即退、先徵后退項目和出口等其他增值稅應稅項目，分別申請享受增值稅即徵即退、先徵后退和免抵退稅政策。

三、營業稅改徵增值稅試點過渡政策的規定

（一）下列項目免徵增值稅
1. 個人轉讓著作權；
2. 殘疾人個人提供應稅服務；
3. 航空公司提供飛機播灑農藥服務；
4. 試點納稅人提供技術轉讓、技術開發和與之相關的技術諮詢、技術服務；
5. 符合條件的節能服務公司實施合同能源管理項目中提供的應稅服務；
6. 自 2014 年 1 月 1 日至 2018 年 12 月 31 日，試點納稅人提供的離岸服務外包業務；
7. 臺灣航運公司從事海峽兩岸海上直航業務在大陸取得的運輸收入；
8. 臺灣航空公司從事海峽兩岸空中直航業務在大陸取得的運輸收入；
9. 隨軍家屬就業；
10. 軍隊轉業幹部就業；
11. 城鎮退役士兵就業；
12. 失業人員就業；
13. 試點納稅人提供的國際貨物運輸代理服務；
14. 中國郵政集團公司及其所屬郵政企業提供的郵政普遍服務和郵政特殊服務；
15. 青藏鐵路公司提供的鐵路運輸服務；
16. 境內單位和個人向中華人民共和國境外單位提供電信服務，免徵增值稅。

（二）下列項目實行增值稅即徵即退

1. 安置殘疾人的單位，實行由稅務機關按照單位實際安置殘疾人的人數，限額即徵即退增值稅的辦法。安置殘疾人單位聘用全日制用工殘疾人與其簽訂符合法律法規規定的勞動合同或服務的協議，並且安置該殘疾人在單位實際上崗工作的，可以享受上述優惠政策。

2. 2015 年 12 月 31 日前，試點納稅人中的一般納稅人提供管道運輸服務，對其增值稅實際稅負超過 3%的部分實行增值稅即徵即退政策。

3. 經中國人民銀行、銀監會或者商務部批准從事融資租賃業務的試點納稅人中的一般納稅人，提供有形動產融資租賃服務，在 2015 年 12 月 31 日前，對其增值稅實際稅負超過 3%的部分實行增值稅即徵即退政策。商務部授權的省級商務主管部門和國家經濟技術開發區批准的從事融資租賃業務的試點納稅人中的一般納稅人，2013 年 12 月 31 日前註冊資本達到 1.7 億元的，自 2013 年 8 月 1 日起，按照上述規

定執行；2014 年 1 月 1 日以后註冊資本達到 1.7 億元的，從達到該標準的次月起，按照上述規定執行。

四、增值稅起徵點的規定

納稅人銷售額未達到國務院財政、稅務主管部門規定的起徵點的免徵增值稅。增值稅起徵點的適用範圍適用於個人（不包括認定為一般納稅人的個體工商戶）。增值稅起徵點的幅度規定如下：

(1) 銷售貨物的，為月銷售額 5,000~20,000 元；
(2) 銷售應稅勞務的，為月銷售額 5,000~20,000 元；
(3) 按次納稅的，為每次（日）銷售額 300~500 元。
(4) 應稅服務的起徵點：
①按期納稅的，為月應稅銷售額 5,000~20,000 元（含本數）。
②按次納稅的，為每次（日）銷售額 300~500 元（含本數）。

五、其他有關減免稅的規定

(1) 納稅人兼營免稅、減稅項目的，應當分別核算免稅、減稅項目的銷售額；未分別核算的，不得免稅、減稅。

(2) 納稅人銷售貨物或者提供應稅勞務和應稅服務使用免稅規定的，可以放棄免稅。放棄免稅後，36 個月內不得再申請免稅。

(3) 安置殘疾人單位既符合促進殘疾人就業增值稅優惠政策條件，又符合其他增值稅優惠政策條件的，可同時享受多項增值稅優惠政策，但年度申請退還增值稅總額不得超過本年度內應納增值稅總額。

第六節　申報與繳納

一、增值稅納稅義務發生時間

增值稅納稅義務發生時間，是指納稅人發生應稅行為應當承擔納稅義務的起始時間。稅法明確規定納稅義務發生時間的作用在於：①正式確認納稅人已經發生屬於稅法規定的應稅行為，應承擔納稅義務；②有利於稅務機關實施稅務管理，合理規定申報期限和納稅期限，監督納稅人切實履行納稅義務。

(一) 銷售貨物或者提供勞務的納稅義務發生時間

1. 納稅人銷售貨物或者提供應稅勞務，其納稅義務發生時間為收訖銷售款項或者取得索取銷售款項憑據的當天；先開發票的，為開具發票的當天。其中：

(1) 採取直接收款方式銷售貨物，不論貨物是否發出，均為收到銷售款或取得索取銷售款的憑據的當天。

（2）採取托收承付和委託銀行收款方式銷售貨物，納稅義務發生時間為發出貨物並辦妥托收手續的當天。

（3）採取賒銷和分期收款方式銷售貨物，為按合同約定的收款日期的當天，無書面合同的或者書面合同沒有約定收款日期的，為貨物發出的當天。

（4）採取預收貨款方式銷售貨物，為貨物發出的當天，但生產銷售生產工期超過12個月的大型機械設備、船舶、飛機等貨物，為收到預收款或者書面合同約定的收款日期的當天。

（5）委託其他納稅義務人代銷貨物，為收到代銷單位銷售的代銷清單或者收到全部或者部分貨款的當天；未收到代銷清單及貨款的，為發出代銷貨物滿180天的當天。

（6）銷售應稅勞務，為提供勞務同時收訖銷售款或取得索取銷售款的憑據的當天。

（7）納稅義務人發生視同銷售貨物行為，納稅義務發生時間為貨物移送的當天。

2. 納稅義務人進口貨物，納稅義務發生時間為報關進口的當天。

3. 增值稅扣繳義務發生時間為納稅人增值稅納稅義務發生的當天。

（二）提供應稅服務的納稅義務發生時間

1. 納稅人提供應稅服務並收訖銷售款項或者取得索取銷售款項憑據的當天；先開具發票的，為開具發票的當天。

2. 納稅人提供有形動產租賃服務採取預收款方式的，其納稅義務發生時間為收到預收款的當天。

3. 納稅人發生視同提供應稅服務的，其納稅義務發生時間為應稅服務完成的當天。

4. 增值稅扣繳義務發生時間為增值稅納稅義務發生的當天。

二、增值稅納稅地點

為了保證納稅人按期申報納稅，根據企業跨地區經營和搞活商品流通的特點以及不同情況，稅法還具體規定了增值稅的納稅地點。

1. 固定業戶的納稅地點

（1）《增值稅暫行條例》規定，固定業戶應當向其機構所在地主管稅務機關申報納稅。

（2）固定業戶的總機構和分支機構不在同一縣（市）的，應當分別向各自所在地主管稅務機關申報納稅；經國家稅務總局或其授權的稅務機關批准，可以由總機構匯總向總機構所在地主管稅務機關申報納稅。

（3）固定業戶臨時外出經營的納稅地點

固定業戶到外縣（市）銷售貨物的，應當向其機構所在地主管稅務機關申請開

具外出經營活動稅收管理證明，向其機構所在地主管稅務機關申報納稅。

2. 非固定業戶的納稅地點

非固定業戶銷售貨物或者應稅勞務，應當向銷售地主管稅務機關申報納稅；非固定業戶到外縣（市）銷售貨物或者應稅勞務未向銷售地主管稅務機關申報納稅，由其機構所在地或者居住地主管稅務機關補徵稅款。

3. 進口貨物納稅地點

進口貨物應當由進口人或其代理人向報關地海關申報納稅。

4. 扣繳義務人應當向其機構所在地或者居住地的主管稅務機關申報繳納其扣繳的稅款。

三、增值稅納稅期限

（一）納稅期限的規定

增值稅的納稅期限規定為 1 日、3 日、5 日、10 日、15 日、1 個月或者 1 個季度。

納稅義務人的具體納稅期限，由主管稅務機關根據納稅人應納稅額的大小分別核定；不能按照固定期限納稅的，可以按次納稅。以 1 個季度為納稅期限的規定僅適用於小規模納稅人以及財政部和國家稅務總局規定的其他納稅人。

（二）增值稅報繳期限的規定

1. 納稅義務人以 1 個月或者 1 個季度為納稅期，自期滿之日起 15 日內申報納稅；以 1 日、3 日、5 日、10 日或者 15 日為 1 個納稅期的，自期滿之日起 5 日內預繳稅款，於次月 1 日起 15 日內申報納稅並結清上月應納稅款。

2. 納稅義務人進口貨物，應當自海關填發進口增值稅專用繳款書之日起 15 內繳納稅款。

3. 納稅義務人出口貨物，應按月向稅務機關申報辦理該項出口貨物退稅。

參考文獻：

[1] 楊斌. 稅收學 [M]. 北京：科學出版社，2010.

[2] 王國清，朱明熙，劉蓉. 國家稅收 [M]. 成都：西南財經大學出版社，2008.

[3] 中國註冊會計師協會. 稅法 [M]. 北京：經濟科學出版社，2016.

第八章
消費稅

消費稅是1994年國家稅制改革中新設的一個稅種，是對特定的消費品和消費行為在特定的環節徵收的一種稅。消費稅是價內稅。根據《中華人民共和國消費稅暫行條例》（以下簡稱《消費稅暫行條例》）的規定，消費稅是對中國境內從事生產、委託加工和進口應稅消費品的單位和個人，就其銷售額或銷售數量在特定環節徵收的一種稅。

廣義上，消費稅一般對所有消費品包括生活必需品和日用品普遍課稅。一般概念上，消費稅主要指對特定消費品或特定消費行為課稅。消費稅主要以消費品為課稅對象，在此情況下，稅收隨價格轉嫁給消費者負擔，消費者是實際的賦稅人。消費稅的徵收具有較強的選擇性，是國家貫徹消費政策、引導消費結構從而引導產業結構的重要手段，因而在保證國家財政收入、體現國家經濟政策等方面具有十分重要的意義。

中國現行消費稅的特點：①徵收範圍具有選擇性。中國消費稅在徵收範圍上根據產業政策與消費政策僅選擇部分消費品徵稅，而不是對所有消費品都徵收消費稅。②徵稅環節具有單一性。其主要在生產和進口環節上徵收。③平均稅率水平比較高且稅負差異大。消費稅的平均稅率水平一般定得比較高，並且不同徵稅項目的稅負差異較大，對需要限制或控製消費的消費稅，通常稅負較重。④徵收方法具有靈活性。消費稅既採用對消費品制定單位稅額，以消費品數量實行從量定額的徵收方法，也採用對消費品制定比例稅率，以消費品的價格實行從價定率的徵收方法。

第一節　納稅義務人和徵稅範圍

一、消費稅納稅義務人

根據《消費稅暫行條例》的規定，消費稅納稅人，是指在中華人民共和國境內生產、委託加工和進口應稅消費品的單位和個人。自2009年1月1日起，增加了國務院確定的銷售應稅消費品的其他單位和個人。這裡所說的「單位」是指，國有企業、集體企業、私有企業、股份制企業、外商投資企業和外國企業、其他企業和行

政單位、事業單位、軍事單位、社會團體及其他單位。「個人」是指，個體工商戶及其他個人。「中華人民共和國境內」是指，生產、委託加工和進口應稅的消費品的起運地或所在地在中國境內。

消費稅的納稅義務人具體包括：
（1）生產應稅消費品的單位和個人。
（2）進口應稅消費品的單位和個人。
（3）委託加工應稅消費品的單位和個人。

自2009年1月1日起，國務院確定的銷售應稅消費品的單位和個人，其中，委託加工的應稅消費品由受託方於委託方提貨時代扣代繳（受託方為個體經營者除外）；自產自用的應稅消費品，由資產自用單位和個人在移送使用時繳納消費稅。

工業企業以外的單位和個人的下列行為視為應稅消費品的生產行為，按規定徵收消費稅：將外購的消費稅非應稅產品以消費稅應稅產品對外銷售的；將外購的消費稅低稅率應稅產品對外銷售的。

進口的應稅消費品，儘管其產制地不在中國境內，但在中國境內銷售或消費，為了平衡進口應稅消費品與本國應稅消費品的稅負，必須由從事進口應稅消費品的進口人或其代理人按照規定繳納消費稅。個人攜帶或者郵寄入境的應稅消費品的消費稅，連同關稅一併計徵，由攜帶入境者或者收件人繳納消費稅。

二、消費稅徵稅範圍

目前，消費稅的徵稅範圍分佈於四個環節。

（一）生產環節

生產應稅消費品銷售是消費稅徵收的主要環節，因為消費稅具有單一環節徵稅的特點，在生產環節銷售環節徵稅后，貨物在流通環節無論再轉銷多少次，不用再繳納消費稅。生產應稅消費品除了直接對外銷售徵收消費稅外，納稅人將生產的應稅消費品換取生產資料、消費資料、投資入股、償還債務，以及用於繼續生產應稅消費品以外的其他方面都應繳納消費稅。

另外，工業企業以外的單位和個人的下列行為視為應稅消費品的生產行為，按規定徵收消費稅：
（1）將外購的消費稅非應稅產品以消費稅應稅產品對外銷售的。
（2）將外購的消費稅低稅率應稅產品以高稅率應稅產品對外銷售的。

（二）委託加工應稅消費品

委託加工應稅消費品是指委託方提供原料和主要材料，受託方只收取加工費和代墊部分輔助材料加工的應稅消費品。由受託方提供原材料或其他情形的一律不能視同加工應稅消費品。委託加工的應稅消費品收回後，再繼續用於生產應稅消費品銷售且符合現行政策規定的，其他環節繳納的消費稅款可以扣除。

（三）進口應稅消費品

單位和個人進口貨物屬於消費稅的徵稅範圍的，在進口環節要繳納消費稅。為

了減少徵稅成本，進口環節繳納的消費稅由海關代徵。

（四）零售應稅消費品

經國務院批准，自1995年1月1日起，金銀首飾消費稅由生產環節徵收改為零售環節徵收。改在零售環節徵收消費稅的金銀首飾僅限於金基、銀基合金首飾以及金、銀和金基、銀基合金的鑲嵌首飾。零售環節適用稅率為5%，在納稅人銷售金銀首飾、鑽石及鑽石飾品時徵收。其計稅依據是不含增值稅的銷售額。

對既銷售金銀首飾，又銷售非金銀首飾的生產、經營單位應將兩類商品劃分清楚，分別核算銷售額。凡劃分不清楚或不能分別核算的，在生產環節銷售的，一律從高適用稅率徵收消費稅；在零售環節銷售的，一律按金銀首飾徵收消費稅。金銀首飾與其他產品組成成套消費品銷售的，應按銷售額全額徵收消費稅。

金銀首飾連同包裝物銷售的，無論包裝物是否單獨計價，也無論會計上如何計算，均應並入金銀首飾的銷售額，計徵消費稅。

帶料加工的金銀首飾，應按受託方銷售同類金銀首飾的銷售價格確定計稅依據徵收消費稅。沒有同類金銀首飾銷售價格的，按照組成計稅價格計算納稅。

納稅人採用以舊換新（含翻新改制）方式銷售的金銀首飾，應按實際收取的不含增值稅的全部價款確定計稅依據徵收消費稅。

第二節　稅目與稅率

按照《消費稅暫行條例》及其相關規定，徵收消費稅的有菸、酒、化妝品等15個稅目，有的稅目還進一步劃分若干子目。

一、消費稅稅目

（一）菸

凡是以菸葉為原料加工生產的產品，不論使用何種輔料，均屬於本稅目的徵收範圍。包括卷菸（進口卷菸、白包卷菸、手工卷菸和未經國務院批准納入計劃的企業及個人生產的卷菸）、雪茄菸和菸絲。

自2009年5月1日起，在卷菸批發環節加徵一道從價稅，在中華人民共和國境內從事卷菸批發業務的單位和個人，批發銷售的所有牌號規格的卷菸，按其銷售額（不含增值稅）徵收5%的消費稅。納稅人應將卷菸銷售額與其他商品銷售額分開核算，未分開核算的，一併徵收消費稅。納稅人銷售給納稅人以外的單位和個人的卷菸於銷售時納稅。納稅人之間銷售的卷菸不繳納消費稅。卷菸批發企業的機構所在地，總機構與分支機構不在同一地區的，由總機構申報納稅。卷菸消費稅在生產和批發兩個環節徵收后，批發企業在計算納稅時不得扣除已含的生產環節的消費稅稅款。

(二) 酒

酒是指酒精度在 1 度以上的各種酒類飲料。酒類包括糧食白酒、薯類白酒、黃酒、啤酒、果啤和其他酒。

啤酒每噸出廠價（含包裝物及其包裝物押金）在 3,000 元（含 3,000 元，不含增值稅）以上是甲類啤酒，每噸出廠價（含包裝物及包裝物押金）在 3,000 元（不含增值稅）以下的是乙類啤酒。包裝物押金不包括重複使用的塑料週轉箱的押金。對飲食業、商業、娛樂業舉辦的啤酒屋（啤酒坊）利用啤酒生產設備生產的啤酒，應當徵收消費稅。果酒屬於啤酒，按啤酒徵收消費稅。

(三) 化妝品

本稅目徵收範圍包括各類美容、修飾類化妝品、高檔護膚類化妝品和成套化妝品。

美容、修飾類化妝品是指香水、香水精、香粉、口紅、指甲油、胭脂、眉筆、唇筆、藍眼油、眼睫毛以及成套化妝品。

舞臺、戲劇、影視演員化妝用的上妝油、卸妝油、油彩，不屬於本稅目的徵收範圍。

高檔護膚類品的徵稅範圍另行規定。

(四) 貴重首飾及珠寶玉石

本稅目徵收範圍包括：凡以金、銀、白金、寶石、珍珠、鑽石、翡翠、珊瑚、瑪瑙等高貴稀有物質，以及其他金屬、人造寶石等製作的各種純金銀首飾及鑲嵌首飾和經採掘、打磨、加工的各種珠寶玉石。對出國人員免稅商店銷售的金銀首飾徵收消費稅。

(五) 鞭炮、焰火

本稅目徵收範圍包括：各種鞭炮、焰火。體育上用的發令紙、鞭炮藥引線，不按本稅目徵收。

(六) 成品油

本稅目包括汽油、柴油、石腦油、溶劑油、航空煤油、潤滑油、燃料油 7 個子目；航空煤油暫緩徵收。

(七) 小汽車

小汽車是指由動力驅動，具有 4 個或 4 個以上車輪的非軌道承載的車輛。

本稅目徵收範圍包括含駕駛員座位在內最多不超過 9 個座位（含）的，在設計和技術特性上用於載運乘客和貨物的各類乘用車和含駕駛員座位在內的座位數在 10~23 座（含）的在設計和技術特性上用於載運乘客和貨物的各類中輕型商用客車。

電動汽車不屬於本稅目徵收範圍。車身長度大於 7 米（含），並且座位在 10~23 座（含）以下的商用客車，不屬於中型商用客車徵稅範圍，不徵收消費稅。沙灘車、雪地車、卡丁車、高爾夫車不屬於消費稅徵收範圍，不徵收消費稅。

(八) 摩托車

本稅目徵稅範圍：氣缸容量 250 毫升和 250 毫升（不含）以上的摩托車徵收消

費稅。

（九）高爾夫球以及球具

高爾夫球及球具是指從事高爾夫球運動所需的各種專用裝備，包括高爾夫球、高爾夫球杆及高爾夫球包（袋）等。

高爾夫球是指重量不超過45.93克、直徑不超過42.67毫米的高爾夫球運動比賽、練習用球；高爾夫球杆是指被設計用來打高爾夫球的工具，由杆頭、杆身和握把三部分組成；高爾夫球包（袋）是指專用於盛裝高爾夫球及球杆的包（袋）。

本稅目徵收範圍包括高爾夫球、高爾夫球杆、高爾夫球包（袋）。高爾夫球杆的杆頭、杆身和握把屬於本稅目的徵收範圍。

（十）高檔手錶

高檔手錶是指銷售價格（不含增值稅）每只在10,000元（含）以上的各類手錶。

（十一）遊艇

遊艇是指長度大於8米小於90米，船體由玻璃鋼、鋼、鋁合金、塑料等多種材料製作，可以在水上移動的水上浮載體。按照動力劃分，遊艇分為無動力艇、帆艇和機動艇。

本稅目徵收範圍包括艇身長度大於8米（含）小於90米（含），內置發動機，可以在水上移動，一般為私人或團體購置，主要用於水上運動和休閒娛樂等非營利活動的各類機動艇。

（十二）木制一次性筷子

木制一次性筷子，又稱衛生筷子，是指以木材為原料經過鋸段、浸泡、旋切、刨切、烘干、篩選、打磨、倒角、包裝等環節加工而成的各類供一次性使用的筷子。

本稅目徵收範圍包括各種規格的木制一次性筷子。未經打磨、倒角的木制一次性筷子屬於本稅目徵稅範圍。

（十三）實木地板

實木地板是指以木材為原料，經鋸割、干燥、刨光、截斷、開榫、涂漆等工序加工而成的塊狀或條狀的地面裝飾材料。實木地板按生產工藝不同，可分為獨板（塊）實木地板、實木指接地板、實木複合地板三類；按表面處理狀態不同，可分為未涂飾地板（白坯板、素板）和漆飾地板兩類。

本稅目徵收範圍包括各類規格的實木地板、實木指接地板、實木複合地板及用於裝飾牆壁、天棚的側端面為榫、槽的實木裝飾板。未經涂飾的素板屬於本稅目徵稅範圍。

（十四）電池

電池，是一種將化學能、光能等直接轉換為電能的裝置，一般由電極、電解質、容器、極端，通常還有隔離層組成的基本功能單元，以及用一個或多個基本功能單元裝配成的電池組。範圍包括：原電池、蓄電池、燃料電池、太陽能電池和其他

電池。

自 2015 年 2 月 1 日起對電池（鉛蓄電池除外）徵收消費稅；對無汞原電池、金屬氫化物鎳蓄電池、鋰原電池、鋰離子蓄電池、太陽能電池、燃料電池和全釩液流電池免徵消費稅。2015 年 12 月 31 日前對鉛蓄電池緩徵消費稅；自 2016 年 1 月 1 日起，對鉛蓄電池按 4%稅率徵收消費稅。

（十五）塗料

塗料是指涂於物體表面能形成具有保護、裝飾或特殊性能的固態涂膜的一類液體或固體材料之總稱。自 2015 年 2 月 1 日起對塗料徵收消費稅，但對施工狀態下揮發性有機物（Volatile Organic Compounds，VOC）含量低於 420 克/升（含）的塗料免徵消費稅。

二、消費稅稅率

消費稅採用比例稅率和定額稅率兩種形式，以適應不同應稅消費品的實際情況。

消費稅根據不同的稅目或者子目確定相應的稅率或者單位稅額。例如，白酒稅率為 20%，摩托車稅率為 3%等，黃酒、啤酒、汽油、柴油等分別按照單位重量或者單位體積確定單位稅額。經整理匯總的消費稅稅目、稅率見表 8-1。

表 8-1　　　　　　　消費稅稅目、稅率（稅額）表

稅目	計稅單位	稅率（稅額）
一、菸		
1. 卷菸		
（1）每標準條（200 支）調撥價格在 70 元（含）以上的	每標準箱(50,000 支)	56%；150 元
（2）每標準條（200 支）調撥價格在 70 元以下的	每標準箱(50,000 支)	36%；150 元
2. 雪茄菸		36%
3. 菸絲		30%
4. 卷菸批發環節		11%加 0.005 元/支
二、酒		
1. 白酒	斤或者 500 毫升	20%；0.5 元
2. 黃酒	噸	240 元
3. 啤酒		
（1）每噸出廠價格(含包裝物及其包裝物押金)在 3,000 元以上(含 3,000 元,不含增值稅)以上的	噸	250 元
（2）每噸在 3,000 元以下的	噸	220 元
4. 其他酒		10%

表8-1(續)

稅目	計稅單位	稅率（稅額）
三、化妝品		30%
四、貴重首飾和珠寶玉石		
1. 金、銀、鉑金首飾和鑽石及鑽石飾品		5%
2. 其他貴重首飾和珠寶玉石		10%
五、鞭炮、菸火		15%
六、成品油		
1. 汽油	升	1.52元
2. 柴油	升	1.52元
3. 石腦油	升	1.52元
4. 溶劑油	升	1.52元
5. 潤滑油	升	1.52元
6. 燃料油	升	1.2元
7. 航空煤油	升	1.2元
七、小汽車		
1. 乘用車		
（1）氣缸容量（排氣量，下同）在1.0升（含）以下的		1%
（2）氣缸容量在1.0升以上至1.5升（含）的		3%
（3）氣缸容量在1.5升以上至2.0升（含）的		5%
（4）氣缸容量在2.0升以上至2.5升（含）的		9%
（5）氣缸容量在2.5升以上至3.0升（含）的		12%
（6）氣缸容量在3.0升以上至4.0升（含）的		25%
（7）氣缸容量在4.0升以上的		40%
2. 中型商用客車		5%
八、摩托車		
1. 氣缸容量在250毫升		3%
2. 氣缸容量在250毫升以上		10%
九、高爾夫球以及球具		10%
十、高檔手錶	10,000元以上/只	20%
十一、遊艇		10%
十二、木製一次性筷子		5%
十三、實木地板		5%
十四、電池		4%

表8-1(續)

稅目	計稅單位	稅率（稅額）
十五、塗料		4%

第三節　計稅依據和應納稅額的計算

一、消費稅計稅依據

根據《消費稅暫行條例》，中國消費稅的徵收方法有三種：從價定率徵收、從量定額徵收和從價從量複合徵收。

（一）從價計徵

在從價定率計算方法下，納稅額等於應稅消費品的銷售額乘以適用稅率，應納稅額的多少取決於應稅消費品的銷售額和適用稅率。

1. 銷售額的確定

銷售額為納稅人銷售應稅消費品向購貨方收取的全部價款和費用。銷售，是指有償轉讓應稅消費品的所有權；有償，是指從購買方取得貨幣、貨物或者其他經濟利益；價外費用，是指價外向購買方收取的手續費、補貼、基金、集資款、返還利潤、獎勵費、違約金、延期付款利息、賠償金、代收款項、代墊款項、包裝費、包裝物租金、儲備費、優質費、運輸裝卸費以及其他各種性質的價外收費。但下列款項不屬於價外費用：

（1）同時符合以下條件的代墊運輸費：

①承運部門的運輸費用發票開具給購買方的；

②納稅義務人將該項發票轉交給購買方的。

（2）同時符合以下條件代為收取的政府性基金或者行政事業型收費：

①由國務院或者財政部批准設立的政府性基金，由國務院或者省級人民政府及其財政、價格主管部門批准設立的行政事業性收費；

②收取時開具省級以上財政部門印製的財政票據；

③所收款項全額上繳財政。

除此之外，其他價外費用，無論是否屬於納稅人的收入，均應並入銷售額計算徵稅。

實行從價定率辦法計算應納稅額的應稅消費品連同包裝銷售的，無論包裝物是否單獨計價，也不論在會計上如何核算，均應並入應稅消費品的銷售額中徵收消費稅。如果包裝物不作價隨同產品銷售，而是收取押金，此項押金則不應並入應稅消費品的銷售額中徵稅。因逾期未收回的包裝物不再退還的或者已收取的時間超過12個月的押金，應並入應稅消費品的銷售額，按照應稅消費品的適用稅率繳納消費稅。

對既作價隨同應稅消費品銷售，又另外收取押金的包裝物的押金，凡納稅人在規定的期限內還沒有退還的，均應並入應稅消費品的銷售額，按照應稅消費品的適用稅率繳納消費稅。

從 1995 年 6 月 1 日起，對酒類產品生產企業銷售酒類產品而收取的包裝物押金，無論押金是否返還及會計上如何核算，均應並入酒類產品銷售額中徵收消費稅。對銷售啤酒、黃酒所收取的押金，按一般押金的規定處理。根據財稅〔2006〕20號文的規定，啤酒的包裝物押金不包括重複使用塑料週轉箱的押金。

另外，白酒生產企業向商業銷售單位收取的「品牌使用費」是隨著應稅白酒的銷售而向購貨方收取的，屬於應稅白酒銷售價款的組成部分，因此，不論企業採取何種方式以何種名義收取價款，均應並入白酒的銷售額中繳納消費稅。

對啤酒生產企業銷售的啤酒，不得以向其關聯企業的啤酒銷售公司銷售的價格作為確定消費稅稅額的標準，而應當以其關聯企業的啤酒銷售公司對外的銷售價格（含包裝物及包裝物押金）作為確定消費稅稅額的標準，並依此確定該啤酒消費稅單位稅額。

納稅人銷售的應稅消費品，以外匯結算銷售額的，其銷售額的人民幣折合率可以選擇結算當月 1 日的國家外匯牌價（原則上為中間價）。納稅人應在事先確定採取何種折合率，確定后 1 年內不得變更。

2. 含增值稅銷售額的換算

應稅消費品在繳納消費稅的同時，與一般貨物一樣，還應繳納增值稅。按照《消費稅暫行條例實施細則》的規定，應稅消費品的銷售額，不包括應向購買方收取的增值稅稅款。如果納稅人應稅消費品的銷售額中未扣除增值稅稅額或者因不得開具增值稅專用發票而發生價款和增值稅稅額合併收取的，在計算消費稅時，應將含增值稅的銷售額換算為不含增值稅的銷售額。換算公式為：

應稅消費品的銷售額＝含增值稅的銷售額÷（1+增值稅稅率或徵收率）

在使用換算公式時，應根據納稅人的具體情況分別使用增值稅稅率或徵收率。如果消費稅的納稅人同時又是增值稅一般納稅人的，應適用17%的增值稅稅率；如果消費稅的納稅人是增值稅小規模納稅人的，應適用3%的徵收率。

（二）從量計徵

在從量定額計算方法下，應納稅額等於應稅消費品的銷售數量乘以單位稅額，應納稅額的多少取決於應稅消費品的銷售數量和單位稅額兩個因素。

1. 銷售數量的確定

銷售數量是指納稅人生產、加工和進口應稅消費品的數量。具體規定為：
①銷售應稅消費品的，為應稅消費品的銷售數量；
②自產自用應稅消費品的，為應稅消費品的移送使用數量；
③委託加工應稅消費品的，為納稅人收回的應稅消費品數量；
④進口的應稅消費品，為海關核定的應稅消費品進口應徵稅數量。

2. 計稅單位的換算標準

《消費稅暫行條例》規定，黃酒、啤酒是以噸為稅額單位；汽油、柴油是以升為稅額單位。但是，考慮到在實際銷售過程中，一些納稅人會把噸或者升這兩個計量單位混用，故規範了不同產品的計量單位，以準確計算應納稅額。(見表 8-2)

表 8-2　　　　　　　　　　噸、升換算表

名稱	計量單位的換算標準
黃酒	1 噸 = 962 升
啤酒	1 噸 = 988 升
汽油	1 噸 = 1,388 升
柴油	1 噸 = 1,176 升
航空煤油	1 噸 = 1,246 升
石腦油	1 噸 = 1,385 升
溶劑油	1 噸 = 1,282 升
潤滑油	1 噸 = 1,126 升
燃料油	1 噸 = 1,015 升

(三) 從價從量複合計徵

消費稅應納稅額等於應稅銷售額乘以比例稅率再加上應稅銷售數量乘以單位稅額。現行消費稅的徵稅範圍中，只有卷菸、白酒採用複合計徵方法。

生產銷售卷菸、白酒從量定額計算依據為實際銷售數量。進口、委託加工、自產自用卷菸、白酒從量定額計稅依據分別為海關核定的進口數量、委託方收回數量、移動使用數量。

(四) 計稅依據的特殊規定

(1) 納稅人通過自設非獨立核算門市部銷售的自產應稅消費品，應當按照門市部對外銷售額或者銷售數量徵收消費稅。

(2) 納稅人用於換取生產資料和消費資料，投資入股和抵償債務等方面的應稅消費品，應當以納稅人同類應稅消費品的最高銷售價格作為計稅依據計算消費稅。

(3) 從高適用稅率的情況。

①納稅人生產銷售應稅消費品，如果不是單一經營某一稅率的產品，而是經營多種不同稅率的產品，這就是兼營行為。

納稅人兼營不同稅率的應稅消費品，應當分別核算不同稅率應稅消費品的銷售額、銷售數量。未分別核算銷售額、銷售數量，或者將不同稅率的應稅消費品組成成套消費品銷售的，從高適用稅率。

②納稅人將應稅消費品與非應稅消費品以及適用稅率不同的應稅消費品組成成套消費品銷售的，應根據組合產製品的銷售金額按應稅消費品中適用最高稅率的消費品稅率徵稅。

二、應納稅額的計算

（一）生產銷售環節應納稅額的計算

納稅人在生產銷售環節應納稅額的消費稅，包括直接對外銷售應稅消費品應繳納的消費稅和自產自用應稅消費品應繳納的消費稅。

1. 直接對外銷售應納消費稅的計算

（1）從價定率計算

從價定率計算方法下，應納消費稅等於銷售額乘以適用稅率。基本計算公式為：
應納稅額＝應稅消費品的銷售額×比例稅率

（2）從量定額計算

在從量定額計算方法下，應納稅額等於應稅消費品的銷售數量乘以單位稅額。基本計算公式為：
應納稅額＝應稅消費品的銷售數量×定額稅率

（3）從價定率和從量定額複合計算

現行消費稅的徵稅範圍中，只有卷菸、白酒採用複合計徵方法。基本計算公式為：
應納稅額＝應稅消費品的銷售數量×定額稅率＋應稅銷售額×比例稅率

2. 自產自用應稅消費稅的計算

所謂自產自用，就是納稅人生產應稅消費品后，不是用於直接對外銷售，而是用於自己連續生產應稅消費品或用於其他方面。這種自產自用應稅消費品形式，在實際經濟活動中是很常見的，但是也是在是否納稅或如何納稅上最容易出現問題的。

（1）用於連續生產應稅消費品

納稅人資產自用的應稅消費品，用於連續生產應稅消費品的，不納稅。所謂「納稅人自產自用的應稅消費品，用於連續生產應稅消費品的」，是指作為生產最終應稅消費品的直接材料並構成最終產品實體的應稅消費品。例如，卷菸廠生產出菸絲，菸絲已是應稅消費品，卷菸廠再用生產出的菸絲連續生產卷菸，這樣，用於連續生產卷菸的菸絲就不繳納消費稅，只對生產的卷菸徵收消費稅。

（2）用於其他方面的應稅消費品

納稅人自產自用的應稅消費品，除用於連續生產應稅消費品外，凡用於其他方面的，於移送使用時納稅。

用於其他方面的是指納稅人用於生產非應稅消費品、在建工程、管理部門、非生產機構，提供勞務，以及用於饋贈、贊助、集資、廣告、樣品、職工福利、獎勵等方面。所謂「用於生產非應稅消費品」，是指把自產的應稅消費品用於生產消費稅條例稅目稅率表所列15類產品以外的產品。所謂「用於在建工程」，是指把自己生產的應稅消費品用於與本單位有隸屬關係的管理部門或非生產機構。所謂「用於饋贈、贊助、集資、廣告、樣品、職工福利、獎勵」，是指把自己生產的應稅消費

品無償贈送給他人或以自己的形式投資於對外單位某些事業或作為商品廣告、經銷樣品或以福利、獎勵的形式發給職工。總之，企業資產的應稅消費品雖然沒有用於銷售或連續生產應稅消費品，但只要是用於稅法規定的範圍的都要視同銷售，依法繳納消費稅。

(3) 組成計稅價格及稅額的計算

納稅人自產自用的應稅消費品，用於其他方面，應當納稅的，按照納稅人生產的同類消費品的銷售價格計算納稅。同類消費品的銷售價格是指納稅人當月銷售同類消費品的銷售價格，如果當月同類消費品各期銷售價格高低不同，應按銷售數量加權平均計算。但銷售的應稅消費品有下列情況之一的，不得列入加權平均計算：

①銷售價格明顯偏低又無正當理由的；

②無銷售價格的。

如果當月無銷售或者當月未完結，應按照同類消費品上月或者最近月份的銷售價格計算納稅。沒有同類消費品銷售價格的，按照組成計稅價格計算納稅。組成計稅價格公式是：

實行從價定率辦法計算納稅的組成計稅價格計算公式：

組成計稅價格＝（成本＋利潤）÷（1－比例稅率）

應納稅額＝組成計稅價格×比例稅率

實行複合計稅辦法計算納稅的組成計稅價格計算公式：

組成計稅價格＝（成本＋利潤＋自產自用數量×定額稅率）÷（1－比例稅率）

應納稅額＝組成計稅價格×比例稅率＋自產自用數量×定額稅率

上述公式中所說的「成本」，是指由應稅消費品的產品生產成本。

上述公式中所說的「利潤」，是指應稅消費品的全國平均成本利潤率計算的利潤。應稅消費品全國平均成本利潤率由國家稅務總局確定。

(4) 應稅消費品全國平均成本利潤率

1993年12月28日與2006年3月，國家稅務總局頒發的《消費稅若干具體問題的規定》，確定了應稅消費品全國平均成本利潤率表（見表8-3）。

表 8-3　　　　　　　　　　　平均成本利潤率表　　　　　　　　　單位：%

貨物名稱	利潤率	貨物名稱	利潤率
甲類卷菸	10	貴重首飾及珠寶玉石	6
乙類卷菸	5	摩托車	6
雪茄菸	5	高爾夫球及球具	10
菸絲	5	高檔手錶	20
糧食白酒	10	遊艇	10
薯類白酒	5	木製一次性筷子	5

表8-3(續)

貨物名稱	利潤率	貨物名稱	利潤率
其他酒	5	實木地板	5
化妝品	5	乘用車	8
鞭炮、焰火	5	中輕型商用客車	5

(二) 委託加工環節應稅消費品應納稅額的計算

企業、單位或者個人由於設備、技術、人力等方面的局限或者其他方面的原因，常常要委託其他單位代為加工應稅消費品，然后，將加工好的應稅消費品收回，直接銷售或自己使用。按照規定，委託加工的應稅消費品，由受託方在向委託方交貨時代收代繳稅款。

1. 委託加工應稅消費品的確定

委託加工應稅消費品，是指委託方提供原材料和主要材料，受託方只收取加工費和代墊部分輔助材料加工的應稅消費品。對於由受託方提供原材料生產的應稅消費品，或者受託方先將原材料賣給委託方，然后再接受加工的應稅消費品，以及由受託方以委託方名義購進原材料生產的應稅消費品，不論納稅人在財務上是否作銷售處理，都不得作為委託加工應稅消費品，而應當按照銷售自製應稅消費品繳納消費稅。

2. 代收代繳稅款的規定

對於確實屬於委託方提供原料和主要材料，受託方只收取加工費和代墊部分輔助材料加工應稅消費品，中國稅法規定，由受託方在向委託方交貨時代收代繳消費稅。這樣，受託方就是法定的代收代繳義務人。

委託加工的應稅消費品，受託方在交貨時已代收代繳消費稅，委託方將收回的應稅消費品，以不高於受託方的計稅價格出售的，為直接出售，不再繳納消費稅；委託方以高於受託方的計稅價格出售的，不屬於直接出售，需按照規定申報繳納消費稅，在計稅時準予扣除受託方已代收代繳的消費稅。

對於受託方沒有按照規定代收代繳稅款的，不能因此免除委託方補繳稅款的責任。在對委託方進行稅務檢查中，如果發現其委託加工應稅消費品的受託方沒有代收代繳稅款，則應按照中國《稅收徵收管理法》規定，對受託方處以代收代繳稅款50%以上3倍以下的罰款；委託方要補繳稅款，對委託方補徵稅款的計稅依據是：如果在檢查時，收回的應稅消費品已經直接銷售的，按照銷售額計稅；收回的應稅消費品尚未銷售或不能直接銷售的（如收回后用於連續生產等），按組成計稅價格計稅。組成計稅價格的計算公式與下列「3」組成計稅價格公式相同。

3. 組成計稅價格及其應納稅額的計算

委託加工的應稅消費品，按照受託方的同類消費品的銷售價格計算納稅，同類消費品的銷售價格是指受託方（即代收代繳義務人）當月銷售的同類消費品的銷售價格，如果當月同類消費品各期銷售價格高低不同，應按銷售數量加權平均計算。但銷售的應稅消費品有下列情況之一的，不得列入加權平均計算：

①銷售價格明顯偏低又無正當理由的；

②無銷售價格的。

如果當月無銷售或者當月未完結，應按照同類消費品上月或者最近月份的銷售價格計算納稅。沒有同類消費品銷售價格的，按照組成計稅價格計算納稅。組成計

稅價格公式是：

實行從價定率辦法計算納稅的組成計稅價格計算公式：

組成計稅價格＝(材料成本＋加工費)÷(1－比例稅率)

實行複合計稅辦法計算納稅的組成計稅價格計算公式：

組成計稅價格＝(材料成本＋加工費＋委託加工數量×定額稅率)÷(1－比例稅率)

應納稅額＝組成計稅價格×適用稅率

上述公式中，「材料成本」按照《消費稅暫行條例實施細則》的解釋，是指委託方所提供加工材料實際成本。「加工費」按照《消費稅暫行條例實施細則》的解釋，是指受託方加工應稅消費品向委託方所收取的全部費用（包括代墊輔助材料的實際成本，不包括增值稅稅金）。

(三) 進口環節應納消費稅的計算

進口的應稅消費品，於報關進口時繳納消費稅；進口的應稅消費品的消費稅由海關代徵；進口的應稅消費品，由進口人或者其代理人向報關地海關申報納稅，納稅人進口應稅消費品，按照關稅徵收管理的相關規定，應當自海關填發海關進口消費稅專用繳款書之日起15日內繳納稅款。

1993年12月，國家稅務總局、海關總署聯合頒發的《關於對進口貨物徵收增值稅、消費稅有關問題的通知》規定，進口應稅消費品的收貨人或辦理報關手續的單位和個人，為進口應稅消費品消費稅的納稅義務人。進口應稅消費品消費稅的稅目、稅率（稅額），依照《消費稅暫行條例》所附的《消費稅稅目（稅額）表》執行。

納稅人進口的應稅消費品，按照組成計稅價格和規定的稅率計算納稅。其計算方法如下：

1. 從價定率計徵應納稅額的計算

基本計算公式為：

組成計稅價格＝(關稅完稅價格＋關稅)÷(1－消費稅比例稅率)

應納稅額＝組成計稅價格×適用稅率

公式中的「關稅完稅價格」，是指海關核定的關稅計稅價格。

2. 從量定額計徵應納稅額的計算

基本計算公式為：

應納稅額＝應稅消費品的銷售數量×消費稅定額稅率

公式中的「應稅消費品數量」，是指海關核定的應稅消費品進口徵稅數量。

3. 從價定率和從量定額複合計算

基本計算公式為：

組成計稅價格＝（海關完稅價格＋關稅＋進口數量×消費稅定額稅率）÷（1－比例稅率）

應納稅額＝組成計稅價格×消費稅稅率＋應稅消費品進口數量×消費稅定額稅率

(四) 已納消費稅扣除的計算

為了避免重複徵稅，現行消費稅規定，將外購應稅消費品和委託加工收回的應稅消費品繼續生產應稅消費品銷售的，可以將外購應稅消費品和委託加工收回應稅消費品已繳納的消費稅給予扣除。

1. 外購應稅消費品已納稅款的扣除

(1) 外購應稅消費品連續生產應稅消費品

按應稅消費品銷售額扣除部分因素確定計稅依據。《消費稅暫行條例》規定：對納稅義務人購進已稅消費品連續生產應稅消費品的，可以將從其應稅消費品的銷售額中扣除外購已稅消費品買價的餘額作為計稅依據，或者從其應稅消費品應納消費稅稅額中扣除原料已納消費稅稅款。扣除範圍包括：

①外購已稅菸絲生產的卷菸；
②外購已稅化妝品生產的化妝品；
③外購已稅珠寶玉石生產的貴重首飾及珠寶玉石；
④外購已稅鞭炮焰火生產的鞭炮焰火；
⑤外購已稅摩托車生產的摩托車；
⑥外購已稅杆頭、杆身和握把生產的高爾夫球杆；
⑦外購已稅木制性筷子為原料生產的木制一次性筷子；
⑧外購已稅實木地板生產實木地板；
⑨外購已稅汽油、柴油、石腦油、燃料油、潤滑油為原料生產的應稅成品油。

上述當期準予扣除的外購應稅消費品已納消費稅稅款，其計算公式如下：

當期準予扣除的外購應稅消費品的已納稅款＝當期準予扣除的外購應稅消費品的買價×外購應稅消費品適用稅率

當期準予扣除的外購應稅消費品買價＝期初庫存的外購應稅消費品的買價＋當期購進的應稅消費品的買價－期末庫存的外購應稅消費品的買價

外購已稅消費品的買價是指購貨發票上註明的銷售額（不包括增值稅額）。

需要指出的是，納稅人用外購的已稅珠寶玉石生產的改在零售環節徵收消費稅的金銀首飾（鑲嵌首飾），在計稅時一律不得扣除外購珠寶玉石的已納消費稅稅款。

(2) 外購應稅消費品后銷售

對自己不生產應稅消費品，而只是購進后再銷售應稅消費品的工業企業，其銷售的化妝品、護膚護髮品、鞭炮焰火和珠寶玉石，凡不能構成最終消費品直接進入消費品市場，而需要進一步加工的（如需進一步）深加工、包裝、貼標，組合的珠寶玉石、化妝品、酒、鞭炮焰火等，應徵收消費稅，同時允許扣除上述外購應稅消費品的已納稅款。

2. 委託加工收回的應稅消費品已納稅款的扣除

委託加工的應稅消費品因為已由受託方代收代繳消費稅。因此，委託方收回貨物后用於連續生產應稅消費品的，其已繳納稅款準予按照規定從連續生產的應稅消

費品應納稅額中抵扣。按照國家稅務總局的規定，下列連續生產的應稅消費品準予從應納消費稅稅額中按當期生產領用數量計算扣除委託加工收回的應稅消費品已納消費稅稅款：

①以委託加工收回的已稅菸絲生產的卷菸；
②以委託加工收回的已稅化妝品生產的化妝品；
③以委託加工收回的已稅珠寶玉石生產的貴重首飾及珠寶玉石；
④以委託加工收回的已稅鞭炮焰火生產的鞭炮焰火；
⑤以委託加工收回的已稅摩托車生產的摩托車；
⑥以委託加工收回的已稅杆頭、杆身和握把生產的高爾夫球杆；
⑦以委託加工收回的已稅木制性筷子為原料生產的木制一次性筷子；
⑧以委託加工收回的已稅實木地板生產實木地板；
⑨以委託加工收回的已稅汽油、柴油、石腦油、燃料油、潤滑油為原料生產的應稅成品油。

上述當期準予扣除的外購應稅消費品已納消費稅稅款，其計算公式如下：

當期準予扣除的委託加工收回應稅消費品的已納稅款＝期初庫存的委託加工應稅消費品的已納稅款＋當期收回的委託加工應稅消費品的已納－期末庫存的委託加工應稅消費品已納稅款

需要指出的是，納稅人用委託加工收回的已稅珠寶玉石生產的改在零售環節徵收消費稅的金銀首飾（鑲嵌首飾），在計稅時一律不得扣除委託加工收回的珠寶玉石的已納消費稅稅款。

第四節　出口退稅

納稅人出口應稅消費品，與出口貨物一樣，按照稅法規定，享受退（免）稅優惠。由於出口應稅消費品同時涉及退（免）增值稅和消費稅，且退（免）消費稅與出口貨物退（免）增值稅在退（免）稅範圍的限定、退（免）稅辦理程序、退（免）稅審核及管理上都有許多一致的地方。所以，這裡僅僅對消費稅出口退稅的特殊問題作介紹。

一、出口免稅並退稅

有出口經營權的外貿企業購進應稅消費品直接出口，以及外貿企業受其他外貿企業委託代理出口應稅消費品可辦理退稅。外貿企業受其他企業（主要是非生產性的商貿企業）委託，代理出口應稅消費品是不予退（稅）的。

屬於從價定率計徵消費稅的，為已徵且未在內銷應消費品應納稅額中抵扣的購進出口貨物金額；屬於從量定額計徵消費稅的，為已徵且未在內銷應稅消費品應

納稅額中抵扣的購進出口貨物數量；屬於複合計徵消費稅的，按從價定率和從量定額的計稅依據分別確定。

消費稅應退稅額＝從價定率計徵消費稅的退稅計稅依據×比例稅率＋從量定額計徵消費稅的退稅計稅依據×定格稅率

二、出口免稅但不退稅

有出口經營權的生產性企業自營出口或生產企業委託外貿企業代理出口自產的應稅消費品，依據其實際出口數量免徵消費稅，不予辦理退還消費稅。免徵消費稅是指對生產性企業按其實際出口數量免徵生產環節的消費稅。不予辦理退還消費稅，因已免徵生產環節的消費稅，該應稅消費品出口時，已不含有消費稅，所以無須再辦理退還消費稅。

三、出口不免稅也不退稅

除生產企業、外貿企業外的其他企業，具體是指一般商貿企業，這類企業委託外貿企業代理出口應稅消費品一律不予退（免）稅。出口貨物的消費稅應退稅額的計稅依據，按進出口貨物的消費稅專用繳款書和海關進口消費稅專用繳款書確定。

第五節　申報與繳納

一、納稅義務發生時間

納稅人生產的應稅消費品於銷售時納稅，進口消費品應當於應稅消費品報關進口環節納稅，但金銀首飾、鑽石及鑽石飾品在零售環節納稅。消費稅納稅義務發生的時間，以貨款結算方式或行為發生時間分別確定。

（1）納稅人銷售的應稅消費品，其納稅義務的發生時間為：

①納稅義務人採取賒銷和分期收款結算方式，其納稅義務的發生時間為書面合同約定的收款日期的當天，書面合同沒有約定收款日期或者無書面合同的，為發出應稅消費品的當天。

②納稅義務人採取預收貨款結算方式，其納稅義務的發生時間為發出應稅消費品的當天。

③納稅義務人採取托收承付和委託銀行收款方式銷售的應稅消費品，其納稅義務的發生時間，為發出應稅消費品並辦妥托收手續的當天。

④納稅義務人採取其他結算方式，其納稅義務的發生時間為收訖銷售款或者取得索取銷售款憑據的當天。

（2）納稅人自產自用的應稅消費品，其納稅義務的發生時間，為移送使用的當天。

（3）納稅義務人委託加工的應稅消費品，其納稅義務的發生時間，為納稅人提貨的當天。

（4）納稅義務人進口的應稅消費品，其納稅義務的發生時間，為報關進口的當天。

二、納稅期限

按照《消費稅暫行條例》規定，消費稅的納稅期限分別為1日、3日、5日、10日、15日、1個月或者1個季度。納稅人的具體納稅期限，由主管稅務機關根據納稅人應納稅額的大小分別核定，不能按照固定期限納稅，可以按次納稅。

納稅義務人以1個月或以1個季度為一期納稅的，自期滿之日起15日內申報納稅；以1日、3日、5日、10日或者15日為一期納稅的，自期滿之日起5日內預繳稅款，於次月1日起15日內申報納稅並結清上月應納稅款。納稅人進口應稅消費品，應當自海關填發稅款繳納證之日起15日內繳納稅款。如果納稅人不能按照規定的納稅期限依法納稅，將按《稅收徵收管理法》的有關規定處理。

三、納稅地點

消費稅納稅地點分以下幾種情況：

（1）納稅人銷售的應稅消費品，以及自產自用的應稅消費品，除國務院財政、稅務主管部門另有規定外，應當向納稅人機構所在地或者居住地的主管稅務機關申報納稅。

（2）委託加工的應稅消費品，除受託方為個人外，由受託方向機構所在地或者居住地的主管稅務機關解繳消費稅稅款。

（3）進口的應稅消費品，由進口人或由其代理人向報關地海關申報納稅。

（4）納稅人到外縣（市）銷售或委託外縣（市）代銷自產應稅消費品的，於應稅消費品銷售后，向機構所在地或者居住地主管稅務機關申報納稅。

納稅人總機構與分支機構不在同一縣（市），但在同一省（自治區、直轄市）範圍內，經省（自治區、直轄市）財政廳（局）、國家稅務總局審批同意，可以由總機構匯總向總機構所在地主管稅務機關申報繳納增值稅。

省（自治區、直轄市）財政廳（局）、國家稅務總局應將審批同意的結果，上報財政部、國家稅務總局備案。

（5）納稅人銷售的應稅消費品，如因質量等原因由購買者退回時，經所在地主管稅務機關審核批准后，可退還已徵收的消費稅稅款。但不能自行直接抵減應納稅款。

參考文獻：

［1］楊斌. 稅收學［M］. 北京：科學出版社，2010.

［2］王國清，朱明熙，劉蓉. 國家稅收［M］. 成都：西南財經大學出版社，2008.

［3］中國註冊會計師協會. 稅法［M］. 北京：經濟科學出版社，2016.

第九章
關稅

第一節　基本原理

一、關稅的內涵與界定原則

關稅是由海關對進出國境或關境的貨物、物品徵收的一種稅，包括進口稅、出口稅、過境稅和轉口稅。

(一) 國境與關境的概念

在理解關稅的概念之前，需要明確「境域」的概念，即國境與關境的區分。國境是一個國家以邊界為界限，全面行使主權的境域，包括領土、領海、領空。關境是指海關徵收關稅的領域。一般而言，國境和關境是一致的，商品進出國境也就是進出關境。但是也有兩者不一致的情況，如有些國家在國境內設有自由貿易港、自由貿易區或出口加工區時，關境就小於國境；當幾個國家組成關稅同盟時，成員國之間互相取消關稅，對外實行共同的關稅稅則，這樣，對成員國來說，其關境大於國境。

(二) 課徵關稅的目的

明確國家課徵關稅的目的是深入理解關稅的前提與基礎。一般來說，課徵關稅有兩大目的：一是籌集國家財政收入，即財產性關稅；二是保護民族或地區經濟，即保護性關稅。

1. 財政性關稅

財政性關稅是指關稅的主要功能是為國家籌集財政收入，是政府增加財政收入的一個手段。雖然這一功能已經弱化，但在各國也是存在的。根據陳共的《財政學》(第七版) 中關於關稅的闡述，在歷史上，籌集財政收入曾是關稅的主要功能。例如在 20 世紀初，西方國家的關稅收入占其稅收整體收入的比例高達 40% 以上，之後，隨著所得稅地位的提高，關稅的徵收逐漸減弱，目前西方發達國家的關稅收入占稅收整體收入的比重均不到 5%。但是，以間接稅為主的許多發展中國家仍占 1/3

左右。① 在中國，新中國成立前，海關行政權和關稅課徵權事實上都掌握在帝國主義列強手中，成為帝國主義掠奪和壓迫中國人民的工具。新中國成立後，國家政務院於 1950 年 1 月頒布了《關於關稅政策和海關工作的決定》，之後又頒布了《中華人民共和國暫行海關法》和《中華人民共和國海關進出口稅則》，建立了獨立自主有利於國計民生的海關制度。就中國而言，從 2005 到 2014 年，全國稅收收入中約有 2%～4% 來自於關稅，並呈現出穩中下降趨勢。2014 年，中國關稅占稅收整體收入的比重由 2005 年的 3.7% 下降為 2.37%。②

2. 保護性關稅

保護性關稅是指通過關稅來保護本國或某一地區相關產業的發展，這是關稅的主要內在功能。保護關稅的成因可從以下角度進行分析。一是，時間維度下政府行為的短視效應。根據布坎南的個人選擇和集體選擇觀點，政府作為集體中的一員時，由於信息的不對稱，他的選擇會更傾向於關稅徵收在短期內所帶來的收益，即財政收入收益和保護本國產業的發展等，而忽略了關稅降低為企業、為國家帶來的長遠利益。二是，關稅本身的內在功能。根據李斯特的發展經濟學理論，其主張對本國的產業實行保護，使其在一個不受威脅的穩定的環境中成長，待成熟以後再參與競爭。最典型事例就是日本的汽車行業。日本本身不具有生產汽車的比較優勢，但其政府窮其努力發展汽車行業，對其實行保護，最后日本汽車行業終於撥雲見日，不僅汽車行業在世界上首屈一指，隨同汽車行業的發展，其他相關產業如機械、電子、儀器儀表和橡膠等也都處於世界領先地位。而保護本國產業免受外國產品擠壓的一個重要途徑就是實行關稅保護主義。所以各國出於自身考慮實行關稅保護主義。三是，國際上缺乏一個全球範圍內的有效約束體制。目前，自由主義經濟是主流經濟思想，世界各國均主張發展自由市場經濟，推進全球經濟一體化進程，共同遵守 WTO 準則，降低關稅。但實際上，各國雖然降低了名義關稅率，但隱性關稅壁壘更加泛濫，阻礙了產品的自由競爭。以關稅同盟為例，關稅同盟的內部關稅率雖然為零，但對外依舊實行關稅歧視政策。簡言之，現在許多國家是打著自由市場經濟的幌子實行重商主義政策，從而謀取貿易利益。WTO 準則並不對各國具有實質上的約束作用。

（三）關稅的課徵對象

中國關稅的課徵對象分為兩類，一類是貿易性商品，即中國的進出口機構向外國出售和從國外購進的商品；另一類是非貿易性商品，包括入境旅客隨身攜帶的行李物品、個人郵遞物品、各種運輸工具上的服務人員攜帶進口的自用物品和饋贈物品，以及以其他方式進入國境的個人物品。關稅的納稅人也有兩類：一是經營進出口貿易的廠商，如國營外貿進出口公司、工貿結合和農貿結合的進出口公司、其他經批准經營進出口商品的企業等；二是各種非貿易物品的持有人、所有人（饋贈物

---

① 陳共. 財政學 [M]. 7 版. 北京：中國人民大學出版社, 2012.
② 數據結果根據中國統計局網站提供的稅收分項數據計算而得。

品)、收件人(郵遞物品)。①

(四) 關稅的稅率

從新中國成立至今,中國關稅稅率經過了多次變革與調整。特別是在改革開放以后,中國政府為適應對外開放政策帶來的經濟不斷發展的要求,分別在 1985 年和 1989 年對關稅制度作了較大的修訂。主要內容是,按照國際通行的《海關合作理事會商品分類目錄》重新對稅則、稅目進行編排,並大幅度地降低了稅率。中國現行關稅的主要特點是只對少量出口商品徵收出口稅,且稅收負擔從輕,對進口商品按必需品、需用品、非必需品、限制進口品分別規定不同的稅率。同時,對同種商品按國際慣例實行普通稅率和最低稅率兩種稅率,對來自與中國有貿易條約或貿易協定的國家的進口商品,按最低稅率課徵,其他商品按照普通稅率徵收。《關稅及貿易總協定》創立後經過多輪談判,目前發達國家的平均關稅稅率約在 5% 的水平,發展中國家約在 15% 的水平。為了最終加入 WTO,中國曾多次降低關稅稅率,2002 年中國關稅總水平(最惠國待遇的算術平均水平)由 15.3% 下降到 12%,平均降幅為 21.6%。在加入 WTO 後,降低關稅稅率的步伐逐步加快,截至 2005 年年底,中國關稅的算術平均稅率已降至 9.9%,關稅收入占稅收收入的比重也縮小到 5% 左右。

二、關稅的基本分類

根據商品在國境上的流動方向的不同,可將關稅分為進口稅、出口稅和過境稅。進口稅是對進口商品課徵的關稅,目前也是各國最主要的關稅。出口稅是對出口商品課徵的關稅,由於出口稅的課徵不利於本國商品的出口,因此,目前許多國家已不再課徵此稅,甚至當產品出口時對在國內所徵的商品流轉稅也實行退稅,以加強出口商品的競爭能力。但也有少數發展中國家為了增加財政收入或改善貿易條件,對一些稀缺性產品,如礦產品或石油徵收出口稅。過境稅是對過境商品課徵的關稅,過境是指商品只在本國口岸暫時停留,然後再運往別的國家,這部分商品只進入一國的國境,但不進入該國的市場。目前,各國為了發展轉口貿易,增加航運、倉儲、商業、銀行、保險等服務業收入,以及繁榮經濟,增加就業,基本上已不再徵收過境稅。只有當這些商品轉到國內市場銷售時,才徵收進口稅。

第二節 稅收規定

一、關稅概述

准許進出口的貨物、進出境物品,由海關依據海關稅則(也稱關稅稅則)徵收關稅。

---

① 陳共. 財政學 [M]. 7 版. 北京:中國人民大學出版社,2012.

二、關稅納稅人、課稅對象及稅率

(一) 關稅納稅人

進口貨物的收貨人、出口貨物的發貨人、進境物品的所有人,是關稅的納稅義務人。進出口貨物的收、發貨人是依法取得對外貿易經營權,並進口或者出口貨物的法人或者其他社會團體。進出境物品的所有人包括該物品的所有人和推定為所有人的人。一般情況下,對於攜帶進境的物品,推定其攜帶人為所有人;對分離運輸的行李,推定相應的進出境旅客為所有人;對以郵遞方式進境的物品,推定其收件人為所有人;以郵遞或其他運輸方式出境的物品,推定其寄件人或托運人為所有人。

(二) 課稅對象

關稅的徵稅對象是准許進出境的貨物和物品。其中,「貨物」是指貿易性商品;「物品」是指入境旅客隨身攜帶的行李物品、個人郵遞物品、各種運輸工具上的服務人員攜帶進口的自用物品、饋贈物品以及其他方式進境的個人物品。

三、關稅中關於原產地的規定

確定進境貨物原產國的主要原因之一,是便於正確運用進口稅則的各欄稅率,對產自不同國家或地區的進口貨物適用不同的關稅稅率。中國原產地規定基本上採用了「全部產地生產標準」「實質性加工標準」兩種國際上通用的原產地標準。

(一) 全部產地生產標準

全部產地生產標準是指進口貨物「完全在一個國家內生產或製造」,生產或製造國即為該貨物的原產國。完全在一國生產或製造的進口貨物包括:

(1) 在該國領土或領海內開採的礦產品;
(2) 在該國領土上收穫或採集的植物產品;
(3) 在該國領土上出生或由該國飼養的活動物及從其所得產品;
(4) 在該國領土上狩獵或捕撈所得的產品;
(5) 在該國的船只上卸下的海洋捕撈物,以及由該國船只在海上取得的其他產品;
(6) 在該國加工船加工上述第 (5) 項所列物品所得的產品;
(7) 在該國收集的只適用於作再加工製造的廢碎料和廢舊物品;
(8) 在該國完全使用上述 (1) 至 (7) 項所列產品加工成的製成品。

(二) 實質性加工標準

實質性加工標準是適用於確定有兩個或兩個以上國家參與生產的產品的原產國的標準,其基本含義是:經過幾個國家加工、製造的進口貨物,以最后一個對貨物進行經濟上可以視為實質性加工的國家作為有關貨物的原產國。「實質性加工」是指產品加工后,在進出口稅則中四位數稅號一級的稅則歸類已經有了改變,或者加工增值部分所占新產品總值的比例已超過30%及以上的。

（三）其他

對機器、儀器、器材或車輛所用零件、部件、配件、備件及工具，如與主件同時進口且數量合理的，其原產地按主件的原產地確定，分別進口的則按各自的原產地確定。

四、關稅完稅價格

中國《海關法》規定，進出口貨物的完稅價格，由海關以該貨物的成交價格為基礎審查確定。成交價格不能確定時，完稅價格由海關依法估定。自中國加入世界貿易組織後，中國海關已全面實施《世界貿易組織估價協定》，遵循客觀、公平、統一的估價原則，並依據2014年2月1日起實施的《中華人民共和國海關審定進出口貨物完稅價格辦法》（以下簡稱《完稅價格辦法》），審定進出口貨物的完稅價格。

（一）一般進口貨物的完稅價格

1. 以成交價格為基礎的完稅價格

根據《海關法》規定，進口貨物的完稅價格包括貨物的貨價、貨物運抵中國境內輸入地點起卸前的運輸及相關費用、保險費。中國境內輸入地為入境海關地，包括內陸河、江口岸，一般為第一口岸。貨物的貨價以成交價格為基礎。進口貨物的成交價格是指買方為購買該貨物，並按《完稅價格辦法》有關規定調整後的實付或應付價格。

2. 對實付或應付價格進行調整的有關規定

「實付或應付價格」指買方為購買進口貨物直接或間接支付的總額，即作為賣方銷售進口貨物的條件，由買方向賣方或為履行賣方義務向第三方已經支付或將要支付的全部價款。

（1）如下列費用或者價值未包括在進口貨物的實付或應付價格中，應當計入完稅價格：

①由買方負擔的除購貨佣金以外的佣金和經紀費。「購貨佣金」指買方為購買進口貨物向自己的採購代理人支付的勞務費用。「經紀費」指買方為購買進口貨物向代表買賣雙方利益的經紀人支付的勞務費用。

②由買方負擔的與該貨物視為一體的容器費用。

③由買方負擔的包裝材料和包裝勞務費用。

④與該貨物的生產和向中華人民共和國境內銷售有關的，由買方以免費或者以低於成本的方式提供並可以按適當比例分攤的料件、工具、模具、消耗材料及類似貨物的價款，以及在境外開發、設計等相關服務的費用。

⑤與該貨物有關並作為賣方向中國銷售該貨物的一項條件，應當由買方直接或間接支付的特許權使用費。「特許權使用費」指買方為獲得與進口貨物相關的、受著作保護的作品、專利、商標、專有技術和其他權利的使用許可而支付的費用。但

是在估定完稅價格時，進口貨物在境內的複製權費不得進入該貨物的實付或應付價格之中。

⑥賣方直接或間接從買方對該貨物進口后轉售、處置或使用所得中獲得的收益。

上列所述的費用或價值，應當由進口貨物的收貨人向海關提供客觀量化的數據材料。如果沒有客觀量化的數據材料，完稅價格由海關按《完稅價格辦法》規定的方法進行估定。

(2) 下列費用，如能與該貨物實付或者應付價格區分，不得計入完稅價格：

①廠房、機械、設備等貨物進口后的基建、安裝、裝配、維修和技術服務的費用；

②貨物運抵境內輸入地點之后的運輸費用、保險費和其他相關費用；

③進口關稅及其他國內稅收；

④為在境內複製進口貨物而支付的費用；

⑤境內外技術培訓及境外考察費用。

3. 對買賣雙方之間有特殊關係的規定

買賣雙方之間有特殊關係的，經海關審定其特殊關係未對成交價格產生影響，或進口貨物的收貨人能證明其成交價格與同時或大約同時發生的下列任一價格相近，該成交價格海關應當接受：

(1) 向境內無特殊關係的買方出售的相同或類似貨物的成交價格；

(2) 按照使用倒扣價格有關規定所確定的相同或類似貨物的完稅價格；

(3) 按照使用計算價格有關規定所確定的相同或類似貨物的完稅價格。

海關在使用上述價格做比較時，應當考慮商業水平和進口數量的不同，以及實付或者應付價格的調整規定所列各項目和交易中買賣雙方有無特殊關係造成的費用差異。

有下列情形之一的，應當認定買賣雙方有特殊關係：

①買賣雙方為同一家族成員；

②買賣雙方互為商業上的高級職員或董事；

③一方直接或間接地受另一方控製；

④買賣雙方都直接或間接地受第三方控製；

⑤買賣雙方共同直接或間接地控製第三方；

⑥一方直接或間接地擁有、控製或持有對方5%或以上公開發行的有表決權的股票或股份；

⑦一方是另一方的雇員、高級職員或董事；

⑧買賣雙方是同一合夥的成員。買賣雙方在經營上相互有聯繫，一方是另一方的獨家代理、經銷或受讓人，如果有上述關係的，也應當視為有特殊關係。

(4) 進口貨物海關估價方法

進口貨物的價格不符合成交價格條件或者成交價格不能確定的，海關應當依次

以相同貨物成交價格方法、類似貨物成交價格方法、倒扣價格方法、計算價格方法及其他合理方法確定的價格為基礎，估定完稅價格。如果進口貨物的收貨人提出要求，並提供相關資料，經海關同意，可以選擇倒扣價格方法和計算價格方法的適用次序。

①相同或類似貨物成交價格方法。相同或類似貨物成交價格方法，即以與被估的進口貨物同時或大約同時（在海關接受申報進口之日的前后各45日以內）進口的相同或類似貨物的成交價格為基礎，估定完稅價格。

以該方法估定完稅價格時，應使用與該貨物相同商業水平且進口數量基本一致的相同或類似貨物的成交價格，但對因運輸距離和運輸方式不同，在成本和其他費用方面產生的差異應當進行調整。在沒有上述的相同或類似貨物的成交價格的情況下，可以使用不同商業水平或不同進口數量的相同或類似貨物的成交價格，但對因商業水平、進口數量、運輸距離和運輸方式不同，在價格、成本和其他費用方面產生的差異應當作出調整。

以該方法估完完稅價格時，應當首先使用同一生產商生產的相同或類似貨物的成交價格，只有在沒有在這一成交價格的情況下，才可以使用同一生產國或地區生產的相同或類似貨物的成交價格。如果有多個相同或類似貨物的成交價格，應當以最低的成交價格為基礎，估定進口貨物的完稅價格。

上述「相同貨物」指與進口貨物在同一國家或地區生產的、在物理性質、質量和信譽等所有方面都相同的貨物，但表面的微小差異允許存在；「類似貨物」指與進口貨物在同一國家或地區生產的，雖然不是在所有方面都相同，但卻具有相似的特徵、相似的組成材料、同樣的功能，並且在商業中可以互換的貨物。

②倒扣價格方法。倒扣價格方法即以被估的進口貨物、相同或類似進口貨物在境內銷售的價格為基礎估定完稅價格。按該價格銷售的貨物應當同時符合五個條件，即在被估貨物進口時或大約同時銷售；按照進口時的狀態銷售；在境內第一環節銷售；合計的貨物銷售總量很大；向境內無特殊關係方的銷售。

以該方法估定完稅價格時，下列各項應當扣除：

該貨物的同等級或同種類貨物，在境內銷售時的利潤和一般費用及通常支付的佣金；貨物運抵境內輸入地點之后的運費、保險費、裝卸費及其他相關費用；進口關稅、進口環節關稅和其他與進口或銷售上述貨物有關的國內稅。

③計算價格方法。計算價格方法即按下列各項的總和計算出的價格估定完稅價格。有關項為：生產該貨物所使用的原材料價值和進行裝配或其他加工的費用；與向境內出口銷售同等級或同種類貨物的利潤、一般費用相符的利潤和一般費用；貨物運抵境內輸入地點起卸前運輸及相關費用、保險費。

④其他合理方法。使用其他合理方法時，應當根據《完稅價格辦法》規定的估價原則，以在境內獲得的數據資料為基礎估定完稅價格。但不得使用以下價格：

境內生產的貨物在境內的銷售價格；可供選擇的價格中較高的價格；貨物在出

口地市場的銷售價格；以計算價格方法規定的有關各項之外的價值或費用計算的價格；出口到第三國或地區的貨物的銷售價格；最低限價或武斷虛構的價格。

（二）出口貨物的完稅價格

1. 以成交價格為基礎的完稅價格

出口貨物的完稅價格，由海關以該貨物向境外銷售的成交價格為基礎審查核定，並應包括貨物運至中國境內輸出地點裝卸前的運輸及相關費用、保險費，但其中包含的出口關稅稅額，應當扣除。

出口貨物的成交價格，是指該貨物出口銷售到中國境外時買方向賣方實付或應付的價格。出口貨物的成交價格中還有支付給境外的佣金的，如果單獨列明，應當扣除。

2. 出口貨物海關估價方法

出口貨物的成交價格不能確定時，完稅價格由海關依次使用下列方法估定：

（1）同時或大約同時向同一國家或地區出口的相同貨物的成交價格；

（2）同時或大約同時向同一國家或地區出口的類似貨物的成交價格；

（3）根據境內生產相同或類似貨物的成本、利潤和一般費用、境內發生的運輸及其相關費用、保險費計算所得的價格；

（4）按照合理方法估定的價格。

（三）進出口貨物完稅價格中的運輸及相關費用、保險費的計算

1. 以一般陸運、空運、海運方式進口的貨物

在進口貨物的運輸及相關費用、保險費計算中，海運進口貨物，計算至該貨物運抵境內的卸貨口岸；如果該貨物的卸貨及口岸是內河（江）口岸，則應當計算至內河（江）口岸。陸運進口貨物，計算至該貨物運抵境內的第一口岸；如果運輸及相關費用、保險費支付至目的地口岸，則計算至目的地口岸。空運進口貨物，計算至該貨物運抵境內的第一口岸；如果該貨物的目的地為境內的第一口岸外的其他口岸，則計算至目的地口岸。

陸運、空運和海運進口貨物的運費和保險費，應當按照實際支付的費用計算。如果進口貨物的運費無法確定或未實際發生，海關應當按照該貨物進口同期運輸行業公布的運費率（額）計算運費；按照「貨價加運費」兩者總額的 3‰ 計算保險費。

2. 以其他方式進口的貨物

郵運的進口貨物，應當以郵費作為運輸及其相關費用、保險費；以境外邊境口岸價格條件成交的鐵路或公路運輸進口貨物，海關應當按照貨價的 1% 計算運輸及其相關費用、保險費；作為進口貨物的自駕進口的運輸工具，海關在審定完稅價格時，可以不另行計入運費。

3. 出口貨物

出口貨物的銷售價格如果包括離境口岸至境外口岸之間的運輸、保險費的，該

運費、保險費應當扣除。

五、應納稅額計算

（一）從價稅應納稅額的計算

關稅稅額＝應稅進（出）口貨物數量×單位完稅價格×稅率

（二）從量稅應納稅額的計算

關稅稅額＝應稅進（出）口貨物數量×單位貨物稅額

（三）複合稅應納稅額的計算

中國目前實行的複合稅都是先計徵從量稅，再計徵從價稅。

關稅稅額＝應稅進（出）口貨物數量×單位貨物稅額＋應稅進（出）口貨物數量×單位完稅價格×稅率

（四）滑準稅應納稅額的計算

關稅稅額＝應稅進（出）口貨物數量×單位完稅價格×滑準稅稅率

現行稅則《進（出）商品從量稅、複合稅、滑準稅稅目稅率表》后註明了滑準稅稅率的計算公式，該公式是一個與應稅進（出）口貨物完稅價格相關的取整函數。

第三節　申報與繳納

一、關稅納稅方式

進口貨物自運輸工具申報進境之日起14日內，出口貨物在貨物運抵海關監管區后裝貨的24小時以前，應該由進出口貨物的納稅義務人向貨物進出境地海關申報，海關根據稅則歸類和完稅價格計算應繳納的關稅和進口環節代徵稅，並填發稅款繳納書。

納稅義務人或他們的代理人應在海關填發稅款繳納證之日起15日內，向指定銀行繳納，並由當地銀行解繳中央金庫。關稅納稅義務人在因不可抗力或國家稅收政策調整的情形下，不能按期繳納稅款的，經海關總署批准，可以延期繳納稅款，但最長不得超過6個月。

通常的關稅納稅方式是由接受按進（出）口貨物正式進（出）口的通關手續申報的海關，逐票計算應徵關稅並填發關稅繳款書；由納稅義務人憑已向海關或指定的銀行辦理稅款交付或轉帳入庫手續；之後，海關（憑銀行回執聯）辦理結關放行手續。徵稅手續在前，結關放行手續在後，有利於稅款及時入庫，防止拖欠稅款。因此，各國海關都以這種方式作為基本納稅方式。

二、關稅的減免與稅收優惠

中國《海關法》規定：減免進出口關稅的權限屬於中央政府；在未經中央政府許可的情況下各地海關不得擅自決定減免，以保證國家關稅政策的統一。關稅減免主要可分為法定減免、特定減免和臨時減免三種類型。

(一) 法定減免

法定減免是依照關稅基本法規的規定，對列舉的課稅對象給予的減免。包括：

(1) 關稅稅額在人民幣 50 元以下的一票貨物；
(2) 無商業價值的廣告品和貨樣；
(3) 外國政府、國際組織無償贈送的物資；
(4) 在海關放行前損失的貨物；
(5) 進出境運輸工具裝載的途中必須的燃料、物料和飲食用品。

在海關放行前遭受損壞的貨物，可以根據海關認定的受損程度減徵關稅。法律規定的其他免徵或者減徵關稅的貨物，海關根據規定予以免徵或者減徵。例如，中華人民共和國締結或者參加的國際條約規定減徵、免徵關稅的貨物、物品。

(二) 特定減免

特定減免是指在關稅基本法規確定的法定減免以外，由國務院或國務院授權的機關頒布法規、規章特定規定的減免，包括對特定地區、特定企業和特定用途的貨物的減免等。特定減免稅進口貨物的監管年限由海關總署規定。

(三) 臨時減免

臨時減免是指在以上兩項減免稅以外，對某個納稅義務人因特殊原因臨時給予的減免。臨時減免一般必須在貨物進出口前，向所在地海關提出書面申請，並隨附必要的證明資料，經所在地海關審核后，轉報海關總署審核批准，或由海關總署會同國家稅務總局、財政部審核批准。

三、滯納金

進出口貨物的納稅義務人，應當自海關填發稅款繳款書之日起十五日內繳納稅款；逾期繳納的，由海關徵收滯納金。滯納金自關稅繳納期屆滿之日起，至納稅義務人繳納關稅之日止，周末和法定假日不予扣除。

關稅滯納金金額=滯納關稅稅額×0.05%×滯納天數

四、后納制

關稅后納制是海關允許某些納稅人在辦理了有關關稅手續后，先行辦理放行貨物的手續，然后再辦理徵納關稅手續的海關制度。關稅后納制是在通常的基本納稅方式的基礎上，對某些易腐、急需或有關手續無法立即辦結等特殊情況採取的一種變通措施。海關在提取貨樣、收取保證金或接受納稅人其他擔保后即可放行有關貨

物。關稅后納制使海關有充足的時間準確地進行關稅稅則歸類，審定貨物完稅價格，確定其原產地等作業，或使納稅人有時間完成有關手續，防止口岸積壓貨物，使進出境貨物盡早投入使用。

參考文獻：

［1］王國清，朱明熙，劉蓉. 國家稅收［M］. 成都：西南財經大學出版社，2008.

［2］陳共. 財政學［M］. 7版. 北京：中國人民大學出版社，2012.

［3］中國註冊會計師協會. 稅法［M］. 北京：經濟科學出版社，2015.

［4］王瑋. 稅收學原理［M］. 2版. 北京：清華大學出版社，2012.

第十章
企業所得稅

企業所得稅是指國家對企業及其他取得收入的組織的生產經營所得和其他所得依法徵收的一種稅。現行企業所得稅基本規範，是2007年3月16日第十屆全國人民代表大會第五次全體會議通過的《中華人民共和國企業所得稅法》和同年11月28日國務院第197次常務會議通過的《中華人民共和國企業所得稅法實施條例》。

企業所得稅是對中國境內的企業和其他取得收入的組織的生產經營所得和其他所得徵收的一種稅。企業所得稅具有以下作用：第一，有利於企業改善經營管理活動，提升企業盈利能力；第二，有利於調整產業結構，促進經濟發展；第三，有利於為公共管理及公共服務的提供籌集財政資金。

第一節　納稅義務人、徵稅範圍與稅率

一、納稅義務人

企業所得稅的納稅義務人是指在中華人民共和國境內，企業和其他取得收入的組織（以下統稱企業）。個人獨資企業、合夥企業除外。

企業按登記註冊地標準和實際管理機構所在地標準，分為居民企業和非居民企業。居民企業與非居民企業在中國所承擔的納稅義務範圍寬窄不同。

（一）居民企業

居民企業，是指依法在中國境內成立、或者依照外國（地區）法律成立但實際管理機構在中國境內的企業。

依法在中國境內成立的企業，是指依照中國法律、行政法規在中國境內成立的企業、事業單位、社會團體以及其他取得收入的組織。依照外國（地區）法律成立的企業，是指依照外國（地區）法律成立的企業和其他取得收入的組織。

實際管理機構，是指對企業的生產經營、人員、帳務、財產等實施實質性全面管理和控制的機構。

（二）非居民企業

非居民企業，是指依照外國（地區）法律成立且實際管理機構不在中國境內，

但在中國境內設立機構、場所的，或者在中國境內未設立機構、場所，但有來源於中國境內所得的企業。

機構、場所，是指在中國境內從事生產經營活動的機構、場所，包括：

（1）管理機構、營業機構、辦事機構；

（2）工廠、農場、開採自然資源的場所；

（3）提供勞務的場所；

（4）從事建築、安裝、裝配、修理、勘探等工程作業的場所；

（5）其他從事生產經營活動的機構、場所。

非居民企業委託營業代理人在中國境內從事生產經營活動的，包括委託單位或者個人經常代其簽訂合同，或者儲存、交付貨物等，該營業代理人視為非居民企業在中國境內設立的機構、場所。

二、徵稅對象及範圍

（一）徵稅對象

企業所得稅的徵稅對象為企業所得，具體包括銷售貨物所得、提供勞務所得、轉讓財產所得、股息紅利等權益性投資所得、利息所得、租金所得、特許權使用費所得、接受捐贈所得、其他所得。

（二）徵稅範圍

（1）居民企業應當就其來源於中國境內、境外的所得繳納企業所得稅。

（2）非居民企業在中國境內設立機構、場所的，應當就其所設機構、場所取得的來源於中國境內的所得，以及發生在中國境外但與其所設機構、場所有實際聯繫的所得，繳納企業所得稅；

非居民企業在中國境內未設立機構、場所的，或者雖設立機構、場所但取得的所得與其所設機構、場所沒有實際聯繫的，應當就其來源於中國境內的所得繳納企業所得稅。

上述所稱的實際聯繫，是指非居民企業在中國境內設立的機構、場所擁有據以取得所得的股權、債權，以及擁有、管理、控制據以取得所得的財產等。

（三）所得來源的確認

納稅人來源於中國境內、境外的所得，按照以下原則確定：

（1）銷售貨物所得，按照交易活動發生地確定；

（2）提供勞務所得，按照勞務發生地確定；

（3）轉讓財產所得，不動產轉讓所得按照不動產所在地確定，動產轉讓所得按照轉讓動產的企業或者機構、場所所在地確定，權益性投資資產轉讓所得按照被投資企業所在地確定；

（4）股息、紅利等權益性投資所得，按照分配所得的企業所在地確定；

（5）利息所得、租金所得、特許權使用費所得，按照負擔、支付所得的企業或

者機構、場所所在地確定,或者按照負擔、支付所得的個人的住所地確定;

(6)其他所得,由國務院財政、稅務主管部門確定。

三、稅率

企業所得稅的稅率為25%。非居民企業在中國境內未設立機構、場所取得的所得或者設立了機構、場所而取得的來源於中國境內的所得但與其所設機構、場所沒有實際聯繫,適用稅率為20%。(見表10-1)

表10-1　　　　　　　企業所得稅的納稅人、徵稅對象、稅率

納稅人	具體情況	徵稅對象	稅率
居民	依法在中國境內成立(即在中國註冊)的企業	境內、境外所得	25%
	外國註冊但實際管理機構所在地在中國境內		
非居民	外國註冊且實際管理機構不在中國境內,但在中國境內設立機構、場所的	境內所得	
		發生在中國境外但與其所設機構、場所有實際聯繫的所得	
	外國註冊且實際管理機構不在中國境內、也未設立機構、場所,但有來源於中國境內所得的企業	境內所得	20%

第二節　應納稅所得額的確定

企業所得稅的計稅依據為應納稅所得額。應納稅所得額是指企業每一納稅年度的收入總額,減除不徵稅收入、免稅收入、各項扣除以及允許彌補的以前年度虧損后的餘額,其計算公式是:

應納稅所得額=收入總額-不徵稅收入-免稅收入-各項扣除-以前年度虧損

企業應納稅所得額的計算,應堅持兩個原則:一是權責發生制原則,即屬於當期的收入和費用,不論款項是否收付,均作為當期的收入和費用;不屬於當期的收入和費用,即使款項已經在當期收付,均不作為當期的收入和費用;二是稅法優先原則,即企業在計算應納稅所得額時,企業財務、會計處理辦法與稅收法律、行政法規的規定不一致的,應當依照稅收法律、行政法規的規定計算。這表明會計與稅法有差異時,應按稅法進行納稅調整,並按調整後的應納稅所得計算和繳納稅款。

應當注意的是,應納稅所得與會計利潤是兩個不同的概念,二者既有聯繫又有區別。應納稅所得是一個稅收概念,是指企業按照《企業所得稅法》的一定標準確

定的，納稅義務人在一個時期內的計稅所得。而會計利潤則是一個會計核算概念，是由利潤表所反映出來的，企業一定時期內生產經營的財務成果。它關係到企業經營成果、投資者的權益以及企業與職工的利益。會計利潤是確定應納稅所得的基礎，但是不能等同於應納稅所得額。企業按照財務會計制度的規定進行核算得出的會計利潤，根據稅法規定作相應的調整后，才能作為企業的應納稅所得。

企業應納稅所得額，由收入總額減除準予扣除項目金額構成。同時，稅法中對不得扣除的項目和虧損彌補也作了明確規定。

一、收入

（一）收入總額確定的原則

1. 收入實現原則

收入實現原則，是指只有當收入被納稅人實現以后，才能計入收入總額。收入實現，是指資產在銷售之后取得現金或收取現金的權利。

2. 權責發生制原則

權責發生制原則，是指收入的確認同時滿足以下兩個條件：一是支持該項收入權利的所有事項已經發生；二是應該取得的收入額可以被合理、準確地確定。

（二）收入總額

1. 收入內容

企業取得的收入，是指企業以貨幣形式和非貨幣形式從各種來源取得的收入，包括：

（1）銷售貨物收入。其是指企業銷售商品、產品、原材料、包裝物、低值易耗品以及其他存貨取得的收入。

（2）提供勞務收入。其是指企業從事建築安裝、修理修配、交通運輸、倉儲租賃、金融保險、郵電通信、諮詢經紀、文化體育、科學研究、技術服務、教育培訓、餐飲住宿、仲介代理、衛生保健、社區服務、旅遊、娛樂、加工以及其他勞務服務活動取得的收入。

（3）轉讓財產收入。其是指企業轉讓固定資產、生物資產、無形資產、股權、債權等財產取得的收入。

（4）股息、紅利等權益性投資收益。其是指企業因權益性投資從被投資方取得的收入。股息、紅利等權益性投資收益，除國務院財政、稅務主管部門另有規定外，按照被投資方做出利潤分配決定的日期確認收入的實現。

（5）利息收入。其是指企業將資金提供他人使用但不構成權益性投資，或者因他人占用本企業資金取得的收入，包括存款利息、貸款利息、債券利息、欠款利息等收入。利息收入，按照合同約定的債務人應付利息的日期確認收入的實現。

（6）租金收入。其是指企業提供固定資產、包裝物或者其他有形資產的使用權取得的收入。租金收入，按照合同約定的承租人應付租金的日期確認收入的實現。

（7）特許權使用費收入。其是指企業提供專利權、非專利技術、商標權、著作權以及其他特許權的使用權取得的收入。特許權使用費收入，按照合同約定的特許權使用人應付特許權使用費的日期確認收入的實現。

（8）接受捐贈收入。其是指企業接受的來自其他企業、組織或者個人無償給予的貨幣性資產、非貨幣性資產。接受捐贈收入，按照實際收到捐贈資產的日期確認收入的實現。

（9）其他收入。其是指企業取得的上述規定的收入外的其他收入，包括企業資產溢餘收入、逾期未退包裝物押金收入、確實無法償付的應付款項、已作壞帳損失處理后又收回的應收款項、債務重組收入、補貼收入、違約金收入、匯兌收益等。

2. 收入形式

企業收入的形式分為貨幣形式和非貨幣形式。企業取得收入的貨幣形式，包括現金、存款、應收帳款、應收票據、準備持有至到期的債券投資以及債務的豁免等。企業取得收入的非貨幣形式，包括固定資產、生物資產、無形資產、股權投資、存貨、不準備持有至到期的債券投資、勞務以及有關權益等。企業以非貨幣形式取得的收入，應當按照公允價值確定收入額。公允價值，是指按照市場價格確定的價值。

3. 收入的確認

企業的下列生產經營業務可以分期確認收入的實現：

（1）以分期收款方式銷售貨物的，按照合同約定的收款日期確認收入的實現。

（2）企業受託加工製造大型機械設備、船舶、飛機，以及從事建築、安裝、裝配工程業務或者提供其他勞務等，持續時間超過12個月的，按照納稅年度內完工進度或者完成的工作量確認收入的實現。

（3）採取產品分成方式取得收入的，按照企業分得產品的日期確認收入的實現，其收入額按照產品的公允價值確定。

企業發生非貨幣性資產交換，以及將貨物、財產、勞務用於捐贈、償債、贊助、集資、廣告、樣品、職工福利或者利潤分配等用途的，應當視同銷售貨物、轉讓財產或者提供勞務，但國務院財政、稅務主管部門另有規定的除外。

（三）不徵稅收入

不徵稅收入，是指企業所得稅中永久不列入徵稅範圍的收入，但不屬於稅收優惠的範疇。收入總額中的下列收入為不徵稅收入：

1. 財政撥款

財政撥款，是指各級人民政府對納入預算管理的事業單位、社會團體等組織撥付的財政資金，但國務院和國務院財政、稅務主管部門另有規定的除外。

2. 依法收取並納入財政管理的行政事業性收費、政府性基金

行政事業性收費，是指依照法律法規等有關規定，按照國務院規定程序批准，在實施社會公共管理，以及在向公民、法人或者其他組織提供特定公共服務過程中，向特定對象收取並納入財政管理的費用。政府性基金，是指企業依照法律、行政法

規等有關規定，代政府收取的具有專項用途的財政資金。

3. 國務院規定的其他不徵稅收入

國務院規定的其他不徵稅收入，是指企業取得的，由國務院財政、稅務主管部門規定專項用途並經國務院批准的財政性資金。

二、扣除

(一) 扣除項目遵循的原則

企業實際發生的與取得收入有關的、合理的支出，準予在計算應納稅所得額時扣除。稅前扣除的項目一般遵循以下原則：

(1) 真實性原則。企業稅前可扣除的支出，除稅法規定的加計扣除外，必須是實際發生的支出，且納稅人必須提供證明真實性的足夠和適當的憑據。

(2) 相關性原則。企業稅前可扣除的支出，是與取得的應稅收入直接相關的支出。具體判斷的依據必須從費用發生的根源和性質，而不是費用支出的結果。

(3) 合理性原則。企業稅前可扣除的支出，是符合生產經營活動常規，應當計入當期損益或者有關資產成本的必要和正常的支出。即計算和分配方法符合一般的經營常規和會計慣例。如企業發生的支出應當區分收益性支出和資本性支出：收益性支出在發生當期直接扣除；資本性支出應當分期扣除或者計入有關資產成本，不得在發生當期直接扣除。

此外，企業的不徵稅收入用於支出所形成的費用或者財產，不得扣除或者計算對應的折舊、攤銷扣除。

(二) 準予扣除項目的基本範圍

計算應納稅所得額時準予從收入額扣除的項目，是指企業實際在一個納稅年度內發生的與取得收入有關的、合理的支出，包括成本、費用、稅金、損失和其他支出。

1. 成本

成本，是指企業在生產經營活動中發生的銷售成本、銷貨成本、業務支出以及其他耗費。

2. 費用

費用，是指企業在生產經營活動中發生的銷售費用、管理費用和財務費用，已經計入成本的有關費用除外。

3. 稅金

稅金，是指企業發生的除企業所得稅和允許抵扣的增值稅以外的各項稅金及其附加。

4. 損失

損失，是指企業在生產經營活動中發生的固定資產和存貨的盤虧、毀損、報廢損失、轉讓財產損失、呆帳損失、壞帳損失、自然災害等不可抗力因素造成的損失

以及其他損失。

企業發生的損失，減除責任人賠償和保險賠款后的餘額，依照國務院財政、稅務主管部門的規定扣除。企業已經作為損失處理的資產，在以后納稅年度又全部收回或者部分收回時，應當計入當期收入。

5. 其他支出

其他支出，是指除成本、費用、稅金、損失外，企業在生產經營活動中發生的與生產經營活動有關的、合理的其他支出。

(三) 部分扣除項目的具體規定

(1) 企業發生的合理的工資薪金支出，準予扣除。工資薪金，是指企業每一納稅年度支付給在本企業任職或者受雇的員工的所有現金形式或者非現金形式的勞動報酬，包括基本工資、獎金、津貼、補貼、年終加薪、加班工資，以及與員工任職或者受雇有關的其他支出。

(2) 企業發生的職工福利費支出，不超過工資薪金總額14%的部分，準予扣除；企業撥繳的工會經費，不超過工資薪金總額2%的部分，準予扣除；除國務院財政、稅務主管部門另有規定外，企業發生的職工教育經費支出，不超過工資薪金總額2.5%的部分，準予扣除；超過部分，準予在以后納稅年度結轉扣除。

(3) 企業依照國務院有關主管部門或者省級人民政府規定的範圍和標準為職工繳納的基本養老保險費、基本醫療保險費、失業保險費、工傷保險費、生育保險費等基本社會保險費和住房公積金，準予扣除。

企業為投資者或者職工支付的補充養老保險費、補充醫療保險費，在國務院財政、稅務主管部門規定的範圍和標準內，準予扣除。

(4) 除企業依照國家有關規定為特殊工種職工支付的人身安全保險費和國務院財政、稅務主管部門規定可以扣除的其他商業保險費外，企業為投資者或者職工支付的商業保險費，不得扣除。

(5) 企業參加財產保險，按照規定繳納的保險費，準予扣除。

(6) 企業在生產經營活動中發生的合理的不需要資本化的借款費用，準予扣除。

企業為購置、建造固定資產、無形資產和經過12個月以上的建造才能達到預定可銷售狀態的存貨發生借款的，在有關資產購置、建造期間發生的合理的借款費用，應當作為資本性支出計入有關資產的成本，並依照資產的有關規定準予扣除。

(7) 企業在生產經營活動中發生的下列利息支出，準予扣除：

①非金融企業向金融企業借款的利息支出、金融企業的各項存款利息支出和同業拆借利息支出、企業經批准發行債券的利息支出；

②非金融企業向非金融企業借款的利息支出，不超過按照金融企業同期同類貸款利率計算的數額的部分。

(8) 企業發生的與生產經營活動有關的業務招待費支出，按照發生額的60%扣

除，但最高不得超過當年銷售（營業）收入的5‰。

（9）企業發生的符合條件的廣告費和業務宣傳費支出，除國務院財政、稅務主管部門另有規定外，不超過當年銷售（營業）收入15%的部分，準予扣除；超過部分，準予在以后納稅年度結轉扣除。

（10）企業依照法律、行政法規有關規定提取的用於環境保護、生態恢復等方面的專項資金，準予扣除。上述專項資金提取后改變用途的，不得扣除。

（11）企業在貨幣交易中，以及納稅年度終了時將人民幣以外的貨幣性資產、負債按照期末即期人民幣匯率中間價折算為人民幣時產生的匯兌損失，除已經計入有關資產成本以及與向所有者進行利潤分配相關的部分外，準予扣除。

（12）企業根據生產經營活動的需要租入固定資產支付的租賃費，按照以下方法扣除：

①以經營租賃方式租入固定資產發生的租賃費支出，按照租賃期限均勻扣除；

②以融資租賃方式租入固定資產發生的租賃費支出，按照規定構成融資租入固定資產價值的部分應當提取折舊費用，分期扣除。

（13）企業發生的合理的勞動保護支出，準予扣除。

（14）企業之間支付的管理費、企業內營業機構之間支付的租金和特許權使用費，以及非銀行企業內營業機構之間支付的利息，不得扣除。

（15）非居民企業在中國境內設立的機構、場所，就其中國境外總機構發生的與該機構、場所生產經營有關的費用，能夠提供總機構出具的費用匯集範圍、定額、分配依據和方法等證明文件，並合理分攤的，準予扣除。

（16）企業轉讓資產，該項資產的淨值，準予在計算應納稅所得額時扣除。資產的淨值，是指有關資產、財產的計稅基礎減除已經按照規定扣除的折舊、折耗、攤銷、準備金等后的餘額。

（17）除國務院財政、稅務主管部門另有規定外，企業在重組過程中，應當在交易發生時確認有關資產的轉讓所得或者損失，相關資產應當按照交易價格重新確定計稅基礎。

（18）捐贈支出。企業發生的公益性捐贈支出，在年度利潤總額12%以內的部分，準予在計算應納稅所得額時扣除；超過年度利潤總額12%的部分，準予結轉以后三月內在計算應納稅所得額時扣除。

年度利潤總額，是指企業依照國家統一會計制度的規定計算的年度會計利潤。

公益性捐贈，是指企業通過公益性社會團體或者縣級以上人民政府及其部門，用於《中華人民共和國公益事業捐贈法》規定的公益事業的捐贈。

公益性社會團體，是指同時符合下列條件的基金會、慈善組織等社會團體：

①依法登記，具有法人資格；

②以發展公益事業為宗旨，且不以營利為目的；

③全部資產及其增值為該法人所有；

④收益和營運結餘主要用於符合該法人設立目的的事業；
⑤終止后的剩餘財產不歸屬任何個人或者營利組織；
⑥不經營與其設立目的無關的業務；
⑦有健全的財務會計制度；
⑧捐贈者不以任何形式參與社會團體財產的分配；
⑨國務院財政、稅務主管部門會同國務院民政部門等登記管理部門規定的其他條件。

三、不得扣除項目

在計算應納稅所得額時，下列支出不得扣除：
（1）向投資者支付的股息、紅利等權益性投資收益款項；
（2）企業所得稅稅款；
（3）稅收滯納金；
（4）罰金、罰款和被沒收財物的損失；
（5）超過國家規定允許扣除的捐贈支出；
（6）贊助支出，指企業發生的與生產經營活動無關的各種非廣告性質支出；
（7）未經核定的準備金支出，指不符合國務院財政、稅務主管部門規定的各項資產減值準備、風險準備等準備金支出；
（8）與取得收入無關的其他支出。

四、虧損彌補

虧損，是指企業將每一納稅年度的收入總額減除不徵稅收入、免稅收入和各項扣除后小於零的數額。企業納稅年度發生的虧損，準予向以后年度結轉，用以后年度的所得彌補，但結轉年限最長不得超過五年。

虧損彌補的含義有兩個：一是自虧損年度的下一個年度起連續5年不間斷地計算；二是連續發生年度虧損，也必須從第一個虧損年度算起，先虧先補，按順序連續計算虧損彌補期，不得將每個虧損年度的連續彌補期相加，更不得斷開計算。

企業在匯總計算繳納企業所得稅時，其境外營業機構的虧損不得抵減境內營業機構的盈利。

五、資產的稅務處理

企業的各項資產，包括固定資產、生物資產、無形資產、長期待攤費用、投資資產、存貨等，以歷史成本為計稅基礎。歷史成本，是指企業取得該項資產時實際發生的支出。企業持有各項資產期間資產增值或者減值，除國務院財政、稅務主管部門規定可以確認損益外，不得調整該資產的計稅基礎。

（一）固定資產的計價和折舊

固定資產，是指企業為生產產品、提供勞務、出租或者經營管理而持有的、使

用時間超過 12 個月的非貨幣性資產，包括房屋、建築物、機器、機械、運輸工具以及其他與生產經營活動有關的設備、器具、工具等。

1. 固定資產的計稅基礎

（1）外購的固定資產，以購買價款和支付的相關稅費以及直接歸屬於使該資產達到預定用途發生的其他支出為計稅基礎；

（2）自行建造的固定資產，以竣工結算前發生的支出為計稅基礎；

（3）融資租入的固定資產，以租賃合同約定的付款總額和承租人在簽訂租賃合同過程中發生的相關費用為計稅基礎，租賃合同未約定付款總額的，以該資產的公允價值和承租人在簽訂租賃合同過程中發生的相關費用為計稅基礎；

（4）盤盈的固定資產，以同類固定資產的重置完全價值為計稅基礎；

（5）通過捐贈、投資、非貨幣性資產交換、債務重組等方式取得的固定資產，以該資產的公允價值和支付的相關稅費為計稅基礎；

（6）改建的固定資產，除已足額提取折舊的固定資產的改建支出和租入固定資產的改建支出外，以改建過程中發生的改建支出增加計稅基礎。

在計算應納稅所得額時，企業按照直線法計算的固定資產折舊，準予扣除。企業應當自固定資產投入使用月份的次月起計算折舊；停止使用的固定資產，應當自停止使用月份的次月起停止計算折舊。

2. 固定資產的折舊

企業應當根據固定資產的性質和使用情況，合理確定固定資產的預計淨殘值。固定資產的預計淨殘值一經確定，不得變更。除國務院財政、稅務主管部門另有規定外，固定資產計算折舊的最低年限如下：

（1）房屋、建築物，為 20 年；

（2）飛機、火車、輪船、機器、機械和其他生產設備，為 10 年；

（3）與生產經營活動有關的器具、工具、家具等，為 5 年；

（4）飛機、火車、輪船以外的運輸工具，為 4 年；

（5）電子設備，為 3 年。

改建的固定資產，除已足額提取折舊的固定資產的改建支出和租入固定資產的改建支出外，應當適當延長折舊年限。

下列固定資產不得計算折舊扣除：

（1）房屋、建築物以外未投入使用的固定資產；

（2）以經營租賃方式租入的固定資產；

（3）以融資租賃方式租出的固定資產；

（4）已足額提取折舊仍繼續使用的固定資產；

（5）與經營活動無關的固定資產；

（6）單獨估價作為固定資產入帳的土地；

（7）其他不得計算折舊扣除的固定資產。

從事開採石油、天然氣等礦產資源的企業，在開始商業性生產前發生的費用和有關固定資產的折耗、折舊方法，由國務院財政、稅務主管部門另行規定。

（二）生產性生物資產的計價和折舊

生產性生物資產，是指企業為生產農產品、提供勞務或者出租等而持有的生物資產，包括經濟林、薪炭林、產畜和役畜等。

1. 生產性生物資產的計稅基礎

（1）外購的生產性生物資產，以購買價款和支付的相關稅費為計稅基礎；

（2）通過捐贈、投資、非貨幣性資產交換、債務重組等方式取得的生產性生物資產，以該資產的公允價值和支付的相關稅費為計稅基礎。

2. 生產性生物資產的折舊

生產性生物資產按照直線法計算的折舊，準予扣除。企業應當自生產性生物資產投入使用月份的次月起計算折舊；停止使用的生產性生物資產，應當自停止使用月份的次月起停止計算折舊。

企業應當根據生產性生物資產的性質和使用情況，合理確定生產性生物資產的預計淨殘值。生產性生物資產的預計淨殘值一經確定，不得變更。

生產性生物資產計算折舊的最低年限如下：

（1）林木類生產性生物資產，為10年；

（2）畜類生產性生物資產，為3年。

（三）無形資產的計價和攤銷

無形資產，是指企業為生產產品、提供勞務、出租或者經營管理而持有的、沒有實物形態的非貨幣性長期資產，包括專利權、商標權、著作權、土地使用權、非專利技術、商譽等。

1. 無形資產的計稅基礎

（1）外購的無形資產，以購買價款和支付的相關稅費以及直接歸屬於使該資產達到預定用途發生的其他支出為計稅基礎；

（2）自行開發的無形資產，以開發過程中該資產符合資本化條件後至達到預定用途前發生的支出為計稅基礎；

（3）通過捐贈、投資、非貨幣性資產交換、債務重組等方式取得的無形資產，以該資產的公允價值和支付的相關稅費為計稅基礎。

2. 無形資產的攤銷

無形資產按照直線法計算的攤銷費用，準予扣除。無形資產的攤銷年限不得低於10年；作為投資或者受讓的無形資產，有關法律規定或者合同約定了使用年限的，可以按照規定或者約定的使用年限分期攤銷。

下列無形資產不得計算攤銷費用扣除：

（1）自行開發的支出已在計算應納稅所得額時扣除的無形資產；

（2）自創商譽；

(3) 與經營活動無關的無形資產；

(4) 其他不得計算攤銷費用扣除的無形資產。

外購商譽的支出，在企業整體轉讓或者清算時，準予扣除。

(四) 長期待攤費用的處理

在計算應納稅所得額時，企業發生的下列支出作為長期待攤費用，按照規定攤銷的，準予扣除：

1. 已足額提取折舊的固定資產的改建支出

已足額提取折舊的固定資產的改建支出，是指改變房屋或者建築物結構、延長使用年限等發生的支出。按照固定資產預計尚可使用年限分期攤銷。

2. 租入固定資產的改建支出

租入固定資產的改建支出按照合同約定的剩餘租賃期限分期攤銷。

3. 固定資產的大修理支出

固定資產的大修理支出，是指同時符合下列條件的支出：

第一，修理支出達到取得固定資產時的計稅基礎 50% 以上；

第二，修理后固定資產的使用年限延長 2 年以上。

固定資產的大修理支出，按照固定資產尚可使用年限分期攤銷。

4. 其他應當作為長期待攤費用的支出

其他應當作為長期待攤費用的支出，自支出發生月份的次月起，分期攤銷，攤銷年限不得低於 3 年。

(五) 投資資產的處理

投資資產，是指企業對外進行權益性投資和債權性投資形成的資產。

(1) 企業對外投資期間，投資資產的成本在計算應納稅所得額時不得扣除。企業在轉讓或者處置投資資產時，投資資產的成本，準予扣除。

(2) 投資資產按照以下方法確定成本：

①通過支付現金方式取得的投資資產，以購買價款為成本；

②通過支付現金以外的方式取得的投資資產，以該資產的公允價值和支付的相關稅費為成本。

(六) 存貨的處理

存貨，是指企業持有以備出售的產品或者商品、處在生產過程中的在產品、在生產或者提供勞務過程中耗用的材料和物料等。

1. 存貨的成本

企業使用或者銷售存貨，按照規定計算的存貨成本，準予在計算應納稅所得額時扣除。

(1) 通過支付現金方式取得的存貨，以購買價款和支付的相關稅費為成本；

(2) 通過支付現金以外的方式取得的存貨，以該存貨的公允價值和支付的相關稅費為成本；

(3) 生產性生物資產收穫的農產品，以產出或者採收過程中發生的材料費、人工費和分攤的間接費用等必要支出為成本。

2. 存貨成本的計算方法

企業使用或者銷售的存貨的成本計算方法，可以在先進先出法、加權平均法、個別計價法中選用一種。計價方法一經選用，不得隨意變更。

六、應納稅所得額的計算

(一) 企業所得稅的計稅依據

企業所得稅的計稅依據是應納稅所得額。居民企業應納稅所得額計算的基本公式為：

應納稅所得額＝收入總額－不徵稅收入－免稅收入－各項扣除－彌補以前年度虧損

(二) 非居民企業應納稅所得額

非居民企業取得在中國境內未設立機構、場所的，或者雖設立機構、場所但取得的所得與其所設機構、場所沒有實際聯繫的所得，按照下列方法計算其應納稅所得額：

1. 股息、紅利等權益性投資收益和利息、租金、特許權使用費所得，以收入全額為應納稅所得額；

2. 轉讓財產所得，以收入全額減除財產淨值后的餘額為應納稅所得額；

財產淨值，是指有關資產、財產的計稅基礎減除已經按照規定扣除的折舊、折耗、攤銷、準備金等后的餘額。

3. 其他所得，參照前兩項規定的方法計算應納稅所得額。

收入全額，是指非居民企業向支付人收取的全部價款和價外費用。

在計算應納稅所得額時，企業財務、會計處理辦法與稅收法律、行政法規的規定不一致的，應當依照稅收法律、行政法規的規定計算。

第三節　應納稅額的計算

《中華人民共和國企業所得稅法》規定，企業的應納稅所得額乘以適用稅率，減除依照稅收優惠的規定減免和抵免的稅額后的餘額，為應納稅額。

應納稅額的計算公式為：

應納稅額＝應納稅所得額×適用稅率－減免稅額－抵免稅額

所得稅稅額的抵免可分為直接抵免和間接抵免。

1. 直接抵免的稅額

企業取得的所得已在境外繳納的所得稅稅額，可以從其當期應納稅額中抵免，抵免限額為該項所得依照《企業所得稅法》規定計算的應納稅額；超過抵免限額的

部分，可以在以后五個年度内，用每年度抵免限額抵免當年應抵稅額后的餘額進行抵補。

（1）企業取得的所得，是指居民企業來源於中國境外的應稅所得；非居民企業在中國境内設立機構、場所，取得發生在中國境外但與該機構、場所有實際聯繫的應稅所得。

（2）已在境外繳納的所得稅稅額，是指企業來源於中國境外的所得依照中國境外稅收法律以及相關規定應當繳納並已經實際繳納的企業所得稅性質的稅款。

（3）抵免限額，是指企業來源於中國境外的所得，依照企業所得稅法和企業所得稅實施條例的規定計算的應納稅額。除國務院財政、稅務主管部門另有規定外，該抵免限額應當分國（地區）不分項計算，計算公式如下：

抵免限額＝中國境内、境外所得依照企業所得稅法和本條例的規定計算的應納稅總額×來源於某國（地區）的應納稅所得額÷中國境内、境外應納稅所得總額

（4）五個年度，是指從企業取得的來源於中國境外的所得，已經在中國境外繳納的企業所得稅性質的稅額超過抵免限額的當年的次年起連續五個納稅年度。

（5）企業依照規定抵免企業所得稅稅額時，應當提供中國境外稅務機關出具的稅款所屬年度的有關納稅憑證。

2. 間接抵免的稅額

居民企業從其直接或者間接控制的外國企業分得的來源於中國境外的股息、紅利等權益性投資收益，外國企業在境外實際繳納的所得稅稅額中屬於該項所得負擔的部分，可以作為該居民企業的可抵免境外所得稅稅額，抵免方法同直接抵免。

直接控制，是指居民企業直接持有外國企業20%以上股份。

間接控制，是指居民企業以間接持股方式持有外國企業20%以上股份，具體認定辦法由國務院財政、稅務主管部門另行制定。

第四節　稅收優惠

企業所得稅的稅收優惠，是指國家根據經濟和社會發展的需要，在一定的期限内對特定地區、行業和企業的納稅義務人應繳納的企業所得稅，給予減徵或者免徵的一種照顧和鼓勵措施。

企業所得稅的稅收優惠設制的原則，一是以產業優惠為主，區域優惠為輔；二是以間接優惠為主，直接優惠為輔。

概括起來，企業所得稅的法定減免稅優惠主要包括以下内容：

一、國家重點扶持和鼓勵發展的產業和項目

國家對重點扶持和鼓勵發展的產業和項目，給予企業所得稅優惠。

二、企業的下列收入為免稅收入

（1）國債利息收入。國債利息收入，是指企業持有國務院財政部門發行的國債取得的利息收入。

（2）符合條件的居民企業之間的股息、紅利等權益性投資收益。符合條件的，是指居民企業直接投資於其他居民企業取得的投資收益。

（3）在中國境內設立機構、場所的非居民企業從居民企業取得與該機構、場所有實際聯繫的股息、紅利等權益性投資收益。

以上所稱股息、紅利等權益性投資收益，不包括連續持有居民企業公開發行並上市流通的股票不足12個月取得的投資收益。

（4）符合條件的非營利組織的收入。其不包括非營利組織從事營利性活動取得的收入，但國務院財政、稅務主管部門另有規定的除外。

符合條件的非營利組織應同時符合下列條件：

①依法履行非營利組織登記手續；

②從事公益性或者非營利性活動；

③取得的收入除用於與該組織有關的、合理的支出外，全部用於登記核定或者章程規定的公益性或者非營利性事業；

④財產及其孳息不用於分配；

⑤按照登記核定或者章程規定，該組織註銷后的剩餘財產用於公益性或者非營利性目的，或者由登記管理機關轉贈給與該組織性質、宗旨相同的組織，並向社會公告；

⑥投入人對投入該組織的財產不保留或者享有任何財產權利；

⑦工作人員工資福利開支控製在規定的比例內，不變相分配該組織的財產。

非營利組織的認定管理辦法由國務院財政、稅務主管部門會同國務院有關部門制定。

三、企業的下列所得，可以免徵、減徵企業所得稅

（一）從事農、林、牧、漁業項目的所得

1. 企業從事下列項目的所得，免徵企業所得稅：

（1）蔬菜、穀物、薯類、油料、豆類、棉花、麻類、糖料、水果、堅果的種植；

（2）農作物新品種的選育；

（3）中藥材的種植；

（4）林木的培育和種植；

（5）牲畜、家禽的飼養；

（6）林產品的採集；

（7）灌溉、農產品初加工、獸醫、農技推廣、農機作業和維修等農、林、牧、漁服務業項目；

（8）遠洋捕撈。

2. 企業從事下列項目的所得，減半徵收企業所得稅

（1）花卉、茶以及其他飲料作物和香料作物的種植；

（2）海水養殖、內陸養殖。

企業從事國家限制和禁止發展的項目，不得享受本條規定的企業所得稅優惠。

（二）從事國家重點扶持的公共基礎設施項目投資經營的所得

國家重點扶持的公共基礎設施項目，是指《公共基礎設施項目企業所得稅優惠目錄》規定的港口碼頭、機場、鐵路、公路、城市公共交通、電力、水利等項目。

企業從事上述規定的國家重點扶持的公共基礎設施項目的投資經營所得，自項目取得第一筆生產經營收入所屬納稅年度起，第一年至第三年免徵企業所得稅，第四年至第六年減半徵收企業所得稅。企業承包經營、承包建設和內部自建自用本條規定的項目，不得享受本條規定的企業所得稅優惠。

（三）從事符合條件的環境保護、節能節水項目的所得

符合條件的環境保護、節能節水項目，包括公共污水處理、公共垃圾處理、沼氣綜合開發利用、節能減排技術改造、海水淡化等。

企業從事規定的符合條件的環境保護、節能節水項目的所得，自項目取得第一筆生產經營收入所屬納稅年度起，第一年至第三年免徵企業所得稅，第四年至第六年減半徵收企業所得稅。

依照上述（二）、（三）規定享受減免稅優惠的項目，在減免稅期限內轉讓的，受讓方自受讓之日起，可以在剩餘期限內享受規定的減免稅優惠；減免稅期限屆滿後轉讓的，受讓方不得就該項目重複享受減免稅優惠。

（四）符合條件的技術轉讓所得

一個納稅年度內，居民企業技術轉讓所得不超過500萬元的部分，免徵企業所得稅；超過500萬元的部分，減半徵收企業所得稅。

（五）非居民企業所得稅徵收

非居民企業在中國境內未設立機構、場所的，或者雖設立機構、場所但取得的所得與其所設機構、場所沒有實際聯繫的，其來源於中國境內的所得減按10%的稅率徵收企業所得稅。

（六）可以免徵企業所得稅的所得

（1）外國政府向中國政府提供貸款取得的利息所得；

（2）國際金融組織向中國政府和居民企業提供優惠貸款取得的利息所得；

（3）經國務院批准的其他所得。

四、符合條件的小型微利企業，減按20%的稅率徵收企業所得稅

符合條件的小型微利企業，是指從事國家非限制和禁止行業，並符合下列條件

的企業：

（1）工業企業，年度應納稅所得額不超過 30 萬元，從業人數不超過 100 人，資產總額不超過 3,000 萬元；

（2）其他企業，年度應納稅所得額不超過 30 萬元，從業人數不超過 80 人，資產總額不超過 1,000 萬元。

五、國家需要重點扶持的高新技術企業，減按 15% 的稅率徵收企業所得稅

國家需要重點扶持的高新技術企業，是指擁有核心自主知識產權，並同時符合下列條件的企業：

（1）產品（服務）屬於「國家重點支持的高新技術領域」規定的範圍；

（2）研究開發費用占銷售收入的比例不低於規定比例；企業為獲得科學技術（不包括人文、社會科學）新知識，創造性運用科學技術新知識，或實質性改進技術、產品（服務）而持續進行了研究開發活動，且近三個會計年度的研究開發費用總額占銷售收入總額的比例符合如下要求：

① 最近一年銷售收入小於 5,000 萬元的企業，比例不低於 6%；
② 最近一年銷售收入在 5,000 萬元至 20,000 萬元的企業，比例不低於 4%；
③ 最近一年銷售收入在 20,000 萬元以上的企業，比例不低於 3%。

其中，企業在中國境內發生的研究開發費用總額占全部研究開發費用總額的比例不低於 60%。

（3）高新技術產品（服務）收入占企業總收入的 60% 以上；

（4）科技人員占企業職工總數的比例不低於規定比例：具有大學專科以上學歷的科技人員占企業當年職工總數的 30% 以上，其中研發人員占企業當年職工總數的 10% 以上；

（5）高新技術企業認定管理辦法規定的其他條件。

「國家重點支持的高新技術領域」和高新技術企業認定管理辦法由國務院科技、財政、稅務主管部門商國務院有關部門制訂，報國務院批准後公布施行。

六、民族自治地方有關所得

民族自治地方的自治機關對本民族自治地方的企業應繳納的企業所得稅中屬於地方分享的部分，可以決定減徵或者免徵。

民族自治地方，是指依照《中華人民共和國民族區域自治法》的規定，實行民族區域自治的自治區、自治州、自治縣。對民族自治地方內國家限制和禁止行業的企業，不得減徵或者免徵企業所得稅。自治州、自治縣決定減徵或者免徵的，須報省、自治區、直轄市人民政府批准。

七、企業的下列支出，可以在計算應納稅所得額時加計扣除

（一）開發新技術、新產品、新工藝發生的研究開發費用

研究開發費用的加計扣除，是指企業為開發新技術、新產品、新工藝發生的研究開發費用，未形成無形資產計入當期損益的，在按照規定據實扣除的基礎上，按照研究開發費用的 50% 加計扣除；形成無形資產的，按照無形資產成本的 150% 攤銷。

（二）安置殘疾人員及國家鼓勵安置的其他就業人員所支付的工資

企業安置殘疾人員所支付的工資的加計扣除，是指企業安置殘疾人員的，在按照支付給殘疾職工工資據實扣除的基礎上，按照支付給殘疾職工工資的 100% 加計扣除。殘疾人員的範圍適用《中華人民共和國殘疾人保障法》的有關規定。

安置國家鼓勵安置的其他就業人員所支付的工資的加計扣除辦法，由國務院另行規定。

八、創業投資企業從事國家需要重點扶持和鼓勵的創業投資所得

創業投資企業從事國家需要重點扶持和鼓勵的創業投資，可以按投資額的一定比例抵扣應納稅所得額。

創業投資企業採取股權投資方式投資於未上市的中小高新技術企業 2 年以上的，可以按照其投資額的 70% 在股權持有滿 2 年的當年抵扣該創業投資企業的應納稅所得額；當年不足抵扣的，可以在以後納稅年度結轉抵扣。

九、符合條件的企業固定資產加速折舊

企業的固定資產由於技術進步等原因，確需加速折舊的，可以採取縮短折舊年限或者採取加速折舊的方法進行折舊。包括：

（1）由於技術進步，產品更新換代較快的固定資產；

（2）常年處於強震動、高腐蝕狀態的固定資產。

採取縮短折舊年限方法的，最低折舊年限不得低於前述固定資產計算折舊的最低年限的 60%；採取加速折舊方法的，可以採取雙倍餘額遞減法或者年數總和法。

十、企業綜合利用資源符合條件的生產所得

企業綜合利用資源，生產符合國家產業政策規定的產品所取得的收入，可以在計算應納稅所得額時減計收入。

企業以《資源綜合利用企業所得稅優惠目錄》規定的資源作為主要原材料，生產國家非限制和禁止並符合國家和行業相關標準的產品取得的收入，減按 90% 計入收入總額。原材料占生產產品材料的比例不得低於《資源綜合利用企業所得稅優惠目錄》規定的標準。

十一、企業購置符合條件的專用設備可以按一定比例實行抵免

企業購置用於環境保護、節能節水、安全生產等專用設備的投資額，可以按一定比例實行稅額抵免。

企業購置並實際使用《環境保護專用設備企業所得稅優惠目錄》《節能節水專用設備企業所得稅優惠目錄》和《安全生產專用設備企業所得稅優惠目錄》規定的環境保護、節能節水、安全生產等專用設備的，該專用設備的投資額的10%可以從企業當年的應納稅額中抵免；當年不足抵免的，可以在以后5個納稅年度結轉抵免。企業應當實際購置並自身實際投入使用上述規定的專用設備；企業購置上述專用設備在5年內轉讓、出租的，應當停止享受企業所得稅優惠，並補繳已經抵免的企業所得稅稅款。

十二、新《企業所得稅法》公布前批准設立的企業稅收優惠過渡辦法

企業按照原稅收法律、行政法規和具有行政法規效力文件規定享受的企業所得稅優惠政策，可以按以下辦法實施過渡：

（1）自2008年1月1日起，原享受低稅率優惠政策的企業，在新稅法施行后5年內逐步過渡到法定稅率。其中：享受企業所得稅15%稅率的企業，2008年按18%的稅率執行，2009年按20%的稅率執行，2010年按22%的稅率執行，2011年按24%的稅率執行，2012年按25%的稅率執行；原執行24%稅率的企業，2008年起按25%的稅率執行。（表10-2）

（2）自2008年1月1日起，原享受企業所得稅「兩免三減半」「五免五減半」等定期減免稅優惠的企業，新稅法施行后繼續按原稅收法律、行政法規及相關文件規定的優惠辦法及年限享受至期滿為止，但因未獲利而尚未享受稅收優惠的，其優惠期限從2008年度起計算。

享受企業所得稅定期減半優惠過渡的企業，應一律按規定的過渡稅率計算的應納稅額實行減半徵稅，即2008年按18%的稅率計算的應納稅額實行減半徵稅，2009年按20%的稅率計算的應納稅額實行減半徵稅，2010年按22%的稅率計算的應納稅額實行減半徵稅，2011年按24%的稅率計算的應納稅額實行減半徵稅，2012年及以后年度按25%的稅率計算的應納稅額實行減半徵稅。（表10-2）

對原適用24%或33%企業所得稅率並享受企業所得稅定期減半優惠過渡的企業，2008年及以后年度一律按25%的稅率計算的應納稅額實行減半徵稅。

表10-2　　　　5年過渡期稅率及定期減半優惠稅率一覽表

年度	2008	2009	2010	2011	2012
過渡期稅率	18%	20%	22%	24%	25%
定期減半稅率	9%	10%	11%	12%	12.5%

（3）享受上述過渡優惠政策的企業，是指2007年3月16日以前經工商等登記管理機關登記設立的企業；

（4）對經濟特區（深圳、珠海、汕頭、廈門和海南）和上海浦東新區內在2008年1月1日（含）之后完成登記註冊的國家需要重點扶持的高新技術企業，在經濟特區和上海浦東新區內取得的所得，自取得第一筆生產經營收入所屬納稅年度起，第一年至第二年免徵企業所得稅，第三年至第五年按照25%的法定稅率減半徵收企業所得稅。

經濟特區和上海浦東新區內新設高新技術企業同時在經濟特區和上海浦東新區以外的地區從事生產經營的，應當單獨計算其在經濟特區和上海浦東新區內取得的所得，並合理分攤企業的期間費用；沒有單獨計算的，不得享受企業所得稅優惠。

（5）繼續執行西部大開發稅收優惠政策。根據國務院實施西部大開發有關文件精神，財政部、稅務總局和海關總署聯合下發的《財政部、國家稅務總局、海關總署關於西部大開發稅收優惠政策問題的通知》（財稅〔2001〕202號）中規定的西部大開發企業所得稅優惠政策繼續執行。

（6）其他規定。享受企業所得稅過渡優惠政策的企業，應按照新稅法和實施條例中有關收入和扣除的規定計算應納稅所得額。

企業所得稅過渡優惠政策與新稅法及實施條例規定的優惠政策存在交叉的，由企業選擇最優惠的政策執行，不得疊加享受，且一經選擇，不得改變。

十三、其他規定

（1）企業同時從事適用不同企業所得稅待遇的項目的，其優惠項目應當單獨計算所得，並合理分攤企業的期間費用；沒有單獨計算的，不得享受企業所得稅優惠。

（2）根據國民經濟和社會發展的需要，或者由於突發事件等原因對企業經營活動產生重大影響的，國務院可以制定企業所得稅專項優惠政策，報全國人民代表大會常務委員會備案。

第五節　特別納稅調整

《中華人民共和國企業所得稅法》對企業與其關聯方之間的業務往來，作出了一系列的反避稅措施，有效防範和制止避稅行為，維護國家稅收利益。

1. 企業與其關聯方之間的業務往來，不符合獨立交易原則而減少企業或者其關聯方應納稅收入或者所得額的，稅務機關有權按照合理方法調整。

（1）關聯方，是指與企業有下列關聯關係之一的企業、其他組織或者個人：
①在資金、經營、購銷等方面存在直接或者間接的控制關係；
②直接或者間接地同為第三者控製；

③在利益上具有相關聯的其他關係。

（2）獨立交易原則。獨立交易原則，是指沒有關聯關係的交易各方，按照公平成交價格和營業常規進行業務往來遵循的原則。

（3）調整的合理方法。調整的合理方法包括：

①可比非受控價格法。其是指按照沒有關聯關係的交易各方進行相同或者類似業務往來的價格進行定價的方法。

②再銷售價格法。其是指按照從關聯方購進商品再銷售給沒有關聯關係的交易方的價格，減除相同或者類似業務的銷售毛利進行定價的方法。

③成本加成法。其是指按照成本加合理的費用和利潤進行定價的方法。

④交易淨利潤法。其是指按照沒有關聯關係的交易各方進行相同或者類似業務往來取得的淨利潤水平確定利潤的方法。

⑤利潤分割法。其是指將企業與其關聯方的合併利潤或者虧損在各方之間採用合理標準進行分配的方法。

⑥其他符合獨立交易原則的方法。

2. 企業與其關聯方共同開發、受讓無形資產，或者共同提供、接受勞務發生的成本，在計算應納稅所得額時應當按照獨立交易原則進行分攤。企業可以按照獨立交易原則與其關聯方分攤共同發生的成本，達成成本分攤協議。企業與其關聯方分攤成本時，應當按照成本與預期收益相配比的原則進行分攤，並在稅務機關規定的期限內，按照稅務機關的要求報送有關資料。

企業與其關聯方分攤成本時違反上述兩項規定的，其自行分攤的成本不得在計算應納稅所得額時扣除。

3. 企業可以向稅務機關提出與其關聯方之間業務往來的定價原則和計算方法，稅務機關與企業協商、確認後，達成預約定價安排。

預約定價安排，是指企業就其未來年度關聯交易的定價原則和計算方法，向稅務機關提出申請，與稅務機關按照獨立交易原則協商、確認後達成的協議。

4. 企業向稅務機關報送年度企業所得稅納稅申報表時，應當就其與關聯方之間的業務往來，附送年度關聯業務往來報告表。

稅務機關在進行關聯業務調查時，企業及其關聯方，以及與關聯業務調查有關的其他企業，應當按照規定提供相關資料。包括：

（1）與關聯業務往來有關的價格、費用的制定標準、計算方法和說明等同期資料；

（2）關聯業務往來所涉及的財產、財產使用權、勞務等的再銷售（轉讓）價格或者最終銷售（轉讓）價格的相關資料；

（3）與關聯業務調查有關的其他企業應當提供的與被調查企業可比的產品價格、定價方式以及利潤水平等資料；

（4）其他與關聯業務往來有關的資料。與關聯業務調查有關的其他企業，是指

與被調查企業在生產經營內容和方式上相類似的企業。

5. 企業應當在稅務機關規定的期限內提供與關聯業務往來有關的價格、費用的制定標準、計算方法和說明等資料。關聯方以及與關聯業務調查有關的其他企業應當在稅務機關與其約定的期限內提供相關資料。

6. 企業不提供與其關聯方之間業務往來資料，或者提供虛假、不完整資料，未能真實反映其關聯業務往來情況的，稅務機關有權依法核定其應納稅所得額。

核定企業的應納稅所得額時，可以採用下列方法：

（1）參照同類或者類似企業的利潤率水平核定；

（2）按照企業成本加合理的費用和利潤的方法核定；

（3）按照關聯企業集團整體利潤的合理比例核定；

（4）按照其他合理方法核定。

企業對稅務機關按照前款規定的方法核定的應納稅所得額有異議的，應當提供相關證據，經稅務機關認定后，調整核定的應納稅所得額。

7. 由居民企業，或者由居民企業和中國居民控製的設立在實際稅負明顯低於企業所得稅基本稅率的50%的國家（地區）的企業，並非由於合理的經營需要而對利潤不作分配或者減少分配的，上述利潤中應歸屬於該居民企業的部分，應當計入該居民企業的當期收入。

中國居民，是指根據《中華人民共和國個人所得稅法》的規定，就其從中國境內、境外取得的所得在中國繳納個人所得稅的個人。

上述所稱控製，包括：

（1）居民企業或者中國居民直接或者間接單一持有外國企業10%以上有表決權股份，且由其共同持有該外國企業50%以上股份；

（2）居民企業，或者居民企業和中國居民持股比例沒有達到第1項規定的標準，但在股份、資金、經營、購銷等方面對該外國企業構成實質控製。

8. 企業從其關聯方接受的債權性投資與權益性投資的比例超過規定標準而發生的利息支出，不得在計算應納稅所得額時扣除。具體標準，由國務院財政、稅務主管部門另行規定。

債權性投資，是指企業直接或者間接從關聯方獲得的，需要償還本金和支付利息或者需要以其他具有支付利息性質的方式予以補償的融資。

企業間接從關聯方獲得的債權性投資，包括：

（1）關聯方通過無關聯第三方提供的債權性投資；

（2）無關聯第三方提供的、由關聯方擔保且負有連帶責任的債權性投資；

（3）其他間接從關聯方獲得的具有負債實質的債權性投資。

權益性投資，是指企業接受的不需要償還本金和支付利息，投資人對企業淨資產擁有所有權的投資。

9. 企業實施其他不具有合理商業目的的安排而減少其應納稅收入或者所得額

的,稅務機關有權按照合理方法調整。

不具有合理商業目的,是指以減少、免除或者推遲繳納稅款為主要目的。

10. 稅務機關依照上述規定做出納稅調整,需要補徵稅款的,應當補徵稅款,並按照國務院規定加收利息。

稅務機關根據稅收法律、行政法規的規定,對企業做出特別納稅調整的,應當對補徵的稅款,自稅款所屬納稅年度的次年 6 月 1 日起至補繳稅款之日止的期間,按日加收利息。按規定加收的利息,不得在計算應納稅所得額時扣除。

利息的計算,按照稅款所屬納稅年度中國人民銀行公布的與補稅期間同期的人民幣貸款基準利率加 5 個百分點計算;企業依照有關規定提供稅務機關要求提供的有關資料的,可以只按前款規定的人民幣貸款基準利率計算利息。

企業與其關聯方之間的業務往來,不符合獨立交易原則,或者企業實施其他不具有合理商業目的安排的,稅務機關有權在該業務發生的納稅年度起 10 年內,進行納稅調整。

第六節 申報與繳納

一、納稅年度

企業所得稅按納稅年度計算。納稅年度自公歷 1 月 1 日起至 12 月 31 日止。企業在一個納稅年度中間開業,或者終止經營活動,使該納稅年度的實際經營期不足 12 個月的,應當以其實際經營期為一個納稅年度。企業依法清算時,應當以清算期間作為一個納稅年度。

二、繳納方法

企業所得稅實行分月或者分季預繳,由稅務機關具體核定。企業分月或者分季預繳企業所得稅時,應當按照月度或者季度的實際利潤額預繳;按照月度或者季度的實際利潤額預繳有困難的,可以按照上一納稅年度應納稅所得額的月度或者季度平均額預繳,或者按照經稅務機關認可的其他方法預繳。預繳方法一經確定,該納稅年度內不得隨意變更。

企業應當自月份或者季度終了之日起 15 日內,向稅務機關報送預繳企業所得稅納稅申報表,預繳稅款。企業在報送企業所得稅納稅申報表時,應當按照規定附送財務會計報告和其他有關資料。

企業應當自年度終了之日起 5 個月內,向稅務機關報送年度企業所得稅納稅申報表,並匯算清繳,結清應繳應退稅款。

企業在年度中間終止經營活動的,應當自實際經營終止之日起 60 日內,向稅務機關辦理當期企業所得稅匯算清繳。

企業所得稅，以人民幣計算。所得以人民幣以外的貨幣計算的，應當折合成人民幣計算並繳納稅款。

三、納稅地點

除稅收法律、行政法規另有規定外，企業的納稅地點為：

（1）居民企業以企業登記註冊地為納稅地點；但登記註冊地在境外的，以實際管理機構所在地為納稅地點。「企業登記註冊地」是指企業依照國家有關規定登記註冊的住所地。居民企業在中國境內設立不具有法人資格的營業機構的，應當匯總計算並繳納企業所得稅。

（2）非居民企業在中國境內設立機構、場所的，取得的來源於中國境內的所得，以及發生在中國境外但與其所設機構、場所有實際聯繫的所得，以機構、場所所在地為納稅地點。非居民企業在中國境內設立兩個或者兩個以上機構、場所的，經各機構、場所所在地稅務機關的共同上級稅務機關審核批准，可以選擇由其主要機構、場所匯總繳納企業所得稅。

對主要機構、場所的判定，應當同時符合下列條件：
①對其他各機構、場所的生產經營活動負有監督管理責任；
②設有完整的帳簿、憑證，能夠準確反映各機構、場所的收入、成本、費用和盈虧情況。

（3）非居民企業在中國境內未設立機構、場所的，或者雖設立機構、場所但取得的所得與其所設機構、場所沒有實際聯繫的，以扣繳義務人所在地為納稅地點。

（4）除國務院另有規定外，企業之間不得合併繳納企業所得稅。

四、源泉扣繳

（1）對非居民企業在中國境內未設立機構、場所，或者雖設立機構、場所但取得的所得與其所設機構、場所沒有實際聯繫的所得應繳納的所得稅，實行源泉扣繳，以支付人為扣繳義務人。稅款由扣繳義務人在每次支付或者到期應支付時，從支付或者到期應支付的款項中扣繳。

（2）對非居民企業在中國境內取得工程作業和勞務所得應繳納的所得稅，稅務機關可以指定工程價款或者勞務費的支付人為扣繳義務人。

可以指定扣繳義務人的情形，包括：
①預計工程作業或者提供勞務期限不足一個納稅年度，且有證據表明不履行納稅義務的；
②沒有辦理稅務登記或者臨時稅務登記，且未委託中國境內的代理人履行納稅義務的；
③未按照規定期限辦理企業所得稅納稅申報或者預繳申報的。

（3）依照上兩項規定應當扣繳的所得稅，扣繳義務人未依法扣繳或者無法履行

扣繳義務的，由納稅人在所得發生地繳納。納稅人未依法繳納的，稅務機關可以從該納稅人在中國境內其他收入項目的支付人應付的款項中，追繳該納稅人的應納稅款。

所得發生地，是指依照徵稅範圍中「來源於中國境內、境外的所得的確定原則」確定的所得發生地。在中國境內存在多處所得發生地的，由納稅人選擇其中之一申報繳納企業所得稅。納稅人在中國境內其他收入，是指該納稅人在中國境內取得的其他各種來源的收入。

扣繳義務人每次代扣的稅款，應當自代扣之日起 7 日內繳入國庫，並向所在地的稅務機關報送扣繳企業所得稅報告表。

參考文獻：

[1] 王國清，朱明熙，劉蓉. 國家稅收 [M]. 成都：西南財經大學出版社，2008.

[2] 中國註冊會計師協會. 稅法 [M]. 北京：經濟科學出版社，2016.

第十一章
個人所得稅

個人所得稅是對自然人取得的各項應稅所得徵收的一種稅，是政府對個人收入進行調節的一種經濟手段。它最早於 1799 年在英國創立，目前世界上已有 140 多個國家開徵了這一稅種。《中華人民共和國個人所得稅法》於 1980 年 9 月 10 日第五屆全國人民代表大會第三次會議通過，至今已經過了 6 次修正，現行的《中華人民共和國個人所得稅法》於 2011 年 6 月 30 日修正，自 2011 年 9 月 1 日起施行。

中國現行個人所得稅的特點：①實行分類徵收模式。個人所得稅的徵收模式有三種：分類徵收、綜合徵收、混合徵收。一是分類徵收模式，將納稅人不同來源、性質的所得，分別按不同的稅率徵稅並匯總。該模式偏重效率；二是綜合徵收模式，將納稅人的各項所得匯總，按統一的稅率徵稅。該模式偏重公平；三是混合徵收模式，將納稅人所得分別實行分類徵收和綜合徵收，最后匯總。一個國家徵收模式的選擇與該國的經濟發展和稅收徵收管理水平密切相關。目前中國採用的是分類徵收模式，其改革目標是由分類徵收模式向混合徵收模式轉變。②實行累進稅率和比例稅率並行的稅率設計。根據納稅人不同來源、性質的所得，分別按超額累進稅率和比例稅率徵稅，以增強稅法的適應性。③實行定額和定率相結合、內外有別的扣除標準。根據納稅人不同來源、性質的所得以及居民身分的不同，分別按不同的標準扣除，不考慮納稅人的教育、住房、醫療等費用的實際支出。④實行以個人為計稅單位。現行個人所得稅以取得收入的個人，單獨計算稅款和實施徵管，不能反映家庭收入的整體狀況，未考慮不同納稅人之間家庭結構的差別。

第一節 納稅義務人和徵稅範圍

一、納稅義務人

個人所得稅的納稅義務人，包括中國公民、個體工商業戶以及在中國有所得的外籍人員（包括無國籍人員，下同）和香港、澳門、臺灣同胞。上述納稅義務人依據住所和時間兩個標準，區分為居民和非居民納稅義務人，分別承擔不同的納稅義務。

(一) 居民納稅義務人

居民納稅義務人負無限納稅義務，其所取得的應納稅所得，無論是來源於中國境內還是中國境外，均在中國繳納個人所得稅。

居民納稅義務人，是指在中國境內有住所，或者無住所而在中國境內居住滿一年的個人。

所謂在中國境內有住所的個人，是指因戶籍、家庭、經濟利益關係，而在中國境內習慣性居住的個人。這裡所說的習慣性居住，是判定納稅義務人屬於居民還是非居民的一個重要依據。它是指個人因學習、工作、探親等原因消除之後，沒有理由在其他地方繼續居留時，所要回到的地方，而不是指實際居住或在某一個特定時期內的居住地。

所謂在境內居住滿一年，是指在一個納稅年度（即公歷1月1日起至12月31日止，下同）內，在中國境內居住滿365日。在計算居住天數時，對臨時離境應視同在華居住，不扣減其在華居住的天數。這裡所說的臨時離境，是指在一個納稅年度內，一次不超過30日或者多次累計不超過90日的離境。

自2000年1月1日起，個人獨資企業和合夥企業投資者，視同自然人企業，也為個人所得稅的居民納稅義務人。

(二) 非居民納稅義務人

非居民納稅義務人負有限納稅義務，其所取得的應納稅所得，僅就來源於中國境內，在中國繳納個人所得稅。

非居民納稅義務人，是指在中國境內無住所又不居住，或無住所且居住不滿一年的個人。也就是說，非居民納稅義務人，是指習慣性居住地不在中國境內，而且不在中國居住，或者在一個納稅年度內，在中國境內居住不滿一年的個人。

現行稅法中關於「中國境內」的概念，是指中國有效行使稅收管轄權的地區，即中國大陸地區，目前還不包括香港、澳門和臺灣地區。

二、徵稅範圍

中國的個人所得稅實行分類徵收模式，對個人收入採用列舉法。目前，個人所得稅法列舉的個人所得有11項。

(一) 工資、薪金所得

工資、薪金所得，是指個人因任職或者受雇而取得的工資、薪金、獎金、年終加薪、勞動分紅、津貼、補貼以及與任職或者受雇有關的其他所得。但一些不屬於工資、薪金性質的補貼、津貼或者不屬於納稅義務人本人工資、薪金所得項目的收入，不予徵稅，這些項目包括：

(1) 獨生子女補貼；

(2) 執行公務員工資制度未納入基本工資總額的津貼、補貼差額和家屬成員的副食品補貼；

（3）托兒補助費；

（4）差旅費津貼、誤餐補助（在財政部規定的標準範圍內）。

（二）個體工商戶的生產、經營所得

個體工商戶的生產、經營所得，是指：

（1）個體工商戶從事工業、手工業、建築業、交通運輸業、商業、飲食業、服務業、修理業以及其他行業生產、經營取得的所得；

（2）個人經政府有關部門批准，取得執照，從事辦學、醫療、諮詢以及其他有償服務活動取得的所得；

（3）其他個人從事個體工商業生產、經營取得的所得；

（4）上述個體工商戶和個人取得的與生產、經營有關的各項應納稅所得。

（三）對企事業單位的承包經營、承租經營所得

對企事業單位的承包經營、承租經營所得，是指個人承包經營、承租經營以及轉包、轉租取得的所得，包括個人按月或者按次取得的工資、薪金性質的所得。

（四）勞務報酬所得

勞務報酬所得，是指個人從事設計、裝潢、安裝、制圖、化驗、測試、醫療、法律、會計、諮詢、講學、新聞、廣播、翻譯、審稿、書畫、雕刻、影視、錄音、錄像、演出、表演、廣告、展覽、技術服務、介紹服務、經紀服務、代辦服務以及其他勞務取得的所得。

（五）稿酬所得

稿酬所得，是指個人因其作品以圖書、報刊形式出版、發表而取得的所得。

（六）特許權使用費所得

特許權使用費所得，是指個人提供專利權、商標權、著作權、非專利技術以及其他特許權的使用權取得的所得；提供著作權的使用權取得的所得，不包括稿酬所得。

（七）利息、股息、紅利所得

利息、股息、紅利所得，是指個人擁有債權、股權而取得的利息、股息、紅利所得。

（八）財產租賃所得

財產租賃所得，是指個人出租建築物、土地使用權、機器設備、車船以及其他財產取得的所得。

（九）財產轉讓所得

財產轉讓所得，是指個人轉讓有價證券、股權、建築物、土地使用權、機器設備、車船以及其他財產取得的所得。

（十）偶然所得

偶然所得，是指個人得獎、中獎、中彩以及其他偶然性質的所得。

（十一）經國務院財政部門確定徵稅的其他所得

個人取得的所得，難以界定應納稅所得項目的，由主管稅務機關確定。

三、所得來源地的確定

判斷所得來源地,是確定該項所得是否應該徵收個人所得稅的重要依據。所得來源地的判斷應反映經濟活動的實質,要遵循方便稅務機關實行有效徵管的原則。中國的個人所得稅規定下列所得,不論支付地點是否在中國境內,均為來源於中國境內的所得:

(1) 因任職、受雇、履約等而在中國境內提供勞務取得的所得;

(2) 將財產出租給承租人在中國境內使用而取得的所得;

(3) 轉讓中國境內的建築物、土地使用權等財產或者在中國境內轉讓其他財產取得的所得;

(4) 許可各種特許權在中國境內使用而取得的所得;

(5) 從中國境內的公司、企業以及其他經濟組織或者個人取得的利息、股息、紅利所得。

第二節 稅率

個人所得稅分別針對不同的應稅項目,規定了超額累進稅率和比例稅率。

(1) 工資、薪金所得,適用七級超額累進稅率,稅率為3%~45%。(見表11-1)

表 11-1 　　　　　　　　工資、薪金個人所得稅稅率表

級數	全月含稅應納稅所得額(元)	稅率(%)	速算扣除數(元)
1	不超過 1,500 的部分	3	0
2	超過 1,500~4,500 的部分	10	105
3	超過 4,500~9,000 的部分	20	555
4	超過 9,000~35,000 的部分	25	1,005
5	超過 35,000~55,000 的部分	30	2,755
6	超過 55,000~80,000 的部分	35	5,505
7	超過 80,000 的部分	45	13,505

(2) 個體工商戶的生產、經營所得和對企事業單位的承包經營、承租經營所得,適用五級超額累進稅率,稅率為5%~35%。(見表11-2)

表 11-2　　　　　　　　　　　個體工商戶個人所得稅稅率

級數	全年含稅應納稅所得額(元)	稅率(%)	速算扣除數(元)
1	不超過 14,250 的部分	5	0
2	超過 14,250~27,750 的部分	10	750
3	超過 27,750~51,750 的部分	20	3,750
4	超過 51,750~79,750 的部分	30	9,750
5	超過 79,750 的部分	35	14,750

　　由於目前實行承包（租）經營的形式較多，分配方式也不相同，因此，承包人、承租人按照承包、承租經營合同（協議）規定取得所得的適用稅率也不一致。根據國家稅務總局的規定，其適用稅率分為以下兩種情況：

　　①承包人、承租人對企業經營成果不擁有所有權，僅是按合同（協議）規定取得一定所得的，其所得按工資、薪金所得項目徵稅，適用於3%~45%的七級超額累進稅率；

　　②承包人、承租人按合同（協議）的規定只向發包方、出租方交納一定費用後，企業經營成果歸其所有的，承包人、承租人取得的所得，按對企事業單位的承包經營、承租經營所得項目，適用於5%~35%的五級超額累進稅率。

　　(3) 稿酬所得，適用比例稅率，稅率為20%，並按應納稅額減徵30%。

　　(4) 勞務報酬所得，適用比例稅率，稅率為20%。對勞務報酬所得一次收入畸高的，實行加成徵收。

　　根據中國《個人所得稅法實施條例》的解釋，上述所說的「勞務報酬所得一次收入畸高」，是指個人一次取得勞務報酬，其應納稅所得額超過20,000元。對應納稅所得額超過20,000元至50,000元的部分，計算應納稅額后再按照應納稅額加徵五成；超過50,000元的部分，加徵十成。因此，勞務報酬所得實際上適用20%、30%、40%的三級超額累進稅率。（見表11-3）

表 11-3　　　　　　　　　　勞務報酬個人所得稅稅率表

級數	每次應納稅所得額(元)	稅率(%)	速算扣除數
1	不超過 20,000 的部分	20	0
2	超過 20,000~50,000 的部分	30	2,000
3	超過 50,000 的部分	40	7,000

　　(5) 特許權使用費所得，利息、股息、紅利所得，財產租賃所得，財產轉讓所得，偶然所得和其他所得，適用比例稅率，稅率為20%。

第三節　應納稅所得額的規定

個人所得稅的計稅依據為應納稅所得額。在分類徵收模式下，某項目所得的應納稅所得額為該應稅項目的收入，減去稅法規定的該項費用減除標準后的餘額。

一、每次收入的確定

個人所得稅的納稅期限有三種：一是按年徵收，如個體工商戶的生產、經營所得；二是按月徵收，如工資、薪金所得；三是按次徵收，如取得的勞務報酬所得、稿酬所得、特許權使用費所得，利息、股息、紅利所得，財產租賃所得，財產轉讓所得，偶然所得和其他所得八項所得。由於「次」相對於「年」「月」而言，確定難度大，如何準確劃分「次」，都是十分重要的。對勞務報酬所得等七個項目的「次」，具體規定是：

（1）勞務報酬所得，屬於一次性收入的，以取得該項收入為一次；屬於同一項目連續性收入的，以一個月內取得的收入為一次。

（2）稿酬所得，以每次出版、發表取得的收入為一次。具體又可細分為

①同一作品再版取得的所得，應視為另一次稿酬所得計徵個人所得稅；

②同一作品先在報刊上連載，然后再出版，或先出版，再在報刊上連載的，應視為兩次稿酬所得徵稅；

③同一作品在報刊上連續取得收入的，以連載完成后取得的所有收入合併為一次，計徵個人所得稅；

④同一作品在出版和發表時，以預付稿酬或分次支付稿酬等形式取得的稿酬收入，合併計算為一次；

⑤同一作品出版、發表后，因添加印數而追加稿酬的，應與以前出版、發表的取得稿酬合併計算為一次，計徵個人所得稅。

（3）特許權使用費所得，以一項特許權的一次許可使用所取得的收入為一次。

（4）利息、股息、紅利所得，以支付利息、股息、紅利時取得的收入為一次。

（5）財產租賃所得，以一個月內取得的收入為一次。

（6）財產轉讓所得，按照一次轉讓財產的收入額減除財產原值和合理費用后的餘額，計算納稅。

（7）偶然所得，以每次取得該項收入為一次。

（8）其他所得，以每次收入為一次。

兩個或者兩個以上的個人共同取得同一項收入的，應當對每個人取得的收入分別按照稅法規定減除費用后計算納稅。

二、應納稅所得額的規定

(一) 工資、薪金所得
1. 基本扣除費用標準
工資、薪金所得,以每月收入額減除費用 3,500 元后的餘額,為應納稅所得額。
2. 附加減除費用的標準和範圍
(1) 附加減除費用標準。為減輕個人所得稅對外籍人員和在境外工作的中國公民的生活負擔的影響,稅法增加了附加減除費用的規定,在每人每月減除 3,500 元費用的上,再附加減除 1,300 元。
(2) 附加減除費用適用的範圍包括:
①在中國境內的外商投資企業和外國企業中工作的外籍人員;
②應聘在中國境內的企業、事業單位、社會團體、國家機關中工作的外籍專家;
③在中國境內有住所而在中國境外任職或者受雇取得工資、薪金所得的個人;
④國務院財政、稅務主管部門確定的其他人員。
華僑和香港、澳門、臺灣同胞參照上述附加減除費用標準執行。

(二) 個體工商戶的生產、經營所得
個體工商戶的生產、經營所得,以每一納稅年度的收入總額,減除成本、費用、稅金、損失、其他支出以及允許彌補的以前年度虧損后的餘額,為應納稅所得額。成本是指個體工商戶在生產經營活動中發生的銷售成本、銷貨成本、業務支出以及其他耗費;費用是指個體工商戶在生產經營活動中發生的銷售費用、管理費用和財務費用,已經計入成本的有關費用除外;稅金是指個體工商戶在生產經營活動中發生的除個人所得稅和允許抵扣的增值稅以外的各項稅金及其附加;損失是指個體工商戶在生產經營活動中發生的固定資產和存貨的盤虧、毀損、報廢損失,轉讓財產損失,壞帳損失,自然災害等不可抗力因素造成的損失以及其他損失;其他支出是指除成本、費用、稅金、損失外,個體工商戶在生產經營活動中發生的與生產經營活動有關的、合理的支出。

從事生產、經營的納稅義務人未提供完整、準確的納稅資料,不能正確計算應納稅所得額的,由主管稅務機關核定其應納稅所得額。

(三) 企事業單位的承包經營、承租經營所得
以每一納稅年度的收入總額,減除必要費用后的餘額,為應納稅所得額。每一納稅年度的收入總額,是指納稅義務人按照承包經營、承租經營合同規定分得的經營利潤和工資、薪金性質的所得;減除必要的費用,是指按月減除 3,500 元。

(四) 勞務報酬所得、稿酬所得、特許權使用費所得、財產租賃所得
每次收入不超過 4,000 元的,減除費用 800 元;4,000 元以上的,減除 20% 的費用,其餘額為應納稅所得額。

(五) 財產轉讓所得
以轉讓財產的收入額減除財產原值和合理費用后的餘額,為應納稅所得額。

財產原值是指：
(1) 有價證券，為買入價以及買入時按照規定交納的有關費用；
(2) 建築物，為建造費或者購進價格以及其他有關費用；
(3) 土地使用權，為取得土地使用權所支付的金額、開發土地的費用以及其他有關費用；
(4) 機器設備、車船，為購進價格、運輸費、安裝費以及其他有關費用；
(5) 其他財產，參照以上方法確定。

納稅義務人未提供完整、準確的財產原值憑證，不能正確計算財產原值的，由主管稅務機關核定其財產原值。

合理費用，是指賣出財產時按照規定支付的有關費用。

(六) 利息、股息、紅利所得，偶然所得和其他所得

以上所得以每次收入額為應納稅所得額。

三、應納稅所得額的其他規定

應納稅所得額的其他規定：
(1) 個人將其所得通過中國境內的社會團體、國家機關向教育和其他社會公益事業以及遭受嚴重自然災害地區、貧困地區捐贈，捐贈額未超過納稅義務人申報的應納稅所得額30%的部分，可以從其應納稅所得額中扣除。
(2) 個人的所得（不含偶然所得和經國務院財政部門確定徵稅的其他所得）用於資助非關聯的科研機構和高等學校研究開發新產品、新技術、新工藝所發生的研究開發經費，經主管稅務機關確定，可以全額在下月（工資、薪金所得）或下次（按次計徵的所得）或當年（按年計徵的所得）計徵個人所得稅時，從應納稅所得額中扣除，不足抵扣的，不得結轉抵扣。
(3) 個人取得的應納稅所得，包括現金、實物和有價證券。所得為實物的，應當按照取得的憑證上所註明的價格計算應納稅所得額；無憑證的實物或者憑證上所註明的價格明顯偏低的，由主管稅務機關參照當地的市場價格核定應納稅所得額。所得為有價證券的，由主管稅務機關根據票面價格和市場價格核定應納稅所得額。

第四節　應納稅額的計算

各項所得的應納稅額，為各項所得的應納稅所得額與適用稅率的乘積。計算公式為：

應納稅額＝各項所得的應納稅所得額×適用稅率－境外所得的抵免稅額

一、境內所得應納稅額的計算

(一) 工資、薪金所得
工資、薪金所得應納稅額的計算公式為：
應納稅額＝應納稅所得額×適用稅率－速算扣除數
　　　　＝(每月收入額－3,500元或4,800元)×適用稅率－速算扣除數

(二) 個體工商戶的生產、經營所得
個體工商戶的生產、經營所得應納稅額的計算公式為：
應納稅額＝應納稅所得額×適用稅率－速算扣除數
　　　　＝(全年收入總額－成本、費用以及損失)×適用稅率－速算扣除數

1. 個體工商戶的生產、經營所得的相關規定：

(1) 個體工商戶實際支付給從業人員的、合理的工資薪金支出，準予扣除。個體工商戶業主的費用扣除標準，依照相關法律、法規和政策規定執行。個體工商戶業主的工資薪金支出不得稅前扣除。

(2) 個體工商戶按照國務院有關主管部門或者省級人民政府規定的範圍和標準為其業主和從業人員繳納的基本養老保險費、基本醫療保險費、失業保險費、生育保險費、工傷保險費和住房公積金，準予扣除。

(3) 個體工商戶向當地工會組織撥繳的工會經費、實際發生的職工福利費支出、職工教育經費支出分別在工資薪金總額的2%、14%、2.5%的標準內據實扣除。

(4) 個體工商戶發生的與生產經營活動有關的業務招待費，按照實際發生額的60%扣除，但最高不得超過當年銷售(營業)收入的5‰。

(5) 個體工商戶每一納稅年度發生的與其生產經營活動直接相關的廣告費和業務宣傳費不超過當年銷售(營業)收入15%的部分，可以據實扣除；超過部分，準予在以後納稅年度結轉扣除。

2. 個人獨資企業和合夥企業應納個人所得稅的計算。

對個人獨資企業和合夥企業生產經營所得，其個人所得稅應納稅額的計算有兩種辦法：

第一種：查帳徵收。

(1) 個人獨資企業和合夥企業投資者的生產經營所得依法計徵個人所得稅時，個人獨資企業和合夥企業投資者本人的費用扣除標準統一確定為48,000元/年，即3,500元/月。投資者的工資不得在稅前扣除。

(2) 企業向從業人員實際支付的工資、薪金支出，允許在稅前據實扣除。

(3) 投資者及其家庭發生的生活費用不允許在稅前扣除。投資者及其家庭發生的生活費用與企業生產經營費用混合在一起，並且難以割分的，全部視為投資者個人及其家庭發生的生活費用，不允許在稅前扣除。

(4) 企業生產經營和投資者及其家庭生活共用固定資產，難以割分的，由主管

稅務機關根據企業的生產經營類型、規模等具體情況，核定準予在稅前扣除的折舊費用的數額或比例。

（5）企業計提的各種準備金不得扣除。

第二種：核定徵收。

核定徵收方式，包括定額徵收、核定應稅所得率徵收以及其他合理的徵收方式。

實行核定應稅所得率徵收方式的，應納所得稅額的計算公式如下：

（1）應納所得稅額＝應納稅所得額×適用稅率

（2）應納稅所得額＝收入總額×應稅所得率

或　　　　　　　＝成本費用支出額÷(1－應稅所得率)×應稅所得率

應稅所得率按表11-4規定的標準執行。

表11-4　　　　　　　個人所得稅應稅所得率表

行業	應稅所得率（％）
工業、交通運輸業、商業	5～20
建築業、房地產開發業	7～20
飲食服務業	7～25
娛樂業	20～40
其他行業	10～30

（三）對企事業單位的承包經營、承租經營所得

對企事業單位的承包經營、承租經營所得，其個人所得稅應納稅額的計算公式為：

應納稅額＝應納稅所得額×適用稅率－速算扣除數

　　　　＝（納稅年度收入總額－必要費用）×適用稅率－速算扣除數

需要說明的是，對企事業單位的承包經營、承租經營所得，以每一納稅年度的收入總額，減除必要費用后的餘額為應納稅所得額。

在一個納稅年度中，承包經營或者承租經營期限不足一年的，以其實際經營期為納稅年度。

（四）勞務報酬所得

勞務報酬所得，其個人所得稅應納稅額的計算公式為：

1. 每次收入不足4,000元的

應納稅額＝應納稅所得額×適用稅率

　　　　＝（每次收入額－800）×20％

2. 每次收入在4,000元以上的

應納稅額＝應納稅所得額×適用稅率

　　　　＝每次收入額×（1－20％）×20％

3. 每次收入的應納稅所得額超過 20,000 元的
應納稅額＝應納稅所得額×適用稅率－速算扣除數
　　　　＝每次收入額×（1-20%）×適用稅率－速算扣除數
（五）稿酬所得
稿酬所得，其個人所得稅應納稅額的計算公式為：
1. 每次收入不足 4,000 元的
應納稅額＝應納稅所得額×適用稅率×(1-30%)
　　　　＝（每次收入額-800）×20%×(1-30%)
2. 每次收入在 4,000 元以上的
應納稅額＝應納稅所得額×適用稅率×(1-30%)
　　　　＝每次收入額×(1-20%)×20%×(1-30%)
（六）特許權使用費所得
特許權使用費所得，其個人所得稅應納稅額的計算公式為：
1. 每次收入不足 4,000 元的
應納稅額＝應納稅所得額×適用稅率
　　　　＝（每次收入額-800）×20%
2. 每次收入在 4,000 元以上的
應納稅額＝應納稅所得額×適用稅率
　　　　＝每次收入額×（1-20%）×20%
（七）利息、股息、紅利所得
利息、股息、紅利所得，其個人所得稅應納稅額的計算公式為：
應納稅額＝應納稅所得額×適應稅率
　　　　＝每次收入額×20%
（八）財產租賃所得
財產租賃所得，以 1 個月內取得的收入為一次。在確定財產租賃的應納稅所得額時，納稅人在出租財產的過程中繳納的稅金和教育費附加，可持完稅（繳款）憑證，從其財產租賃收入中扣除。準予扣除的項目除了規定費用和有關稅、費外，還準予扣除能夠提供有效、準確憑證，證明由納稅人負擔的該出租財產實際開支的修繕費用。允許扣除的修繕費用，以每次 800 元為限。一次扣除不完的，準予在下一次繼續扣除，直到扣完為止。
1. 應納稅所得額
個人出租財產取得的財產租賃收入，在計算繳納個人所得稅時，應依次扣除以下費用：
(1) 財產租賃過程中繳納的稅費；
(2) 由納稅人負擔的該出租財產實際開支的修繕費用；
(3) 稅法規定的費用扣除標準。

2. 應納稅額

應納稅額的計算公式為：

（1）每次（月）收入不足4,000元的：

應納稅額＝應納稅所得額×適用稅率

    ＝（每次收入額-800）×20%

（2）每次（月）收入在4,000元以上的：

應納稅額＝應納稅所得額×適用稅率

    ＝每次收入額×（1-20%）×20%

（九）財產轉讓所得

財產轉讓所得，其個人所得稅應納稅額的計算公式為：

應納稅額＝應納稅所得額×適用稅率

    ＝（收入總額-財產原值-合理費用）×20%

（十）偶然所得

偶然所得應納稅額的計算公式為：

應納稅額＝應納稅所得額×適用稅率

    ＝每次收入額×20%

（十一）其他所得

其他所得應納稅額的計算公式為：

應納稅額＝應納稅所得額×適用稅率

    ＝每次收入額×20%

二、境外所得抵免稅額的計算

為了避免對納稅義務人的境外所得雙重徵稅，中國稅法規定，納稅義務人從中國境外取得的所得，準予其在應納稅額中扣除已在境外繳納的個人所得稅稅額，但扣除額不得超過該納稅義務人境外所得依照中國稅法規定計算的應納稅額。

準予抵免的限額＝MIN［境外實際已經繳納的稅額按中國稅法規定計算的應納稅額］

對這條規定需要解釋的是：

（1）稅法所說的已在境外繳納的個人所得稅稅額，是指納稅義務人從中國境外取得的所得，依照該所得來源國家或者地區的法律應當繳納並且實際已經繳納的稅額。

（2）稅法所說的依照本法規定計算的應納稅額，是指納稅義務人從中國境外取得的所得，區別不同國家或者地區和不同應稅項目，依照中國稅法規定的費用減除標準和適用稅率計算的應納稅額；同一國家或者地區內不同應稅項目，依照中國稅法計算的應納稅額之和，為該國家或者地區的扣除限額。

納稅義務人在中國境外一個國家或者地區實際已經繳納的個人所得稅稅額，低

於依照上述規定計算出的該國家或者地區扣除限額的，應當在中國繳納差額部分的稅款；超過該國家或者地區扣除限額的，其超過部分不得在本納稅年度的應納稅額中扣除，但是可以在以后納稅年度的該國家或者地區扣除限額的餘額中補扣，補扣期限最長不得超過 5 年。

(3) 納稅義務人依照稅法的規定申請扣除已在境外繳納的個人所得稅稅額時，應當提供境外稅務機關填發的完稅憑證原件。

(4) 為了保證正確計算扣除限額及合理扣除境外已納稅額，稅法規定，在中國境內有住所，或者無住所而在境內居住滿 1 年的個人，從中國境內和境外取得的所得，應當分別計算應納稅額。

三、應納稅額計算中的幾個特殊問題

(一) 對個人取得全年一次性獎金等計算徵收個人所得稅的徵稅方法

全年一次性獎金是指行政機關、企事業單位等扣繳義務人根據其全年經濟效益和對雇員全年工作業績的綜合考核情況，向雇員發放的一次性獎金。

自 2005 年 1 月 1 日起，全年一次性獎金的計稅方法如下：

1. 納稅人取得全年一次性獎金，單獨作為一個月工資、薪金所得計算納稅，並由扣繳義務人發放時代扣代繳。

(1) 先將雇員當月內取得的全年一次性獎金，除以 12 個月，按其商數確定適用稅率和速算扣除數。

如果在發放年終一次性獎金的當月，雇員當月工資薪金所得低於稅法規定的費用扣除額，應將全年一次性獎金減除「雇員當月工資薪金所得與費用扣除額的差額」后的餘額，按上述辦法確定全年一次性獎金的適用稅率和速算扣除數。

(2) 將雇員個人當月內取得的全年一次性獎金，按第 (1) 項確定的適用稅率和速算扣除數計算徵稅，計算公式如下：

①如果雇員當月工資薪金所得高於（或等於）稅法規定的費用扣除額的，適用公式為：

應納稅額＝雇員當月取得全年一次性獎金×適用稅率-速算扣除數

②如果雇員當月工資薪金所得低於稅法規定的費用扣除額的，適用公式為：

應納稅額＝(雇員當月取得全年一次性獎金-雇員當月工資薪金所得與費用扣除額的差額)×適用稅率-速算扣除數

2. 在一個納稅年度內，對每一個納稅人，該計稅辦法只允許採用一次。

3. 實行年薪制和績效工資的單位，個人取得年終兌現的年薪和績效工資按全年一次性獎金執行。

4. 雇員取得除全年一次性獎金以外的其他各種名目獎金，如半年獎、季度獎、加班獎、先進獎、考勤獎等，一律與當月工資、薪金收入合併，按稅法規定繳納個人所得稅。

(二）對無住所個人取得上述第 4 條所述的各種名目獎金，如果該個人當月在中國境內沒有納稅義務，或者該個人由於出入境原因導致當月在中國工作時間不滿一個月的徵稅方法

對上述個人取得的獎金，可單獨作為一個月的工資、薪金所得計算納稅。由於對每月的工資、薪金所得計稅時已按月扣除了費用，因此，對上述獎金不再減除費用，全額作為應納稅所得額直接按適用稅率計算應納稅款，並且不再按居住天數進行劃分計算。上述個人應在取得獎金月份的次月 15 日內申報納稅。但有一種特殊情況，即在中國境內無住所的個人在擔任境外企業職務的同時，兼任該外國企業在華機構的職務，但並不實際或不經常到華履行該在華職務，對其一次取得的數月獎金中屬於全月未在華的月份獎金，依照勞務發生地原則，可不作為來源於中國境內的獎金收入計算納稅。

（三）對特定行業職工取得的工資、薪金所得的徵稅方法

因為採掘業、遠洋運輸業、遠洋捕撈業因季節、產量等因素的影響，職工的工資、薪金收入呈現較大幅度波動的實際情況，故對這三個特定行業的職工取得的工資、薪金所得，可按月預繳，年度終了后 30 日內，合計其全年工資、薪金所得，再按 12 個月平均並計算實際應納的稅款，多退少補。

用公式表示為：

應納稅額＝［（全年工薪收入/12－費用扣除標準）×稅率－速算扣除數］×12

（四）在外商投資企業、外國企業和外國駐華機構工作的中方人員取得的工資、薪金所得的徵稅方法

1. 在外商投資企業、外國企業和外國駐華機構工作的中方人員取得的工資、薪金收入，凡是由雇傭單位和派遣單位分別支付的，支付單位應按稅法規定代扣代繳個人所得稅。同時，按稅法規定，納稅義務人應以每月全部工資、薪金收入減除規定費用后的餘額為應納稅所得額。為了有利於徵管，對雇傭單位和派遣單位分別支付工資、薪金的，採取由支付者中的一方減除費用的方法，即只由雇傭單位在支付工資、薪金時，按稅法規定減除費用，計算扣繳個人所得稅；派遣單位支付的工資、薪金不再減除費用，以支付金額直接確定適用稅率，計算扣繳個人所得稅。

2. 對外商投資企業、外國企業和外國駐華機構發放給中方工作人員的工資、薪金所得，應全額徵稅。但對可以提供有效合同或有關憑證，能夠證明其工資、薪金所得的一部分按照有關規定上交派遣（介紹）單位的，可扣除其實際上交的部分，按其餘額計徵個人所得稅。

（五）對個人取得公務交通、通信補貼收入的徵稅方法

個人因公務用車和通信制度改革而取得的公務用車、通信補貼收入，扣除一定標準的公務費用后，按照「工資、薪金」所得項目計徵個人所得稅。按月發放的，並入當月「工資、薪金」所得計徵個人所得稅；不按月發放的，分解到所屬月份並與該月份「工資、薪金」所得合併后計徵個人所得稅。

公務費用的扣除標準，由省級地方稅務局根據納稅人公務交通、通信費用的實際發生情況調查測算，報經省級人民政府批准後確定，並報國家稅務總局備案。

（六）對社會保險費（金）、住房公積金的徵稅方法

1. 企事業單位按照國家或省（自治區、直轄市）人民政府規定的繳費比例或辦法實際繳付的基本養老保險費、基本醫療保險費和失業保險費，免徵個人所得稅；個人按照國家或省（自治區、直轄市）人民政府規定的繳費比例或辦法實際繳付的基本養老保險費、基本醫療保險費和失業保險費，允許在個人應納稅所得額中扣除。

企事業單位和個人超過規定的比例和標準繳付的基本養老保險費、基本醫療保險費和失業保險費，應將超過部分並入個人當期的工資、薪金收入，計徵個人所得稅。

2. 單位和個人分別在不超過職工本人上一年度月平均工資12%的幅度內，其實際繳存的住房公積金，允許在個人應納稅所得額中扣除。單位和職工個人繳存住房公積金的月平均工資不得超過職工工作地所在設區城市上一年度職工月平均工資的3倍，具體標準按照各地有關規定執行。

單位和個人超過上述規定比例和標準繳付的住房公積金，應將超過部分並入個人當期的工資、薪金收入，計徵個人所得稅。

（七）對個人住房轉讓所得徵收個人所得稅的徵稅方法

自2006年8月1日起，對個人住房轉讓所得徵收的個人所得稅，按以下方法計徵：

1. 對住房轉讓所得徵收個人所得稅時，以實際成交價格為轉讓收入。納稅人申報的住房成交價格明顯低於市場價格且無正當理由的，徵收機關依法有權根據有關信息核定其轉讓收入，但必須保證各稅種計稅價格一致。

2. 對轉讓住房收入計算個人所得稅應納稅所得額時，納稅人可憑原購房合同、發票等有效憑證，經稅務機關審核后，允許從其轉讓收入中減除房屋原值、轉讓住房過程中繳納的稅金及有關合理費用。

（1）房屋原值具體為：

①商品房：購置該房屋時實際支付的房價款及交納的相關稅費。

②自建住房：實際發生的建造費用及建造和取得產權時實際交納的相關稅費。

③經濟適用房（含集資合作建房、安居工程住房）：原購房人實際支付的房價款及相關稅費，以及按規定交納的土地出讓金。

④已購公有住房：原公有住房標準面積按當地經濟適用房價格計算的房價款，加上原購公有住房超標準面積實際支付的房價款以及按規定向財政部門（或原產權單位）交納的所得收益及相關稅費。

⑤城鎮拆遷安置住房：其原值分別為以下四種情形：

第一種，房屋拆遷取得貨幣補償後購置房屋的，為購置該房屋實際支付的房價款及交納的相關稅費；

第二種，房屋拆遷採取產權調換方式的，所調換房屋原值為房屋拆遷補償安置協議註明的價款及交納的相關稅費；

第三種，房屋拆遷採取產權調換方式，被拆遷人除取得所調換房屋，又取得部分貨幣補償的，所調換房屋原值為房屋拆遷補償安置協議註明的價款和交納的相關稅費，減去貨幣補償后的餘額；

第四種，房屋拆遷採取產權調換方式，被拆遷人取得所調換房屋，又支付部分貨幣的，所調換房屋原值為房屋拆遷補償安置協議註明的價款，加上所支付的貨幣及交納的相關稅費。

（2）轉讓住房過程中繳納的稅金是指，納稅人在轉讓住房時實際繳納的營業稅、城市維護建設稅、教育費附加、土地增值稅、印花稅等稅金。

（3）合理費用是指，納稅人按照規定實際支付的住房裝修費用、住房貸款利息、手續費、公證費等費用。

①支付的住房裝修費用。納稅人能提供實際支付裝修費用的稅務統一發票，並且發票上所列付款人姓名與轉讓房屋產權人一致的，經稅務機關審核，其轉讓的住房在轉讓前實際發生的裝修費用，可在以下規定比例內扣除：

一是已購公有住房、經濟適用房，最高扣除限額為房屋原值的15%；

二是商品房及其他住房，最高扣除限額為房屋原值的10%。

納稅人原購房為裝修房，即合同註明房價款中含有裝修費（鋪裝了地板，裝配了潔具、廚具等）的，不得再重複扣除裝修費用。

②支付的住房貸款利息。納稅人出售以按揭貸款方式購置的住房的，其向貸款銀行實際支付的住房貸款利息，憑貸款銀行出具的有效證明據實扣除。

③納稅人按照有關規定實際支付的手續費、公證費等，憑有關部門出具的有效證明據實扣除。

3. 納稅人未提供完整、準確的房屋原值憑證，不能正確計算房屋原值和應納稅額的，稅務機關可根據《中華人民共和國稅收徵收管理法》第三十五條的規定，對其實行核定徵稅，即按納稅人住房轉讓收入的一定比例核定應納個人所得稅額。具體比例由省級地方稅務局或者省級地方稅務局授權的地市級地方稅務局根據納稅人出售住房的所處區域、地理位置、建造時間、房屋類型、住房平均價格水平等因素，在住房轉讓收入1%～3%的幅度內確定。

（八）對個人因解除勞工合同取得經濟補償金的徵稅方法

1. 對國有企業職工，因企業依照《中華人民共和國企業破產法》宣告破產，從破產企業取得的一次性安置費收入，免予徵收個人所得稅。

2. 除上述規定外，國有企業職工與企業解除勞動合同取得的一次性補償收入，在當地上年企業職工年平均工資的3倍數額內，可免徵個人所得稅。具體免徵標準由各省、自治區、直轄市和計劃單列市地方稅務局規定。超過該標準的一次性補償收入，徵稅方法如下：

（1）對於個人因解除勞動合同而取得一次性經濟補償收入，應按「工資、薪金所得」項目計徵個人所得稅。

（2）對於個人取得的一次性經濟補償收入，可視為一次取得數月的工資、薪金收入，允許在一定期限內進行平均。具體平均辦法為：以個人取得的一次性經濟補償收入，除以個人在本企業的工作年限數，以其商數作為個人的月工資、薪金收入，按照稅法規定計算繳納個人所得稅。個人在本企業的工作年限數按實際工作年限數計算，超過12年的按12年計算。

（3）個人按國家和地方政府規定比例實際繳納的住房公積金、醫療保險金、基本養老保險金、失業保險基金在計稅時應予以扣除。

（4）個人在解除勞動合同后又再次任職、受雇的，對個人已繳納個人所得稅的一次性經濟補償收入，不再與再次任職、受雇的工資、薪金所得合併計算補繳個人所得稅。

（九）對企業減員增效和行政、事業單位、社會團體在機構改革過程中實行內部退養辦法人員取得收入的徵稅方法

實行內部退養的個人在其辦理內部退養手續后至法定離退休年齡之間從原任職單位取得的工資、薪金，不屬於離退休工資，應按「工資、薪金所得」項目計徵個人所得稅。

個人在辦理內部退養手續后從原任職單位取得的一次性收入，應按辦理內部退養手續后至法定離退休年齡之間的所屬月份進行平均，並與領取當月的「工資、薪金」所得合併后減去當月費用扣除標準，以餘額為基數確定適用稅率，再將當月工資、薪金加上取得的一次性收入，減去費用扣除標準，按適用稅率計徵個人所得稅。

個人在辦理內部退養手續后至法定離退休年齡之間重新就業取得的「工資、薪金」所得，應與其從原任職單位取得的同一月份的「工資、薪金」所得合併，並依法自行向主管稅務機關申報繳納個人所得稅。

（十）對員工股票期權所得的徵稅方法

企業員工股票期權，是指上市公司按照規定的程序授予本公司及其控股企業員工的一項權利，該權利允許被授權員工在未來時間內以某一特定價格購買本公司一定數量的股票。

自2005年7月1日起，企業員工的股票期權所得，徵稅方法如下：

1. 關於股票期權所得性質的確認

（1）員工接受實施股票期權計劃企業授予的股票期權時，除另有規定外，一般不作為應稅所得徵稅。

（2）員工行權時，其從企業取得股票的實際購買價（施權價）低於購買日公平市場價（指該股票當日的收盤價，下同）的差額，是因員工在企業的表現和業績情況而取得的與任職、受雇有關的所得，應按「工資、薪金所得」適用的規定計算繳納個人所得稅。對因特殊情況，員工在行權日之前將股票期權轉讓的，以股票期權

的轉讓淨收入，作為工資薪金所得徵收個人所得稅。

員工行權日所在期間的工資薪金所得，應按下列公式計算工資薪金應納稅所得額：

股票期權形式的工資薪金應納稅所得額＝（行權股票的每股市場價－員工取得該股票期權支付的每股施權價）×股票數量

（3）員工將行權后的股票再轉讓時獲得的高於購買日公平市場價的差額，是因個人在證券二級市場上轉讓股票等有價證券而獲得的所得，應按照「財產轉讓所得」適用的徵免規定計算繳納個人所得稅。

（4）員工因擁有股權而參與企業稅后利潤分配取得的所得，應按照「利息、股息、紅利所得」適用的規定計算繳納個人所得稅。

2．關於應納稅款的計算

（1）認購股票所得（行權所得）的稅款計算。員工因參加股票期權計劃而從中國境內取得的所得，應按工資薪金所得計算納稅的，對該股票期權形式的工資薪金所得可區別於所在月份的其他工資薪金所得，單獨按下列公式計算當月應納稅款：

應納稅額＝（股票期權形式的工資薪金應納稅所得額／規定月份數×適用稅率－速算扣除數）×規定月份數

上述公式中的規定月份數，是指員工取得來源於中國境內的股票期權形式工資薪金所得的境內工作期間月份數，長於12個月的，按12個月計算；上式公式中的適用稅率和速算扣除數，以股票期權形式的工資薪金應納稅所得額除以規定月份數后的商數，對照《國家稅務總局關於印發〈徵收個人所得稅若干問題〉的通知》（國稅發〔1994〕089號）所附稅率表確定。

（2）轉讓股票（銷售）取得所得的稅款計算。對於員工轉讓股票等有價證券取得的所得，應按現行稅法和政策規定徵免個人所得稅。即個人將行權后的境內上市公司股票再行轉讓而取得的所得，暫不徵收個人所得稅；個人轉讓境外上市公司的股票而取得的所得，應按稅法的規定計算應納稅所得額和應納稅額，依法繳納稅款。

（3）參與稅后利潤分配取得所得的稅款計算。員工因擁有股權參與稅后利潤分配而取得的股息、紅利所得，除依照有關規定可以免稅或減稅的外，應全額按規定稅率計算納稅。

第五節　稅收優惠

中國《個人所得稅法》及其實施細則，以及財政部、國家稅務總局的若干規定等，都對個人所得項目給予了減稅、免稅的優惠，主要包括：

一、個人所得稅免納項目

下列各項個人所得，免納個人所得稅：

（1）省級人民政府、國務院部委和中國人民解放軍軍以上單位，以及外國組織頒發的科學、教育、技術、文化、衛生、體育、環境保護等方面的獎金。

（2）國債和國家發行的金融債券利息。這裡所說的國債利息，是指個人持有中華人民共和國財政部發行的債券而取得的利息所得；所說的國家發行的金融債券利息，是指個人持有經國務院批准發行的金融債券而取得的利息所得。

（3）按照國家統一規定發給的補貼、津貼。這裡所說的按照國家統一規定發給的補貼、津貼，是指按照國務院規定發給的政府特殊津貼和國務院規定免納個人所得稅的補貼、津貼。

發給中國科學院資深院士和中國工程院資深院士每人每年1萬元的資深院士津貼免予徵收個人所得稅。

（4）福利費、撫恤金、救濟金。這裡所說的福利費，是指根據國家有關規定，從企業、事業單位、國家機關、社會團體提留的福利費或者工會經費中支付給個人的生活補助費；所說的救濟金，是指國家民政部門支付給個人的生活困難補助費。

（5）保險賠款。

（6）軍人的轉業費、復員費。

（7）按照國家統一規定發給幹部、職工的安家費、退職費、退休工資、離休工資、離休生活補助費。

（8）依照中國有關法律規定應予免稅的各國駐華使館、領事館的外交代表、領事官員和其他人員的所得。

上述所得，是指依照《中華人民共和國外交特權與豁免條例》和《中華人民共和國領事特權與豁免條例》規定免稅的所得。

（9）中國政府參加的國際公約以及簽訂的協議中規定免稅的所得。

（10）經國務院財政部門批准免稅的所得。

二、減徵個人所得稅

有下列情形之一的，經批准可以減徵個人所得稅：

（1）殘疾、孤老人員和烈屬的所得；

（2）因嚴重自然災害造成重大損失的；

（3）其他經國務院財政部門批准減稅的。

三、暫免徵收個人所得稅

下列所得，暫免徵收個人所得稅：

（1）發給見義勇為者的獎金。對鄉、鎮（含鄉、鎮）以上人民政府或經縣（含縣）以上人民政府主管部門批准成立的有機構、有章程的見義勇為基金或者類似性質組織，獎勵見義勇為者的獎金或獎品，經主管稅務機關核準，免徵個人所得稅。

（2）企業和個人按照國家或地方政府規定的比例提取並繳付的基本養老保險

金、醫療保險金、失業保險金、住房公積金不計入個人當期的工資、薪金收入，免予徵收個人所得稅；超過規定的比例繳付的部分計徵個人所得稅。

個人領取原提存的基本養老保險金、醫療保險金、住房公積金時，免予徵收個人所得稅。

（3）個人舉報、協查各種違法、犯罪行為而獲得的獎金。

（4）個人辦理代扣代繳稅款手續，按規定取得的扣繳手續費。

（5）對按《國務院關於高級專家離休退休若干問題的暫行規定》和《國務院辦公廳關於傑出高級專家暫緩離休審批問題的通知》精神，達到離休、退休年齡，但確因工作需要，適當延長離休退休年齡的高級專家（指享受國家發放的政府特殊津貼的專家、學者），其在延長離休退休期間的工資、薪金所得，視同退休工資、離休工資免徵個人所得稅。

（6）生育婦女按照縣級以上人民政府根據國家有關規定制定的生育保險辦法，取得的生育津貼、生育醫療費或其他屬於生育保險性質的津貼、補貼，免徵個人所得稅。

（7）個人轉讓自用達5年以上，並且是唯一的家庭居住用房取得的所得。

（8）以下情形的房屋產權無償贈與，對當事雙方不徵收個人所得稅：

①房屋產權所有人將房屋產權無償贈與配偶、父母、子女、祖父母、外祖父母、孫子女、外孫子女、兄弟姐妹；

②房屋產權所有人將房屋產權無償贈與對其承擔直接撫養或者贍養義務的撫養人或者贍養人；

③房屋產權所有人死亡，依法取得房屋產權的法定繼承人、遺囑繼承人或者受遺贈人。

（9）對被拆遷人按照國家有關城鎮房屋拆遷管理辦法規定的標準取得的拆遷補償款，免徵個人所得稅。

（10）外籍個人以非現金形式或實報實銷形式取得的住房補貼、伙食補貼、搬遷費、洗衣費。

（11）外籍個人按合理標準取得的境內、外出差補貼。

（12）外籍個人取得的探親費、語言訓練費、子女教育費等，經當地稅務機關審核批准為合理的部分。可以享受免徵個人所得稅優惠的探親費，僅限於外籍個人在中國的受雇地與其家庭所在地（包括配偶或父母居住地）之間搭乘交通工具，且每年不超過兩次的費用。

（13）外籍個人從外商投資企業取得的股息、紅利所得。

（14）個人取得單張有獎發票獎金所得不超過800元（含800元）的，暫免徵收個人所得稅；個人取得單張有獎發票獎金所得超過800元的，應全額按照個人所得稅法規定的「偶然所得」項目徵收個人所得稅。

（15）個人在上海證券交易所、深圳證券交易所轉讓從上市公司公開發行和轉

讓市場所得的上市公司股票所得，免徵個人所得稅。

(16) 自 2013 年 1 月 1 日起，對個人從公開發行和轉讓市場取得的上市公司股票，股息紅利所得按持股時間長短實行差別化個人所得稅政策；個人從公開發行和轉讓市場取得的上市公司股票，持股期限在 1 個月以內（含 1 個月）的，其股息紅利所得全額計入應納稅所得額；持股期限在 1 個月以上至 1 年（含 1 年）的，暫減按 50%計入應納稅所得額；個人從公開發行和轉讓市場取得的上市公司股票，持股期限超過 1 年的，股息紅利所得暫免徵收個人所得稅。上述所得統一適用 20%的稅率計徵個人所得稅。

(17) 在中國境內無住所，但是居住一年以上五年以下的個人，其來源於中國境外的所得，經主管稅務機關批准，可以只就由中國境內公司、企業以及其他經濟組織或者個人支付的部分繳納個人所得稅；居住超過五年的個人，從第六年起，應當就其來源於中國境外的全部所得繳納個人所得稅。

在中國境內無住所，但是在一個納稅年度中在中國境內連續或者累計居住不超過 90 日的個人，其來源於中國境內的所得，由境外雇主支付並且不由該雇主在中國境內的機構、場所負擔的部分，免予繳納個人所得稅。

(18) 其他經國務院財政部門批准免稅的所得。

第六節　申報與繳納

個人所得稅的納稅方式，有自行申報和代扣代繳兩種。

一、自行申報納稅

自行申報納稅，是由納稅義務人自行在稅法規定的納稅期限內，向稅務機關申報取得的應稅所得項目和數額，如實填寫個人所得稅納稅申報表，並按照稅法規定計算應納稅額，據此繳納個人所得稅的一種方法。主要規定如下：

(一) 自行申報納稅的納稅義務人

(1) 自 2006 年 1 月 1 日起，年所得 12 萬元以上的；

(2) 從中國境內兩處或者兩處以上取得工資、薪金所得的；

(3) 從中國境外取得所得的；

(4) 取得應納稅所得，沒有扣繳義務人的；

(5) 國務院規定的其他情形。

其中，年所得 12 萬元以上的納稅人，無論取得的各項所得是否已足額繳納了個人所得稅，均應當按照本法的規定，於納稅年度終了后向主管稅務機關辦理納稅申報；其他情形的納稅人，均應當按照自行申報納稅管理辦法的規定，於取得所得後向主管稅務機關辦理納稅申報。同時需要注意的是，年所得 12 萬元以上的納稅人，

不包括在中國境內無住所，且在一個納稅年度中在中國境內居住不滿 1 年的個人；從中國境外取得所得的納稅人，是指在中國境內有住所，或者無住所而在一個納稅年度中在中國境內居住滿 1 年的個人。

（二）自行申報納稅的內容

年所得 12 萬元以上的納稅人，在納稅年度終了后，應當填寫「個人所得稅納稅申報表（適用於年所得 12 萬元以上的納稅人申報）」，並在辦理納稅申報時報送主管稅務機關，同時報送個人有效身分證件複印件，以及主管稅務機關要求報送的其他有關資料。

1. 構成 12 萬元的所得

構成 12 萬元的所得有：工資、薪金所得；個體工商戶的生產、經營所得；對企事業單位的承包經營、承租經營所得；勞務報酬所得；稿酬所得；特許權使用費所得；利息、股息、紅利所得；財產租賃所得；財產轉讓所得；偶然所得；經國務院財政部門確定徵稅的其他所得。

2. 不包含在 12 萬元中的所得

不包含在 12 萬元中的所得為：

（1）免稅所得。即省級人民政府、國務院部委、中國人民解放軍軍以上單位，以及外國組織、國際組織頒發的科學、教育、技術、文化、衛生、體育、環境保護等方面的獎金；國債和國家發行的金融債券利息；按照國家統一規定發給的補貼、津貼，即中國《個人所得稅法實施條例》第十三條規定的按照國務院規定發放的政府特殊津貼、院士津貼、資深院士津貼以及國務院規定免納個人所得稅的其他補貼、津貼；福利費、撫恤金、救濟金；保險賠款；軍人的轉業費、復員費；按照國家統一規定發給幹部、職工的安家費、退職費、退休工資、離休工資、離休生活補助費。

（2）暫免徵稅所得。即依照中國有關法律規定應予免稅的各國駐華使館、領事館的外交代表、領事官員和其他人員的所得；中國政府參加的國際公約、簽訂的協議中規定免稅的所得。

（3）可以免稅的來源於中國境外的所得。如按照國家規定單位為個人繳付和個人繳付的基本養老保險費、基本醫療保險費、失業保險費、住房公積金。

3. 各項所得的年所得計算方法

（1）工資、薪金所得，按照未減除費用（每月 3,500 元）及附加減除費用（每月 1,300 元）的收入額計算。

（2）勞務報酬所得、特許權使用費所得。不得減除納稅人在提供勞務或讓渡特許權使用權過程中繳納的有關稅費。

（3）財產租賃所得。不得減除納稅人在出租財產過程中繳納的有關稅費；對於納稅人一次取得跨年度財產租賃所得的，全部視為實際取得所得年度的所得。

（4）個人轉讓房屋所得。採取核定徵收個人所得稅的，按照實際徵收率（1%、2%、3%）分別換算為應稅所得率（5%、10%、15%），據此計算年所得。

（5）個人儲蓄存款利息所得、企業債券利息所得，全部視為納稅人實際取得所得年度的所得。

（6）對個體工商戶、個人獨資企業投資者，按照徵收率核定個人所得稅的，將徵收率換算為應稅所得率，據此計算應納稅所得額。合夥企業投資者按照上述方法確定應納稅所得額后，合夥人應根據合夥協議規定的分配比例確定其應納稅所得額，合夥協議未規定分配比例的，按合夥人數平均分配確定其應納稅所得額。對於同時參與兩個以上企業投資的，合夥人應將其投資所有企業的應納稅所得額相加后的總額作為年所得。

（7）股票轉讓所得。以 1 個納稅年度內，個人股票轉讓所得與損失盈虧相抵后的正數為申報所得數額，盈虧相抵為負數的，此項所得按「零」填寫。

（三）自行申報納稅的納稅期限

（1）年所得 12 萬元以上的納稅人，在納稅年度終了后 3 個月內向主管稅務機關辦理納稅申報。

（2）個體工商戶和個人獨資、合夥企業投資者取得的生產、經營所得應納的稅款，分月預繳的，納稅人在每月終了后 15 日內辦理納稅申報；分季預繳的，納稅人在每個季度終了后 15 日內辦理納稅申報。納稅年度終了后，納稅人在 3 個月內進行匯算清繳。

（3）納稅人年終一次性取得對企事業單位的承包經營、承租經營所得的，自取得所得之日起 30 日內辦理納稅申報；在 1 個納稅年度內分次取得承包經營、承租經營所得的，在每次取得所得后的次月 15 日內申報預繳，納稅年度終了后 3 個月內匯算清繳。

（4）從中國境外取得所得的納稅人，在納稅年度終了后 30 日內向中國境內主管稅務機關辦理納稅申報。

（5）除上述規定的情形外，納稅人取得其他各項所得須申報納稅的，在取得所得的次月 15 日內向主管稅務機關辦理納稅申報。

（6）納稅人不能按照規定的期限辦理納稅申報，需要延期的，按照中國《稅收徵收管理法》第二十七條和《稅收徵收管理法實施細則》第三十七條的規定辦理。

（四）自行申報納稅的申報方式

納稅人的申報方式有直接申報、郵寄申報、數據電文申報，或者採取符合主管稅務機關規定的其他方式申報。

納稅人採取郵寄方式申報的，以郵政部門掛號信函收據作為申報憑據，以寄出的郵戳日期為實際申報日期；納稅人採取數據電文方式申報的，應當按照稅務機關規定的期限和要求保存有關紙質資料；納稅人可以委託有稅務代理資質的仲介機構或者他人代為辦理納稅申報。

納稅期限的最后一日是法定休假日的，以休假日的次日為期限的最后一日。

（五）自行申報納稅的申報地點

（1）在中國境內有任職、受雇單位的，向任職、受雇單位所在地主管稅務機關

申報。

（2）在中國境內有兩處或者兩處以上任職、受雇單位的，選擇並固定向其中一處單位所在地主管稅務機關申報。

（3）在中國境內無任職、受雇單位，年所得項目中有個體工商戶的生產、經營所得或者對企事業單位的承包經營、承租經營所得（以下統稱生產、經營所得）的，向其中一處實際經營所在地主管稅務機關申報。

（4）在中國境內無任職、受雇單位，年所得項目中無生產、經營所得的，向戶籍所在地主管稅務機關申報。在中國境內有戶籍，但戶籍所在地與中國境內經常居住地不一致的，選擇並固定向其中一地主管稅務機關申報。在中國境內沒有戶籍的，向中國境內經常居住地主管稅務機關申報。

（5）其他所得的納稅人，納稅申報地點分別為：

①從兩處或者兩處以上取得工資、薪金所得的，選擇並固定向其中一處單位所在地主管稅務機關申報。

②從中國境外取得所得的，向中國境內戶籍所在地主管稅務機關申報。在中國境內有戶籍，但戶籍所在地與中國境內經常居住地不一致的，選擇並固定向其中一地主管稅務機關申報。在中國境內沒有戶籍的，向中國境內經常居住地主管稅務機關申報。

③個體工商戶向實際經營所在地主管稅務機關申報。

④個人獨資、合夥企業投資者興辦兩個或兩個以上企業的，區分不同情形確定納稅申報地點：

興辦的企業全部是個人獨資性質的，分別向各企業的實際經營管理所在地主管稅務機關申報；興辦的企業中含有合夥性質的，向經常居住地主管稅務機關申報；興辦的企業中含有合夥性質，個人投資者經常居住地與其興辦企業的經營管理所在地不一致的，選擇並固定向其參與興辦的某一合夥企業的經營管理所在地主管稅務機關申報；除以上情形外，納稅人應當向取得所得所在地主管稅務機關申報。

納稅人不得隨意變更納稅申報地點，因特殊情況變更納稅申報地點的，須報原主管稅務機關備案。

二、代扣代繳

代扣代繳，是指按照稅法規定負有扣繳稅款義務的單位或者個人，在向個人支付應納稅所得時，應計算應納稅額，從其所得中扣出並繳入國庫，同時向稅務機關報送扣繳個人所得稅報告表。這種方法，有利於控制稅源，防止漏稅和逃稅。

稅法及有關規定對扣繳義務人和代扣代繳的範圍、扣繳義務人的義務及應承擔的責任、代扣代繳期限等作了明確規定。

（一）扣繳義務人和代扣代繳的範圍

（1）扣繳義務人。凡支付個人應納稅所得的企業（公司）、事業單位、機關、

社團組織、軍隊、駐華機構、個體戶等單位或者個人，為個人所得稅的扣繳義務人。

這裡所說的駐華機構，不包括外國駐華使領館和聯合國及其他依法享有外交特權和豁免權的國際組織駐華機構。

（2）代扣代繳的範圍。扣繳義務人向個人支付下列所得，應代扣代繳個人所得稅：①工資、薪金所得；②對企事業單位的承包經營、承租經營所得；③勞務報酬所得；④稿酬所得；⑤特許權使用費所得；⑥利息、股息、紅利所得；⑦財產租賃所得；⑧財產轉讓所得；⑨偶然所得；⑩經國務院財政部門確定徵稅的其他所得。

扣繳義務人向個人支付應納稅所得（包括現金、實物和有價證券）時，不論納稅義務人是否屬於本單位人員，均應代扣代繳其應納的個人所得稅稅款。

這裡所說的支付，包括現金支付、匯撥支付、轉帳支付和以有價證券、實物支付以及其他形式的支付。

（二）扣繳義務人的義務及應承擔的責任

（1）扣繳義務人應指定支付應納稅所得的財務會計部門或其他有關部門的人員為辦稅人員，由辦稅人員具體辦理個人所得稅的代扣代繳工作。

代扣代繳義務人的有關領導要對代扣代繳工作提供便利，支持辦稅人員履行義務。確定辦稅人員或辦稅人員發生變動時，應將名單及時報告主管稅務機關。

（2）扣繳義務人的法人代表（或單位主要負責人）、財會部門的負責人及具體辦理代扣代繳稅款的有關人員，共同對依法履行代扣代繳義務負法律責任。

（3）同一扣繳義務人的不同部門支付應納稅所得時，應報辦稅人員匯總。

（4）扣繳義務人在代扣稅款時，必須向納稅義務人開具稅務機關統一印製的代扣代收稅款憑證，並詳細註明納稅義務人姓名、工作單位、家庭住址和居民身分證或護照號碼（無上述證件的，可用其他能有效證明身分的證件）等個人情況。對工資、獎金所得和利息、股息、紅利所得等，因納稅義務人數眾多、不便一一開具代扣代收稅款憑證的，經主管稅務機關同意，可不開具代扣代收稅款憑證，但應通過一定形式告知納稅義務人已扣繳稅款。納稅義務人為持有完稅依據而向扣繳義務人索取代扣代收稅款憑證的，扣繳義務人不得拒絕。

扣繳義務人應主動向稅務機關申領代扣代收稅款憑證，據以向納稅義務人扣稅。對非正式扣稅憑證，納稅義務人可以拒收。

（5）扣繳義務人依法履行代扣代繳稅款義務時，納稅義務人不得拒絕。納稅義務人拒絕的，扣繳義務人應及時報告稅務機關處理，並暫時停止支付其應納稅所得。否則，納稅義務人應繳納的稅款由扣繳義務人負擔。扣繳義務人應扣未扣、應收未收稅款的，由扣繳義務人繳納應扣未扣、應收未收稅款以及相應的滯納金或罰款。扣繳義務人已將納稅義務人拒絕代扣代繳的情況及時報告稅務機關的除外。

（6）扣繳義務人應設立代扣代繳稅款帳簿，正確反映個人所得稅的扣繳情況，並如實填寫「扣繳個人所得稅報告表」及其他有關資料。

（三）代扣代繳期限

扣繳義務人每月所扣的稅款，應當在次月 7 日內繳入國庫，並向主管稅務機關

報送「扣繳個人所得稅報告表」、代扣代收稅款憑證和包括每一納稅義務人姓名、單位、職務、收入、稅款等內容的支付個人收入明細表以及稅務機關要求報送的其他有關資料。

扣繳義務人違反上述規定不報送或者報送虛假納稅資料的，一經查實，其未在支付個人收入明細表中反映的向個人支付的款項，在計算扣繳義務人應納稅所得額時不得作為成本費用扣除。

扣繳義務人因有特殊困難不能按期報送「扣繳個人所得稅報告表」及其他有關資料的，經縣級稅務機關批准，可以延期申報。

參考文獻：

[1] 楊斌. 稅收學 [M]. 北京：科學出版社，2010.

[2] 王國清，朱明熙，劉蓉. 國家稅收 [M]. 成都：西南財經大學出版社，2008.

[3] 中國註冊會計師協會. 稅法 [M]. 北京：經濟科學出版社，2016.

第十二章
財產行為稅類

第一節 土地增值稅

土地增值稅是對轉讓國有土地使用權、地上建築物及其附著物,並取得收入的單位和個人,以其轉讓房地產所取得的增值額為徵稅對象而徵收的一種稅,是國家參與國有土地增值收益分配的一種形式。

開徵土地增值稅,有助於國家運用稅收手段規範房地產市場秩序,合理調節土地增值收益分配;適應「分稅制」財政體制做實地方稅體系;控制土地開發,促進土地資源合理配置。

一、納稅義務人

土地增值稅的納稅義務人,是轉讓國有土地使用權、地上的建築及其附著物(以下簡稱轉讓房地產)並取得收入的單位和個人。單位包括各類企業、事業單位、國家機關和社會團體及其他組織。個人包括個體經營者和外籍個人。

二、徵稅範圍

土地增值稅的徵稅範圍包括轉讓國有土地使用權、地上的建築物及其附著物連同國有土地使用權一併轉讓、存量房地產的買賣等房地產轉讓行為。地上的建築物,是指建於土地上的一切建築物,包括地上地下的各種附屬設施;附著物,是指附著於土地上的不能移動或一經移動即遭損壞的物品。

土地增值稅的徵稅範圍可以按照「國有」「轉讓」「有償」三個標準界定。

1. 轉讓土地使用權的土地應為國有土地。國有土地,是指依照國家法律規定屬於國家所有的土地。根據《中華人民共和國憲法》《中華人民共和國土地管理法》的規定,城市的土地屬於國家。農村和城市郊區的土地除由法律規定屬於國家所有的以外,屬於農村集體所有。國家為了公共利益可以依法徵用集體土地,依法徵用後的集體土地屬於國家所有。因此,按照法律規定,集體土地不能自行轉讓。對於違法轉讓集體土地的行為,應由有關部門補辦土地徵用或出讓手續變為國家所有后,

再納入土地增值稅的徵稅範圍。

2. 土地使用權、地上建築物及其附著物應發生產權轉讓。這是判定是否屬於土地增值稅徵稅範圍的重要標誌之一。國有土地使用權的出讓行為不包括在徵稅範圍之內。所謂國有土地使用權的出讓，是指國家以土地所有者的身分將土地使用權在一定年限內讓與土地使用者，並由土地使用者向國家支付土地使用權出讓金的行為，屬於土地一級交易市場；國有土地使用權的轉讓是指土地使用者通過出讓等形式取得土地使用權后，將土地使用權再轉讓的行為，包括出售、交換和贈與，屬於土地二級交易市場。

3. 轉讓土地使用權、地上建築物及其附著物應為有償。土地增值稅的徵收範圍不包括房地產的權屬雖轉讓但未取得收入的行為。以繼承、贈與等方式無償轉讓房地產的行為，不需要繳納土地增值稅。

實踐中，還應注意判定以下具體情況是否屬於土地增值稅徵稅範圍：

1. 房地產的出租不屬於土地增值稅的徵稅範圍。

2. 房地產的抵押，在抵押期間不徵收土地增值稅。待抵押期滿后，視該房地產是否轉移佔有而確定是否徵收土地增值稅。對於以房地產抵債而發生房地產權屬轉讓的，應列入土地增值稅的徵稅範圍。

3. 房地產的交換屬於土地增值稅的徵稅範圍。但對個人之間互換自有居住用房地產的，經當地稅務機關核實，可以免徵土地增值稅。

4. 對於以房地產進行投資、聯營的，投資、聯營的一方以土地（房地產）作價入股進行投資或作為聯營條件，將房地產轉讓到所投資、聯營的企業中時，暫免徵收土地增值稅。對投資、聯營企業將上述房地產再轉讓的，應徵收土地增值稅。但投資、聯營的企業屬於從事房地產開發的，或者房地產開發企業以其建造的商品房進行投資和聯營的，應當徵收土地增值稅。

5. 對於一方出地、一方出資金，雙方合作建房，建成后按比例分房自用的，暫免徵收土地增值稅；建成后轉讓的，應徵收土地增值稅。

6. 在企業兼併中，對被兼併企業將房地產轉讓到兼併企業中的，暫免徵收土地增值稅。

7. 房地產的代建房行為不屬於土地增值稅的徵稅範圍。代建房行為是指房地產開發公司代客戶進行房地產的開發，開發完成后向客戶收取代建收入的行為。

8. 房地產的重新評估不屬於土地增值稅的徵稅範圍。

9. 房地產的繼承、贈與均不屬於土地增值稅的徵稅範圍。

房地產的繼承是指房的原產權所有人、依照法律規定取得土地使用權的土地使用人死亡以后，由其繼承人依法承受死者房產產權和土地使用權的民事法律行為。這種行為雖然發生了房地產的權屬變更，但作為房產產權、土地使用權的原所有人（即被繼承人）並沒有因為權屬改變而取得任何收入。因此這種房地產的繼承不屬於土地增值稅的徵稅範圍。

房地產的贈與是指房產產權所有人、土地使用權所有人將自己所擁有的房地產無償地交給其他人的民事法律行為。但這裡的「贈與」僅指以下情況：①房產產權所有人、土地使用權所有人將房產產權、土地使用權贈與直系親屬或承擔直接贍養義務人的。②房產產權所有人、土地使用權所有人通過中國境內非營利的社會團體、國家機關將房產產權、土地使用權贈與教育、民政和其他社會福利、公益事業的。社會團體是指經民政部門批准成立的非營利性的公益組織。房地產的贈與雖發生了房地產的權屬變更，但作為房產產權所有人、土地使用權的所有人並沒有因為權屬的轉讓而取得任何收入。因此，房地產的贈與不屬於土地增值稅的徵稅範圍。

三、稅率

土地增值稅採用四級超率累進稅率，該稅率以增值率為累進依據。所謂增值率，是指增值額占扣除項目的比例。

表 12-1　　　　　　　　土地增值稅四級超率累進稅率表　　　　　　　　單位：%

級數	增值額與扣除項目金額的比率	稅率	速算扣除係數
1	不超過 50% 的部分	30	0
2	超過 50%～100% 的部分	40	5
3	超過 100%～200% 的部分	50	15
4	超過 200% 的部分	60	35

四、稅額計算

土地增值稅稅額的計算一般有以下幾個步驟：第一，確定轉讓房地產所取得的收入；第二，確定扣除項目的金額；第三，計算增值額和增值率；第四，計算土地增值稅應納稅額。

1. 確定房地產轉讓收入

納稅人轉讓房地產取得的應稅收入，應包括轉讓房地產的全部價款及有關的經濟收益。從收入的形式來看，包括貨幣收入、實物收入和其他收入。其中，對實物收入和其他非貨幣收入，要按市場公允價或評估價予以確認。

2. 確定扣除項目金額

按照規定，準予扣除的項目主要包括：

（1）取得土地使用權所支付的金額，包括納稅人為取得土地使用權所支付的地價款和按國家統一規定繳納的有關費用。

（2）房地產開發成本，是指房地產開發項目實際發生的成本，包括土地的徵用及拆遷補償費、前期工程費、建築安裝工程費、基礎設施費、公共配套設施費、開發間接費用等。

(3) 房地產開發費用，是指與房地產開發項目有關的銷售費用、管理費用和財務費用。根據現行財務會計制度的規定，這三項費用作為期間費用，直接計入當期損益，不按成本核算對象進行分攤。故作為土地增值稅扣除項目的房地產開發費用，不按納稅人房地產開發項目實際發生的費用進行扣除，而按《土地增值稅暫行條例實施細則》的標準分兩種情況進行扣除：

①納稅人能夠按轉讓房地產項目計算分攤利息支出，並能提供金融機構的貸款證明的：

允許扣除的房地產開發費用＝利息＋(取得土地使用權所支付的金額＋房地產開發成本)×5%以內(利息最高不能超過按商業銀行同類同期貸款利率計算的金額)

②納稅人不能按轉讓房地產項目計算分攤利息支出或不能提供金融機構貸款證明的：

允許扣除的房地產開發費用＝(取得土地使用權所支付的金額＋房地產開發成本)×10%以內

此外，對扣除項目金額中利息支出的計算問題作了兩點專門規定：一是利息的上浮幅度按國家的有關規定執行，超過上浮幅度的部分不允許扣除；二是對於超過貸款期限的利息部分和加罰的利息不允許扣除。

(4) 與轉讓房地產有關的稅金，是指在轉讓房地產時繳納的營業稅、城市維護建設稅、印花稅。因轉讓房地產繳納的教育費附加，也可視同稅金予以扣除。需要明確的是，房地產開發企業繳納的印花稅，因已列入管理費用中予以扣除，因此不再扣除。

(5) 其他扣除項目。房地產開發企業，在按上述規定歸集計算扣除項目後，還可以按上述「取得土地使用權所支付的金額」「房地產開發成本」之和，加計扣除20%。

(6) 舊房及建築物的評估價格。對於轉讓舊房的，應按房屋及建築物的評估價格、取得土地使用權所支付的地價款或出讓金、按國家統一規定繳納的有關費用和轉讓環節繳納的稅金作為扣除項目金額計徵土地增值稅。對取得土地使用權時未支付地價款或不能提供已支付的地價款憑據的，在計徵土地增值稅時不允許扣除。

舊房及建築物的評估價格是指在轉讓已使用的房屋及建築物時，由政府批准設立的房地產評估機構評定的重置成本價乘以成新度折扣率後的價格。評估價格須經當地稅務機關確認。重置成本價是指對舊房及建築物，按轉讓時的建材價格及人工費用計算，建造同樣面積、同樣層次、同樣結構、同樣建設標準的新房及建築物所需花費的成本費用。成新度折扣率是指按舊房的新舊程度作一定比例的折扣。

3. 計算增值額與增值率

增值額＝轉讓房地產取得的收入－準予扣除項目金額

增值率＝增值額÷扣除項目金額

4. 計算應納稅額

土地增值稅應納稅額，要根據增值率的不同來計算。

應納稅額=∑（每級距的土地增值額×適用稅率）

由於分佈計算較為繁瑣，實際計算時一般採用速算扣除法。

當增值率≤50%時，應納稅額=增值額×30%；

當50%<增值率≤100%時，應納稅額=增值額×40% －扣除項目金額×5%；

當100%<增值率≤200%時，應納稅額=增值額×50% －扣除項目金額×15%；

當增值率>200%時，應納稅額=增值額×60% － 扣除項目金額×35%。

例1：納稅人甲轉讓一棟寫字樓取得500萬元收入，扣除項目金額為200萬元，計算應納土地增值稅。

方法一：

增值額為500-200=300（萬元）

增值率為300÷200=150%

增值率超過100%卻未超過200%，分別適用30%、40%與50%三擋稅率。

（1）增值率未超過50%的部分，適用30%的稅率。

增值額=200×50%=100（萬元）

增值稅額=100×30%=30（萬元）

（2）增值率超過50%未超過100%的部分，適用40%的稅率。

增值額=200×（100%-50%）=100（萬元）

增值稅額=100×40%=40（萬元）

（3）增值率超過100%未超過200%的部分，適用50%的稅率。

增值額=200×（150%-100%）=100（萬元）

增值稅額=100×50%=50（萬元）

（4）總增值稅額=30+40+50=120（萬元）。

方法二：

增值額為500 － 200=300（萬元）

增值率為300÷200=150%

因此，總增值稅額=300×50%-200×15%=120（萬元）

例2：某房地產開發公司出售一棟住宅，收入總額為10,000萬元。開發過程中的有關支出如下：支付地價款及各種費用1,000萬元；房地產開發成本3,000萬元；財務費用中的利息支出為500萬元（可按轉讓項目計算分攤並提供金融機構證明），但其中有50萬元屬於加罰的利息；轉讓環節繳納的有關稅費共計為555萬元；該單位所在地政府規定的其他房地產開發費用計算扣除比例為5%。計算應繳納的土地增值稅額。

（1）取得土地使用權支付的地價款及有關費用為1,000萬元；

（2）房地產開發成本為3,000萬元；

（3）房地產開發費用＝500－50＋（1,000＋3,000）×5％＝650（萬元）；

（4）與轉讓房地產有關的稅金為 555 萬元；

（5）其他扣除項目為房地產開發企業加計扣除 20％：

加計扣除額＝（1,000＋3,000）×20％＝800（萬元）；

（6）允許扣除的項目金額合計＝1,000＋3,000＋650＋＋555＋800＝6,005（萬元）；

（7）增值額＝10,000－6,005＝3,995（萬元）；

（8）增值率＝3,995÷6,005×100％＝66.53％；

（9）應納增值稅額＝3,995×40％－6,005×5％＝1,297.75（萬元）。

五、稅收優惠

1. 建造普通標準住宅出售，增值額未超過扣除項目金額 20％的，免徵土地增值稅；

2. 因國家建設需要依法徵用、收回的房地產，免徵土地增值稅；

3. 因城市實施規劃、國家建設的需要而搬遷，由納稅人自行轉讓原房地產的，免徵土地增值稅；

4. 對企事業單位、社會團體以及其他組織轉讓舊房作為公共租賃住房房源的且增值額未超過扣除項目金額 20％的，免徵土地增值稅。

六、徵收管理

土地增值稅的納稅人應在轉讓房地產合同簽訂后的 7 日內向稅務機關辦理納稅申報，並向稅務機關提交房屋及建築物產權、土地使用權證書、土地轉讓、房產買賣合同，房地產評估報告及其他與轉讓房地產有關的資料。納稅人因經常發生房地產轉讓而難以在每次轉讓后申報的，經稅務機關審核同意后，可以定期進行納稅申報，具體期限由稅務機關根據相關規定確定。

第二節　房產稅

房產稅是以房屋為徵稅對象，按照房屋的計稅餘值或租金收入，向產權所有人徵收的一種財產稅。由於房產有確定的坐落地，稅源可靠、納稅面廣，因此，徵收房產稅有利於地方政府籌集財政收入，也有利於加強房產管理。

一、納稅義務人

房產稅以在徵稅範圍內的房屋產權所有人為納稅人。具體規定如下：

1. 產權屬國家所有的，由經營管理單位納稅；產權屬集體和個人所有的，由集體單位和個人納稅。所稱單位，包括各類企業（含外資企業）和事業單位、社會團

體、國家機關、軍隊以及其他單位；所稱個人，包括個體工商戶以及其他個人。

2. 產權出典的，由承典人納稅。所謂產權出典，是指產權所有人將房屋、生產資料等的產權，在一定期限內典當給他人使用，而取得資金的一種融資業務。

3. 產權所有人、承典人不在房屋所在地的，或者產權未確定及租典糾紛未解決的，由房產代管人或者使用人納稅。所謂租典糾紛，是指產權所有人在房產出典和租賃關係上，與承典人、租賃人發生的各種爭議以及一些產權歸屬不清的問題。

4. 納稅單位和個人無租使用房產管理部門、免稅單位及納稅單位的房產，應由使用人代為繳納房產稅。

5. 自 2009 年 1 月 1 日起，外商投資企業、外國企業和組織以及外籍個人（包括港澳臺資企業和組織以及華僑、港澳臺同胞），依照《中華人民共和國房產稅暫行條例》繳納房產稅。

二、徵稅對象

房產稅的徵稅對象是房產。所稱房產，是指有屋面和圍護結構（有牆或兩邊有柱），能夠遮風避雨，可供人們在其中生產、學習、工作、娛樂、居住或儲藏物資的場所。獨立於房屋之外的建築物，如圍牆、煙囪、水塔、油池、變電塔、酒窖菜窖、室外遊泳池、玻璃暖房、磚瓦石灰窯以及各種油氣罐等，不屬於房產。

房地產開發企業建造的商品房，在出售前，不徵收房產稅；但對出售前房地產開發企業已使用或出租、出借的商品房應按規定徵收房產稅。

房產稅是對位於城市、縣城、建制鎮和工礦區的房產徵稅。其具體規定如下：

1. 城市是指國務院批准設立的市。按市行政區域（含郊區）的區域範圍。

2. 縣城是指縣人民政府所在地的地區。縣城鎮行政區域（含鎮郊）的區域範圍。

3. 建制鎮是指經省、自治區、直轄市人民政府批准設立的建制鎮。按鎮人民政府所在地的鎮區範圍，不包括所轄的行政村。

4. 工礦區是指工商業比較發達、人口比較集中、符合國務院規定的建制鎮標準但尚未設立建制鎮的大中型工礦企業所在地。具體指大中型工礦企業所在地非農業人口達 2,000 人以上，工商業比較發達的工礦區。開徵房產稅的工礦區須經省級稅務機關批准。

三、稅率

中國現行房產稅採用比例稅率。根據其計稅依據不同，稅率可以分為兩種：一種是按房產原值一次減除 10%～30% 後的餘值計徵的，稅率為 1.2%；另一種是按房產出租的租金收入計徵的，稅率為 12%。從 2001 年 1 月 1 日起，對個人按市場價格出租的居民住房，用於居住的，可暫減按 4% 的稅率徵收房產稅。自 2008 年 3 月 1 日起，對個人出租住房，不區分用途，均按 4% 的稅率徵收房產稅。

四、計稅依據

房產稅的計稅依據有兩種，分別為房產的計稅價值或房產的租金收入。按照房產計稅價值徵稅的，稱為從價計徵；按照房產租金收入計徵的，稱為從租計徵。

1. 從價計徵

中國《房產稅暫行條例》規定，房產稅依照房產原值一次減除 10% ～30% 后的餘值計算繳納。房產餘值是房產的原值減除規定比例后的剩餘價值。各地扣除比例由當地省、自治區、直轄市人民政府確定。

（1）房產原值是指納稅人按照會計制度規定，在會計核算帳簿「固定資產」科目中記載的房屋原價。自 2009 年 1 月 1 日起，對依照房產原值計稅的房產，不論是否記載在會計帳簿固定資產科目中，均應按照房屋原價計算繳納房產稅。房屋原價應根據國家有關會計制度規定進行核算。自 2010 年 12 月 21 日起，對按照房產原值計稅的房產，無論會計上如何核算，房產原值均應包含地價，包括為取得土地使用權支付的價款、開發土地發生的成本費用等。宗地容積率低於 0.5 的，按房產建築面積之 2 倍計算土地面積並據此確定計入房產原值的地價。

（2）房產原值應包括與房屋不可分割的各種附屬設備或一般不單獨計算價值的配套設施。主要有：暖氣、衛生、通風、照明、煤氣等設備；各種管線，如蒸汽、壓縮空氣、石油、給水排水等管道及電力、電信、電纜導線；電梯、升降機、過道、曬臺等。自 2006 年 1 月 1 日起，為了維持和增加房屋的使用功能或使房屋滿足設計要求，凡以房屋為載體，不可隨意移動的附屬設備和配套設施，如給排水、採暖、消防、中央空調、電氣及智能化樓宇設備等，無論在會計核算中是否單獨記帳與核算，都應計入房產原值，計徵房產稅。

對於更換房屋附屬設備和配套設施的，在將其價值計入房產原值時，可扣減原來相應設備和設施的價值；對附屬設備和配套設施中易損壞、需要經常更換的零配件，更新后不再計入房產原值。

（3）納稅人對原有房屋進行改建、擴建的，要相應增加房屋的原值。

2. 從租計徵

中國《房產稅暫行條例》規定，房產出租的，以房產租金收入為房產稅的計稅依據。所謂房產的租金收入，是房屋產權所有人出租房產使用權所得的報酬，包括貨幣收入、實物收入、其他經濟利益。對以勞務或者其他形式為報酬抵付房租收入的，應根據當地同類房產的租金水平，確定一個標準租金額，並以此作為房產的出租收入。

五、稅額計算

房產稅的計稅依據有兩種，與之相適應的應納稅額計算也分為兩種：一是從價計徵的計算；二是從租計徵的計算。

1. 從價計徵是按房產的原值減除一定比例后的餘值計徵，其計算公式為：
應納稅額＝應稅房產原值×（1-扣除比例）×1.2%
扣除比例是省、自治區、直轄市人民政府規定的10%~30%的減除比例。
2. 從租計徵是按房產的租金收入計徵，其計算公式為：
應納稅額＝租金收入×12%（或4%）

六、稅收優惠

房產稅的稅收優惠是根據國家政策需要和納稅人的負擔能力制定的。其優惠主要是政策性優惠。目前，房產稅的稅收優惠政策主要有：

1. 國家機關、人民團體、軍隊自用的房產免徵房產稅。其指的是這些單位本身的辦公用房和公務用房。這些單位的出租房產以及非自身業務使用的生產、營業用房，不屬於免稅範圍。所稱人民團體，是指經國務院授權的政府部門批准設立或登記備案並由國家撥付行政事業費的各種社會團體。

2. 由國家財政部門撥付事業經費的單位，如學校、醫療衛生單位、托兒所、幼兒園、敬老院、文化、體育、藝術等實行全額或差額預算管理的事業單位所有的，本身業務範圍內使用的房產免徵房產稅。

3. 宗教寺廟、公園、名勝古跡自用的房產免徵房產稅。宗教寺廟自用的房產，是指舉行宗教儀式等的房屋和宗教人員使用的生活用房；公園、名勝古跡自用的房產，是指供公共參觀遊覽的房屋及其管理單位的辦公用房。宗教寺廟、公園、名勝古跡中附設的營業單位，如影劇院、飲食部、茶社、照相館等所使用的房產及出租的房產，不屬於免稅範圍。

4. 個人所有非營業用的房產免徵房產稅。其主要是指居民住房，不分面積多少，一律免徵房產稅。而個人擁有的營業用房或者出租的房產，不屬於免稅範圍。

5. 對非營利性醫療機構、疾病控製機構和婦幼保健機構等衛生機構自用的房產，免徵房產稅。

6. 經營公租房的租金收入，免徵房產稅。公共租賃住房經營管理單位應單獨核算公共租賃住房租金收入，未單獨核算的，不得享受免徵房產稅優惠政策。

七、徵收管理

（一）納稅義務發生時間

1. 納稅人將原有房產用於生產經營，自生產經營之月起繳納房產稅。
2. 納稅人自行新建房屋用於生產經營，自建成之次月起繳納房產稅。
3. 納稅人委託施工企業建設的房屋，自辦理驗收手續之次月起繳納房產稅。
4. 納稅人購置新建商品房，自房屋交付使用之次月起繳納房產稅。
5. 納稅人購置存量房，自辦理房屋權屬轉移、變更登記手續，房地產權屬登記機關簽發房屋權屬證書之次月起，繳納房產稅。

6. 納稅人出租、出借房產，自交付出租、出借房產之次月起，繳納房產稅。

7. 房地產開發企業自用、出租、出借本企業建造的商品房，自房屋使用或交付之次月起，繳納房產稅。

8. 自 2009 年 1 月 1 日起，納稅人因房產的實物或權利狀態發生變化而依法終止房產稅納稅義務的，其應納稅款的計算應截止到房產的實物或權利狀態發生變化的當月末。

(二) 納稅期限

房產稅實行按年計算、分期繳納的徵收方法，具體納稅期限由省、自治區、直轄市人民政府確定。

(三) 納稅地點

房產稅在房產所在地繳納。房產不在同一地方的納稅人，應按房產的坐落地點分別向房產所在地的稅務機關納稅。

第三節　城鎮土地使用稅

城鎮土地使用稅是以國有土地為徵稅對象，對擁有土地使用權的單位和個人徵收的一種稅。

城鎮土地使用稅的特殊作用在於：①有利於調節土地的級差收入；②有利於有效利用城鎮土地；③有利於籌集地方財政資金；④有利於平衡不同等級城鎮土地使用者之間的稅收負擔。

二、納稅義務人

城鎮土地使用稅的納稅人是在城市、縣城、建制鎮、工礦區範圍內使用土地的單位和個人。這裡所稱單位是指各類企業（含外資企業）和事業單位、社會團體、國家機關、軍隊以及其他單位；所稱個人，包括個體工商戶以及其他個人。

城鎮土地使用稅的納稅人一般包括以下幾類：

1. 擁有土地使用權的單位和個人。

2. 擁有土地使用權的單位和個人不在土地所在地的，其土地的實際使用人和代管人為納稅人。

3. 土地使用權未確定或權屬糾紛未解決的，其實際使用人為納稅人。

4. 土地使用權共有的，共有各方都是納稅人，由共有各方分別納稅。

幾個人或幾個單位共同擁有一塊土地的使用權，這塊土地的城鎮土地使用稅的納稅人應是對這塊土地擁有使用權的每一個人或每一個單位。他們應以其實際使用的土地面積占總面積的比例，分別計算繳納城鎮土地使用稅。

二、徵稅對象

城鎮土地使用稅的徵稅對象是在城市、縣城、建制鎮和工礦區內的國家所有的土地。所稱城市、縣城、建制鎮和工礦區分別按以下標準確認：

1. 城市是指經國務院批准設立的市。
2. 縣城是指縣人民政府所在地。
3. 建制鎮是指經省、自治區、直轄市人民政府批准設立的建制鎮。
4. 工礦區是指工商業比較發達，人口比較集中，符合國務院規定的建制鎮標準，但尚未設立建制鎮的大中型工礦企業所在地，工礦區須經省、自治區、直轄市人民政府批准。

上述城鎮土地使用稅的徵稅範圍中，城市的土地包括市區和郊區的土地，縣城的土地是指縣人民政府所在地的城鎮土地，建制鎮的土地是指鎮人民政府所在地的土地。建立在城市、縣城、建制鎮和工礦區以外的工礦企業不需要繳納城鎮土地使用稅。

三、稅率

不同地段的土地存在級差收入差異，城鎮土地使用稅採用幅度差別定額稅額，按大、中、小城市和縣城、建制鎮、工礦區分別規定每平方米土地使用稅年應納稅額。具體規定如下：

1. 大城市 1.5~30 元；
2. 中等城市 1.2~24 元；
3. 小城市 0.9~18 元；
4. 縣城、建制鎮、工礦區 0.6~12 元。

以上大、中、小城市是以公安部門登記在冊的市區和近郊區非農業人口人數為依據，按照國務院頒布的《城市規劃法》中規定的標準劃分。人口在50萬人以上者為大城市；人口在20萬至50萬人之間者為中等城市；人口在20萬人以下者為小城市。

各省、自治區、直轄市人民政府可根據市政建設情況和經濟繁榮程度在規定稅額幅度內，確定所轄地區的適用稅額幅度。經濟落後地區，土地使用稅的適用稅額標準可適當降低，但降低額不得超過上述規定最低稅額的30%。經濟發達地區的適用稅額標準可以適當提高，但須報財政部批准。

四、計稅依據

城鎮土地使用稅以納稅人實際占用的土地面積為計稅依據，土地面積計量標準為平方米。其中納稅人實際占用的土地面積按下列辦法進行確定：

1. 由省、自治區、直轄市人民政府確定的單位組織測定土地面積的，以測定的

面積為準。

2. 尚未組織測量，但納稅人持有政府部門核發的土地使用證書的，以證書確認的土地面積為準。

3. 尚未核發土地使用證書的，應由納稅人申報土地面積，據以納稅，待核發土地使用證以后再作調整。

4. 在城鎮土地使用稅徵稅範圍內單獨建造的地下建築用地，對已取得地下土地使用權證的，按土地使用權證確認的土地面積計算應徵稅款；對未取得地下土地使用權證或地下土地使用權證上未標明土地面積的，按地下建築垂直投影面積計算應徵稅款。另外，地下建築用地暫按應徵稅款的50%徵收城鎮土地使用稅。

五、稅額計算

城鎮土地使用稅的應納稅額依據納稅人實際占用的土地面積以及該土地所在地段的適用稅額計算。計算公式如下：

全年應納稅額＝實際占用應稅土地面積（平方米）×適用稅額

六、稅收優惠

（一）法定免繳

1. 國家機關、人民團體、軍隊自用的土地。其是指這些單位本身的辦公用地和公務用地。

2. 由國家財政部門撥付事業經費的單位自用的土地。其是指單位本身的業務用地。

3. 宗教寺廟、公園、名勝古跡自用的土地。宗教寺廟自用的土地是指舉行宗教儀式等的用地和寺廟內的宗教人員生活用地；公園、名勝古跡自用的土地是指供公共參觀遊覽的用地及其管理單位的辦公用地。

以上單位的生產、經營用地和其他用地，不屬於免稅範圍，應按規定繳納土地使用稅，如公園、名勝古跡中的營業單位如照相館、餐廳、茶樓等使用的土地。

4. 市政街道、廣場、綠化地帶等公共用地。

5. 直接用於農、林、牧、漁業的生產用地。其是指直接從事種植養殖、飼養的專業用地，不包括農副產品加工場地和生活辦公用地。

6. 經批准開山填海整治的土地和改造的廢棄土地，從使用的月份起免繳土地使用稅5~10年。

7. 非營利性醫療機構、疾病控製機構和婦幼保健機構等衛生機構自用的土地，免徵城鎮土地使用稅。

8. 企業辦的學校、醫院、托兒所、幼兒園，其用地能與企業其他用地明確區分的，免徵城鎮土地使用稅。

9. 免稅單位無償使用納稅單位的土地（如公安、海關等單位使用鐵路、民航等

單位的土地），免徵城鎮土地使用稅。納稅單位無償使用免稅單位的土地，納稅單位應照章繳納城鎮土地使用稅。

10. 對行使國家行政管理職能的中國人民銀行總行（含國家外匯管理局）所屬分支機構自用的土地，免徵城鎮土地使用稅。

（二）省、自治區、直轄市地方稅務局確定減免土地使用稅的優惠

1. 個人所有的居住房屋及院落用地。
2. 房產管理部門在房租調整改革前經租的居民住房用地。
3. 免稅單位職工家屬的宿舍用地。
4. 集體和個人辦的各類學校、醫院、托兒所、幼兒園用地。

七、徵收管理

（一）納稅義務發生時間

1. 納稅人購置新建商品房，自房屋交付使用之次月起，繳納城鎮土地使用稅。
2. 納稅人購置存量房，自辦理房屋權屬轉移、變更登記手續，房地產權屬登記機關簽發房屋權屬證書之次月起，繳納城鎮土地使用稅。
3. 納稅人出租、出借房產，自交付出租、出借房產之次月起，繳納城鎮土地使用稅。
4. 以出讓或轉讓方式有償取得土地使用權的，應由受讓方從合同約定交付土地時間的次月起繳納城鎮土地使用稅；合同未約定交付時間的，由受讓方從合同簽訂的次月起繳納城鎮土地使用稅。
5. 納稅人新徵用的耕地，自批准徵用之日起滿1年時開始繳納土地使用稅。
6. 納稅人新徵用的非耕地，自批准徵用次月起繳納土地使用稅。
7. 自2009年1月1日起，納稅人因土地的權利發生變化而依法終止城鎮土地使用稅納稅義務的，其應納稅款的計算應截止到土地權利發生變化的當月末。

（二）納稅期限

城鎮土地使用稅實行按年計算、分期繳納的徵收方法，具體納稅期限由省、自治區、直轄市人民政府確定。

（三）納稅地點

城鎮土地使用稅在土地所在地繳納。

納稅人使用的土地不屬於同一省、自治區、直轄市管轄的，由納稅人分別向土地所在地的稅務機關繳納土地使用稅；在同一省、自治區、直轄市管轄範圍內，納稅人跨地區使用的土地，其納稅地點由各省、自治區、直轄市地方稅務局確定。

第四節　契稅

契稅是以在中華人民共和國境內轉移土地、房屋權屬為徵稅對象，向產權承受

人徵收的一種財產稅。

契稅與其他稅種相比，具有如下特點：

1. 契稅屬於財產轉移稅。契稅以發生轉移的不動產即土地和房屋為徵稅對象，具有財產轉移課稅性質。土地、房屋產權未發生轉移的，不徵收契稅。

2. 契稅由財產承受人繳納。一般稅種都確定銷售者為納稅義務人，即賣方納稅。契稅則屬於土地、房屋產權發生交易過程中的財產稅，由承受人納稅，即買方納稅。對買方徵稅的主要目的，在於承認不動產轉移生效，承受人納稅以後，便可擁有轉移過來的不動產產權或使用權，法律保護納稅義務人的合法權益。

一、納稅義務人

在中華人民共和國境內轉移土地、房屋權屬，承受的單位和個人是契稅的納稅義務人。境內是指中華人民共和國實際稅收行政管轄範圍內。土地、房屋權屬是指土地使用權和房屋所有權。單位是指企業單位、事業單位、國家機關、軍事單位和社會團體以及其他組織。個人是指個體經營者及其他個人，包括中國公民和外籍人員。

二、徵稅對象

契稅的徵稅對象是境內發生轉移的土地、房屋權屬。具體包括以下五項內容：

1. 國有土地使用權出讓。

2. 土地使用權的轉讓，包括出售、贈與、交換或者以其他方式將土地使用權轉移給其他單位和個人的行為。土地使用權的轉讓不包括農村集體土地承包經營權的轉移。

3. 房屋買賣。即以貨幣為媒介，出賣者向購買者過戶房產所有權的交易行為。以下幾種特殊情況，視同買賣房屋：①以房產抵債或實物交換房屋；②以房產作投資、入股；③買房拆料或翻建新房，應照章徵收契稅。

4. 房屋贈與。房屋的贈與是指房屋產權所有人將房屋無償轉讓給他人所有。其中，將自己的房屋轉交給其他的法人和自然人，稱作房屋贈與人；接受他人房屋的法人和自然人，稱為受贈人。房屋贈與的前提必須是產權無糾紛，贈與人和受贈人雙方自願。

5. 房屋交換。房屋交換是指房屋所有者之間互相交換房屋的行為。等價交換房屋的，免徵契稅；交換價格不等時，依照交換價格差額徵稅。

有些特殊方式轉移土地、房屋權屬的，也將視同土地使用權轉讓、房屋所有權買賣。一是以土地、房屋權屬作價投資、入股；二是以土地、房屋權屬抵債；三是以獲獎方式承受土地、房屋權屬；四是以預購方式或者預付集資建房款方式承受土地、房屋權屬。

三、稅率

契稅實行幅度比例稅率，稅率幅度為 3%～5%。具體執行稅率，由各省、自治區、直轄市人民政府在規定的幅度內，按照本地區的實際情況決定。

四、計稅依據

契稅的計稅依據按照土地、房屋交易的不同情況而定：

1. 國有土地使用權出讓、土地使用權出售、房屋買賣，以成交價格為計稅依據。這樣規定的好處，一是與城市房地產管理法和有關房地產法規規定的價格申報制度相一致；二是在現階段有利於契稅的徵收管理。

2. 土地使用權贈與、房屋贈與，由徵收機關參照土地使用權出售、房屋買賣的市場價格核定。

3. 土地使用權交換、房屋交換，其計稅依據是所交換的土地使用權、房屋的價格差額。交換價格相等時，免徵契稅；交換價格不等時，由多交付的貨幣、實物、無形資產或者其他經濟利益的一方繳納契稅。

4. 以劃撥方式取得土地使用權，經批准轉讓房地產時，由房地產轉讓者補交契稅。計稅依據為補交的土地使用權出讓費用或者土地收益。

為了避免偷、逃稅款，稅法規定，成交價格明顯低於市場價格並且無正當理由的，或者所交換土地使用權、房屋價格的差額明顯不合理並且無正當理由的，徵收機關可以參照市場價格核定計稅依據。

5. 房屋附屬設施徵收契稅的依據。

（1）不涉及土地使用權和房屋所有權轉移變動的，不徵收契稅。

（2）採取分期付款方式購買房屋附屬設施土地使用權、房屋所有權的，應按合同規定的總價款計徵契稅。

（3）承受的房屋附屬設施權屬如為單獨計價的，按照當地確定的適用稅率徵收契稅；如與房屋統一計價的，適用與房屋相同的契稅稅率。

6. 個人無償贈與不動產行為（法定繼承人除外），應對受贈人全額徵收契稅。

五、稅額計算

契稅的應納稅額計算公式：

應納稅額＝計稅依據×稅率

應納稅額以人民幣計算。轉移土地、房屋權屬，以外匯結算的，按照納稅義務發生之日中國人民銀行公布的人民幣市場匯率中間價，折合成人民幣計算。

六、稅收優惠

1. 國家機關、事業單位、社會團體、軍事單位承受土地、房屋用於辦公、教

學、醫療、科研和軍事設施的，免徵契稅。

2. 城鎮職工按規定第一次購買公有住房，免徵契稅。

3. 因不可抗力滅失住房而重新購買住房的，酌情減免。

4. 土地、房屋被縣級以上人民政府徵用、占用後，重新承受土地、房屋權屬的，由省級人民政府確定是否減免。

5. 承受荒山、荒溝、荒丘、荒灘土地使用權，並用於農、林、牧、漁業生產的，免徵契稅。

6. 經外交部確認，依照中國有關法律規定以及中國締結或參加的雙邊和多邊條約或協定，應當予以免稅的外國駐華使館、領事館、聯合國駐華機構及其外交代表、領事官員和其他外交人員承受土地、房屋權屬，免徵契稅。

公租房經營單位購買住房作為公租房的，免徵契稅。

七、徵收管理

(一) 納稅義務發生時間

契稅的納稅義務發生時間是納稅人簽訂土地、房屋權屬轉移合同的當天，或者納稅人取得其他具有土地、房屋權屬轉移合同性質憑證的當天。

(二) 納稅期限

納稅人應當自納稅義務發生之日起 10 日內，向土地、房屋所在地的契稅徵收機關辦理納稅申報，並在契稅徵收機關核定的期限內繳納稅款。

(三) 納稅地點

契稅的納稅地點是土地、房屋所在地的契稅徵收機關。

(四) 徵收管理

納稅人辦理納稅事宜后，徵收機關應向納稅人開具契稅完稅憑證。納稅人持契稅完稅憑證和其他規定的文件材料，依法向土地管理部門、房產管理部門辦理有關土地、房屋的權屬變更登記手續。土地管理部門和房產管理部門應向契稅徵收機關提供有關資料，並協助契稅徵收機關依法徵收契稅。

第五節　車船使用稅

車船稅是以車輛、船舶為徵稅對象，向擁有車船的單位和個人徵收的一種稅，屬於財產稅性質的稅種。

車船稅開徵意義在於：

(1) 為地方政府籌集財政資金，增加地方政府的稅源；

(2) 有利於車船的管理與合理配置，有利於調節財產或財富 (如轎車、遊艇等) 差異。

一、納稅義務人

車船稅的納稅義務人是指在中華人民共和國境內，車輛、船舶的所有人或者管理人。

從事機動車第三者責任強制保險業務的保險機構為機動車車船稅的扣繳義務人，應當在收取保險費時依法代收車船稅，並出具代收稅款憑證。

二、徵稅對象

車船稅的徵稅對象是在中華人民共和國境內屬於稅法所附《車船稅稅目稅額表》規定的車輛、船舶。

所稱車輛、船舶是指：①依法應當在車船管理部門登記的機動車輛和船舶；②依法不需要在車船管理部門登記、在單位內部場所行駛或者作業的機動車輛和船舶。所稱車船管理部門，是指公安、交通運輸、農業、漁業、軍隊、武裝警察部隊等依法具有車船登記管理職能的部門；單位，是指依照中國法律、行政法規規定，在中國境內成立的行政機關、企業、事業單位、社會團體以及其他組織。

三、稅目與稅率

車船稅實行定額稅率，即對徵稅的車船規定單位固定稅額。車船稅的適用稅額，依照稅法所附的《車船稅稅目稅額表》執行。車輛的具體適用稅額由省、自治區、直轄市人民政府依照稅法所附《車船稅稅目稅額表》規定的稅額幅度和國務院的規定確定。船舶的具體適用稅額由國務院在稅法所附《車船稅稅目稅額表》規定的稅額幅度內確定。

車船稅確定稅額總的原則是：非機動車船的稅負輕於機動車船；人力車的稅負輕於畜力車；小噸位船舶的稅負輕於大噸位船舶。由於車輛與船舶的行駛情況不同，車船稅的稅額也有所不同，見表 12-2。

表 12-2　　　　　　　　　車船稅稅目稅額表

目錄		計稅單位	年基準稅額（元）	備註
乘用車按發動機氣缸容量（排氣量分檔）	1.0 升(含)以下的	每輛	60～360	核定載客人數 9 人(含)以下
	1.0 升以上至 1.6 升(含)的		300～540	
	1.6 升以上至 2.0 升(含)的		360～660	
	2.0 升以上至 2.5 升(含)的		660～1,200	
	2.5 升以上至 3.0 升(含)的		1,200～2,400	
	3.0 升以上至 4.0 升(含)的		2,400～3,600	
	4.0 升以上的		3,600～5,400	

表12-2(續)

目錄		計稅單位	年基準稅額（元）	備註
商用車	客車	每輛	480~1,440	核定載客人數9人（包括電車）以上
	貨車	整備質量每噸	16~120	1.包括半掛牽引車、掛車、客貨兩用汽車、三輪汽車和低速載貨汽車等 2.掛車按照貨車稅率的50%計算
其他車輛	專用作業車	整備質量每噸	16~120	不包括拖拉機
	輪式專用機械車	整備質量每噸	16~120	
摩托車		每輛	36~180	
船舶	機動船舶	淨噸位每噸	3~6	拖船、非機動駁船分別按照機動船舶稅額的50%計算；遊艇的稅額另行規定
	遊艇	艇身長度每米	600~2,000	

1. 機動船舶具體適用稅額：
 (1) 淨噸位小於或者等於200噸的，每噸3元；
 (2) 淨噸位201~2,000噸的，每噸4元；
 (3) 淨噸位2,001~10,000噸的，每噸5元；
 (4) 淨噸位10,001噸及以上的，每噸6元。
拖船按照發動機功率每1千瓦折合淨噸位0.67噸計算徵收車船稅。
2. 遊艇具體適用稅額：
 (1) 艇身長度不超過10米的遊艇，每米600元；
 (2) 艇身長度超過10米但不超過18米的遊艇，每米900元；
 (3) 艇身長度超過18米但不超過30米的遊艇，每米1,300元；
 (4) 艇身長度超過30米的遊艇，每米2,000元；
 (5) 輔助動力帆艇，每米600元。
3. 車船稅法和實施條例所涉及的排氣量、整備質量、核定載客人數、淨噸位、功率（千瓦或馬力）、艇身長度，以車船登記管理部門合法的車船登記證書或者行駛證相應項目所載數據為準。

依法不需要辦理登記、依法應當登記而未辦理登記或者不能提供車船登記證書、行駛證的，以車船出廠合格證明或者進口憑證相應項目標註的技術參數、所載數據為準；不能提供車船出廠合格證明或者進口憑證的，由主管稅務機關參照國家相關標準核定，沒有國家相關標準的參照同類車船核定。

四、稅額計算

納稅人按照納稅地點所在的省、自治區、直轄市人民政府確定的具體適用稅額繳納車船稅。車船稅由地方稅務機關負責徵收。

1. 購置的新車船，購置當年的應納稅額自納稅義務發生的當月起按月計算。計算公式為：

應納稅額＝（年應納稅額÷12）×應納稅月份數

2. 在一個納稅年度內，已完稅的車船被盜搶、報廢、滅失的，納稅人可以憑有關管理機關出具的證明和完稅證明，向納稅所在地的主管稅務機關申請退還自被盜搶、報廢、滅失月份起至該納稅年度終了期間的稅款。

3. 已辦理退稅的被盜搶車船，失而復得的，納稅人應當從公安機關出具相關證明的當月起計算繳納車船稅。

4. 在一個納稅年度內，納稅人在非車輛登記地由保險機構代收代繳機動車車船稅，且能夠提供合法有效完稅證明的，納稅人不再向車輛登記地的地方稅務機關繳納車輛車船稅。

5. 已繳納車船稅的車船在同一納稅年度內辦理轉讓過戶的，不另納稅，也不退稅。

五、稅收優惠

（一）法定減免

1. 捕撈、養殖漁船。其是指在漁業船舶登記管理部門登記為捕撈船或者養殖船的船舶。

2. 軍隊、武裝警察部隊專用的車船。其是指按照規定在軍隊、武裝警察部隊車船管理部門登記，並領取軍隊、武警牌照的車船。

3. 警用車船。其是指公安機關、國家安全機關、監獄、勞動教養管理機關和人民法院、人民檢察院領取警用牌照的車輛和執行警務的專用船舶。

4. 依照法律規定應當予以免稅的外國駐華使領館、國際組織駐華代表機構及其有關人員的車船。

5. 自2012年1月1日起，對節約能源車輛減半徵收車船稅；對使用新能源的車輛免徵車船稅；對受嚴重自然災害影響納稅困難以及有其他特殊原因確需減稅、免稅的，可以減徵或者免徵車船稅。使用新能源的車輛包括純電動汽車、燃料電池汽車和混合動力汽車。純電動汽車、燃料電池汽車和插電式混合動力汽車免徵車船稅，其他混合動力汽車按照同類車輛適用稅額減半徵稅。

6. 省、自治區、直轄市人民政府根據當地實際情況，可以對公共交通車船，農村居民擁有並主要在農村地區使用的摩托車、三輪汽車和低速載貨汽車定期減徵或者免徵車船稅。

(二) 特定減免

1. 經批准臨時入境的外國車船和香港特別行政區、澳門特別行政區、臺灣地區的車船，不徵收車船稅。

2. 按照規定繳納船舶噸稅的機動船舶，自車船稅法實施之日起 5 年內免徵車船稅。

3. 依法不需要在車船登記管理部門登記的機場、港口、鐵路站場內部行駛或作業的車船，自車船稅法實施之日起 5 年內免徵車船稅。

六、徵收管理

(一) 納稅申報

車船稅按年申報，分月計算，一次性繳納。納稅年度為公歷 1 月 1 日至 12 月 31 日。車船稅按年申報繳納。具體申報納稅期限由省、自治區、直轄市人民政府規定。

扣繳義務人應當及時解繳代收代繳的稅款和滯納金，並向主管稅務機關申報。扣繳義務人向稅務機關解繳稅款和滯納金時，應當同時報送明細的稅款和滯納金扣繳報告。扣繳義務人解繳稅款和滯納金的具體期限，由省、自治區、直轄市地方稅務機關依照法律、行政法規的規定確定。

(二) 納稅期限

車船稅納稅義務發生時間為取得車船所有權或者管理權的當月。以購買車船的發票或其他證明文件所載日期的當月為準。

(三) 納稅地點

車船稅的納稅地點為車船的登記地或者車船稅扣繳義務人所在地。依法不需要辦理登記的車船，車船稅的納稅地點為車船的所有人或者管理人所在地。

扣繳義務人代收代繳車船稅的，納稅地點為扣繳義務人所在地。

納稅人自行申報繳納車船稅的，納稅地點為車船登記地的主管稅務機關所在地。

依法不需要辦理登記的車船，納稅地點為車船所有人或者管理人主管稅務機關所在地。

第六節　印花稅

印花稅，是以經濟活動和經濟交往中書立、領受應稅憑證的行為為徵稅對象徵收的一種稅。印花稅是一種具有行為稅性質的憑證稅，凡發生書立、使用、領受應稅憑證的行為，就必須依照稅法的有關規定履行納稅義務。

一、納稅義務人

印花稅的納稅義務人，是在中國境內書立、使用、領受稅法所列舉的憑證，並

應依法履行納稅義務的單位和個人。

所稱單位和個人，是指國內各類企業、事業、機關、團體、部隊以及中外合資企業、合作企業、外資企業、外國公司和其他經濟組織及其在華機構等單位和個人。

上述單位和個人，按照書立、使用、領受應稅憑證的不同，可以分別確定為立合同人、立據人、立帳簿人、領受人、使用人和各類電子應稅憑證的簽訂人。

1. 立合同人，是指合同的當事人。所謂當事人，是指對憑證有直接權利義務關係的單位和個人，但不包括合同的擔保人、證人、鑒定人。各類合同的納稅人是立合同人。各類合同，包括購銷、加工承攬、建設工程承包、財產租賃、貨物運輸、倉儲保管、借款、財產保險、技術合同或者具有合同性質的憑證。

所稱合同，是指根據原《中華人民共和國經濟合同法》《中華人民共和國涉外經濟合同法》和其他有關合同法規訂立的合同。所稱具有合同性質的憑證，是指具有合同效力的協議、契約、合約、單據、確認書及其他各種名稱的憑證。

當事人的代理人有代理納稅的義務，他與納稅人負有同等的稅收法律義務和責任。

2. 立據人。產權轉移書據的納稅人是立據人。

3. 立帳簿人。營業帳簿的納稅人是立帳簿人。所謂立帳簿人，指設立並使用營業帳簿的單位和個人。例如，企業單位因生產、經營需要，設立了營業帳簿，該企業即為納稅人。

4. 領受人。權利、許可證照的納稅人是領受人。領受人，是指領取或接受並持有該項憑證的單位和個人。例如，某人因其發明創造，經申請依法取得國家專利機關頒發的專利證書，該人即為納稅人。

5. 使用人。在國外書立、領受，但在國內使用的應稅憑證，其納稅人是使用人。

6. 各類電子應稅憑證的簽訂人。即以電子形式簽訂的各類應稅憑證的當事人。

值得注意的是，對應稅憑證，凡由兩方或兩方以上當事人共同書立的，其當事人各方都是印花稅的納稅人，應各就其所持憑證的計稅金額履行納稅義務。

二、稅目

印花稅的稅目，指印花稅法明確規定的應當納稅的項目，它具體劃定了印花稅的徵稅範圍。一般地說，列入稅目的就要徵稅，未列入稅目的就不徵稅。印花稅共有 13 個稅目，即：

1. 購銷合同。包括供應、預購、採購、購銷結合及協作、調劑、補償、貿易等合同。此外，還包括出版單位與發行單位之間訂立的圖書、報紙、期刊和音像製品的應稅憑證，例如訂購單、訂數單等。還包括發電廠與電網之間、電網與電網之間（國家電網公司系統、南方電網公司系統內部各級電網互供電量除外）簽訂的購售合同。但是，電網與用戶之間簽訂的供用電合同不屬於印花稅列舉徵稅的憑證，

不徵收印花稅。

2. 加工承攬合同。包括加工、定做、修繕、修理、印刷廣告、測繪、測試等合同。

3. 建設工程勘察設計合同。包括勘察、設計合同。

4. 建築安裝工程承包合同。包括建築、安裝工程承包合同。承包合同，包括總承包合同、分包合同和轉包合同。

5. 財產租賃合同。包括租賃房屋、船舶、飛機、機動車輛、機械、器具、設備等合同，還包括企業、個人出租門店、櫃臺等簽訂的合同。

6. 貨物運輸合同。包括民用航空、鐵路運輸、海上運輸、公路運輸和聯運合同，以及作為合同使用的單據。

7. 倉儲保管合同。包括倉儲、保管合同，以及作為合同使用的倉單、棧單等。

8. 借款合同。銀行及其他金融組織與借款人（不包括銀行同業拆借）所簽訂的合同，以及只填開借據並作為合同使用、取得銀行借款的借據。銀行及其他金融機構經營的融資租賃業務，是一種以融物方式達到融資目的的業務，實際上是分期償還的固定資金借款，因此融資租賃合同也屬於借款合同。

9. 財產保險合同。包括財產、責任、保證、信用保險合同，以及作為合同使用的單據。財產保險合同，分為企業財產保險、機動車輛保險、貨物運輸保險、家庭財產保險和農牧業保險五大類。家庭財產兩全保險屬於家庭財產保險性質，其合同在財產保險合同之列，應照章納稅。

10. 技術合同。包括技術開發、轉讓、諮詢、服務等合同，以及作為合同使用的單據。

技術轉讓合同，包括專利申請權轉讓和非專利技術轉讓。

技術諮詢合同，是當事人就有關項目的分析、論證、預測和調查訂立的技術合同。但一般的法律、會計、審計等方面的諮詢不屬於技術諮詢，其所立合同不貼印花。

技術服務合同，是當事人一方委託另一方就解決有關特定技術問題，如為改進產品結構、改良工藝流程、提高產品質量、降低產品成本、保護資源環境、實現安全操作、提高經濟效益等提出實施方案、實施所訂立的技術合同，包括技術服務合同、技術培訓合同和技術仲介合同。但不包括以常規手段或者為生產經營目的進行一般加工、修理、修繕、廣告、印刷、測繪、標準化測試，以及勘察、設計等所書立的合同。

11. 產權轉移書據。包括財產所有權和版權、商標專用權、專利權、專有技術使用權等轉移書據和專利實施許可合同、土地使用權出讓合同、土地使用權轉讓合同、商品房銷售合同等權利轉移合同。

所稱產權轉移書據，是指單位和個人產權的買賣、繼承、贈與、交換、分割等所立的書據。財產所有權轉移書據的徵稅範圍，是指經政府管理機關登記註冊的動

產、不動產的所有權轉移所立的書據，以及企業股權轉讓所立的書據，並包括個人無償贈送不動產所簽訂的「個人無償贈與不動產登記表」。當納稅人完稅后，稅務機關（或其他徵收機關）應在納稅人印花稅完稅憑證上加蓋「個人無償贈與」印章。

12. 營業帳簿。指單位或者個人記載生產經營活動的財務會計核算帳簿。營業帳簿按其反映內容的不同，可分為記載資金的帳簿和其他帳簿。

記載資金的帳簿，是指反映生產經營單位資本金數額增減變化的帳簿。其他帳簿，是指除上述帳簿以外的有關其他生產經營活動內容的帳簿，包括日記帳簿和各明細分類帳簿。

但是，對金融系統營業帳簿，要結合金融系統財務會計核算的實際情況進行具體分析。凡銀行用以反映資金存貸經營活動、記載經營資金增減變化、核算經營成果的帳簿，如各種日記帳、明細帳和總帳都屬於營業帳簿，應按照規定繳納印花稅；銀行根據業務管理需要設置的各種登記簿，如空白重要憑證登記簿、有價單證登記簿、現金收付登記簿等，其記載的內容與資金活動無關，僅用於內部備查，屬於非營業帳簿，均不徵收印花稅。

13. 權利、許可證照。包括政府部門發給的房屋產權證、工商營業執照、商標註冊證、專利證、土地使用證。

三、稅率

印花稅的稅率設計，遵循稅負從輕、共同負擔的原則。所以，稅率比較低；憑證的當事人，即對憑證有直接權利與義務關係的單位和個人均應就其所持憑證依法納稅。印花稅的稅率有兩種形式，即比例稅率和定額稅率。

（一）比例稅率

在印花稅的13個稅目中，各類合同以及具有合同性質的憑證（含以電子形式簽訂的各類應稅憑證）、產權轉移書據、營業帳簿中記載資金的帳簿，適用比例稅率。

印花稅的比例稅率分為4個檔次，分別是0.05‰、0.3‰、0.5‰、1‰。

1. 適用0.05‰稅率的為「借款合同」。
2. 適用0.3‰稅率的為「購銷合同」「建築安裝工程承包合同」「技術合同」。
3. 適用0.5‰稅率的為「加工承攬合同」「建築工程勘察設計合同」「貨物運輸合同」「產權轉移書據」「營業帳簿」稅目中記載資金的帳簿。
4. 適用1‰稅率的為「財產租賃合同」「倉儲保管合同」「財產保險合同」。
5. 在上海證券交易所、深圳證券交易所、全國中小企業股份轉讓系統買賣、繼承、贈與優先股所書立的股權轉讓書據，均依書立時實際成交金額，由出讓方按1‰的稅率計算繳納證券（股票）交易印花稅。
6. 在全國中小企業股份轉讓系統買賣、繼承、贈與股票所書立的股權轉讓書

據，依書立時實際成交金額，由出讓方按1‰的稅率計算繳納證券（股票）交易印花稅。

香港市場投資者通過滬港通買賣、繼承、贈與上交所上市A股，按照內地現行稅制規定繳納證券（股票）交易印花稅。內地投資者通過滬港通買賣、繼承、贈與聯交所上市股票，按照香港特別行政區現行稅法規定繳納印花稅。

(二) 定額稅率

在印花稅的13個稅目中，「權利、許可證照」和「營業帳簿」稅目中的其他帳簿，適用定額稅率，均為按件貼花，稅額為5元。這樣規定，主要是考慮到上述應稅憑證比較特殊，有的是無法計算金額的憑證，例如權利、許可證照；有的是雖記載有金額，但以其作為計稅依據又明顯不合理的憑證，例如其他帳簿。採用定額稅率，便於納稅人繳納，便於稅務機關徵管。印花稅稅目、稅率見表12-3。

表12-3　　　　　　　　　印花稅稅目、稅率

稅目	範圍	稅率	納稅人	說明
1.購銷合同	包括供應、預購、採購、購銷結合及協作、調劑、補償、易貨等合同	按購銷金額的0.3‰貼花	立合同人	
2.加工承攬合同	包括加工、定做、修繕、修理、印刷、廣告、測繪、測試等合同	按加工或承攬收入的0.5‰貼花	立合同人	
3.建設工程勘察設計合同	包括勘察、設計合同	按收取費用的0.5‰貼花	立合同人	
4.建築安裝工程承包合同	包括建築、安裝工程承包合同	按承包金額的0.3‰貼花	立合同人	
5.財產租賃合同	包括租賃房屋、船舶、飛機、機動車輛、機械、器具、設備等合同	按租賃金額1‰貼花，稅額不足1元的，按1元貼花	立合同人	
6.貨物運輸合同	包括民用航空運輸、鐵路運輸、海上運輸、內河運輸、公路運輸和聯運合同	按運輸費用0.5‰貼花	立合同人	單據作為合同使用的，按合同貼花
7.倉儲保管合同	包括倉儲、保管合同	按倉儲保管費用1‰貼花	立合同人	倉單或棧單作為合同使用的，按合同貼花
8.借款合同	銀行及其他金融組織和借款人（不包括銀行同業拆借）所簽訂的借款合同	按借款金額0.05‰貼花	立合同人	單據作為合同使用的，按合同貼花
9.財產保險合同	包括財產、責任、保證、信用等保險合同	按收取保險費1‰貼花	立合同人	單據作為合同使用的，按合同貼花

表12-3(續)

稅目	範圍	稅率	納稅人	說明
10.技術合同	包括技術開發、轉讓、諮詢、服務等合同	按所記載金額0.3‰貼花	立合同人	
11.產權轉移書據	包括財產所有權和版權、商標專用權、專利權、專有技術使用權等轉移書據、土地使用權出讓合同、土地使用權轉讓合同、商品房銷售合同	按所記載金額0.5‰貼花	立據人	
12.營業帳簿	生產、經營用帳冊	記載資金的帳簿，按實收資本和資本公積的合計金額0.5‰貼花；其他帳簿按件貼花5元	立帳簿人	
13.權利、許可證照	包括政府部門發給的房屋產權證、工商營業執照、商標註冊證、專利證、土地使用證	按件貼花5元	領受人	

四、計稅依據

(一) 一般規定

印花稅的計稅依據為各種應稅憑證上所記載的計稅金額。具體規定為：

1. 購銷合同的計稅依據為合同記載的購銷金額。

2. 加工承攬合同的計稅依據是加工或承攬收入的金額。具體規定為：

（1）對於由受託方提供原材料的加工、定做合同，凡在合同中分別記載加工費金額和原材料金額的，應分別按「加工承攬合同」「購銷合同」計稅，兩項稅額相加數，即為合同應貼印花；若合同中未分別記載，則應就全部金額依照加工承攬合同計稅貼花。

（2）對於由委託方提供主要材料或原料，受託方只提供輔助材料的加工合同，無論加工費和輔助材料金額是否分別記載，均以輔助材料與加工費的合計數，依照加工承攬合同計稅貼花。對委託方提供的主要材料或原料金額不計稅貼花。

3. 建設工程勘察設計合同的計稅依據為收取的費用。

4. 建築安裝工程承包合同的計稅依據為承包金額。

5. 財產租賃合同的計稅依據為租賃金額；經計算，稅額不足1元的，按1元貼花。

6. 貨物運輸合同的計稅依據為取得的運輸費金額（即運費收入），不包括所運貨物的金額、裝卸費和保險費等。

7. 倉儲保管合同的計稅依據為收取的倉儲保管費用。

8. 借款合同的計稅依據為借款金額。針對實際借貸活動中不同的借款形式，稅法規定了不同的計稅方法：

（1）凡是一項信貸業務既簽訂借款合同，又一次或分次填開借據的，只以借款合同所載金額為計稅依據計稅貼花；凡是只填開借據並作為合同使用的，應以借據所載金額為計稅依據計稅貼花。

（2）借貸雙方簽訂的流動資金週轉性借款合同，一般按年（期）簽訂，規定最高限額，借款人在規定的期限和最高限額內隨借隨還。為避免加重借貸雙方的負擔，對這類合同只以其規定的最高限額為計稅依據，在簽訂時貼花一次，在限額內隨借隨還不簽訂新合同的，不再另貼印花。

（3）對借款方以財產作抵押，從貸款方取得一定數量抵押貸款的合同，應按借款合同貼花；在借款方因無力償還借款而將抵押財產轉移給貸款方時，應再就雙方書立的產權書據，按產權轉移書據的有關規定計稅貼花。

（4）對銀行及其他金融組織的融資租賃業務簽訂的融資租賃合同，應按合同所載租金總額，暫按借款合同計稅。

（5）在貸款業務中，如果貸方系由若干銀行組成的銀團，銀團各方均承擔一定的貸款數額。借款合同由借款方與銀團各方共同書立，各執一份合同正本。對這類合同借款方與貸款銀團各方應分別在所執的合同正本上，按各自的借款金額計稅貼花。

（6）在基本建設貸款中，如果按年度用款計劃分年簽訂借款合同，在最后一年按總概算簽訂借款總合同，且總合同的借款金額包括各個分合同的借款金額的，對這類基建借款合同，應按分合同分別貼花，最后簽訂的總合同，只就借款總額扣除分合同借款金額后的餘額計稅貼花。

9. 財產保險合同的計稅依據為支付（收取）的保險費，不包括所保財產的金額。

10. 技術合同的計稅依據為合同所載的價款、報酬或使用費。為了鼓勵技術研究開發，對技術開發合同，只就合同所載的報酬金額計稅，研究開發經費不作為計稅依據。單對合同約定按研究開發經費一定比例作為報酬的，應按一定比例的報酬金額貼花。

11. 產權轉移書據的計稅依據為所載金額。

12. 營業帳簿稅目中記載資金的帳簿的計稅依據為「實收資本」與「資本公積」兩項的合計金額。實收資本，包括現金、實物、無形資產和材料物資。現金按實際收到或存入納稅人開戶銀行的金額確定。實物，指房屋、機器等，按評估確認的價值或者合同、協議約定的價格確定。無形資產和材料物資，按評估確認的價值確定。

資本公積，包括接受捐贈、法定財產重估增值、資本折算差額、資本溢價等。如果是實物捐贈，則按同類資產的市場價格或有關憑據確定。

其他帳簿的計稅依據為應稅憑證件數。

13. 權利、許可證照的計稅依據為應稅憑證件數。

(二) 特殊規定

1. 上述憑證以「金額」「收入」「費用」作為計稅依據的，應當全額計稅，不得作任何扣除。

2. 同一憑證，載有兩個或兩個以上經濟事項而適用不同稅目稅率，如分別記載金額的，應分別計算應納稅額，相加后按合計稅額貼花；如未分別記載金額的，按稅率高的計稅貼花。

3. 按金額比例貼花的應稅憑證，未標明金額的，應按照憑證所載數量及國家牌價計算金額；沒有國家牌價的，按市場價格計算金額，然后按規定稅率計算應納稅額。

4. 應稅憑證所載金額為外國貨幣的，應按照憑證書立當日國家外匯管理局公布的外匯牌價折合成人民幣，然后計算應納稅額。

5. 應納稅額不足1角的，免納印花稅；1角以上的，其稅額尾數不滿5分的不計，滿5分的按1角計算。

6. 有些合同，在簽訂時無法確定計稅金額，如技術轉讓合同中的轉讓收入，是按銷售收入的一定比例收取或是按實現利潤分成的；財產租賃合同，只是規定了月（天）租金標準而無租賃期限的。對這類合同，可在簽訂時先按定額5元貼花，以后結算時再按實際金額計稅，補貼印花。

7. 應稅合同在簽訂時納稅義務即已產生，應計算應納稅額並貼花。所以，不論合同是否兌現或是否按期兌現，均應貼花。

對已履行並貼花的合同，所載金額與合同履行后實際結算金額不一致的，只要雙方未修改合同金額，一般不再辦理完稅手續。

8. 對有經營收入的事業單位，凡屬由國家財政撥付事業經費，實行差額預算管理的單位，其記載經營業務的帳簿，按其他帳簿定額貼花，不記載經營業務的帳簿不貼花；凡屬經費來源實行自收自支的單位，其營業帳簿，應對記載資金的帳簿和其他帳簿分別計算應納稅額。

跨地區經營的分支機構使用的營業帳簿，應由各分支機構於其所在地計算貼花。對上級單位核撥資金的分支機構，其記載資金的帳簿按核撥的帳面資金額計稅貼花，其他帳簿按定額貼花；對上級單位不核撥資金的分支機構，只就其他帳簿按件定額貼花。為避免對同一資金重複計稅貼花，上級單位記載資金的帳簿，應按扣除撥給下屬機構資金數額后的其餘部分計稅貼花。

9. 商品購銷活動中，採用以貨換貨方式進行商品交易簽訂的合同，是反映既購又銷雙重經濟行為的合同。對此，應按合同所載的購、銷合計金額計稅貼花。合同未列明金額的，應按合同所載購、銷數量依照國家牌價或者市場價格計算應納稅額。

10. 施工單位將自己承包的建設項目，分包或者轉包給其他施工單位所簽訂的

分包合同或者轉包合同，應按新的分包合同或轉包合同所載金額計算應納稅額。這是因為印花稅是一種具有行為稅性質的憑證稅，儘管總承包合同已依法計稅貼花，但新的分包或轉包合同是一種新的憑證，又發生了新的納稅義務。

11. 從 2008 年 9 月 19 日起，對證券交易印花稅政策進行調整，由雙邊徵收改為單邊徵收，即只對賣出方（或繼承、贈與 A 股、B 股股權的出讓方）徵收證券（股票）交易印花稅，對買入方（受讓方）不再徵收。稅率仍保持 1‰。

12. 對國內各種形式的貨物聯運，凡在起運地統一結算全程運費的，應以全程運費作為計稅依據，由起運地運費結算雙方繳納印花稅；凡分程結算運費的，應以分程的運費作為計稅依據，分別由辦理運費結算的各方繳納印花稅。

對國際貨運，凡由中國運輸企業運輸的，不論在中國境內、境外起運或中轉分程運輸，中國運輸企業所持的一份運費結算憑證，均按本程運費計算應納稅額；托運方所持的一份運費結算憑證，按全程運費計算應納稅額。由外國運輸企業運輸進出口貨物的，按外國運輸企業所持的一份運費結算憑證免納印花稅；托運方所持的一份運費結算憑證應繳納印花稅。國際貨運運費結算憑證在國外辦理的，應在憑證轉回中國境內時按規定繳納印花稅。

必須明確的是，印花稅票為有價證券，其票面金額以人民幣為單位，分為 1 角、2 角、5 角、1 元、2 元、5 元、10 元、50 元、100 元 9 種。

五、稅額計算

納稅人的應納稅額，根據應納稅憑證的性質，分別按比例稅率或者定額稅率計算，其計算公式為：

應納稅額＝應稅憑證計稅金額（或應稅憑證件數）×適用稅率

六、稅收優惠

對印花稅的減免稅優惠主要有：

（1）對已繳納印花稅憑證的副本或者抄本免稅。憑證的正式簽署本已按規定繳納了印花稅，其副本或者抄本對外不發生權利義務關係，只是留存備查。但副本或者抄本視同正本使用的，則應另貼印花。

（2）對無息、貼息貸款合同免稅。無息、貼息貸款合同，是指中國的各專業銀行按照國家金融政策發放的無息貸款，以及由各專業銀行發放並按有關規定由財政部門或中國人民銀行給予貼息的貸款項目所簽訂的貸款合同。

一般情況下，無息、貼息貸款體現國家政策，滿足特定時期的某種需要，其利息全部或者部分是由國家財政負擔的，對這類合同徵收印花稅沒有財政意義。

（3）對房地產管理部門與個人簽訂的用於生活居住的租賃合同免稅。

（4）對農牧業保險合同免稅。對該類合同免稅，是為了支持農村保險事業的發展，減輕農牧業生產的負擔。

（5）對與高校學生簽訂的高校學生公寓租賃合同，免徵印花稅。「高校學生公寓」是指為高校學生提供住宿服務，按照國家規定的收費標準收取住宿費的學生公寓。

（6）對公租房經營管理單位建造管理公租房涉及的印花稅予以免徵。對公租房經營管理單位購買住房作為公租房，免徵印花稅；對公租房租賃雙方簽訂租賃協議涉及的印花稅予以免稅。

在其他住房項目中配套建設公租房，依據政府提供的相關材料，可按公租房建築面積占總建築面積的比例免徵建造、管理公租房涉及的印花稅。

（7）為貫徹落實《國務院關於加快棚戶區改造工作意見》，對改造安置住房經營管理單位、開發商與改造安置住房相關的印花稅以及購買安置住房的個人涉及的印花稅自2013年7月4日免徵。

七、徵收管理

（一）納稅方法

印花稅的納稅方法，根據稅額大小、貼花次數以及稅收徵收管理的需要，分別採用以下三種納稅辦法：

1. 自行貼花辦法

一般適用於應稅憑證較少或者貼花次數較少的納稅人。納稅人書立、領受或者使用稅法列舉的應稅憑證的同時，納稅義務即已產生，應當根據應納稅憑證的性質和適用稅目稅率自行計算應納稅額，自行購買印花稅票，自行一次貼足印花稅票並加以註銷或劃銷，納稅義務才算全部履行完畢。值得注意的是，納稅人購買了印花稅票，支付了稅款，國家就取得了財政收入。但就印花稅而言，納稅人支付了稅款並不等於已經履行了納稅義務。納稅人必須自行貼花並註銷或劃銷，這樣才算完整地完成了納稅義務。這也就是通常所說的「三自」納稅辦法。

對已貼花的憑證，修改后所記載金額增加的，其增加部分應補貼印花稅票。凡多貼印花稅票者，不得申請退稅或抵用。

2. 匯貼或匯繳辦法

一般適用於應納稅額較大或者貼花次數頻繁的納稅人。

一份憑證應納稅額超過500元的，應向當地稅務機關申請填寫繳款書或者完稅證，將其中一聯粘貼在憑證上或者由稅務機關在憑證上加註完稅標記代替貼花。這就是通常所說的「匯貼」辦法。

同一種類應納稅憑證，需頻繁貼花的，納稅人可以根據實際情況自行決定是否採用按期匯總繳納印花稅的方式，匯總繳納的期限為1個月。採用按期匯總繳納方式的納稅人應事先告知主管稅務機關。繳納方式一經選定，1年內不得改變。主管稅務機關接到納稅人要求按期匯總繳納印花稅的告知後，應及時登記，制定相應的管理辦法，防止出現管理漏洞。對採用按期匯總繳納方式繳納印花稅的納稅人，應

加強日常監督、檢查。

實行印花稅按期匯總繳納的單位，對徵稅憑證和免稅憑證匯總時，凡分別匯總的，按本期徵稅憑證的匯總金額計算繳納印花稅；凡確屬不能分別匯總的，應按本期全部憑證的實際匯總金額計算繳納印花稅。

凡匯總繳納印花稅的憑證，應加註稅務機關指定的匯繳戳記、編號並裝訂成冊后，將已貼印花或者繳款書的一聯粘附冊后，蓋章註銷，保存備查。

經稅務機關核準，持有代售許可證的代售戶，代售印花稅票取得的稅款須專戶存儲，並按照規定的期限，向當地稅務機關結報，或者填開專用繳款書直接向銀行繳納，不得逾期不繳或者挪作他用。代售戶領存的印花稅票及所售印花稅票的稅款，如有損失，應負責賠償。

3. 委託代徵辦法

這一辦法主要是通過稅務機關的委託，經由發放或者辦理應納稅憑證的單位代為徵收印花稅稅款。稅務機關應與代徵單位簽訂代徵委託書。所謂發放或者辦理應納稅憑證的單位，是指發放權利、許可證照的單位和辦理憑證的鑒證、公證及其他有關事項的單位。如按照印花稅法規定，工商行政管理機關核發各類營業執照和商標註冊證的同時，負責代售印花稅票，徵收印花稅款，並監督領受單位或個人負責貼花。稅務機關委託工商行政管理機關代售印花稅票，按代售金額5%的比例支付代售手續費。

稅法規定，發放或者辦理應納稅憑證的單位，負有監督納稅人依法納稅的義務，具體是指對以下納稅事項監督：

（1）應納稅憑證是否已粘貼印花；
（2）粘貼的印花是否足額；
（3）粘貼的印花是否按規定註銷。

對未完成以上納稅手續的，應督促納稅人當場完成。

（二）納稅環節

印花稅應當在書立或領受時貼花。具體是指在合同簽訂時、帳簿啟用時和證照領受時貼花。如果合同是在國外簽訂，並且不便在國外貼花的，應在將合同帶入境內時辦理貼花納稅手續。

（三）納稅地點

印花稅一般實行就地納稅。對於全國性商品物資訂貨會（包括展銷會、交易會等）上所簽訂合同應納的印花稅，由納稅人回其所在地后及時辦理貼花完稅手續；對地方主辦、不涉及省際關係的訂貨會、展銷會上所簽合同的印花稅，其納稅地點由各省、自治區、直轄市人民政府自行確定。

（四）違章與處罰

印花稅納稅人有下列行為之一的，由稅務機關根據情節輕重予以處罰：

1. 在應納稅憑證上未貼或者少貼印花稅票的或者已粘貼在應稅憑證上的印花稅

票未註銷或者未劃銷的，由稅務機關追繳其不繳或者少繳的稅款、滯納金，並處不繳或者少繳的稅款50%以上5倍以下的罰款。

2. 已貼用的印花稅票揭下重用造成未繳或少繳印花稅的，由稅務機關追繳其不繳或者少繳的稅款、滯納金，並處不繳或者少繳的稅款50%以上5倍以下的罰款；構成犯罪的，依法追究刑事責任。

3. 偽造印花稅票的，由稅務機關責令改正，處以2,000元以上1萬元以下的罰款；情節嚴重的，處以1萬元以上5萬元以下的罰款；構成犯罪的，依法追究刑事責任。

4. 按期匯總繳納印花稅的納稅人，超過稅務機關核定的納稅期限，未繳或少繳印花稅款的，由稅務機關追繳其不繳或者少繳的稅款、滯納金，並處不繳或者少繳稅款50%以上5倍以下的罰款；情節嚴重的，同時撤銷其匯繳許可證；構成犯罪的，依法追究刑事責任。

5. 納稅人違反以下規定的，由稅務機關責令限期改正，可處以2,000元以下的罰款；情節嚴重的，處以2,000元以上1萬元以下的罰款。

凡匯總繳納印花稅的憑證，應加註稅務機關指定的匯繳戳記，編號並裝訂成冊後，將已貼印花或者繳款書的一聯粘附冊後，蓋章註銷，保存備查。

第七節　耕地占用稅

耕地占用稅是對占用耕地建房或從事其他非農業建設的單位和個人，就其實際占用的耕地面積徵收的一種稅，它屬於對特定土地資源占用課稅。耕地占用稅與其他稅種有著很大的不同，它是國家為了保護耕地，而對被占用的耕地徵收的一次性行為稅。

一、納稅義務人

耕地占用稅的納稅義務人，是占用耕地建房或從事非農業建設的單位和個人。

所稱單位，包括各類企業（含外資企業）和事業單位、社會團體、國家機關、軍隊以及其他單位；所稱個人，包括個體工商戶以及其他個人。

二、徵稅範圍

耕地占用稅的徵稅範圍包括納稅人為建房或從事其他非農業建設而占用的國家所有和集體所有的耕地。所謂耕地是指種植農業作物的土地，包括菜地、園地。其中，園地包括花圃、苗圃、茶園、果園、桑園和其他種植經濟林木的土地。

占用魚塘及其他農用土地建房或從事其他非農業建設，也視同占用耕地，必須依法徵收耕地占用稅。占用已開發從事種植、養殖的灘塗、草場、水面和林地等從

事非農業建設，由省、自治區、直轄市本著有利於保護土地資源和生態平衡的原則，結合具體情況確定是否徵收耕地占用稅。

三、稅率

由於在中國的不同地區之間人口和耕地資源的分佈極不均衡，有些地區人煙稠密，耕地資源相對匱乏；而有些地區則人煙稀少，耕地資源比較豐富。各地區之間的經濟發展水平也有很大差異。考慮到不同地區之間客觀條件的差別以及與此相關的稅收調節力度和納稅人負擔能力方面的差別，耕地占用稅在稅率設計上採用了地區差別定額稅率。稅率規定如下：

1. 人均耕地不超過1畝的地區（以縣級行政區域為單位，下同），每平方米為10~50元；
2. 人均耕地超過1畝但不超過2畝的地區，每平方米為8~40元；
3. 人均耕地超過2畝但不超過3畝的地區，每平方米為6~30元；
4. 人均耕地超過3畝以上的地區，每平方米為5~25元。

經濟特區、經濟技術開發區和經濟發達、人均耕地特別少的地區，適用稅額可以適當提高，但最多不得超過當地適用稅額的50%（見表12-4）。

表12-4　　　　各省、自治區、直轄市耕地占用稅平均稅額　　　　單位：元

地區	每平方米平均稅額
上海	45
北京	40
天津	35
江蘇、浙江、福建、廣東	30
遼寧、湖北、湖南	25
河北、安徽、江西、山東、河南、重慶、四川	22.5
廣西、海南、貴州、雲南、陝西	20
山西、吉林、黑龍江	17.5
內蒙古、西藏、甘肅、青海、寧夏、新疆	12.5

四、稅額計算

（一）計稅依據

耕地占用稅以納稅人占用耕地的面積為計稅依據，以每平方米為計量單位。

（二）應納稅額的計算

耕地占用稅應納稅額的計算公式為：

應納稅額＝實際占用耕地面積×適用定額稅率

五、稅收優惠與徵收管理

（一）免徵耕地占用稅
1. 軍事設施占用耕地。
2. 學校、幼兒園、養老院、醫院占用耕地。

學校範圍，包括由國務院人力資源社會保障行政部門、省、自治區、直轄市人民政府或其人力資源社會保障行政部門批准成立的技工院校。

（二）減徵耕地占用稅
1. 鐵路線路、公路線路、飛機場跑道、停機坪、港口、航道占用耕地，減按每平方米2元的稅額徵收耕地占用稅。

根據實際需要，國務院財政、稅務主管部門商國務院有關部門並報國務院批准后，可以對前款規定的情形免徵或者減徵耕地占用稅。

2. 農村居民占用耕地新建住宅，按照當地適用稅額減半徵收耕地占用稅。

農村烈士家屬、殘疾軍人、鰥寡孤獨以及革命老區根據地、少數民族聚居區和邊遠貧困山區生活困難的農村居民，在規定用地標準以內新建住宅繳納耕地占用稅確有困難的，經所在地鄉（鎮）人民政府審核，報經縣級人民政府批准后，可以免徵或者減徵耕地占用稅。

免徵或者減徵耕地占用稅后，納稅人改變原占地用途，不再屬於免徵或者減徵耕地占用稅情形的，應當按照當地適用稅額補繳耕地占用稅。

耕地占用稅由地方稅務機關負責徵收。土地管理部門在通知單位或者個人辦理占用耕地手續時，應當同時通知耕地所在地同級地方稅務機關。獲準占用耕地的單位或者個人應當在收到土地管理部門的通知之日起30日內繳納耕地占用稅。土地管理部門憑耕地占用稅完稅憑證或者免稅憑證和其他有關文件發放建設用地批准書。

納稅人臨時占用耕地，應當依照本條例的規定繳納耕地占用稅。納稅人在批准臨時占用耕地的期限內恢復所占用耕地原狀的，全額退還已經繳納的耕地占用稅。

占用林地、牧草地、農田水利用地、養殖水面以及漁業水域灘涂等其他農用地建房或者從事非農業建設的，比照本條例的規定徵收耕地占用稅。建設直接為農業生產服務的生產設施占用前款規定的農用地的，不徵收耕地占用稅。

第八節　車輛購置稅

車輛購置稅是以在中國境內購置規定車輛為課稅對象、在特定的環節向車輛購置者徵收的一種稅。

車輛購置稅具有以下幾個特點：一是徵收範圍單一，是以購置的特定車輛為課稅對象，是一種特種財產稅；二是徵收環節單一，實行一次課徵制；三是稅率單一，

只確定一個統一比例稅率徵收，不隨課稅對象數額變動；四是價外徵收，納稅人即為負稅人，稅負不發生轉嫁。

車輛購置稅除具組織財政收入職能外，還有利於配合打擊車輛走私，維護生產廠家和國家的權益。

一、納稅義務人

車輛購置稅的納稅人是在中華人民共和國境內購置應稅車輛的單位和個人。這裡的購置是指購買使用行為、進口使用行為、受贈使用行為、自產自用行為、獲獎使用行為以及以拍賣、抵押、走私、罰沒等方式取得並使用的行為。

以上所稱單位，包括各類企業（含外資企業）和事業單位、社會團體、國家機關、部隊以及其他單位。所稱個人，包括個體工商戶及其他個人，包括中國籍公民和外國籍公民。

二、徵稅對象

車輛購置稅的徵稅對象是在中華人民共和國境內購置的應稅車輛，包括小汽車、摩托車、電車、掛車、農用運輸車。具體徵稅範圍見表12-5。

12-5　　　　　　　　　　車輛購置稅徵收範圍表

應稅車輛	徵稅範圍	註釋
汽車	各類汽車	
摩托車	輕便摩托車	最高設計車速不大於50km/h，或者發動機汽缸總排量不大於50cm³的兩個或三個車輪的機動車
	二輪摩托車	最高設計車速大於50km/h，或者發動機汽缸總排量大於50cm³的兩個車輪的機動車
	三輪摩托車	最高設計車速大於50km/h，或者發動機汽缸總排量大於50cm³，空車重量不大於400kg的三個車輪的機動車
電車	無軌電車	以電能為動力，由專用輪電電纜線供電的輪式公共車輛
	有軌電車	以電能為動力，在軌道上行駛的公共車輛
掛車	全掛車	無動力設備，獨立承載，由牽引車輛牽引行駛的車輛
	半掛車	無動力設備，與牽引車輛共同承載，由牽引車輛牽引行駛的車輛
農用運輸車	三輪農用運輸車	柴油發動機，功率不大於7.4kw，載重量不大於500kg，最高車速不大於40km/h的三個車輪的機動車
	四輪農用運輸車	柴油發動機，功率不大於28kw，載重量不大於1,500kg，最高車速不大於50km/h的四個車輪的機動車

車輛購置稅徵收範圍的調整，由國務院決定，其他任何部門、單位和個人無權擅自擴大或縮小車輛購置稅的徵稅範圍。

三、稅率

車輛購置稅實行統一的比例稅率,稅率為10%。

四、計稅依據

車輛購置稅以應稅車輛為課稅對象,實行從價定率、價外徵收的方法計算應納稅額,計稅依據是應稅車輛的價格即計稅價格。由於應稅車輛購置的來源不同,發生的應稅行為不同,計稅價格的組成也不同。車輛購置稅的計稅依據有以下幾種情況:

1. 納稅人購買自用的應稅車輛,其計稅依據為納稅人購買應稅車輛而支付給銷售方的全部價款和價外費用(不含增值稅)。購買的應稅自用車輛包括購買自用的國產應稅車輛和購買自用的進口應稅車輛。所稱價外費用是指銷售方價外向購買方收取的手續費、基金、違約金、包裝費、運輸費、保管費、代墊款項、代收款項和其他各種性質的價外收費,但不包括增值稅稅款。

2. 納稅人進口自用的應稅車輛以組成計稅價格為計稅依據,計算如下:

組成計稅價格＝關稅完稅價格＋關稅＋消費稅

進口自用的應稅車輛是指納稅人直接從境外進口或委託代理進口自用的應稅車輛,即非貿易方式進口自用的應稅車輛。而且進口自用的應稅車輛的計稅依據,應根據納稅人提供的、經海關審查確認的有關完稅證明資料確定。

納稅人購買自用或進口自用的應稅車輛,申報的計稅價格低於同類型應稅車輛的最低計稅價格,又無正當理由的,計稅價格為國家稅務總局核定的最低計稅價格。

3. 其他自用應稅車輛,如納稅人自產、受贈、獲獎和以其他方式取得並自用的應稅車輛的計稅價格,由主管稅務機關參照國家稅務總局規定的最低計稅價格確定。國家稅務總局未核定最低計稅價格的車輛,計稅價格為納稅人提供的有效價格證明註明的價格。有效價格證明註明的價格明顯偏低的,主管稅務機關有權核定應稅車輛的計稅價格。

4. 最低計稅價格作為計稅依據的規定。

現行車輛購置稅條例規定:「納稅人購買自用或者進口自用應稅車輛,申報的計稅價格低於同類型應稅車輛的最低計稅價格,又無正當理由的,按照最低計稅價格徵收車輛購置稅。」也就是說,納稅人購買和自用的應稅車輛,首先應分別按前述計稅價格、組成計稅價格來確定計稅依據。當申報的計稅價格偏低,又無正當理由的,應以最低計稅價格作為計稅依據。

根據納稅人購置應稅車輛的不同情況,國家稅務總局對以下幾種特殊情形應稅車輛的最低計稅價格規定如下:

(1) 對已繳納並辦理了登記註冊手續的車輛,底盤發生更換,其最低計稅價格按同類型新車最低計稅價格的70%計算。同類型車輛是指同國別、同排量、同車

長、同噸位、配置近似等（下同）。

（2）免稅、減稅條件消失的車輛，需要依法繳納車輛購置稅的，其最低計稅價格按以下公式確定：

最低計稅價格＝同類型新車最低計稅價格×[1-（已使用年限÷規定使用年限）]×100%

其中，規定使用年限為國產車輛按10年計算；進口車輛按15年計算。超過使用年限的車輛，不再徵收車輛購置稅。

（3）非貿易渠道進口車輛的最低計稅價格，為同類型新車最低計稅價格。

五、稅額計算

車輛購置稅實行從價定率的方法計算應納稅額，計算公式如下：

應納稅額＝計稅依據×稅率

納稅人以外匯結算應稅車輛價款的，按照申報納稅之日中國人民銀行公布的人民幣基準匯價，折合成人民幣計算應納稅額。

六、稅收優惠

（一）減免稅規定

中國車輛購置稅實行法定減免，減免稅範圍規定如下：

1. 外國駐華使館、領事館和國際組織駐華機構及其外交人員自用車輛免稅；

2. 中國人民解放軍和中國人民武裝警察部隊列入軍隊武器裝備訂貨計劃的車輛免稅；

3. 設有固定裝置的非運輸車輛免稅；

4. 有國務院規定予以免稅或者減稅的其他情形的，按照規定免稅或減稅。這裡的其他情形的車輛，根據現行政策規定，目前主要有以下幾種：

（1）防汛部門和森林消防部門用於指揮、檢查、調度、報汛（警）、聯絡的設有固定裝置的指定型號的車輛。

（2）回國服務的留學人員用現匯購買1輛自用國產小汽車。

（3）長期來華定居專家進口1輛自用小汽車。

5. 城市公交企業自2012年1月1日起至2015年12月31日止，購置的公共汽電車輛免徵車輛購置稅。

6. 自2004年10月1日起，對農用三輪運輸車免徵車輛購置稅。

（二）退稅規定

納稅人已經繳納車輛購置稅但在辦理車輛登記手續前，需要辦理退還車輛購置稅的，由納稅人申請，徵收機構審查后辦理退還車輛購置稅手續。

七、徵收管理

（一）納稅申報

車輛購置稅實行一車一申報制度。納稅人在辦理納稅申報時應如實填寫「車輛購置稅納稅申報表」，主管稅務機關應對納稅申報資料進行審核，確定計稅依據，徵收稅款，核發完稅證明。徵稅車輛在完稅證明徵稅欄加蓋車輛購置稅徵稅專用章，免稅車輛在完稅證明免稅欄加蓋車輛購置稅徵稅專用章。完稅后，由稅務機關保存有關複印件，並對已經辦理納稅申報的車輛建立車輛購置稅徵收管理檔案。

主管稅務機關在為納稅人辦理納稅申報手續時，對設有固定裝置的非運輸車輛應當實地驗車。

（二）納稅環節

車輛購置稅的徵稅環節為使用環節，即最終消費環節。納稅人應當在向公安機關等車輛管理機構辦理車輛登記註冊手續前，繳納車輛購置稅。購買二手車時，購買者應當向原車主索要「車輛購置稅完稅證明」。購買已經辦理車輛購置稅免稅手續的二手車，購買者應當到稅務機關重新辦理申報繳稅或免稅手續。未按規定辦理的，按徵管法的規定處理。

（三）納稅地點

納稅人購置應稅車輛，應當向車輛登記註冊地的主管稅務機關申報納稅；購置不需辦理車輛登記註冊手續的應稅車輛，應當向納稅人所在地主管稅務機關申報納稅。車輛登記註冊地是指車輛的上牌落籍地或落戶地。

（四）納稅期限

納稅人購買自用的應稅車輛，自購買之日起 60 日內申報納稅；進口自用的應稅車輛，應當自進口之日起 60 日內申報納稅；自產、受贈、獲獎和以其他方式取得並自用的應稅車輛，應當自取得之日起 60 日內申報納稅。這裡的「購買之日」是指納稅人購車發票上註明的銷售日期；「進口之日」是指納稅人報關進口的當天。

第十三章
資源稅目的稅等稅類

第一節 資源稅

資源稅是對在中國境內從事應稅礦產品開採和生產鹽的單位和個人課徵的一種稅，屬於對自然資源占用課稅的範疇。

1984年中國開始徵收資源稅，鑒於當時的一些客觀原因，資源稅稅目只有煤炭、石油和天然氣三種，后來又擴大到對鐵礦石徵稅。1986年10月1日，中國《礦產資源稅法》施行，該法明確規定：國家對礦產資源施行有償開採。開採礦產資源必須按照國家有關規定繳納資源稅和資源補償費。1993年12月25日，國務院發布了《中華人民共和國資源稅暫行條例》，財政部同年還發布了資源稅實施細則，自1994年1月1日起執行。

2011年9月30日國務院公布《中華人民共和國資源稅暫行條例》，2011年10月28日財政部、國家稅務總局公布《中華人民共和國資源稅暫行條例實施細則》。

2014年10月9日，國家稅務總局發布《關於實施煤炭資源稅改革的通知》，全國範圍內自2014年12月1日起實施煤炭資源稅從價計徵改革。2015年4月30日，財政部和國家稅務總局公布《關於實施稀土、鎢、鉬資源稅從價計徵改革的通知》，規定了自2015年5月1日起實施稀土、鎢、鉬資源稅清費立稅、從價計徵改革。

2016年5月10日財政部、國家稅務總局公布《關於全面推進資源稅改革的通知》及《關於資源稅改革具體政策問題的通知》，全國範圍內自2016年7月1日起實施資源稅從價計徵改革。水資源稅改革試點同時在河北省拉開序幕。

一、資源稅的主要稅制要素

（一）納稅義務人和扣繳義務人

資源稅的納稅義務人是指在中華人民共和國領域及管轄海域從事應稅礦產品開採和生產鹽的單位和個人。

為了加強資源稅的徵管，適應稅源小、零散、不定期開採、易漏稅等稅務機關認為不易控管、由扣繳義務人在收購時代扣代繳未稅礦產品資源稅為宜的情況，以

收購未稅礦產品的單位為資源稅的扣繳義務人,其中收購未稅礦產品的單位是指獨立礦山、聯合企業及其他收購未稅礦產品的單位。①

(二) 稅目與稅率

資源稅稅目包括21種資源品目:鐵礦、金礦、銅礦、鋁土礦、鉛鋅礦、鎳礦、錫礦、石墨、硅藻土、高嶺土、螢石、石灰石、硫鐵礦、磷礦、氯化鉀、硫酸鉀、井礦鹽、湖鹽、提取地下鹵水曬制的鹽、煤層(成)氣、海鹽。

對《資源稅稅目稅率幅度表》中列舉名稱的21種資源品目和未列舉名稱的其他金屬礦實行從價計徵,計稅依據由原礦銷售量調整為原礦、精礦(或原礦加工品)、氯化鈉初級產品或金錠的銷售額。對經營分散、多為現金交易且難以控管的粘土、砂石,按照便利徵管原則,仍實行從量定額計徵。

對《資源稅稅目稅率幅度表》中未列舉名稱的其他非金屬礦產品,按照從價計徵為主、從量計徵為輔的原則,由省級人民政府確定計徵方式。

《資源稅稅目稅率幅度表》見表13-1。

表13-1　　　　　　　　　資源稅稅目稅率幅度表

序號	稅目		徵稅對象	稅率幅度
1	金屬礦	鐵礦	精礦	1%~6%
2		金礦	金錠	1%~4%
3		銅礦	精礦	2%~8%
4		鋁土礦	原礦	3%~9%
5		鉛鋅礦	精礦	2%~6%
6		鎳礦	精礦	2%~6%
7		錫礦	精礦	2%~6%
8		未列舉名稱的其他金屬礦產品	原礦或精礦	稅率不超過20%
9	非金屬礦	石墨	精礦	3%~10%
10		硅藻土	精礦	1%~6%
11		高嶺土	原礦	1%~6%
12		螢石	精礦	1%~6%
13		石灰石	原礦	1%~6%
14		硫鐵礦	精礦	1%~6%
15		磷礦	原礦	3%~8%
16		氯化鉀	精礦	3%~8%
17		硫酸鉀	精礦	6%~12%
18		井礦鹽	氯化鈉初級產品	1%~6%

① 財政部國家稅務總局《中華人民共和國資源稅暫行條例實施細則》(財政部國家稅務總局令第66號)。

表13-1(續)

序號	稅目	徵稅對象	稅率幅度
19	湖鹽	氯化鈉初級產品	1%～6%
20	提取地下鹵水曬制的鹽	氯化鈉初級產品	3%～15%
21	煤層（成）氣	原礦	1%～2%
22	粘土、砂石	原礦	每噸或立方米 0.1元～5元
23	未列舉名稱的其他非金屬礦產品	原礦或精礦	從量稅率每噸或立方米不超過30元；從價稅率不超過20%
24	海鹽	氯化鈉初級產品	1%～5%
25	原油		6%～10%
26	天然氣		6%～10%
27	煤炭		2%～10%

序號19–24 歸類為「非金屬礦」。

（三）稅收徵管

1. 納稅義務的發生時間

（1）納稅人銷售應稅產品，其納稅義務發生時間是：

①納稅人採取分期收款結算方式的，其納稅義務發生時間，為銷售合同規定的收款日期的當天；

②納稅人採取預收貨款結算方式的，其納稅義務發生時間，為發出應稅產品的當天；

③納稅人採取其他結算方式的，其納稅義務發生時間，為收訖銷售款或者取得索取銷售款憑據的當天。

（2）納稅人自產自用應稅產品的納稅義務發生時間，為移送使用應稅產品的當天。

（3）扣繳義務人代扣代繳稅款的納稅義務發生時間，為支付貨款的當天。

2. 納稅地點

納稅人應納的資源稅，應當向應稅產品的開採或者生產所在地主管稅務機關繳納。

納稅人在本省、自治區、直轄市範圍內開採或者生產應稅產品，其納稅地點需要調整的，由省、自治區、直轄市稅務機關決定。

跨省、自治區、直轄市開採或者生產資源稅應稅產品的納稅人，其下屬生產單位與核算單位不在同一省、自治區、直轄市的，對其開採或者生產的應稅產品，一律在開採地或者生產地納稅。實行從量計徵的應稅產品，其應納稅款一律由獨立核算的單位按照每個開採地或者生產地的銷售量及適用稅率計算劃撥；實行從價計徵的應稅產品，其應納稅款一律由獨立核算的單位按照每個開採地或者生產地的銷售

量、單位銷售價格及適用稅率計算劃撥。

扣繳義務人代扣代繳的資源稅，應當向收購地主管稅務機關繳納。

3. 納稅期限

納稅人的納稅期限為 1 日、3 日、5 日、10 日、15 日或者 1 個月，由主管稅務機關根據實際情況具體核定。不能按固定期限計算納稅的，可以按次計算納稅。

納稅人以 1 個月為一期納稅的，自期滿之日起 10 日內申報納稅；以 1 日、3 日、5 日、10 日或者 15 日為一期納稅的，自期滿之日起 5 日內預繳稅款，於次月 1 日起 10 日內申報納稅並結清上月稅款。

扣繳義務人的解繳稅款期限，比照前兩條規定執行。

二、資源稅的應納稅額計算與稅收優惠

（一）資源稅的應納稅額計算

資源稅的應納稅額，按照從量定額和從價定率的方法，分別以應稅產品的銷售數量乘以納稅人具體使用的定額稅率或者以應稅產品和銷售額乘以納稅人具體適用的比例稅率計算。

1. 實行從價定率徵收的，根據應稅產品的銷售額和規定的適用稅率計算應納稅額，具體計算公式為：

應納稅額＝銷售額×適用稅率

①銷售額是指納稅人銷售應稅產品向購買方收取的全部價款和價外費用，不包括增值稅銷項稅額和運雜費用。

②運雜費用是指應稅產品從坑口或洗選（加工）地到車站、碼頭或購買方指定地點的運輸費用、建設基金以及隨運銷產生的裝卸、倉儲、港雜費用。運雜費用應與銷售額分別核算，凡未取得相應憑據或不能與銷售額分別核算的，應當一併計徵資源稅。

例 1：某油田 2015 年 4 月銷售原油 30,000 噸，開具增值稅專用發票取得銷售額 15,000 萬元、增值稅額 2,550 萬元，按照中國《資源稅稅目稅率表》，其適用稅率為 8%。請計算該油田 4 月應繳納的資源稅。

應納稅額＝15,000×8%＝1,200（萬元）

2. 實行從量定額徵收的，根據應稅產品的課稅數量和規定的單位稅額計算應納稅額，計算公式為：

應納稅額＝課稅數量×單位稅額

代扣代繳應納稅額＝收購未稅產品數量×適用的單位稅額

3. 為便於徵管，對開採稠油、高凝油、高含硫天然氣、低豐度油氣資源及三次採油的陸上油氣田企業，根據以前年度符合上述減稅規定的原油、天然氣銷售額占其原油、天然氣總銷售額的比例，確定資源稅綜合減徵率和實際徵收率，計算資源稅應納稅額。計算公式為：

綜合減徵率＝Σ（減稅項目銷售額×減徵幅度×6%）÷總銷售額

實際徵收率＝6%-綜合減徵率

應納稅額＝總銷售額×實際徵收率

4. 對於煤炭資源稅的徵收有以下明確規定：

煤炭資源稅應納稅額＝原煤或者洗選煤計稅銷售額×適用稅率

其中：原煤計稅銷售額是指納稅人銷售原煤向購買方收取的全部價款和價外費用，不包括收取的增值稅銷項稅額以及從坑口到車站、碼頭或購買方指定地點的運輸費用。

洗選煤計稅銷售額按洗選煤銷售額乘以折算率計算。洗選煤折算率由省、自治區、直轄市財稅部門或其授權地市級財稅部門根據煤炭資源區域分佈、煤質煤種等情況確定，體現有利於提高煤炭洗選率，促進煤炭清潔利用和環境保護的原則。洗選煤折算率一經確定，原則上在一個納稅年度內保持相對穩定，但在煤炭市場行情、洗選成本等發生較大變化時可進行調整。

洗選煤折算率計算公式如下：

公式一：洗選煤折算率＝（洗選煤平均銷售額-洗選環節平均成本-洗選環節平均利潤）÷洗選煤平均銷售額×100%

洗選煤平均銷售額、洗選環節平均成本、洗選環節平均利潤可按照上年當地行業平均水平測算確定。

公式二：洗選煤折算率＝原煤平均銷售額÷（洗選煤平均銷售額×綜合回收率）×100%

原煤平均銷售額、洗選煤平均銷售額可按照上年當地行業平均水平測算確定。

綜合回收率＝洗選煤數量÷入洗前原煤數量×100%

5. 對於稀土、鎢、鉬資源稅的徵收有以下明確規定：

納稅人將其開採的原礦加工為精礦銷售的，按精礦銷售額（不含增值稅）和適用稅率計算繳納資源稅。納稅人開採並銷售原礦的，將原礦銷售額（不含增值稅）換算為精礦銷售額計算繳納資源稅。應納稅額的計算公式為：

應納稅額＝精礦銷售額×適用稅率

（1）精礦銷售額＝精礦銷售量×單位價格，精礦銷售額不包括從洗選廠到車站、碼頭或用戶指定運達地點的運輸費用。

（2）其中適用稅率規定為：輕稀土按地區執行不同的適用稅率，其中，內蒙古為11.5%、四川為9.5%、山東為7.5%。中重稀土資源稅適用稅率為27%。鎢資源稅適用稅率為6.5%。鉬資源稅適用稅率為11%。

（3）原礦銷售額與精礦銷售額的換算，納稅人銷售（或者視同銷售）其自採原礦的，可採用成本法或市場法將原礦銷售額換算為精礦銷售額計算繳納資源稅。其中成本法公式為：

精礦銷售額＝原礦銷售額+原礦加工為精礦的成本×（1+成本利潤率）

市場法公式為：

精礦銷售額＝原礦銷售額×換算比

換算比＝同類精礦單位價格÷（原礦單位價格×選礦比）

選礦比＝加工精礦耗用的原礦數量÷精礦數量

原礦銷售額不包括從礦區到車站、碼頭或用戶指定運達地點的運輸費用。

6. 自 2016 年 7 月 1 日起在河北省實施水資源稅改革試點，水資源稅的徵稅對象為地表水和地下水。

水資源稅實行從量計徵，應納稅額計算公式：

應納稅額＝取水口所在地稅額標準×實際取用水量。

對水力發電和火力發電貫流式以外的取用水設置最低稅額標準，地表水平均不低於每立方米 0.4 元，地下水平均不低於每立方米 1.5 元。

水力發電和火力發電貫流式取用水的稅額標準為每千瓦小時 0.005 元。

（二）資源稅的稅收優惠

1. 開採原油過程中用於加熱、修井的原油，免稅。

2. 納稅人開採或者生產應稅產品過程中，因意外事故或者自然災害等原因遭受重大損失的，由省、自治區、直轄市人民政府酌情決定減稅或者免稅。

3. 岩金礦中原礦已繳納過資源稅，選冶后形成的尾礦進行再利用的，只要納稅人能夠在統計、核算上清楚地反映，並在堆放等具體操作上能夠同應稅原礦明確區隔開，不再計徵資源稅。尾礦與原礦如不能劃分清楚的，應按原礦計徵資源稅。

4. 自 2010 年 6 月 1 日起，納稅人在新疆開採的原油、天然氣，自用於連續生產原油、天然氣的，不繳納資源稅；自用於其他方面的，視同銷售，計算繳納資源稅。

5. 自 2007 年 1 月 1 日起執行，對地面抽採煤層氣暫不徵收資源稅。

6. 自 2015 年 5 月 1 日起，將鐵礦石資源稅由減按規定稅額標準的 80% 徵收調整為減按規定稅額標準的 40% 徵收。

7. 有以下情形之一的，免徵或者減徵資源稅：

（1）對油田範圍內運輸稠油過程中用於加熱的原油、天然氣免徵資源稅。

（2）對稠油、高凝油和高含硫天然氣資源稅減徵 40%。

稠油，是指地層原油粘度大於或等於 50 毫帕/秒或原油密度大於或等於 0.92 克/立方厘米的原油。高凝油，是指凝固點大於 40℃ 的原油。高含硫天然氣，是指硫化氫含量大於或等於 30 克/立方米的天然氣。

（3）對三次採油資源稅減徵 30%。

三次採油，是指二次採油后繼續以聚合物驅、複合驅、泡沫驅、氣水交替驅、二氧化碳驅、微生物驅等方式進行採油。

（4）對低豐度油氣田資源稅暫減徵 20%。

陸上低豐度油田，是指每平方公里原油可採儲量豐度在 25 萬立方米（不含

以下的油田；陸上低豐度氣田，是指每平方公里天然氣可採儲量豐度在 2.5 億立方米（不含）以下的氣田。

海上低豐度油田，是指每平方公里原油可採儲量豐度在 60 萬立方米（不含）以下的油田；海上低豐度氣田，是指每平方公里天然氣可採儲量豐度在 6 億立方米（不含）以下的氣田。

（5）對深水油氣田資源稅減徵 30%。

深水油氣田，是指水深超過 300 米（不含）的油氣田。

符合上述減免稅規定的原油、天然氣劃分不清的，一律不予減免資源稅；同時符合上述兩項及兩項以上減稅規定的，只能選擇其中一項執行，不能疊加適用。

財政部和國家稅務總局根據國家有關規定及實際情況的變化適時對上述政策進行調整。

8. 對衰竭期煤礦開採的煤炭，資源稅減徵 30%。

衰竭期煤礦，是指剩餘可採儲量下降到原設計可採儲量的 20%（含）以下，或者剩餘服務年限不超過 5 年的煤礦。

9. 對充填開採置換出來的煤炭，資源稅減徵 50%。

納稅人開採的煤炭，同時符合前一項減稅情形的，納稅人只能選擇其中一項執行，不能疊加適用。

10. 自 2016 年 7 月 1 日起，有以下情形之一的，免徵或者減徵資源稅：

（1）對依法在建築物下、鐵路下、水體下通過充填開採方式採出的礦產資源，資源稅減徵 50%。

（2）對實際開採年限在 15 年以上的衰竭期礦山開採的礦產資源，資源稅減徵 30%。

（3）對鼓勵利用的低品位礦、廢石、尾礦、廢渣、廢水、廢氣等提取的礦產品，由省級人民政府根據實際情況確定是否給予減稅或免稅。

11. 對下列取用水減免徵收水資源稅：

（1）對規定限額內的農業生產取用水，免徵水資源稅。

（2）對取用污水處理回用水、再生水等非常規水源，免徵水資源稅。

（3）財政部、國家稅務總局規定的其他減稅和免稅情形。

第二節　城市維護建設稅

一、城市維護建設稅主要稅制要素

城市維護建設稅是國家為了加強城市的維護建設，擴大和穩定城市維護建設資金的來源，對從事工商經營、繳納消費稅、增值稅、營業稅的單位和個人徵收的一種稅。

城市維護建設稅具有以下三個特點：①稅款專款專用，所徵稅款要求用來保證城市的公共事業和公共設施的維護和建設，是一種具有受益稅性質的稅種。②屬於一種附加稅，城市維護建設稅沒有獨立的徵稅對象或稅基，是以增值稅、消費稅、營業稅「三稅」實際繳納的稅額為計稅依據，隨「三稅」同時附徵，徵管方法也完全比照「三稅」的有關規定辦理，本質上屬於一種附加稅。③根據城建規模設計稅率。主要是根據納稅人所在城鎮的規模和資金需要設計稅率，這種差別設置稅率的辦法，較好地照顧了城市建設的不同需要。④徵收範圍廣泛。城市維護建設稅以「三稅」為稅基，而「三稅」的徵稅範圍基本上包括了所有中國境內有經營行為的單位和個人，也就意味著幾乎所有有經營行為的人都要繳納城市維護建設稅，其徵稅範圍比其他稅種更廣。

（一）納稅義務人和扣繳義務人

凡繳納增值稅、消費稅、營業稅（以下簡稱「三稅」）的單位和個人，包括各類企業（含外資企業）和行政單位、事業單位、軍事單位、社會團體、其他單位，以及個體工商戶及其他個人，都是城市維護建設稅的納稅義務人。自 2010 年 12 月 1 日起，對外商投資企業、外國企業及外籍個人徵收城市維護建設稅。

城市維護建設稅的代扣代繳、代收代繳一律比照增值稅、消費稅、營業稅的有關規定辦理，增值稅、消費稅、營業稅的代扣代繳、代收代繳義務人同時也是城市維護建設稅的代扣代繳、代收代繳義務人。

（二）計稅依據與稅率

城市維護建設稅，以納稅人實際繳納的增值稅、消費稅、營業稅稅額為計稅依據。納稅人違反「三稅」有關稅法而加收的滯納金和罰款，是稅務機關對納稅人違法處理的經濟制裁，不作為城市維護建設稅的計稅依據，但納稅人在被處以罰款時，應同時對其少繳的城市維護建設稅進行補稅、徵收滯納金和罰款。對出口產品退還增值稅、消費稅的，不退還已繳納的城市維護建設稅。自 2005 年 1 月 1 日起，當期免抵的增值稅稅額應納入城市維護建設稅和教育費附加的計徵範圍，分別按規定的稅（費）率徵收城市維護建設稅和教育費附加。對 2005 年 1 月 1 日前已按免抵的增值稅稅額徵收的城市維護建設稅和教育費附加不再退還，未徵的不再補徵。

城市維護建設稅的稅率是指納稅人應繳納的城市維護建設稅稅額與納稅人實際繳納「三稅」稅額之間的比率，除特殊規定外，稅率如下：

1. 納稅人所在地在市區的，稅率為 7%；
2. 納稅人所在地在縣城、鎮的，稅率為 5%；
3. 納稅人所在地不在市區、縣城或鎮的，稅率為 1%；開採海洋石油資源的中外合作油（氣）田所在地在海上，其城市維護建設稅適用 1% 的稅率。

（三）應納稅額的計算

城市維護建設稅的應納稅額計算公式為：

應納稅額＝納稅人實際繳納的增值稅、消費稅、營業稅稅額×適用稅率

下面通過一個例子，說明應納稅額的計算方法。

例2：某縣一公司2015年6月實際繳納增值稅400,000元，繳納消費稅500,000元，繳納營業稅300,000元，計算該公司應納的城市維護建設稅稅額。

應納城市維護建設稅稅額＝（實際繳納的增值稅＋實際繳納的消費稅＋實際繳納的營業稅）×適用稅率＝（400,000+500,000+300,000）×5％＝60,000（元）

（四）稅收優惠

城市維護建設稅原則上不單獨減免，隨主稅的減免而減免，城市維護建設稅的稅收減免有以下幾種情況：

1. 對因減免稅而需進行「三稅」退庫的，城市維護建設稅也可同時退庫；

2. 為支持國家重大水利工程建設，對國家重大水利工程建設基金免徵城市維護建設稅；

3. 海關對進口產品代徵的增值稅、消費稅，不徵城市維護建設稅；

4. 從1994年起，對三峽工程建設基金，免徵城市維護建設稅。

（五）稅收徵管

1. 納稅環節

城市維護建設稅的納稅環節是指《城市維護建設稅暫行條例》規定的納稅人應當繳納城市維護建設稅的環節，也即納稅人繳納「三稅」的環節。納稅人只要發生「三稅」的納稅義務，就應在同樣的納稅環節繳納城市維護建設稅。

2. 納稅期限

由於城市維護建設稅是由納稅人在繳納「三稅」時同時繳納的，因此其納稅期限應與「三稅」的納稅期限一致。但由於增值稅、消費稅是由國家稅務局徵收管理，而城市維護建設稅由地方稅務局徵收管理，因此在繳稅入庫的時間上可能不一致。

3. 納稅地點

一般而言，納稅人繳納「三稅」的地點就是該納稅人繳納城市維護建設稅的地點。但是，屬於以下情況的，納稅地點為：

（1）代扣代繳、代收代繳「三稅」的單位和個人，其城市維護建設稅的納稅地點在代扣代收地。

（2）跨省開採的油田，下屬生產單位與核算單位不在一個省內的，其生產的原油，在油井所在地繳納增值稅，其應納稅款由核算單位按照各油井的產量和規定稅率，計算匯撥各油井繳納。所以，各油井應納的城市維護建設稅，應由核算單位計算，隨同增值稅一併匯撥油井所在地，由油井在繳納增值稅的同時，一併繳納城市維護建設稅。

（3）對管道局輸油部分的收入，由取得收入的各管道局於所在地繳納營業稅。所以，其應納城市維護建設稅，應由取得收入的各管道局於所在地繳納營業稅時一併繳納。

（4）對流動經營等無固定納稅地點的單位和個人，應隨同「三稅」在經營地按適用稅率繳納。

第三節　教育費附加和地方教育費附加

教育費附加和地方教育附加是為加快地方教育事業，擴大地方教育經費而徵收的一項專用基金。教育費附加和地方教育附加是對繳納增值稅、消費稅、營業稅的單位和個人，就其實際繳納的稅額為計算依據徵收的一種附加稅。

（一）徵收範圍與計徵依據

教育費附加和地方教育費附加是對在城市和縣城繳納增值稅、營業稅、消費稅的單位和個人徵收，就實際繳納的增值稅、營業稅、消費稅稅額為計徵依據徵收的一種附加，應分別隨增值稅、消費稅、營業稅同時繳納。自 2010 年 12 月 1 日起，對外商投資企業、外國企業及外籍個人徵收教育費附加和地方教育費附加。

（二）附加計徵比率與計算

根據1994年2月7日《國務院關於教育費附加徵收問題的緊急通知》的規定，現行教育費附加徵收比率為3%，地方教育費附加徵收比率為2%。

教育費附加和地方教育費附加的計算公式為：

應納教育費附加＝實際繳納的增值稅、消費稅、營業稅×徵收比率3%

應納地方教育費附加＝實際繳納的增值稅、消費稅、營業稅×徵收比率2%

下面通過一個例子，說明應納附加額的計算方法。

例3：上海市區一家企業2015年4月實際繳納增值稅400,000元，繳納消費稅600,000元，繳納營業稅200,000元。計算該企業應繳納的教育費附加和地方教育費附加。

應納教育費附加＝實際繳納的增值稅、消費稅、營業稅×徵收比率
　　　　　　＝（400,000+600,000+200,000）×3%＝36,000（元）

應納地方教育費附加＝實際繳納的增值稅、消費稅、營業稅×徵收比率
　　　　　　　　　＝（400,000+600,000+200,000）×2%＝24,000（元）

（三）減免規定

1. 對海關進口的產品徵收的增值稅、消費稅，不徵收教育費附加。

2. 對因減免稅而需進行「三稅」退庫的，教育費附加和地方教育費附加也可同時退庫，但對於出口產品退還增值稅、消費稅的，不退還已徵的教育費附加。

3. 為支持國家重大水利工程建設，對國家重大水利工程建設基金免徵教育費附加。

第四節　菸葉稅

菸葉稅是以納稅人收購菸葉的收購金額為計稅依據徵收的一種稅。為了實現菸

葉稅制的轉變，完善菸草稅制體系，保證地方財政收入穩定，引導菸葉種植和菸草行業健康發展，2006年4月28日，國務院公布了《中華人民共和國菸葉稅暫行條例》（以下簡稱《菸葉稅暫行條例》），並自公布之日起實行。

（一）納稅義務人

在中華人民共和國境內收購菸葉的單位為菸葉稅的納稅人。其中「收購菸葉的單位」，是指依照《中華人民共和國菸草專賣法》的規定，有權收購菸葉的菸草公司或者受其委託收購菸葉的單位。依照《中華人民共和國菸草專賣法》查處沒收的違法收購的菸葉，由收購罰沒菸葉的單位按照購買金額計算繳納菸葉稅。

（二）徵稅範圍與稅率

根據《菸葉稅暫行條例》的規定，菸葉的徵稅範圍是指晾曬菸葉、烤菸葉。

菸葉稅實行比例稅率，稅率為20%。菸葉稅的稅率調整由國務院決定。

（三）應納稅額的計算與稅收徵管

1. 應納稅額的計算

菸葉稅應納稅額按照《菸葉稅暫行條例》的規定，以納稅人收購菸葉的收購金額和規定的稅率計算。應納稅額的計算公式為：

應納稅額＝菸葉收購金額×稅率

收購金額包括納稅人支付給菸葉銷售者的菸葉收購價款和價外補貼，對外價外補貼統一按照菸葉收購價款的10%計入收購金額徵稅。

菸葉收購金額＝收購價格×（1+10%）

下面通過一個例子，說明應納稅額的計算方法。

例4：某菸草公司系增值稅一般納稅人，7月收購菸葉200,000千克，菸葉收購價格10元/千克，總計2,000,000元，貨款已全部支付。請計算該菸草公司7月收購菸葉應繳納的菸葉稅。

應繳納的菸葉稅＝2,000,000×（1+10%）×20%＝440,000（元）

2. 稅收徵管

① 納稅義務發生時間。菸葉稅的納稅義務發生時間為納稅人收購菸葉的當天。收購菸葉的當天是指納稅人向菸葉銷售者收購付訖收購菸葉款項或者開具收購憑據的當天。

② 納稅地點。納稅人收購菸葉時，應當向菸葉收購地的主管稅務機關申報納稅。按照稅法的有關規定，菸葉收購地的主管稅務機關是指菸葉收購地的縣級地方稅務局或其指定的稅務分局、所。

③ 納稅期限。納稅人應當自納稅義務發生之日起30日內申報納稅。具體納稅期限由主管稅務機關核定。

第十四章
稅收徵納管理

第一節　稅務管理概述

一、稅收管理與稅務管理概念辨析

（一）稅務管理的含義

廣義的稅務管理，是指涉稅直接相關主體以涉稅事項為中心進行的若干管理活動，包括徵稅人（稅務機關、海關）內部的涉稅事項管理、納稅人（公司企業、自然人）內部自身的涉稅事項管理、徵稅人對納稅人的涉稅事項管理。狹義的稅務管理，僅指徵稅人以保證稅款徵收目標而實施的對納稅人的管理。

（二）稅收管理的含義

稅收管理，是指涉稅相關主體以保證稅收職能作用的實現為核心、遵循稅收特點及運行規律、依據稅收法律法規及其相關法律所實施的管理活動。

（三）稅務管理與稅收管理的區別

1. 外延的不同。稅收管理既包括稅務管理，還包括稅收立法管理、稅收執法監督管理、稅收司法管理。

2. 內涵的不同。除前述概念的不同，其中：稅收立法管理，是指有立法權的國家機關就稅收法律的制定、頒行、修改、廢止等實施的管理；稅收執法監督管理，是指立法機關、其他行政機關（財政、審計等機關）、政協機關、其他社會各界就稅收法律遵從情況對徵稅人、納稅人實施的管理；稅收司法管理，是指司法機關（經警、檢察院、法院）就涉稅違法進行的管理，包括稅務行政訴訟和涉稅刑事訴訟。

二、稅務管理的構成與系統

稅務管理，主要由以下四個子系統構成，即稅收徵收機關對納稅人的管理、稅收徵收機關的內部管理、稅收繳納主體的內部管理、對稅收徵納稅行為的管理。

稅收徵收機關對納稅人的管理是指徵稅機關以稅收的依法徵收繳納為核心進行

的對納稅人的管理活動，可簡稱為稅收徵納管理；稅收徵收機關的內部管理，是稅收徵收機關的上級機關對下級機關的管理、各級稅務機關內部的管理，可簡稱為稅收徵徵管理；稅收繳納主體的內部管理，是指母公司對子公司的涉稅若干事項、總公司對分公司的涉稅若干事項、各經營主體內部就涉稅若干事項進行的管理，可簡稱為稅收納納管理；對稅收徵納稅行為的管理，是指經濟活動發生、徵納稅權利義務產生時，針對是否依法正確徵納進行的管理。以上四個子系統各自的作用是，稅收納納管理是稅務管理的基礎，稅收徵徵管理是稅務管理的前提，稅收徵納管理是稅務管理的核心，對徵納稅行為的管理是稅務管理的防火牆。

三、稅務管理的維度

稅務管理主要包括以下幾個方面的維度：

（一）稅務管理的主體

稅務管理的主體，是明確稅務管理活動中誰管與管誰。稅務管理的主動主體，是指在各稅務管理子系統中的實施管理方；稅務管理的被動主體，是指在各稅務管理子系統中的接受管理方。稅務管理的主被動主體之間相互作用並形成互動關係。

（二）稅務管理的客體

稅務管理的客體，是指稅務管理活動中管什麼，是指稅務管理指向的標的物。

（三）稅務管理的依據

稅務管理的依據，是指稅務管理各子系統的不同主被動主體地位是依據什麼確立的。如徵納管理的主被動主體地位是依據憲法、稅收實體法及程序法確立的；徵徵管理的主被動主體地位是依據行政法規確立的；納納管理的主被動主體地位是依據公司法及公司章程等法律及制度確立的。

（四）稅務管理的內容

稅務管理的內容，是指稅務管理各子系統中在明確管理客體情形下所細化分解的管理事項。

（五）稅務管理的目標

稅務管理的目標，是指稅務管理各子系統通過實施管理活動期望達成的結果。

（六）稅務管理的手段

稅務管理的手段，是指稅務管理各子系統在實施管理中憑藉或使用的措施或辦法。

（七）稅務管理的績效

稅務管理的績效，是指稅務管理各子系統在實施管理活動后的結果狀況。這個結果狀態可以指標化，需要與稅務管理的目標做比對；稅務管理的績效也是實施獎懲的依據。

四、本章的主要內容

鑒於稅務管理系統龐大，限於篇幅，本章僅重點介紹稅收徵納管理，即圍繞稅款徵收展開分別就稅款徵收的基礎管理、稅款徵收的過程管理、稅款徵收的后續管理進行講解。

第二節　稅款徵收的基礎管理

稅款徵收的基礎管理包括稅務登記管理、建帳及會計政策報備管理和發票管理。

一、稅務登記管理

稅務登記又稱為納稅登記，是指稅務機關對納稅人的涉稅基礎信息進行登記，並據此對納稅人實行稅務管理的一種法定制度。稅務登記是稅務管理的首要環節，也是納稅人納入稅務管理的標誌。通過稅務登記管理，稅務機關可以依法掌握納稅人的開業、停業、復業及生產經營變更等涉稅信息，便於稅務機關加強稅源監管。

稅務登記的對象包括以下三種：

1. 從事生產經營的納稅人。這類納稅人一般需要領取工商營業執照，包括：企業，企業在外地設立的分支機構和從事生產、經營的場所，個體工商戶和從事生產經營的事業單位。

2. 不從事生產經營的納稅人。這類納稅人雖不從事生產經營但依照中國法律、法規規定負有納稅義務。臨時取得應稅收入、發生應稅行為以及只繳納個人所得稅、車船使用稅的除外。

3. 扣繳義務人。扣繳義務人即根據稅收法律、行政法規的規定負有代扣代繳、代收代繳義務的納稅人（國家機關除外）。這類義務人應向稅務機關申報登記，領取代收代繳或者代扣代繳憑證。

（一）新設登記

新設稅務登記能夠使稅務機關充分、完整、動態掌控納稅人相關信息，是納稅人納入稅務管理的標誌。根據法律、法規的規定，具有應稅收入、應稅財產或應稅行為的各類納稅人，都有義務依法辦理稅務登記。

1. 新設稅務登記的對象

根據有關規定，新設稅務登記的納稅人分為以下兩類：

（1）領取營業執照從事生產、經營的納稅人。具體包括：企業，企業在外地設立的分支機構和從事生產、經營的場所；個體工商戶；從事生產、經營的事業單位等。

（2）其他納稅人。根據有關法規規定，不從事生產、經營，但依照法律、法規的規定負有納稅義務的單位和個人，除臨時取得應稅收入或發生應稅行為以及只繳納個人所得稅、車船稅的以外，都應按規定向稅務機關辦理稅務登記。

2. 新設稅務登記的時間和地點

（1）企業，企業在外地設立的分支機構和從事生產、經營的場所，個體工商戶和從事生產、經營的事業單位（以下統稱從事生產、經營的納稅人）自領取營業執照之日起三十日內，或者首次發生納稅義務三十日內，由法定代表人或者其授權人員持有關證件，向稅務機關申報辦理稅務登記。稅務機關應當於收到申報的當日辦理登記並發給稅務登記證件。

（2）事業單位和社會組織應當自依法設立之日起三十日內向稅務機關申報辦理稅務登記。稅務機關應當於收到申報的當日辦理登記並發給稅務登記證件。

（3）自然人納稅人或者其扣繳義務人應當自首次納稅義務發生之日起，法律、行政法規規定的納稅申報期限屆滿前，向稅務機關申報，稅務機關登錄其納稅人識別號。

（4）從事生產、經營的納稅人外出經營，在同一地連續12個月內累計超過180天的，應當自期滿之日起30日內，向生產、經營所在地稅務機關申報辦理稅務登記，稅務機關核發臨時稅務登記證及副本。

（5）境外企業在中國境內承包建築、安裝、裝配、勘探工程和提供勞務的，應當自項目合同或協議簽訂之日起30日內，向項目所在地稅務機關申報辦理稅務登記，稅務機關核發臨時稅務登記證及副本。

3. 新設稅務登記的內容

納稅人填報新設稅務登記需要登記以下內容：①單位名稱、法定代表人或業主姓名及其居民身分證、護照或者其他證明身分的合法證件。②住所、經營地點。③登記註冊類型及所屬主管單位。④核算方式。⑤行業、經營範圍、經營方式。⑥註冊資金（資本）、投資總額、開戶銀行及帳號。⑦經營期限、從業人數、營業執照號碼。⑧財務負責人、辦稅人員。⑨其他有關事項。

4. 新設稅務登記程序

辦理稅務登記是為了建立正常的徵納秩序，是納稅人履行納稅義務的第一步。為此，納稅人必須嚴格按照規定的期限，向當地主管稅務機關及時申報辦理稅務登記手續，如實地填報登記項目，並如實回答稅務機關提出的問題。納稅人所屬的本縣（市）以外的非獨立經濟核算的分支機構，除由總機構申報辦理稅務登記外，還應當自設立之日起30日內，向分支機構所在地稅務機關申報辦理註冊稅務登記。在申報辦理稅務登記時，納稅人應認真填寫「稅務登記表」。新設稅務登記具體流程如圖14-1所示：

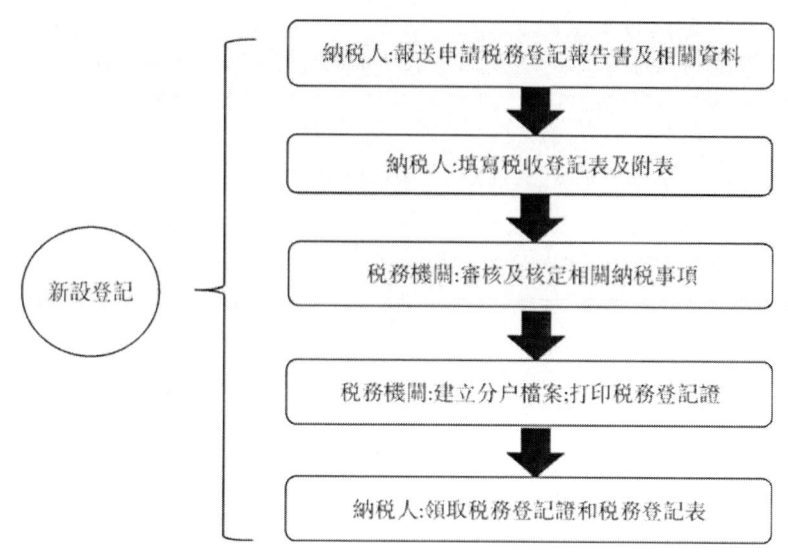

```
新設登記 ┤ ├ 納稅人：報送申請稅務登記報告書及相關資料
                ↓
              納稅人：填寫稅收登記表及附表
                ↓
              稅務機關：審核及核定相關納稅事項
                ↓
              稅務機關：建立分戶檔案；打印稅務登記證
                ↓
              納稅人：領取稅務登記證和稅務登記表
```

圖 14-1　新設稅務登記流程

稅務機關對申請辦理新設稅務登記的單位和個人所提供的「申請稅務登記報告書」，及要求報送的各種附列資料、證件進行查驗，只有手續完備、符合要求的，方可受理登記，並根據其經濟類型發給相應的稅務登記表。進行稅務登記的審核時，稅務機關需要對相關經濟資料的合法性、完整性、相符性進行檢查。

（二）變更稅務登記

1. 變更稅務登記的含義

納稅人稅務登記內容發生重要變化的，應當向稅務機關申報辦理變更稅務登記。變更稅務登記可以理解為：當稅務登記事項發生變動更改，在已具備其他法律文件（如《股東會決議》）或履行完其他法定手續（如工商登記的變更）的前提下，納稅人向其主管稅務機關提出變更申請、報備相關資料並成功備案。

2. 變更稅務登記的基本規定

納稅人在辦理完稅務新設登記後，如發生下列情況之一，應當辦理變更稅務登記：發生改變名稱、改變法定代表人、改變經濟性質或經濟類型、改變住所和經營地點（不涉及主管稅務機關變動的）、改變生產經營或經營方式、增減註冊資金（資本）、改變隸屬關係、改變生產經營期限、改變或增減銀行帳號、改變生產經營權屬以及改變其他稅務登記內容的。

納稅人稅務登記內容發生變化的，應當自工商行政管理機關或者其他機關辦理變更登記之日起 30 日內，持有關證件向原稅務登記機關申報辦理變更稅務登記。納稅人稅務登記內容發生變化，不需要到工商行政管理機關或者其他機關辦理變更登記的，應當自發生變化之日起 30 日內，持有關證件向原稅務登記機關申報辦理變更稅務登記。

3. 變更稅務登記的程序

納稅人申請辦理變更稅務登記時，應向主管稅務機關領取「稅務登記變更表」，如實填寫變更登記事項、變更登記前後的具體內容，並提供相關證件、資料。稅務機關審閱納稅人填報的表格及提交的附列資料、證件，在符合要求及資料證件提交齊全的情況下，予以受理，並分類審核。對需變更稅務登記證內容的，主管稅務機關應收回原「稅務登記證」（正、副本），按變更后的內容，重新制發「稅務登記證」（正、副本）。

(三) 停業、復業登記

1. 停、復業登記的含義

停業登記，是指實行查帳徵收方式的納稅人，在營業執照核準的經營期限內需要停業的，應當向稅務機關提出的稅務登記。復業登記，是指納稅人在停業期滿之前向稅務機關申請恢復生產經營進行的稅務登記。

2. 停、復業登記的基本規定

納稅人的停業期限通常不超過一年。納稅人應說明停業的理由、時間、停業前的納稅情況和發票的領、用、存情況，結清應納稅款、滯納金、罰款，並如實填寫申請停業登記表。稅務機關經過審核（必要時可實地審查），應收存其稅務登記證件及副本、發票領購簿、未使用完的發票和其他稅務證件，為納稅人辦理停業登記。納稅人停業期間發生納稅義務，應當及時向主管稅務機關申報，依法補繳應納稅款。

納稅人停業期滿不能及時恢復生產、經營的，應當在停業期滿前向稅務機關提出延長停業登記，如實填寫「停、復業報告書」。納稅人停業期滿未按期復業又不申請延長停業的，稅務機關應當視為已恢復營業，實施正常的稅收徵收管理。納稅人於停業期滿之前提前復業，即停業期的縮短，也應當向稅務機關提交書面報告，就提前恢復業務進行納稅申報與稅款繳納。

納稅人應當於恢復生產、經營之前，向稅務機關申報辦理復業登記，如實填寫「停、復業報告書」。經稅務機關確認后，辦理復業登記，領回並啟用稅務登記證件、發票領購簿及其停業前領購的發票，從而納入正常管理範圍。

(四) 註銷登記

1. 註銷登記的含義

註銷登記是指納稅人稅務登記內容發生了根本性變化，需要終止履行納稅義務時向稅務機關申報辦理的稅務登記程序。例如：因某種（些）原因，納稅人不再持續經營或不在原註冊地、經營地持續經營，需要註銷工商登記並註銷稅務登記或需要變更工商登記並註銷原稅務登記，在新地址重新進行稅務登記。

2. 註銷登記的基本規定

當納稅人發生下列情況時，需要進行稅務註銷登記：納稅人因經營期限屆滿而自動解散；企業由於改組、分立、合併等原因而被撤銷；企業資不抵債而破產；納稅人住所、經營地址遷移而涉及改變原主管稅務機關；納稅人被工商行政管理部門

吊銷營業執照以及納稅人依法終止履行納稅義務的其他情形。

納稅人發生解散、破產、撤銷以及其他情形，依法終止納稅義務的，應當在向工商行政管理機關辦理註銷登記前，持有關證件向原稅務登記管理機關申報辦理註銷稅務登記；按照規定不需要在工商管理機關辦理註銷登記的，應當自有關機關批准或者宣告終止之日起 15 日內，持有關證件向原稅務登記管理機關申報辦理註銷稅務登記。納稅人因住所、生產、經營場所變動而涉及改變主管稅務登記機關的，應當在向工商行政管理機關申請辦理變更或註銷登記前，或者住所、生產經營場所變動前，向原稅務登記機關申報辦理註銷稅務登記，並在 30 日內向遷入地主管稅務登記機關申報辦理稅務登記。納稅人被工商行政管理機關吊銷營業執照的，應當自營業執照被吊銷之日起 15 日內，向原稅務登記機關申報辦理註銷稅務登記。

(五) 外出經營報驗登記

納稅人到外縣（市）臨時從事生產經營活動的，應當在外出生產經營以前，持稅務登記證向主管稅務機關申請開具「外出經營活動稅收管理證明」（以下簡稱「外管證」）。稅務機關按照一地一證的原則，核發「外管證」，「外管證」的有效期限一般為 30 日、最長不得超過 180 天。

納稅人應當在去「外管證」註明地進行生產經營前向當地稅務機關報驗登記，並提交下列證件、資料：①稅務登記證件副本。②「外管證」。納稅人在「外管證」註明地銷售貨物的，除提交以上證件、資料外，應如實填寫「外出經營貨物報驗單」，申報查驗貨物。

納稅人外出經營活動結束，應當向經營地稅務機關填報「外出經營活動情況申報表」，並結清稅款、繳銷發票。納稅人應當在「外管證」有效期屆滿后 10 日內，持「外管證」回原稅務登記地稅務機關辦理「外管證」繳銷手續。

二、帳簿、憑證管理及會計政策報備管理

(一) 帳簿、憑證管理

帳簿是納稅人、扣繳義務人連續地記錄其各種經濟業務的帳冊或簿籍。憑證是納稅人用來記錄經濟業務，明確經濟責任，並據以登記帳簿的書面證明。帳簿和憑證一方面能夠用於核算企業的經濟效益，反映其經營成果；另一方面，帳簿和憑證也是納稅人記載、核算應繳稅款，填報納稅申報表的主要依據。

1. 建帳的基本制度

所有的納稅人和扣繳義務人都必須按照有關法律、行政法規和國務院財政、稅務主管部門的規定設置帳簿，根據合法、有效的憑證記帳，進行核算。

從事生產經營的納稅人應當自領取營業執照或者發生納稅義務之日起 15 日內設置帳簿。帳簿是指總帳、明細帳、日記帳以及其他輔助性帳簿。總帳、日記帳應當採用訂本式。扣繳義務人應當自稅收法律、行政法規規定的扣繳義務發生之日起 10 日內，按照所代扣、代收的稅種，分別設置代扣代繳、代收代繳稅款帳簿。生產、

經營規模小又確無建帳能力的納稅人，可以聘請經批准從事會計代理記帳業務的專業機構或者經稅務機關認可的財會人員代為建帳和辦理帳務；聘請上述機構或者人員有實際困難的，經縣以上稅務機關批准，可以按照稅務機關的規定，建立收支憑證粘貼簿、進貨銷貨登記簿或者使用稅控裝置。

2. 帳簿、憑證保管制度

從事生產經營的納稅人、扣繳義務人必須按照國務院財政、稅務主管部門規定的保管期限保管帳簿、記帳憑證、完稅憑證及其他有關資料。

會計人員在年度結束後，應當將各種帳簿、憑證和有關資料按照順序裝訂成冊，統一歸檔保管。帳簿、記帳憑證、報表、完稅憑證、發票、出口憑證以及其他有關涉稅資料不得偽造、變造或者擅自損毀。納稅人的帳簿、記帳憑證、報表、完稅憑證、發票、出口憑證以及其他有關涉稅資料應當保存10年，但是法律、行政法規另有規定的除外。

3. 違反帳簿、憑證管理辦法的責任

（1）納稅人有下列行為之一的，由稅務機關責令限期改正，可處2,000元以下的罰款；情節嚴重的，處2,000元以上10,000元以下的罰款。

① 未按規定設置、保管帳簿或者保管記帳憑證和有關資料的。

② 未按規定將財務、會計制度或者財務、會計處理辦法和會計核算軟件報送稅務機關備查的。

（2）扣繳義務人未按照相關規定設置、保管代扣代繳、代收代繳稅款帳簿或者保管代扣代繳、代收代繳稅款記帳憑證及有關資料的，由稅務機關責令限期改正，可處2,000元以下的罰款；情節嚴重的，處2,000元以上5,000元以下的罰款。

（3）未經稅務機關指定，任何單位、個人不得印製完稅憑證；完稅憑證不得轉借、倒賣或者偽造。非法印製、轉借、倒賣、變造或者偽造完稅憑證的，由稅務機關責令改正，處2,000元以上10,000元以下的罰款；情節嚴重的，處10,000元以上50,000元以下的罰款；構成犯罪的，依法追究刑事責任。

（二）會計政策報備管理

1. 備案制度

從事生產、經營的納稅人應當自領取稅務登記證之日起15日內，將其財務、會計制度或者財務、會計處理辦法報送主管稅務機關備案。納稅人、扣繳義務人採用計算機記帳的，應當在使用前將其記帳軟件、程序和使用說明書及相關資料報送給主管稅務機關進行備案。

2. 與稅收規定相抵觸的處理方法

當從事生產、經營的納稅人、扣繳義務人所使用的財務會計制度和具體的財務、會計處理辦法與國務院、財政部和國家稅務總局有關稅收方面的規定相抵觸時，納稅人、扣繳義務人必須按照國務院制定的稅收法規的規定或者財政部、國家稅務總局制定的有關稅收的規定計繳稅款。

三、發票管理

發票，是指在購銷商品、提供或者接受服務以及從事其他經營活動中，開具、取得的收付款憑證，具有稅源監控功能。發票是會計核算的重要原始憑證，也是計算應納稅款，實施稅務檢查的重要依據。

（一）發票的基本內容

發票的基本內容包括：發票的名稱、發票代碼和號碼（字軌號瑪）、聯次和用途，客戶名稱、開戶銀行及帳號，商品名稱或經營項目，計量單位、數量、單價、大小寫金額，開票人、開票日期、開票單位（個人）名稱（印章）等。

（二）發票的種類

1. 增值稅專用發票

增值稅專用發票由基本聯次或者基本聯次附加其他聯次構成，分為三聯版和六聯版兩種。基本聯次為三聯：第一聯為記帳聯，是銷售方記帳憑證；第二聯為抵扣聯，是購買方扣稅憑證；第三聯為發票聯，是購買方記帳憑證。其他聯次用途，由納稅人自行確定。納稅人辦理產權過戶手續需要使用發票的，可以使用增值稅專用發票第六聯。

2. 增值稅普通發票

（1）增值稅普通發票（折疊票）

增值稅普通發票（折疊票）由基本聯次或者基本聯次附加其他聯次構成，分為兩聯版和五聯版兩種。基本聯次為兩聯：第一聯為記帳聯，是銷售方記帳憑證；第二聯為發票聯，是購買方記帳憑證。其他聯次用途，由納稅人自行確定。納稅人辦理產權過戶手續需要使用發票的，可以使用增值稅普通發票第三聯。

（2）增值稅普通發票（卷票）

增值稅普通發票（卷票）分為兩種規格：57mm×177.8mm、76mm×177.8mm，均為單聯。

自2017年7月1日起，納稅人可按照《中華人民共和國發票管理辦法》及其實施細則要求，書面向國稅機關要求使用印有本單位名稱的增值稅普通發票（卷票），國稅機關按規定確認印有該單位名稱發票的種類和數量。納稅人通過新系統開具印有本單位名稱的增值稅普通發票（卷票）。印有本單位名稱的增值稅普通發票（卷票），由稅務總局統一招標採購的增值稅普通發票（卷票）中標廠商印製，其式樣、規格、聯次和防偽措施等與原有增值稅普通發票（卷票）一致，並加印企業發票專用章。使用印有本單位名稱的增值稅普通發票（卷票）的企業，按照《國家稅務總局財政部關於冠名發票印製費結算問題的通知》（稅總發〔2013〕53號）規定，與發票印製企業直接結算印製費用。

（3）增值稅電子普通發票

增值稅電子普通發票的開票方和受票方需要紙質發票的，可以自行打印增值稅

電子普通發票的版式文件，其法律效力、基本用途、基本使用規定等與稅務機關監制的增值稅普通發票相同。

3. 機動車銷售統一發票

從事機動車零售業務的單位和個人，在銷售機動車（不包括銷售舊機動車）收取款項時，開具機動車銷售統一發票。機動車銷售統一發票為電腦六聯式發票：第一聯為發票聯，是購貨單位付款憑證；第二聯為抵扣聯，是購貨單位扣稅憑證；第三聯為報稅聯，車購稅徵收單位留存；第四聯為註冊登記聯，車輛登記單位留存；第五聯為記帳聯，銷貨單位記帳憑證；第六聯為存根聯，銷貨單位留存。

4. 農產品收購發票

《發票管理辦法實施細則》第二十四條規定，《辦法》第十九條所稱「特殊情況下，由付款方向收款方開具發票」是指收購單位和扣繳義務人支付個人款項時開具的發票。

納稅人向農業生產者個人購買自產農產品，可以向主管國稅機關申請領用收購發票。納稅人初次領用收購發票時，應向主管國稅機關就生產經營情況作出說明。農業生產者個人，是指從事種植業、養殖業、林業、牧業、水產業生產的其他個人。已領用過收購發票的納稅人生產經營發生重大變化，應向主管稅務機關報告。

(三) 發票的印製、領用、保管及繳銷管理

1. 發票印製管理

稅務機關是發票的主管機關，負責發票的印製、領購、開具、取得、保管、繳銷的管理和監督。增值稅專用發票由國務院稅務主管部門確定的企業印製；其他發票，按照國務院稅務主管部門的規定，分別由省、自治區、直轄市國家稅務局確定企業印製。未經有權的稅務機關確定，不得印製發票。

印製發票應當使用國務院稅務主管部門確定的全國統一發票防偽專用品。禁止非法製造發票防偽專用品。發票應當套印全國統一發票監制章。全國統一發票監制章的樣式和發票版面的印刷要求應當由國家稅務總局規定，並實行不定期換版制度。禁止偽造發票監制章。

印製發票的企業，應當按照稅務機關批准的式樣和數量印製發票，並按照規定建立發票印製管理制度和保管措施，安排專人負責發票監制章和發票防偽專用品的使用和管理。印製發票使用的文字應該為中文，民族自治地方的發票可以加印一種通用的民族文字。

各省、自治區、直轄市內的單位和個人使用的發票，除增值稅專用發票外，應當在本省、自治區、直轄市內印製；確實有必要到外省、自治區、直轄市印製的，應當經外省、自治區、直轄市印製地省、自治區、直轄市稅務機關同意，由省、自治區、直轄市稅務機關指定的印製發票的企業印製。禁止在境外印製發票。

2. 發票領購管理

依法辦理稅務登記的單位和個人，在領取稅務登記證後，向主管稅務機關申請領購發票。稅務機關在接受納稅人的發票領購申請後，要審核納稅人既有的或將要開展的業務情況，為納稅人頒發「發票準購簿」。對無固定經營場地或者財務制度不健全的納稅人申請領購發票，主管稅務機關有權要求其提供擔保人，不能提供擔保人的，可以視其情況，要求其繳納保證金，並限期繳銷發票。對發票保證金應設專戶儲存，不得挪作他用。納稅人可以根據自己的需要申請領購普通發票。增值稅專用發票只限於增值稅一般納稅人領購使用。

當納稅人已領購發票並出現下列三種情況之一，可以再次申領發票：①已使用完畢（甚至將使用完畢）；②應稅收入將發生、甚至超出餘下發票可開具金額發生；③舊發票已上交。

3. 發票開具、使用、取得的管理

單位、個人在購銷商品、提供或者接受經營服務以及從事其他經營活動中，應當按照規定開具、使用、取得發票。發票開具內容須完全與交易事項相符，其開具時點一定是納稅義務產生時點、收入確認時點；但是若按稅法規定及時足額確認收入，發票開具時點可滯後。發票要全聯一次填寫，開具發票要加蓋財務印章或發票專用章。當開票主體無票，在已納稅前提下，可申請相應主管稅務機關代開。取得發票的內容也須完全與交易事項相符，這些內容主要包括：交易方、交易項目、交易數量、交易單價、交易總價、交易稅金、交易價稅合計額等。發票使用，主要指開具方要據此入帳確認收入並計繳相關稅金，取得方要據此入帳計列有關成本費用或計抵增值稅進項稅等。

4. 發票保管管理

開具發票的單位和個人應當建立發票登記制度，設置發票登記簿，定期向稅務機關報告發票使用情況；應當按規定存放和保管發票，不得擅自毀損。已開具的發票存根聯和發票登記簿，保管期為 5 年；保管期滿，報稅務機關查驗后才可銷毀。若丟失發票，則應當於發票丟失當日書面報告主管稅務機關，並在報刊及其他媒體上公開宣布作廢。

稅務機關應當建立起嚴格的發票驗收制度，設立專用發票庫存登記簿，定期對專用發票驗收、入庫、出庫、發放情況進行檢查。要設立專門的倉庫存放專用發票，倉庫管理實行專人專責制度，實行全天候的管理模式。

（四）假發票的管理

假發票的主要類型有：虛假空白發票、主體虛假發票、所涉交易內容虛假發票和交易時間虛假發票。違反發票管理規定使用或製造假發票會受到以下處罰：

（1）虛開或非法代開發票，稅務機關將沒收其違法所得，並且給予相應罰款，甚至追究其刑事責任。（見表 14-1）

表 14-1

虛開或非法代開金額	罰款	刑事責任
1 萬元以下	5 萬元以下	構成犯罪，依法追究其刑事責任
超過 1 萬元	5 萬元至 50 萬元	

（2）私自印製、偽造、變造發票、非法製造發票防偽專用品，偽造發票監制章的，由稅務機關沒收非法所得，沒收、銷毀相關作案工具和物品，並處以 1 萬元以上 5 萬元以下的罰款；對於發票印製企業，可以吊銷其發票準印證；構成犯罪，依法追究其刑事責任。

（3）轉借、轉讓或介紹他人轉讓發票、發票監制章和發票防偽用品的，由稅務機關沒收其違法所得，並處以 1 萬元以上、5 萬元以下的罰款；情節嚴重的，處以 5 萬元以上、50 萬元以下的罰款。知悉是虛假發票，但依舊受讓、開具、存放、攜帶、郵寄及運輸的，由稅務機關沒收其違法所得，並處以 1 萬元以上、5 萬元以下的罰款；情節嚴重的，處以 5 萬元以上、50 萬元以下的罰款。

第三節　稅款徵收的過程管理

一、納稅申報管理

納稅申報是納稅人、扣繳義務人按照稅法規定的期限和內容，在納稅義務發生後，自行計算應納稅額和扣繳稅款，向稅務機關提交有關納稅事項書面報告的法律行為，是納稅人履行納稅義務、界定納稅人法律責任的主要依據，是稅務機關稅收管理信息的主要來源和稅務管理的重要制度。

（一）納稅申報的主體

根據中國《稅收徵收管理法》第二十五條的規定，納稅申報的主體為納稅人和扣繳義務人。納稅人（扣繳義務人）必須按照法律、行政法規的規定或者稅務機關按照法律、行政法規的規定確定的申報期限、申報內容如實辦理納稅申報，報送納稅申報表（代扣代繳、代收代繳申報表），財務會計報表及其他納稅資料。納稅人在納稅期內沒有應納稅款的，也應當按照規定辦理納稅申報。納稅人享受減稅、免稅待遇的，在減稅、免稅期間應當按照規定辦理納稅申報。

（二）納稅申報的方式

納稅人、扣繳義務人可以直接到稅務機關辦理納稅申報，或者報送代扣代繳、代收代繳稅款報告表，也可以按照規定採取郵寄、數據電文或者其他方式辦理上述申報、報送事項。目前，納稅申報的形式主要有以下三種：

1. 直接申報。直接申報，是指納稅人和扣繳義務人在法定申報期內，自行到稅務機關辦理納稅申報，這是一種傳統申報方式，也是中國普遍採取的納稅申報方式。

2. 郵寄申報。郵寄申報，是指經稅務機關批准的納稅人，使用統一規定的納稅申報特快專遞專用信封，通過郵政部門辦理交寄手續，並向郵政部門索取收據作為申報憑據的方式。納稅人採取郵寄方式辦理納稅申報的，應當使用統一的納稅申報專用信封，並以郵政部門收據作為申報憑據。郵寄申報以寄出的郵戳日期為實際申報日期。

3. 數據電文申報。數據電文申報又稱為電子申報，是指經稅務機關確定的電話語音、電子數據交換和網路傳輸等電子方式辦理納稅申報。納稅人採取數據電文方式辦理納稅申報的，應當按照稅務機關規定的期限和要求保存有關資料，並定期書面報送主管稅務機關。納稅人、扣繳義務人採取數據電文方式辦理納稅申報的，其申報日期以稅務機關計算機網路系統收到該數據電文的時間為準。

(三) 納稅申報的地點

固定業戶應當向其機構所在地的主管稅務機關申報納稅。總機構和分支機構不在同一縣（市）的，應當分別向各自所在地的主管稅務機關申報納稅；經國務院財政、稅務主管部門或其授權的財政、稅務機關批准，可以由總機構匯總向總機構所在地的主管稅務機關申報納稅。

固定業戶到外縣（市）銷售貨物或者應稅勞務，應當向其機構所在地的主管稅務機關申請開具外出經營活動的稅收管理證明，並向其機構所在地的主管稅務機關申報納稅；未開具證明的，應當向銷售地或者勞務發生地的主管稅務機關申報納稅；未向銷售地或者勞務發生地的主管稅務機關申報納稅的，由其機構所在地或者居住地的主管稅務機關補徵稅款。

進口貨物，應當向報關地海關申報納稅。

(四) 納稅申報的內容

納稅申報表的內容主要包括：稅種、稅目、應納稅項目或應代扣代繳、代收代繳稅款項目，計稅依據，扣除項目及標準，適用稅率或單位稅額，應退稅項目及稅額、應減免項目及稅額，應納稅額或者應代扣代繳、代收代繳稅額，稅款所屬期限、延期繳納稅款、欠稅、滯納金等。納稅人辦理納稅申報後發現需要修正的，可以修正申報。納稅人、扣繳義務人使用徵納雙方認可的電子簽名報送的各類電子資料，與紙質資料具有同等的法律效力。

(五) 納稅申報的期限

納稅人和扣繳義務人都必須按照法定的期限辦理納稅申報。納稅人、扣繳義務人基於法定原因（如不可抗力和財務處理的特殊原因），不能在法律、行政法規或者稅務機關依照法律、行政法規的規定確定的申報期內辦理納稅申報或者向稅務機關報送代扣代繳、代收代繳報告的，經縣以上稅務機關核準，可以延期納稅申報。但應當在規定的期限內向稅務機關提出書面延期申請，經稅務機關核準，在核準的期限內辦理，在不可抗力情形消除後立即向稅務機關報告。延期納稅申報既保證了國家稅法的嚴肅性，同時也考慮到了納稅人的具體情況。

二、稅款繳納與徵收管理

(一) 稅款繳納管理

負有納稅義務的單位和個人（納稅人）以及負有代扣代繳、代收代繳義務的單位和個人（扣繳義務人）必須按照法律、行政法規的規定在確定的期限內繳納稅款，或代收代繳稅款。

當扣繳義務人履行扣繳義務時遇到納稅人以各種藉口拒絕納稅或拖欠稅款的情況，應及時報告稅務機關處理，扣繳人不具有對稅務違法行為進行處罰的權利。並且扣繳稅款必須按照有關法律、法規的規定標準，在法律、法規規定的範圍內執行。

(二) 稅款徵收管理

稅款徵收是稅務機關依據國家稅收法律、行政法規確定的標準和範圍，通過法定程序將納稅人應納稅款組織徵收入庫的一系列稅收管理活動的總稱。稅款徵收是稅務管理活動的中心環節，是稅收徵管工作的核心。

1. 稅款徵收的主體

國務院稅務部門主管全國稅收徵收管理工作。各地國、地稅務局（包括各級稅務局、稅務分局、稅務所）應按照國務院規定的稅收徵收管理範圍分別進行徵收管理。只有稅務機關、稅務人員以及經稅務機關依照法律、行政法規委託代徵的單位和人員可以進行稅款徵收活動。

稅務機關必須按照法律、行政法規的規定依法徵稅。稅收的開徵、停徵以及減稅、免稅、退稅、補稅應當按照法律的規定執行。任何機關、單位、個人不得違反法律、行政法規的規定，擅自開徵、停徵稅種，或者擅自做出減、免、退、補稅或其他與稅收法律、行政法規相抵觸的決定。

2. 稅款徵收的方式

現行稅款徵收方式主要有查帳徵收、查定徵收、查驗徵收、定期定額徵收、代收代繳和代扣代繳、委託代徵等方式。

(1) 查帳徵收。查帳徵收是指稅務機關根據納稅人會計帳簿等財務核算資料，依照稅法計算徵收稅款的一種方式。本方式適用於經營規模較大、財務制度健全、能夠如實核算和提供生產經營情況，以及能正確計算應納稅款的納稅人。稅務機關根據納稅人報送的納稅申報表、財務會計報表及其他相關資料，計算納稅人應納稅款，開具稅收繳款書或完稅憑證，由納稅人自行到銀行劃撥解繳稅款。

(2) 查定徵收。查定徵收是指稅務機關依據納稅人從業人員、生產設備、原材料耗用情況等因素，查定核實其在正常生產經營條件下應稅產品的產量、銷售額，從而核實其應納稅所得額，據以徵收稅款的稅款徵收方式。這種方式適用於生產經營規模較小、不能準確計算營業額和所得額的小規模納稅人或個體工商戶。

(3) 查驗徵收。查驗徵收是指稅務機關對納稅人的應納稅商品，通過查驗數量，按照市場一般銷售單價計算收入並據以徵收稅款的一種方式。一般適用於城鄉

集貿市場和機場、碼頭等場外經銷商品零星分散、流動性大的稅源，如城鄉集貿市場和機場、碼頭等場外經銷商品的稅款徵收。

（4）定期定額徵收。定期定額徵收是針對一些營業額和所得難以準確計算的小型工商戶，經其自報評議和稅務機關審核評定其一定期限內的應稅收入和應納稅額，並按月或季度徵收稅款。這種徵收方式適用於規模較小、帳證不健全、難以提供完整納稅資料的小型工商戶的稅款徵收。

（5）代扣代繳和代收代繳（簡稱「扣繳」）。代扣代繳、代收代繳是指稅務機關按照相關法律、行政法規的規定，對負有代收代繳、代扣代繳稅款義務的單位和個人，在其向納稅人收取或支付相關交易款項的同時，依法從交易款項中扣收納稅人的應納稅款，並按照規定的期限和辦法向稅務機關解繳稅款的一種方式。其中值得注意的是，代收代繳加強了對於稅收網路覆蓋不到或者難以控管的領域的源泉控管。

（6）委託代徵。委託代徵是稅務機關依法委託有關單位和個人，代其向納稅人徵收稅款的方式。委託代徵方式有利於彌補稅務機關的徵管能力不足，加強源泉控管，提高徵管效能。此種徵收方式適用於零星、分散、流動性大的稅款徵收，如集貿市場的徵收等。

三、稅款徵收管理的保障制度

（一）納稅擔保制度

納稅擔保，是指經稅務機關同意或確認，納稅人或其他自然人、法人、經濟組織以保證、抵押、質押的方式，為納稅人應當繳納的稅款及滯納金提供擔保的行為。

1. 納稅擔保的適用範圍

納稅擔保的適用範圍如下：①稅務機關有根據認為從事生產、經營的納稅人有逃避納稅義務的行為，在規定的納稅期之前責令其限期繳納應納稅款，在限期內發現納稅人有明顯的轉移、隱匿其應納稅的商品、貨物及其他財產或者應納稅收入跡象的。②欠繳稅款、滯納金的納稅人或者其法定代表人需要出境的。③納稅人同稅務機關在納稅上發生爭議而未繳清稅款，需要申請行政復議的。④稅收法律、行政法規規定可以提供納稅擔保的其他情形。

2. 納稅保證人（納稅擔保保證人）的基本規定

納稅保證人是指在中國境內具有擔保能力的自然人、法人或其他經濟組織。國家機關、學校、幼兒園等事業單位和社會團體不得作為納稅保證人，企業法人的職能部門不能作為納稅保證人。企業法人的分支機構有法人書面授權的，可以在授權範圍內提供納稅擔保。

但是，若存在以下情形，則不可作為納稅保證人：

①有偷稅、抗稅、騙稅、逃避追繳欠稅行為被稅務機關、司法機關追究過法律責任未滿2年的。②因有稅務違法行為正在被稅務機關立案處理的或涉嫌刑事犯罪

正被司法機關立案偵查的。③在主管稅務機關所在地的市（地、州）沒有住所的自然人或稅務登記不在本市（地、州）的企業。④納稅信譽等級被評為C級以下的納稅人。⑤無民事行為能力或限制民事行為能力的納稅人。⑥與納稅人存在擔保關聯關係的。⑦有欠稅行為的。

3. 納稅擔保財物、權利的基本規定

擔保財產價值通常不超過納稅人的應納稅款和滯納金及相關費用，但一般不選擇鮮活、易腐爛的貨物。稅務機關需採取妥善有效的措施對擔保財產進行控管，當納稅人繳納應納稅款后，應立即解除對擔保財產的控管。

4. 納稅擔保生效的基本規定

納稅保證人同意為納稅人提供納稅擔保的，應當填寫納稅保證書。納稅保證書需要經納稅人、納稅保證人和稅務機關三方簽字蓋章同意才生效。並且，用於納稅擔保的財產、權利的價值不得低於應繳納的稅款、滯納金以及相關費用。納稅擔保財產價值不足以抵償稅款、滯納金及費用的，稅務機關應當向提供擔保的納稅人或納稅擔保人繼續追繳。

（二）稅收保全制度

稅收保全制度是指稅務機關在由於納稅人的行為或者某些客觀原因，致使以后稅款的徵收不能保證或難以保證的情況下，採取限制納稅人處理或轉移商品、貨物或其他財產的措施，以保證稅款足額入庫的制度。

1. 稅收保全的基本規定

稅務機關有根據認為從事生產、經營的納稅人有不履行納稅義務可能的，可以在規定的納稅期之前，責令限期繳納稅款；在限期內發現納稅人有明顯的轉移、隱匿其應納稅的商品、貨物以及其他財產跡象的，稅務機關應責令其提供納稅擔保。如果納稅人不能提供納稅擔保，經縣以上稅務局（分局）局長批准，稅務機關可以採取稅收保全措施。稅務機關採取稅收保全措施的期限一般不得超過六個月；案情重大複雜的，經國務院稅務主管部門批准可以延長一次，但延長期限不超過六個月。

2. 稅收保全不當的責任

採取稅收保全措施不當，或者納稅人在期限內已繳納稅款，稅務機關未立即解除稅收保全措施，使納稅人的合法利益遭受損失的，稅務機關應當承擔賠償責任。

3. 稅收保全措施的實施範圍

個人及其所扶養家屬維持生活必需的住房和用品，不在稅收保全措施的範圍之內。個人所扶養家屬，是指與納稅人共同居住生活的配偶、直系親屬以及無生活來源並由納稅人扶養的其他親屬。生活必需的住房和用品不包括機動車輛、金銀飾品、古玩字畫、豪華住宅或者一處以外的住房。稅務機關對單價5,000元以下的其他生活用品，不採取稅收保全措施和強制執行措施。

4. 稅收保全的終止

稅收保全的終止有兩種情況：一是納稅人在規定的期限內繳納了應納稅款的，

稅務機關必須立即解除稅收保全措施；二是納稅人超過規定的期限仍不繳納稅款或交款不足的，經稅務局（分局）局長批准，終止保全措施，轉入強制執行措施，即書面通知納稅人開戶銀行或者其他金融機構從其凍結的存款中扣繳稅款，或者拍賣、變賣所扣押、查封的商品、貨物或其他財產，以拍賣或者變賣所得抵繳稅款及滯納金。

（三）稅收強制執行制度

稅收強制執行措施是指納稅人或扣繳義務人不履行法律、行政法規規定的義務，由有關國家機關採用法定的強制手段，強迫納稅人或扣繳義務人履行義務的制度。

1. 稅收強制執行的基本規定

從事生產、經營的納稅人、扣繳義務人未按照規定的期限繳納或者解繳稅款，納稅擔保人未按照規定的期限繳納所擔保的稅款，由稅務機關責令限期繳納，逾期仍未繳納的，經縣以上稅務局（分局）局長批准，稅務機關可以採取下列強制執行措施：①書面通知其開戶銀行或者其他金融機構從其存款中扣繳稅款。②扣押、查封、依法拍賣或者變賣其價值相當於應納稅款的商品、貨物或者其他財產，以拍賣或者變賣所得抵繳稅款。

稅務機關採取強制執行措施時，對上款所列納稅人、扣繳義務人、納稅擔保人未繳納的滯納金同時強制執行。稅務機關採取強制執行措施應當書面通知納稅人、扣繳義務人、納稅擔保人，並製作現場筆錄。個人及其所扶養家屬維持生活必需的住房和用品，不在強制執行措施的範圍之內。對納稅人、扣繳義務人、納稅擔保人的財產實施強制執行有困難的，稅務機關可以依法提請納稅人、扣繳義務人、納稅擔保人所在地或者財產所在地人民法院執行。

採取稅收保全措施、強制執行措施的權力，不得由法定的稅務機關和人民法院以外的單位和個人行使。稅務機關採取強制執行措施時，可以提請公安機關協助，公安機關應當予以協助。

2. 採取稅收強制執行措施的程序

納稅人、扣繳義務人、納稅擔保人在規定的期限內未繳納或者解繳稅款或者提供擔保的，經主管稅務機關責令限期繳納，逾期仍未繳納的，經縣以上稅務局（分局）局長批准，書面通知其開戶銀行或者其他金融機構，從其存款中扣繳稅款。在扣繳稅款的同時，主管稅務機關可以處以不繳或者少繳稅款 50% 以上 5 倍以下的罰款。存款不足以抵繳稅款和罰款的，稅務機關對其財物進行扣押、查封、拍賣或者變賣，以拍賣或者變賣所得抵繳稅款。

（四）離境清稅制度

離境清稅制度是指國家稅務機關及海關為保證國家稅收權益不受侵犯，有權阻止稅收利益相關人出境的制度。

1. 離境清稅制度的基本規定

納稅人欠繳稅款未結清，又不提供納稅擔保的，稅務機關可以決定不准許納稅

人或者其法定代表人、主要稅收利益相關人出境；稅務機關立案查處涉嫌重大稅收違法情形的，可以決定不准許納稅人或者其法定代表人、財產實際擁有者或者管理者、直接責任人出境。

對決定不準出境的人員，稅務機關應當按照規定及時通知出入境邊防檢查機關予以協助，或者提請公安機關出入境管理機構不予簽發出（國）境證件。納稅人或法定代表人不僅包括中國公民，還包括符合阻止出境條件的外國人、無國籍人等非中國公民在內。另外，對外籍人員執行離境清稅制度時，不能與中國同外國簽訂的有關條約、協定相衝突。

2. 離境清稅制度的實施程序

（1）稅務機關發現欠繳稅款的納稅人或者其法定代表人需要出境的，應通知其在出境前結清應納稅款、滯納金或者提供擔保。

（2）未結清稅款、滯納金，又不提供擔保的，稅務機關可依法向欠稅人申明不準出境。對已取得出境證件要出境的，稅務機關可函請公安機關辦理邊控手續，阻止其出境。

（3）阻止欠稅人出境的，由縣級以上（含縣級，下同）稅務機關申請，報省、自治區、直轄市稅務機關或國家稅務總局審核批准。由審批機關填寫《邊控對象通知書》，函請同級公安廳、局辦理邊控手續。

（4）欠稅人結清了阻止出境時欠繳的全部稅款（包括滯納金）或者向稅務機關提供了相當於全部欠繳稅款的擔保或者欠稅企業已依法宣告破產，並依《破產法》程序清償終結的，應及時通知出入境管理機關解除限制出境。

（五）稅收確認制度

稅收確認制度是指稅務機關對納稅人進行的納稅申報，有權就其真實性、合法性進行核實、確定的制度。稅務機關以納稅人提供的帳簿憑證、報表、文件等資料記載的信息為基礎，結合所掌握的相關信息對納稅申報進行核實、確定。

1. 稅收確認制度的基本規定

稅務機關發現納稅人有下列情形之一的，應當及時對納稅人應納稅額進行確認：①存在申報的計稅依據不實的；②在規定的納稅期之前，有根據認為納稅人有逃避納稅義務行為的；③未按照規定辦理稅務登記而從事生產、經營的；④有合併、分立、解散的；⑤法律、行政法規規定的其他情形。

2. 需再次進行稅額確認的情況

有下列情形之一的，稅務機關應當再次進行稅額確認：①因納稅人提供不正確、不完整計稅依據導致之前申報、確認或調整應納稅額不實的。②稅法有新的規定涉及調整納稅人計稅依據的。稅務機關對納稅人進行再次稅額確認的，以再次確認的應納稅額為準；稅務機關對確認稅額進行部分修正的，以修正后的為準，未做修正的部分繼續生效。

3. 稅收確認的時間

稅務機關對納稅人應納稅額的確認應當在五年內進行。納稅人未登記、未申報或者存在稅收違法情形需要立案查處的，稅務機關應當自稅法規定的申報期限屆滿之日起十五年內進行確認。稅務機關未做確認或者超出確認時效的，納稅人填報的納稅申報表以及修正的納稅申報表所載明的應納稅額視同稅額確認通知書所確定的應納稅額。

4. 稅收確認的處理

納稅人與關聯方之間的業務往來，應當按照獨立企業之間的業務往來收取或者支付價款、費用；不按照獨立企業之間的業務往來收取或者支付價款、費用，而減少其應納稅的收入或者所得額的，稅務機關有權進行合理調整。

經確認的應納稅額與納稅人申報的稅額不一致的，或者納稅人未進行納稅申報的，稅務機關應當向納稅人出具稅額確認通知書。

納稅人應當按照稅額確認通知書載明的應補（退）稅款，在規定的期限內辦理補（退）稅。修正的納稅申報涉及退庫的，應當經稅務機關批准。

（六）稅收優先權

稅收優先權是指當債務人破產需還債時，國家作為稅收債權的債權人優先於其他債權人受償的權利。

稅務機關徵收稅款，稅收優先於無擔保債權，企業破產法另有規定的除外；納稅人欠繳的稅款發生在納稅人以其財產設定抵押、質押或者納稅人的財產被留置之前的，稅收應當先於抵押權、質押權、留置權執行。納稅人欠繳稅款，同時又被行政機關決定處以罰款、沒收違法所得的，稅收優先於罰款、沒收違法所得。

納稅人未按照規定的期限繳納稅款，稅務機關責令限期繳納后仍未繳納的，經設區的市、自治州以上稅務局（分局）局長批准，稅務機關可以以納稅人欠繳稅款為限，對其不動產設定優先受償權，並通知產權登記部門予以登記。納稅人繳清欠稅后，產權登記部門才能辦理產權變更手續。

（七）稅收代位權、撤銷權

欠繳稅款的納稅人因怠於行使到期債權，或者放棄到期債權，或者無償轉讓財產，或者以明顯不合理的低價轉讓財產而受讓人知道該情形，對國家稅收造成損害的，稅務機關可以行使代位權、撤銷權。

稅務機關行使代位權、撤銷權的，不能免除欠繳稅款的納稅人尚未履行的納稅義務和應承擔的法律責任。

（八）稅款追徵制度

稅款追徵制度是指在實際的稅款徵繳過程中，由於徵納雙方的疏忽、計算錯誤等原因造成的納稅人、扣繳義務人未繳或者少繳稅款，稅務機關依法對未徵少徵的稅款要求補繳，對未繳少繳的稅款進行追徵的制度。因納稅人、扣繳義務人過失造成少報、少繳稅款的，稅務機關在五年內可以要求納稅人、扣繳義務人補繳稅款。

對未辦理納稅申報以及逃避繳納稅款、抗稅、騙稅的，稅務機關在十五年內可以追徵其未繳或者少繳的稅款或者所騙取的稅款。納稅人欠稅超過二十年，稅務機關執行不能的，不再追徵。

第四節　稅款徵收的后續管理

一、納稅評估管理

納稅評估，是指稅務機關利用獲取的涉稅信息，對納稅人（包括扣繳義務人，下同）納稅申報情況的真實性和合法性進行審核評價，並作出相應處理的稅收管理活動。納稅評估是稅源管理工作的基本內容，是處置稅收風險、促進納稅遵從的重要手段。納稅評估是稅務機關對納稅人履行納稅義務情況進行事中稅務管理、提供納稅服務的方式之一。通過實施納稅評估發現徵收管理過程中的不足，強化管理監控功能；可以幫助納稅人發現和糾正在履行納稅義務過程中出現的錯漏。

（一）納稅評估的內容

納稅評估主要工作內容包括：根據宏觀稅收分析和行業稅負監控結果以及相關數據設立評估指標及其預警值；綜合運用各類對比分析方法篩選評估對象；對所篩選出的異常情況進行深入分析並作出定性和定量的判斷；對評估分析中發現的問題分別採取稅務約談、調查核實、處理處罰、提出管理建議、移交稽查部門查處等方法進行處理；維護更新稅源管理數據，為稅收宏觀分析和行業稅負監控提供基礎信息等。

納稅評估工作主要由基層稅務機關的稅源管理部門及其稅收管理員負責，重點稅源和重大事項的納稅評估也可由上級稅務機關負責。其中對匯總合併繳納企業所得稅企業的納稅評估，由其匯總合併納稅企業申報所在地稅務機關實施、對匯總合併納稅成員企業的納稅評估，由其監管的當地稅務機關實施；對合併申報繳納企業所得稅的外資企業分支機構的納稅評估，由總機構所在地的主管稅務機關實施。

開展納稅評估工作原則上在納稅申報到期之後進行，評估的期限以納稅申報的稅款所屬當期為主，特殊情況可以延伸到往期或以往年度。

（二）納稅評估的作用

1. 納稅評估是防止虛假納稅申報的有效手段。納稅評估的信息資料不僅包括稅務機關內部採集的信息，還可以通過信息網路，獲取其他經濟管理部門的外部信息。通過掌握稅基和納稅人的資金週轉情況，瞭解資金的來龍去脈，可以對納稅申報進行監控。

2. 納稅評估可以通過信息反饋機制，解決徵收管理中「疏於管理、淡化責任」的問題。納稅評估處於稅款徵收與稅務稽查的中間環節，稅款徵收與稅務稽查的結果，可通過納稅評估反饋到稅務登記、發票管理、行政審批等各個徵管環節，既可

保證稅收徵管各個環節的協調統一，又可剖析問題，區分責任。

3. 納稅評估是一個納稅服務過程。稅務機關通過信息化手段，設置能夠瞭解和掌握納稅人財務核算和相關經營情況的納稅申報表，並結合審查帳簿報表，可以及時發現並糾正納稅申報中的錯誤與偏差，幫助納稅人提高納稅申報質量；納稅評估通過約談、舉證等方式，可以有效解決納稅人因主觀疏忽或對稅法理解錯誤而產生的涉稅問題，充分體現稅務行政執法教育與懲戒相結合的原則。

（三）納稅評估的對象

納稅評估的對象為主管稅務機關負責管理的所有納稅人及其應納所有稅種。

納稅評估對象可採用計算機自動篩選、人工分析篩選和重點抽樣篩選等方法。篩選納稅評估對象，要依據稅收宏觀分析、行業稅負監控結果等數據，結合各項評估指標及其預警值和稅收管理員掌握的納稅人實際情況，參照納稅人所屬行業、經濟類型、經營規模、信用等級等因素進行全面、綜合的審核對比分析。綜合審核對比分析中發現有問題或疑點的納稅人要作為重點評估分析對象；重點稅源戶、特殊行業的重點企業、稅負異常變化、長時間零稅負和負稅負申報、納稅信用等級低下、日常管理和稅務檢查中發現較多問題的納稅人要列為納稅評估的重點分析對象。

（四）納稅評估的方法

納稅評估可根據所轄稅源和納稅人的不同情況採取靈活多樣的評估分析方法，主要有：

1. 對納稅人申報納稅資料進行案頭的初步審核比對，以確定進一步評估分析的方向和重點；

2. 通過各項指標與相關數據的測算，設置相應的預警值，將納稅人的申報數據與預警值相比較；

3. 將納稅人申報數據與財務會計報表數據進行比較，並與同行業相關數據或類似行業同期相關數據進行橫向比較；

4. 將納稅人申報數據與歷史同期相關數據進行縱向比較；

5. 根據不同稅種之間的關聯性和勾稽關係，參照相關預警值進行稅種之間的關聯性分析，分析納稅人應納相關稅種的異常變化；

6. 應用稅收管理員日常管理中所掌握的情況和累積的經驗，將納稅人申報情況與其生產經營實際情況相對照，分析其合理性，以確定納稅人申報納稅中存在的問題及其原因；

7. 通過對納稅人生產經營結構、主要產品能耗、物耗等生產經營要素的當期數據、歷史平均數據、同行業平均數據以及其他相關經濟指標進行比較，推測納稅人實際納稅能力。

對納稅人申報納稅資料進行審核分析時，應包括以下重點內容：

1. 納稅人是否按照稅法規定的程序、手續和時限履行申報納稅義務，各項納稅申報附送的各類抵扣、列支憑證是否合法、真實、完整；

2. 納稅申報主表、附表及項目、數字之間的邏輯關係是否正確，適用的稅目、稅率及各項數字計算是否準確，申報數據與稅務機關所掌握的相關數據是否相符；

3. 收入、費用、利潤及其他有關項目的調整是否符合稅法規定，申請減免緩抵退稅、虧損結轉、獲利年度的確定是否符合稅法規定並正確履行相關手續；

4. 與上期和同期申報納稅情況有無較大差異。

(五) 評估結果的處理

對納稅評估中發現的計算和填寫錯誤、政策和程序理解偏差等一般性問題，或存在的疑點問題經約談、舉證、調查核實等程序認定事實清楚，不具有偷稅等違法嫌疑，無需立案查處的，可提請納稅人自行改正。需要納稅人自行補充的納稅資料，以及需要納稅人自行補正申報、補繳稅款、調整帳目的，稅務機關應督促納稅人按照稅法規定逐項落實。

對納稅評估中發現的需要提請納稅人進行陳述說明、補充提供舉證資料等問題，應由主管稅務機關約談納稅人。稅務約談要經所在稅源管理部門批准並事先發出「稅務約談通知書」，提前通知納稅人。稅務約談的對象主要是企業財務會計人員。因評估工作需要，必須約談企業其他相關人員的，應經稅源管理部門批准並通過企業財務部門進行安排。納稅人因特殊困難不能按時接受稅務約談的，可向稅務機關說明情況，經批准后延期進行。納稅人可以委託具有執業資格的稅務代理人進行稅務約談；稅務代理人代表納稅人進行稅務約談時，應向稅務機關提交納稅人委託代理合法證明。

對評估分析和稅務約談中發現的必須到生產經營現場瞭解情況、審核帳目憑證的，應經所在稅源管理部門批准，由稅收管理員進行實地調查核實。對調查核實的情況，要作認真記錄。需要處理處罰的，要嚴格按照規定的權限和程序執行。

發現納稅人有偷稅、逃避追繳欠稅、騙取出口退稅、抗稅或其他需要立案查處的稅收違法行為嫌疑的，要移交稅務稽查部門處理。對稅源管理部門移交稽查部門處理的案件，稅務稽查部門要將處理結果定期向稅源管理部門反饋。發現外商投資和外國企業與其關聯企業之間的業務往來不按照獨立企業業務往來收取或支付價款、費用，需要調查、核實的，應移交上級稅務機關國際稅收管理部門（或有關部門）處理。

納稅評估工作中發現的問題要作出評估分析報告，提出進一步加強徵管工作的建議，並將評估工作內容、過程、證據、依據和結論等記入納稅評估工作底稿。納稅評估分析報告和納稅評估工作底稿是稅務機關內部資料，不發納稅人，不作為行政復議和訴訟依據。

二、稅務審計管理

(一) 稅務審計定義

稅務審計，是指稅務局運用審計的方法或者策略對企業和其他納稅人的財務會

計資料、交易相關記錄、存貨等依據稅收法律、財務會計準則和其他法律法規進行的完整性、真實性、準確性、合規性的檢查測試，以求確定納稅人核算和申報應納稅額的完整、真實、準確、合規。這是一項專業性、綜合性和實踐性都很強的工作，要求稅務審計人員具有較高的財務、稅務、法律、計算機、統計等方面的素質，具有較強的分析、判斷能力。稅務審計人員不僅要熟悉相關的稅收法律、財務知識，對於企業的生產技術流程、市場變化情況都要有全面的把握。在此基礎上，還需有相當的評估經驗累積。

有的國家稱稅務審計為稅務評估、稅收審計或估稅、評稅，是稅源監控的有效手段之一，對提高納稅意識、強化稅源管理都具有積極的作用。稅務審計，作為目前國際上通行的一種稅收管理方式，在很多國家和地區得到了廣泛應用。

(二) 稅務審計功能

首先，可根據納稅人、扣繳義務人履行納稅義務的情況進行評價，發現日常稅收徵管中的薄弱環節，從而提出有針對性的管理建議，提高稅收徵管質量；

其次，可區分主觀故意和非惡意涉稅違法行為，為稅務稽查查處偷稅、欠稅、抗稅、騙稅等案件提供具體線索，提高稽查有效性；

再次，可對納稅人、扣繳義務人進行涉稅輔導。結合納稅人的生產經營實際，宣傳稅收法律法規，解釋涉稅疑義，幫助其提高納稅核算水平，糾正納稅申報中的錯誤，提高申報準確率，降低納稅風險。

可見，稅務審計既是一種稅收管理手段，也是一項納稅服務措施，充分體現了現代公共行政管理理念在稅收管理中的應用。

(三) 稅務審計與稅務稽查的聯繫與區別

稅務稽查是稅務機關依法對偷稅、逃避追繳欠稅、騙稅、抗稅案件的檢查和處理。

稅務審計與稅務稽查的最終目的都是提高納稅人、扣繳義務人的稅法遵從度，但實現的方式有所區別。稅務審計主要是通過預警服務來實現管理目的，稅務稽查則主要通過監督打擊來實現管理目的。二者既有聯繫，又有區別。

二者的聯繫主要體現在：

1. 稅務審計與稅務稽查都是稅收管理的重要手段。納稅人自行申報繳納的稅收正確與否，需要有效的檢測；而稅務審計和稅務稽查都可起到檢測作用。二者還可起到糾正錯誤和打擊舞弊的作用。

2. 稅務審計有助於稅務稽查更加有的放矢，提高效率。由於目前稅務稽查部門獲取信息的渠道不夠順暢，對納稅人、扣繳義務人日常徵管信息掌握瞭解得不夠全面。因此，無論是人工選案還是計算機選案，都帶有一定的盲目性。此外，中國很多稅務機關管理的納稅人，特別是企業納稅人的數量眾多。因此，稅務審計通過分析研判，發現疑點，直接為稅務稽查提供案源，不僅使稽查選案環節避免了隨意性和盲目性，而且可使稽查目標更加明確，重點更加突出，針對性更強。

二者的區別主要體現在：

稅務審計和稅務稽查作為兩種不同的稅收徵管手段，是有著本質區別的，主要體現在以下幾方面：

1. 性質不同。稅務稽查屬於法定程序，側重於對涉稅違法行為的打擊和懲罰，帶有明顯的打擊性。稅務審計目前並非法定程序，而是稅務機關為提高其自身工作質量和優化納稅服務所開展的一項舉措。對於涉稅違法行為，它提供了一種「預警」，在稽查查處和日常管理之間建立了一個「緩衝帶」，將納稅人、扣繳義務人可能的違法風險降低到了最低程度。與稅務稽查的打擊性相比，稅務審計更多體現的是服務性。

2. 程序不同。稅務稽查具有嚴密的固定程序，在每一個環節當中，都應向納稅人、扣繳義務人送達稅務文書，如檢查之前下達稅務檢查通知書、調取帳簿之前應下達調帳通知書等，這些文書都是法定的。如果程序有誤或缺少文書，稅務機關都應承擔相應的法律后果。在稅務審計的整個過程中都沒有法定文書。稅務審計過程中的文書除「詢問核實通知書」「稅務審計建議書」之外，其餘均為稅務機關內部使用文書。「稅務審計建議書」也只是對審計對象的建議，而不是法定文書。因此，與稅務稽查相比，稅務審計的程序相對簡單、靈活。

3. 處理方式不同。納稅人、扣繳義務人的違法行為一經稽查核實，不僅需要補稅、加收滯納金，必要時還要移送司法部門追究其刑事責任。稅務審計的直接處理結果較輕。審計中發現審計對象非主觀故意少繳稅款的情形，一般是由納稅人自查補繳並加收相應的滯納金，不涉及處罰。

（四）稅務審計項目

稅務審計項目包括以下四種：

1. 年度稅務審計。對客戶一個以上納稅年度內的納稅情況進行全面復核，揭示出其中的納稅風險並提供補救措施。

2. 併購稅務盡職調查。根據委託對併購目標企業以往的納稅情況進行全面審計，並出具獨立、客觀的納稅風險評估報告，為客戶進行併購決策提供分析依據，降低併購行為的風險。

3. 清算稅務審計。對清算企業以往的納稅狀況進行全面復核，針對存在的問題提出具有針對性的補救方案。

4. 其他專項稅務審計及涉外稅務審計。根據客戶其他的特定需要進行復核與審計，以避免納稅風險。

三、稅務審計基本程序

稅務審計的基本程序包括稅務審計對象的選擇與確定、案頭準備階段、現場實施階段、審計終結階段四個環節。

（一）稅務審計對象的選擇與確定

稅務審計對象的選擇方法主要有以下五種：

1. 納稅大戶選擇法。根據本地區的實際情況，依據年納稅額、投資總額、收入、利潤等指標序列，確認納稅大戶作為審計對象。

2. 行業選擇法。通過調查分析，掌握本地區行業分佈情況，選擇本地區支柱行業、特殊行業或稅負異常行業等作為審計對象。

3. 循環選擇法。根據本地區的實際情況，年度審計面一般不少於納稅人、扣繳義務人的30%，保證至少在三年內對所管轄的納稅人、扣繳義務人做一次全面審計。

4. 納稅狀況總體評價選擇法。通過對納稅人、扣繳義務人申報、繳納各稅種資料的分析對比，對其納稅狀況進行具體評價，確認審計對象。

5. 其他選擇法。除上述方法外，根據上級機關的部署，其他單位協查的要求及舉報人的舉報情況確認審計對象。

（二）案頭準備階段

案頭準備階段包括以下六個工作步驟：

1. 納稅人信息資料的收集、整理

（1）收集、調閱納稅人成立和開業的時間、合同、章程、行政組織結構和生產經營範圍、期間；各有關部門的批文，可行性研究報告及相關的個人資料等，並編制納稅人行政結構圖表，填寫「企業基本情況表」和「外籍個人基本情況表」及「關聯企業關聯關係認定表」。

（2）收集、調閱納稅人會計制度、財務管理制度、資產管理辦法、人事福利制度、獎罰制度、董事會決議等各項生產、經營管理制度。

（3）收集、調閱納稅人納稅申報表，外商投資企業和外國企業與其關聯企業業務往來情況年度申報表，財務報表，註冊會計師為納稅人出具的審計報告，完稅證（繳款書）、發貨票領、用、存月報表等日常檔案資料並填寫各稅種「年度申報統計表」及各稅種項目分析表和財務指標分析表。

（4）收集、調閱納稅人以往年度稅務審計工作底稿，瞭解納稅人以往年度的審計情況，為本次審計提供借鑑。詳閱「前次稅務審計情況表」。

（5）收集、調閱統計、海關、工商、外經貿委等有關部門公布的納稅人相關的財務信息資料。

（6）收集國際間根據稅收協定條款中規定的情報交換資料及中國駐外機構提供的有關納稅的信息資料。

（7）收集國際互聯網上納稅人相關信息資料。

（8）收集納稅人其他相關信息資料。

2. 審計項目分析與評價

運用分析性復核辦法，對涉及各稅種的審計項目進行趨勢、比率及比較分析，尋找可能存在問題的領域，為確認重點審計項目提供依據。常規的分析項目、類型及指標可參閱《審計項目分析性復核指引》。

3. 會計制度及內部控製的分析與評價

向納稅人發出納稅人「會計制度和內部控製問卷調查表」或向納稅人提問會計制度和內部控製的有關問題，分析評價納稅人會計制度及內部控製的有效性、完整性、準確性，為確立重點審計項目提供依據。

4. 審計項目的確定

通過上述資料的收集、整理與分析，擬定審計項目，審計覆蓋率和重點，製作「審計項目確認工作底稿」。

確認審計重點項目是準備階段至關重要的工作環節。審計人員選擇重點項目，基本上依賴於對重要性、稅法及徵管風險、會計制度及內部控製的評價、分析性復核、前次審計結論等各方面的客觀分析，進行主觀性經驗判斷。

審計人員在分析判定后完成審計項目確認工作底稿。

5. 審計計劃的編制

根據所確定的審計項目，編制詳細的審計程序，完成「審計程序表」；合理調配、組織人員，明確分工，做好時間預算，完成「檢查人員安排及時間預算表」。

6. 下發「審計通知書」

根據上述的計劃與安排，填寫「稅務審計通知書」，至少提前三天，將所要進行審計的內容、具體時間、地點、審計人員所需審計的有關納稅資料和要求納稅人配合事項等通知納稅人。但對被舉報有稅收違法行為的或稅務機關有根據認為納稅人有稅收違法行為的或預先通知有礙審計的，經縣級以上稅務機關批准，可對其實施突擊審計，不預先告知。

(三) 現場實施階段

現場實施階段包括以下三個工作步驟：

1. 會計制度及內部控製的遵循性測試

對納稅人會計制度及內部控製執行狀況和有效性進行測試。若測試結果與會計制度及內部控製分析評價結果相符，則按原計劃實施審計工作；若有差異，則應根據差異的程度及時調整審計計劃。

2. 確定性審計

根據修訂后的計劃，進行確定性審計，並編制現場審計查核工作底稿。

3. 匯總整理

根據審計中發現的問題，按稅種進行匯總、及時整理現場查核工作底稿，完成「稅務審計情況表」；在撤離檢查現場前，就查出的問題與納稅人初步交換意見，草擬「稅務審計報告」，對本次審計工作的完成情況做一個總體評價。

(四) 審計終結階段

審計終結階段包括以下七個工作步驟：

1. 發出「初審意見通知書」

根據審理部門對「稅務審計報告」的復核、確認情況，向納稅人發出「初審意

見通知書」。

2. 稅務聽證

根據納稅人違法事實及行政處罰的法律依據，擬對納稅人予以行政處罰的，向納稅人發出「稅務行政處罰事項告知書」，根據當事人的要求，按《稅務行政處罰聽證程序實施辦法》組織聽證。

3. 制發「稅務審計處理決定書」

根據「初審意見通知書」和納稅人回覆意見，進行分析研究后制發「稅務審計處理決定書」。

4. 稅務處理決定的執行

根據「稅務審計處理決定書」的要求，督促納稅人按時、足額解繳稅款，逾期未繳的，將依法下發「扣繳稅款通知書」通知納稅人開戶銀行扣款；對所扣金額不足抵扣稅款的，稅務機關將依法採取強制執行措施，填報「拍賣（查封、扣押）貨物申請審批表」，報上級機關批准，下發「拍賣商品、貨物、財產決定書」拍賣其財產以抵補稅款、滯納金和罰款。

5. 稅務復議

納稅人同稅務機關在納稅上有爭議，而要求行政復議的，按國家稅務總局制定的《稅務行政復議規則》的規定，做好復議工作。

6. 案件移送

納稅人的行為已構成犯罪，稅務機關在作出稅務處理決定後，填寫「稅務違法案件移送書」連同企業提供的材料及稅務機關調查取證材料等，及時移送有關司法機關處理。

7. 分戶歸檔

稅務檢查終結時，稅務機關應匯總、整理案頭準備階段、現場實施階段、審計終結階段及檢查處罰的聽證、行政復議、訴訟階段工作底稿和有關稅務文書等裝訂成冊登記編號后，按照稅務檢查檔案分類要求按戶歸檔。

三、稅務稽查管理

（一）稅務稽查的定義

稅務稽查是稅務機關依法對納稅人、扣繳義務人履行納稅義務、扣繳義務情況所進行的稅務檢查和處理工作的總稱。稅務稽查主要對象是對涉及偷、逃、抗、騙稅的大案要案的檢查。依據是具有各種法律效力的各種稅收法律、法規及各種政策規定。

（二）稅務稽查的基本任務

根據相關法律規定，稅務稽查的基本任務是：依照國家稅收法律、法規，查處稅收違法行為、保障稅收收入、維護稅收秩序、促進依法納稅、保證稅法的實施。稅務稽查必須以事實為根據，以稅收法律、法規、規章為準繩，依靠人民群眾，加

強與司法機關及其他有關部門的聯繫和配合。各級稅務機關設立的稅務稽查機構按照各自的稅收管轄範圍行使稅務稽查職能。

(三) 稅務稽查的作用

1. 稅務稽查可以防止稅款流失，堵塞稅收漏洞並且強有力的打擊了涉稅違法行為，推動了稅收徵管中登記、申報、徵收等環節的順利完成，從而保證國家的財政收入的依法足額取得。

2. 稅務稽查弱化了人們偷逃稅的僥幸心理，提高了全民的納稅意識，促使依法納稅更好地實現，並為企業創造了稅負公平的競爭環境，促進了經濟及投資的發展，充分發揮了稅收調節經濟的槓桿作用。

4. 稅務稽查的強化，有利於敦促企業、個人完善其財務會計制度，改善經營管理，加強經濟核算，引導其健康良性發展。

5. 稅務稽查的強化，有利於及時發現徵管漏洞，促進提高稅務徵管能力和徵管水平。

(四) 稅務稽查的權限

稅務稽查權限是指法律法規賦予稽查局實施稅務監督檢查的權力及限制。稅務稽查的實施，要在中國《稅收徵收管理法》規定的職權範圍內進行。稅務稽查局在實施稅務稽查時享有下列權力：

1. 查帳權

稅務查帳是稅務稽查實施時普遍採用的一種方法。它不僅包括各種紙質帳簿資料的檢查，也包括對於被查對象與納稅有關的電子信息的檢查。稅務機關行使查帳權時，可以在納稅人、扣繳義務人的業務場所進行；由於稽查工作需要調取帳簿、記帳憑證、報表和其他有關資料時，應當向被查對象出具調取帳簿資料通知書，並填寫「調取帳簿資料清單」交其核對后簽章確認。

2. 場地檢查權

稅務機關可以到納稅人的生產、經營場所和貨物存放地檢查納稅人應納稅的商品、貨物或者其他財產，檢查扣繳義務人與代扣代繳、代收代繳稅款有關的經營情況的權力。

3. 詢問權

詢問權是指稅務機關在稅務稽查實施過程中，向納稅人、扣繳義務人或有關當事人詢問與納稅或者代扣代繳、代收代繳稅款有關的問題和情況的權力。

4. 查證權

查證權是指稅務機關到車站、碼頭、機場、郵政企業及其分支機構檢查納稅人托運、郵寄應納稅商品、貨物或者其他財產的有關單據、憑證和有關資料的權力。

5. 檢查存款帳戶權

檢查存款帳戶權是指稅務機關對納稅人、扣繳義務人在銀行或者其他金融機構的存款帳戶進行檢查的權力。

6. 稅收保全措施和稅收強制執行措施

稅收保全措施權是指稅務機關對可能由於納稅人的行為或者某種客觀原因，致使以后稅款的徵收不能保證或難以保證而採取的限制納稅人處理或轉移商品、貨物或其他財產措施的權力。稅收強制執行措施權是指稅務機關對納稅人、扣繳義務人以及納稅擔保人不履行法律法規規定的義務，而採取的法定強制手段，強迫當事人履行義務的權力。

7. 調查取證權

稅務機關在稅務稽查實施時，可以依法採用記錄、錄音、錄像、照相和複製等方法，調取與案件有關的情況和資料。

8. 行政處罰權

納稅人、扣繳義務人逃避、拒絕或者以其他方式阻撓稅務機關檢查的，由稅務機關責令改正，可以處一萬元以下的罰款；情節嚴重的，處一萬元以上五萬元以下的罰款。

（五）稅務稽查程序

稽查局查處稅收違法案件時，實行選案、檢查、審理、執行分工制約原則。

1. 選案

選案是指確定稅務稽查的具體對象及稅務稽查具體對象按時間序列的排序。

稽查局應當通過多種渠道獲取案源信息，通過對案源信息採取計算機分析、人工分析、人機結合分析等方法進行篩選，發現有稅收違法嫌疑的，應當確定為待查對象。案源信息主要包括：

（1）財務指標、稅收徵管資料、稽查資料、情報交換和協查線索；
（2）上級稅務機關交辦的稅收違法案件；
（3）上級稅務機關安排的稅收專項檢查；
（4）稅務局相關部門移交的稅收違法信息；
（5）檢舉的涉稅違法信息；
（6）其他部門和單位轉來的涉稅違法信息；
（7）社會公共信息；
（8）其他相關信息。

待查對象確定后，經稽查局局長批准后立案檢查。選案部門製作「稅務稽查任務通知書」連同有關資料一併移交檢查部門。

2. 檢查

檢查是指具體實施的納稅檢查。包括：帶著問題，查找證據；帶著某類問題，另查出其他問題，並找到所有問題之證據；事先不帶任何問題，在檢查中發現問題並找到相應證據。

檢查部門接到「稅務稽查任務通知書」后，應及時組織實施檢查。

（1）實施檢查前的準備工作。檢查前，應當告知被查對象檢查時間、需要準備

的資料等，但預先通知有礙檢查的除外。稅務檢查人員實施檢查前，應當查閱被查對象納稅檔案，瞭解被查對象的生產經營情況、所屬行業特點、財務會計制度、財務會計處理辦法和會計核算軟件、熟悉相關稅收政策，確定相應的檢查方法。

(2) 實施檢查。檢查應當由兩名以上檢查人員共同實施，並向被查對象出示稅務檢查證和「稅務檢查通知書」。國家稅務局稽查局、地方稅務局稽查局聯合檢查的，應當出示各自的稅務檢查證和「稅務檢查通知書」。實施檢查時，依照法定權限和程序，可以採取實地檢查、調取帳簿資料、詢問、查詢存款帳戶或者儲蓄存款、異地協查等方法。

檢查的具體實施過程，主要是調查取證的過程。檢查人員應當製作「稅務稽查工作底稿」，記錄案件事實，歸集相關證據材料。應當依照法定權限和程序，收集能夠證明案件事實的證據材料。收集的證據材料應當真實，並與所證明的事項相關聯。調查取證不得違反法定程序收集證據資料，不得以偷拍、偷錄、竊聽等手段獲取侵害他人合法權益的證據材料，不得以利誘、欺詐、脅迫、暴力等不正當手段獲取證據材料。檢查結束時，應當根據「稅務稽查工作底稿」及有關資料，製作「稅務稽查報告」，在5個工作日內移交審理部門審理。檢查應當自實施檢查之日起60日內完成；確需延長檢查時間的，應當經稽查局局長批准。

經檢查發現有稅收違法事實的，「稅務稽查報告」應當包括以下主要內容：
①案件來源；
②被查對象基本情況；
③檢查時間和檢查所屬期間；
④檢查方式、方法以及檢查過程中採取的措施；
⑤查明的稅收違法事實及性質、手段；
⑥被查對象是否有拒絕、阻撓檢查的情形；
⑦被查對象對調查事實的意見；
⑧稅務處理、處罰建議及依據；
⑨其他應當說明的事項；
⑩檢查人員簽名和報告時間。

經檢查沒有發現稅收違法事實的，應當在「稅務稽查報告」中說明檢查內容、過程、事實情況。

3. 審理

審理是指稅務稽查局的審理職能部門（審理科）牽頭組成審理小組，對檢查組提交的稅務稽查報告及其稅務稽查底稿等證據材料進行的審查。

審理部門接到檢查部門移交的「稅務稽查報告」及有關資料后，應當及時安排人員進行審理。審理人員應根據法律、行政法規、規章及其他規範性文件，對檢查部門移交的「稅務稽查報告」及相關材料進行逐項審核，提出書面審理意見。

(1) 審理的重點內容：被查對象是否準確；稅收違法事實是否清楚、證據是否

充分、數據是否準確、資料是否齊全；適用法律、行政法規、規章及其他規範性文件是否適當；定性是否正確；是否符合法定程序；是否超越或者濫用職權；稅務處理、處罰建議是否適當；其他應當審核確認的事項或者問題。

（2）審理的終結。審理部門應區分下列情形分別作出處理：①認為有稅收違法行為，應當進行稅務處理的，擬制「稅務處理決定書」；②認為有稅收違法行為，應當進行稅務行政處罰的，擬制「稅務行政處罰決定書」；③認為稅收違法行為輕微，依法可以不予稅務行政處罰的，擬制「不予稅務行政處罰決定書」；④認為沒有稅收違法行為的，擬制「稅務稽查結論」。對稅收違法行為涉嫌犯罪的，填制「涉嫌犯罪案件移送書」，經所屬稅務局局長批准後，依法移送公安機關。

「稅務處理決定書」「稅務行政處罰決定書」「不予稅務行政處罰決定書」「稅務稽查結論」經稽查局局長或者所屬稅務局領導批准后由執行部門送達執行。

「稅務處理決定書」的主要內容：

① 被處理對象（稽查對象）；

② 違法事實及違法所屬期；

③ 處理決定及依據；

④ 告知申請復議權；

⑤ 做出處理決定的稅務機關（名稱及印章）；

⑥ 處理決定文號及日期；

⑦ 附件名稱及數量（如有附件）。

4. 執行

執行指稅務稽查局的執行職能部門（執行科），依據稅務處理決定書要求納稅人繳納稅款、滯納金、罰款等。

稅務稽查執行，是稅務稽查程序中的最后一個階段，它是將審理環節作出的各種決定書、告知書等文書送達被執行人，並督促或強制其依法履行的活動。稅務稽查機構確定專人負責稅務處理決定的執行。

（1）文書送達及案件查處情況的通報。執行部門應將「稅務執行處理決定書」「稅務行政處罰決定書」「不予稅務行政處罰決定書」「稅務稽查結論」等稅務文書依法及時送達被執行人。另外，通過稅收徵管信息系統及時將稅收違法案件查處情況通報稅源管理部門。

（2）處理決定的強制執行。對被執行人未按照「稅務處理決定書」確定的期限繳納或者解繳稅款的，經所屬稅務局局長批准，可以依法採取強制執行措施，或者依法申請人民法院強制執行。對被執行人「稅務行政處罰決定書」中確定的行政處罰事項，逾期不申請行政復議也不向人民法院起訴又不履行的，經所屬稅務局局長批准，可以依法採取強制執行措施，或者依法申請人民法院強制執行。

（3）執行結果。被執行人在限期內繳清稅款、滯納金、罰款或者稽查局依法採取強制執行措施追繳稅款、滯納金、罰款后，執行部門應當製作「稅務稽查執行報

告」，記明執行過程、結果、採取的執行措施以及使用的稅務文書等內容。

（六）稅務稽查的結案

稅務稽查案件終結后，稽查部門應做好結案後的相應工作。

（1）做好案件查處情況的信息反饋工作。對於轉辦、交辦、情報交換查處的案件，應及時將案件查處情況向有關部門予以反饋或報告。

（2）做好舉報案件的獎勵工作。對於舉報稅收違法行為的有功人員，稅務機關應當按規定對舉報人員予以獎勵。

（3）做好稽查案卷的歸檔立卷工作。「稅務處理決定書」「稅務行政處罰決定書」「不予行政處罰決定書」「稅務稽查結論」執行完畢，審理部門應當在 60 日內收集稽查各環節與案件有關的全部資料，整理成稅務稽查案卷，歸檔保管。

參考文獻：

1. 董根泰. 稅務管理 [M]. 北京：清華大學出版社, 2011.

2. 中國註冊會計師協會. 稅法 [M]. 北京：經濟科學出版社, 2016.

3. 全國註冊稅務師執業資格考試教材編寫組. 稅法（Ⅰ）[M]. 北京：中國稅務出版社, 2016.

4. 全國註冊稅務師執業資格考試教材編寫組. 稅法（Ⅱ）[M]. 北京：中國稅務出版社, 2016.

國家圖書館出版品預行編目(CIP)資料

國家稅收 / 朱明熙、劉蓉 主編. -- 第一版.
-- 臺北市 : 崧燁文化, 2018.08

　面 ；　公分

ISBN 978-957-681-429-7(平裝)

567　　　　　107012250

書　　名：國家稅收
作　　者：朱明熙、劉蓉 主編
發行人：黃振庭
出版者：崧燁文化事業有限公司
發行者：崧燁文化事業有限公司
E-mail：sonbookservice@gmail.com
粉絲頁　　　　網　址：
地　　址：台北市中正區重慶南路一段六十一號八樓815室
8F.-815, No.61, Sec. 1, Chongqing S. Rd., Zhongzheng Dist., Taipei City 100, Taiwan (R.O.C.)
電　　話：(02)2370-3310　傳　真：(02) 2370-3210
總經銷：紅螞蟻圖書有限公司
地　　址：台北市內湖區舊宗路二段121巷19號
電　　話：02-2795-3656　傳真：02-2795-4100　網址：
印　　刷：京峯彩色印刷有限公司（京峰數位）

本書版權為西南財經大學出版社所有授權崧博出版事業股份有限公司獨家發行電子書繁體字版。若有其他相關權利需授權請與西南財經大學出版社聯繫，經本公司授權後方得行使相關權利。

定價：500 元
發行日期：2018年 8 月第一版
◎ 本書以POD印製發行